PRÉCIS
DE L'HISTOIRE
UNIVERSELLE,
OU
TABLEAU HISTORIQUE,

Présentant les vicissitudes des Nations, leur agrandissement, leur décadence et leurs catastrophes, depuis le tems où elles ont commencé à être connues jusqu'au moment actuel.

Par le Cit. ANQUETIL,

Membre de l'Institut national de France, correspondant de l'Académie des Inscriptions et Belles-Lettres, auteur de l'Esprit de la Ligue, l'Intrigue du Cabinet, et autres.

TOME PREMIER.

A PARIS,

De l'Imprimerie de LESGUILLIEZ, frères, rue de la Harpe, n°. 151.

AN SEPT.

PRÉFACE.

J'ai lu avec attention, l'*Histoire Universelle, depuis le commencement du monde jusqu'à présent*, composée successivement par plusieurs sociétés de gens de lettres. Cet ouvrage m'a paru excellent dans son total, et le mérite que j'y ai reconnu m'a fait désirer que quelqu'un s'occupât à réduire, sans rien omettre d'essentiel, les 126 tomes in-8°. qui les composent, au moindre nombre possible; et cela, tant pour la satisfaction de ceux qui n'ont pas le tems de lire une collection si volumineuse, que pour l'avantage de ceux qui n'ont pas le moyen de l'acheter.

Ce que d'autres n'ont pas fait pour moi, je l'ai entrepris pour eux. Il y a à-peu-près dix ans que j'ai commencé. Cet ouvrage m'a non-seulement occupé agréablement, mais souvent fort intéressé par le fréquent rapport des événemens passés avec ceux que j'ai eus sous les yeux, pendant la durée du travail. Je crois

PRÉFACE.

même que c'est la présence des objets si ressemblans aux anciens, qui a quelquefois donné à certaines parties de la narration, une vivacité, une chaleur qu'elle n'auroit peut-être pas eue sans cela.

C'est, je l'ai éprouvé, c'est dans le tourbillon d'une révolution, assis sur les ruines qu'elle amoncele, dans la solitude sombre de la prison, sous la hache menaçante des bourreaux, qu'on lit avec une véritable utilité l'histoire des perfidies et des fureurs qui ont troublé et ensanglanté l'univers.

S'il restoit par exemple quelques doutes sur l'étendue et les horreurs des proscriptions de *Marius* et de *Sylla*, sur l'iniquité froide et ironique du tribunal de *Prenèste*, sur les victimes amenées en foule dans la place publique et tombant sous le glaive, ou déchirées par le peuple, sur l'assassinat de quatre mille hommes, massacrés auprès du sénat, qui entendoit les cris de leur désespoir et les hurlemens de leur

PREFACE. iij

agonie, enfin des doutes sur d'autres horreurs semblables, ils disparoissent à la vue de nos tribunaux révolutionnaires, des chariots funèbres traînant à la mort le vieillard et l'adolescent, la fille et la mère, l'époux avec sa jeune épouse ; et ce peuple qui les regarde d'un œil stupide ou féroce ; et les cavernes, les carrières, les glacières qui s'ouvrent pour recevoir leurs cadavres; et les corps encore palpitans qu'entraînent les rivières; et ceux qu'elles engloutissent enchaînés ensemble sous leurs eaux; et les proscrits percés, assommés dans les prisons; et les armes foudroyantes tournées contre des malheureux sans défense, qui tombent sous les coups, morts ou expirans, ou ne se relevent que pour être achevés par les barbares satellites qui les environnent. . . . Et des monstres, je le dis en frémissant, des monstres qui se délectent à ces spectacles, qui interdisent les larmes et qui les punissent ! Tous ces faits, quand nous en sommes témoins, étendent à nos yeux ce qui

* *

PREFACE.

est quelquefois compris dans deux pages de l'histoire.

Pour moi, après les tristes méditations provoquées par la lecture de ces pages, je trouvois ordinairement dans les suivantes des motifs d'espérance. J'étois comme un voyageur, qui, surpris dans une forêt par l'orage, entend le tonnerre gronder, le vent mugir entre les arbres, voit les uns se courber sur sa tête avec violence, les autres tomber autour de lui avec fracas, avance néanmoins toujours, et parvient à entrevoir des lueurs de sérénité qui le rassurent. De même, loin de me laisser ralentir par la tempête, je n'en étois que plus ardent à continuer ma course; je me hâtois de finir une scène d'horreur pour en tracer une consolante. De ces alternatives de crainte et d'espérance, il me restoit une pleine confiance en celui qui se joue des projets des hommes, qui creuse l'abîme au pied du trône que l'ambitieux s'élève; et de cette confiance naissoit la résignation, et, sauf quelques momens

PRÉFACE.

d'inquiétude, une parfaite tranquillité.

Arrivé à la fin de mon travail, après en avoir retiré l'avantage que je viens d'exposer et que je souhaite à ceux qui le liront; comme je l'avois fait, pour ainsi dire, d'une haleine, sans jamais regarder en arrière, je me suis mis à examiner si je conserverois l'ordre que j'ai suivi, d'après l'original, ou si je lui en donnerois un autre. J'ai vu avec satisfaction que cet ordre étoit plus convenable pour moi et pour les autres. Pour moi, en ce qu'il m'épargneroit le travail d'une refonte toujours pénible, et qui ne vaudroit peut-être pas le premier jet. Pour les autres, parce que la distribution en nations, soulage l'attention par la variété, et présente fréquemment à la mémoire des points d'appuis, qui deviennent plus distincts, étant raprochés par l'abréviation.

Mais aussi cette abréviation rend les dates plus difficiles à appliquer, parce qu'elle les fait quelque fois

PRÉFACE.

correspondre à plusieurs événemens à-la-fois, et même à des événemens éloignés. Ceux qui voudront avoir les époques plus exactes et plus fixes, auront recours à l'original, qui selon la série des tomes, indiqués à la marge de notre ouvrage, leur fournira aussi les éclaircissemens nécessaires pour la géographie, les détails de quelques faits et des preuves dont notre abrégé n'a pu se charger.

Je préviens de plus que j'ai refait à part l'histoire d'Ecosse et celle d'Irlande, que les auteurs de la collection ont confondues dans celle d'Angleterre. J'ai aussi ajouté tout ce qui étoit nécessaire pour amener les histoires de France, de Suède, de Dannemarck, de Pologne, de Russie et d'autres Etats jusqu'à nos jours.

L'ouvrage étant ainsi parvenu à son terme, il a été question de lui trouver un titre; car le titre ne contribue pas peu à l'opinion qu'on prend d'un livre, et à sa bonne ou

PRÉFACE

mauvaise fortune. J'avois d'abord imaginé celui-ci : *Tableau historique de l'Univers, ou vicissitudes des nations, leur formation, leur agrandissement, leur décadence et leurs catastrophes.* Ce titre me plaisoit. En effet il donne une idée assez juste d'un ouvrage dans lequel chaque nation est représentée et suivie depuis le moment où elle a commencé à exister, jusqu'à celui où nous sommes : sur-tout, quand dans le tableau on n'a rien négligé, quant à la religion, aux mœurs, au commerce, à la position et aux productions du pays : Encore plus ce titre convient-il, si l'auteur s'est principalement appliqué au développement des faits qui ont occasionné des changemens dans l'état civil, politique, militaire et religieux de tous les peuples qui se sont pressés sur la surface du globe, qui en ont disparu, ou qui s'y montrent encore.

Or, telle est la matière de mon ouvrage. Considéré dans son ensemble, il présente réellement un

PRÉFACE.

Tableau de l'Univers. Néanmoins j'ai abandonné ce titre parce qu'il m'a paru en même-temps trop fastueux et trop commun : trop fastueux, parce qu'il annonceroit au public un grand dessein, pendant qu'on ne lui donneroit qu'une miniature : trop commun ; car combien de *Tableaux* ! *Tableau des Mœurs* ; *Tableau de la politique des Cours* ; *Tableau du Siècle* ; *Tableau de Paris*, et tant d'autres ! On en peut dire autant, du mot *Abrégé*, quant au vice d'être trop commun ; car combien n'y en a-t-il pas en tout genre, et sur-tout dans la partie historique ? Ce titre n'auroit donc pas assez différencié mon ouvrage.

J'ai cru rencontrer ce qui convient dans le mot *Précis*, qui est ainsi défini dans le dictionnaire de *Trévoux* : *Précis : abrégé de ce qu'il y a de plus essentiel et de plus important dans une chose.* Ce mot me convient d'autant plus que j'ai abrégé même dans l'essentiel et l'important.

PRÉFACE.

Car j'ai retranché tout ce qui n'étoit pas absolument nécessaire à la connoissance des moyens, qui, soit insensiblement, soit brusquement, ont altéré, dénaturé, ou enfin bouleversé des gouvernemens ; qui de la monarchie les ont fait passer au despotisme, du despotisme à l'état républican, tantôt aristocratique, tantôt démocratique, puis à l'oligarchie, ensuite à l'anarchie, pour redevenir monarchiques. Nul doute que la marche de ces vicissitudes présentée sous un point de vue circonscrit, ne soit mieux saisie que dans le vague des narrations qui n'omettent rien. Il y a seulement à craindre qu'à force de vouloir être court, on ne devienne obscur :

Brevis esse laboro.
Obscurus fio.

C'est l'écueil ordinaire des abréviateurs. J'ai tâché de juger par moi-même si j'ai su l'éviter.

Il est des âges qui apportent des

altérations à la mémoire, comme aux autres facultés de l'ame. Certainement à soixante et seize ans, elle n'a pas l'activité de la jeunesse; mais cet affoiblissement m'a été utile pour former en moi-même un jugement sur mon ouvrage; parce que je l'ai lu sans presqu'aucune réminiscence et comme j'aurois lu l'ouvrage d'un autre. Il m'a donc paru que j'y apprenois tout ce qu'il faut savoir sur l'origine des nations, leurs mélanges, leurs transmigrations, leurs retours, la succession des peuples sur le même sol, sous les mêmes ou différens noms. J'ai aussi senti, en lisant les faits les plus intéressans de chaque histoire, que j'avois du plaisir à revenir sur ce que je savois déjà. Si les lecteurs instruits éprouvent le même sentiment, ils jugeront mieux que moi d'où il leur vient.

Quant au style, les matières sont si variées! j'aurois désiré traiter chacune selon son genre; mais comment y réussir? Ordinairement je me suis pénétré de mon sujet et j'ai laissé courir ma plume.

PREFACE. xj

Heureux si elle a rencontré l'expression propre à chaque sujet : véhémente pour peindre le guerrier fumant de carnage : tempérée cependant avec quelque chaleur, pour dévoiler l'ambitieux, rampant ou audacieux : énergique et tonnante, pour soulever l'indignation contre le scélérat qui prospère : douce et presque gémissante pour attendrir sur l'homme vertueux qui souffre : pure et simple comme la nature, quand on en décrit ses beautés : enfin le *molle at que facetum* d'Horace, aussi nécessaire pour l'agrément de l'histoire que pour le charme de la poésie. Mais on sait toujours mieux ce qu'on doit faire, qu'on ne le fait.

Le même législateur du goût, marque ce qu'un auteur qui s'abandonne à l'impression, peut raisonnablement espérer de ses lecteurs : savoir, de l'indulgence pour des fautes que quelque négligence a laissé échapper, ou que la foiblesse humaine a empêché de prévenir.

PREFACE.

*Quas aut incuria sudit,
Aut humana parum cavit natura.*

Il ajoute un autre motif d'indulgence, applicable sur-tout à un vieillard : c'est qu'il est possible et même pardonnable que le sommeil se glisse dans un long ouvrage :

Opere in longo fas est obrepere somnum.

Si j'ai le malheur de m'y laisser aller, puisse-t-il ne pas gagner mes lecteurs !

N. B. Comme on m'a quelquefois attribué des ouvrages qui n'étoient pas de moi, je mes ici la liste de ceux que j'ai donnés au public.

1°. L'Histoire de Reims. 3 vol. *in*-12.
2° L'Esprit de la Ligue. 3.
3°. L'intrigue du Cabinet. 4.
4°. Louis XIV, sa cour et le Régent. 4.
5°. Vie de Villars. 4.
6°. Les motifs des guerres et des traités de paix de la France, depuis 1648, jusqu'à 1783. 1.
7°. Précis de l'Histoire Universelle. 9.

TABLE DES MATIÉRES DU TOME Ier.

Opinions sur la Création du Monde, 1.
Récit de Moise, 5.
Comment la Création s'est opérée, 6.
Qualités d'Adam, 7.
Quand les ames sont créés, 8.
Les Nègres, 9.
Les génies Sylphes, Anges, etc., 9.
Paradis terrestre, 11.
Chûte d'Adam, idem.
Chronologie avant le déluge, 14.
Tradition, idem.
Mort d'Abel, 15.
Châtiment de Cain, idem.
Naissance des Arts, etc. 16.
L'idolâtrie, 17.
Le déluge, idem.
Piété de Noé, 18.
Son ivresse, 19.
Sa mort, 20.
Ses descendans, idem.
Tour de Babel, 21.
Confusion des langues, 23.
Leur origine, idem.

L'écriture, 24.
Dispersion des Peuples, 25.
L'Egypte en Afrique, entre l'Ethiopie, au haut des cataractes du Nil, la Mer Rouge, l'Itsme de Suès, la Méditerranée et la Lybie, 27.
Egyptiens, idem.
Description, idem.
Le Nil. Cataractes, 28.
Aspect de l'Egypte, 29.
Animaux, 31.
Plantes, 32.
Pyramides, idem.
Le Labyrinte, 34.
Palais des Cataractes et autres, idem.
Lac Mœris, 36.
Origine, 37.
Gouvernement. Rois, idem.
Division des familles. Classes et biens, 38.
Justice et loix, 39.
Religion, 41.
Superstitions, 43.
Culte, 44.
Mœurs et coutumes, 45.
Deuil, sépulchres, embaumemens, 46.
Jugement des morts, 47.
Les sciences et arts, idem.
Commerce, 50.
Art militaire, idem.
Langue et Ecriture, 51.

DES MATIÈRES.

Tems fabuleux,	
Tems héroïques,	idem.
Rois. Ménès,	54.
Rois pasteurs,	idem.
Osymadias,	55.
Nitocris,	idem.
Sésostris,	56.
Sésostris II,	idem.
Actisanès,	60.
Mendes, Protée,	idem.
Remphis,	61.
Chéops,	62.
Mycérinus,	63.
Guephactus,	idem.
Bocchoris, le sage,	64.
Architis,	idem.
Anysis, Sabbaco, Séthon,	idem.
Les douze rois,	65.
Tems vrai, Psammétique, après le déluge,	idem.
Nécho, Pharaon,	66.
Psammis,	67.
Apirès, Pharao, Hophra,	68.
Amasis,	69.
Psamméticus,	idem.
Iranus,	72.
Amyrtacus,	75.
Tachos,	idem.
Nectanebès,	76.
Moabites, situés entre le lac Aspha-	idem.

litide, le Jourdain, les Ammonites, le pays de Madian et d'Edom, 77.
Loth, idem.
Pays et mœurs, 78.
Bulaam, 79.
Ammonites situés entre les montagnes de Galaad, le Jourdain, la rivière d'Amon, les Moabites et les déserts de l'Arabie, 80.
Mœurs et coutumes, 81.
Madianites, dans l'Arabie Pérrée, entre le lac Asphaltide, le pays de Moab, la Mer Rouge et l'Idumée, 82.
Mœurs et coutumes, idem.
Religion, 83.
Gouvernement, 84.
Edomites ou Iduméens, situés entre Madian, le Jourdain et la Méditerranée, 85.
Mœurs et coutumes, idem.
Religion et gouvernement 86.
Amalécites, entre Chanaan, Edom, l'Egypte et les déserts du côté de la mer, 88.
Arts et coutumes, idem.
Chanaan, entre le mont Liban, les Moabites et les Philistins, 90.
Mœurs et coutumes, idem.

DES MATIÈRES. v

Rois,	92.
Philistins, Philistine, ou Palestine, le long de la mer Méditerranée, entre Amalec, Edom, la tribu de Dan, Siméon et Juda,	94.
Philistins,	95.
Mœurs et coutumes,	idem.
Religion,	idem.
La Syrie, entre le mont Taurus, l'Euphrate, l'Arabie déserte, la Palestine, la Méditerranée et la Cilicie,	97.
Climat,	98.
Babech et Palmyre,	idem.
Mœurs et coutumes,	100.
Religion,	idem.
Combabus,	101.
Arts, sciences et commerce,	104.
Rois de Zoab,	105.
De Damas Benhadad,	idem.
Hazaël,	107.
Rézin,	108.
Rois de Hamath et Geshur,	idem.
Phénicie, entre la Syrie, le royaume de Juda et la Méditerranée,	109.
Origine des Phéniciens,	idem.
Mœurs et coutumes, arts et sciences, commerce,	idem.
Ty, Sydon, Tripoli,	113.
Rois,	114

a 3

Rois de Sidon,	115.
Abdalonime,	116.
Rois de Tyr, Abibal, Hiram,	idem.
Pygmalion,	117.
Baal,	idem.
Sraton,	idem.
Azelmic, prise de Tyr,	119.
Rois d'Arad, Gérostratus,	121.
Juifs,	idem.
Abraham,	idem.
Inspiration des livres saints,	122.
Voyages d'Abraham,	124.
Isaac et Ismaël,	125.
Sacrifice d'Isaac,	126.
Mariage d'Isaac,	idem.
Jacob et Esaü,	127.
Jacob et Rachel,	idem.
Leurs enfans,	idem.
Rencontre de Jacob et d'Esaü,	128.
Joseph,	130.
Joseph en Egypte,	131.
Joseph avec ses frères,	133.
Les Israélites en Egypte,	138.
Mort de Jacob,	139.
Vie patriarchale,	140.
Moïse,	141.
Les Hébreux sortent de l'Egypte,	143.
Passage de la mer Rouge,	146.
Les Israélites dans le désert,	147.
La loi donnée sur le mont Sinaï,	idem.

Arche d'Alliance,	149.
Fin de Moïse,	150.
Josué,	151.
Passage du Jourdain,	152.
Nouveau Chanaan ou Judée entre le pays d'Edom et Amalec, la mer Morte, le Jourdain, la mer de Galilée, les montagnes du Liban, les Phéniciens et la Méditerranée,	155.
Religion, gouvernement, sciences, commerce, art militaire,	157.
Mort de Josué,	162.
Juges,	164.
Benjamites,	idem.
Gédéon,	165.
Allégorie,	166.
Jephté, Samson,	167.
Héli,	168.
Samuel,	169.
Rois. Saül,	170.
La Pythonisse, mort de Saül,	172.
David ;	173.
Betzabée,	174.
Salomon,	176.
Jugement de Salomon,	177.
La reine de Saba,	178.
Roboam,	180.
Prophétes,	181.
Abias,	182.
Achab, roi d'Israël,	183.

Naboth,	idem.
Josaphas, roi de Juda,	184.
Siége de Samarie,	idem.
Jéhu, Athalie, Joas,	185.
Amazias, Joram,	186.
Ozias, Phacée, Joathan,	187.
Achas,	idem.
Ezéchias,	188.
Captivité des Israélites,	189.
Cadran d'Achas,	190.
Manassés, Amnon,	192.
Josias,	idem.
Joachas, Joachim,	194.
Jéchonias,	idem.
Sédécias, la grande captivité,	195.
Assyrie entre le Tigre et l'Euphrate, jusques aux pays compris entre l'Asie mineure, l'Arménie, la Médie, la Perse, l'Arabie déserte et la Syrie,	196.
Origine des grands empires,	idem.
Mœurs, religion, commerce,	197.
Ninus, Sémiramis,	198.
Babylone,	202.
Ninias,	205.
Sardanapale,	206.
Empereurs d'Assyrie, selon les Juifs,	208.
Judith,	211.
Babylonie, entre le Tigre et l'Euphrate, la Mésopotamie et le golfe de Perse,	212

Climat,	213.
Ancienneté,	214.
Religion,	idem.
Coutumes,	215.
Prêtres et devins,	216.
Habillement,	217.
Sciences, arts et commerce,	218.
Rois et divisions du peuple,	idem.
Tems fabuleux, Belesis et Parsondas,	119.
Nabuchodonosor. Songes,	222.
Evil-Mérodac,	224.
Nériglissar,	idem.
Laborosoarchod,	225.
Nebonædius ou Belsazzar,	idem.
Médie entre la mer Caspienne, la Perse, l'Assyrie, la Parthie et l'Arménie,	227.
Mer Caspienne,	idem.
Ecbatane,	228.
Antiquité, gouvernemens, mœurs,	229.
Religion,	230.
Tems fabuleux,	231.
Tems vrais. Déjocès,	idem.
Phaortes,	232.
Cyaxare,	233.
Astiagès ou Antiochus, Esther,	idem.
Cyaxare II,	235.
Perse, entre la Scythie, l'Inde, la mer des Indes, la mer Rouge, l'Arabie, la Méditerranée et la	

mer Caspienne,	236.
Productions, climat,	237.
Animaux,	238.
Curiosités,	239.
Persépolis,	240.
Antiquités, gouvernement, coutumes, sciences,	241.
Rois,	idem.
Education,	243.
Mœurs et coutumes,	idem.
Justice,	244.
Supplices,	idem.
Jalousie,	245.
Institutions,	246.
Militaire,	idem.
Armes,	247.
Loix,	248.
Impôts,	249.
Religion. Théisme,	idem.
Théologie,	250.
Cérémonies,	251.
Tems fabuleux,	252.
Tems vrai. Cyrus,	256.
Bataille de Timbrée,	idem.
Prise de Babylone,	257.
Fin de la captivité des Juifs,	idem.
Cambyse,	258.
Siége de Péluse,	idem.
Guerre contre l'Ethiopie,	idem.
Cruautés de Cambyse,	260.
Sa mort,	262.

Smerdis, le mage,	263.
Darius Hystapès,	264.
Désespoir des Babyloniens,	267.
Fidélité de Zopire,	idem.
Guerre contre les Scythes,	269.
Guerre contre les Grecs,	idem.
Marathon,	272.
Xercès. Son expédition contre la Grèce.	274.
Thermopiles,	276.
Artaxerxe Longue-Main,	280.
Xercès II, Sodgien,	283.
Ochus ou Darius Nothus,	idem.
Artaxerxes, Memnon,	286.
Traité d'Antalcide,	288.
Ochus,	291.
Guerre d'Egypte,	292.
Arsès,	294.
Darius III, Codomanus,	idem.
Passage du Granique,	296.
Description de l'armée perse,	299.
Bataille d'Issus,	301.
Entrevue d'Alexandre et de Sisisgambis,	302.
Batailles d'Arbelles,	304.
Ruine de Persépolis.	306.
Bétis,	idem.
Mort de Darius,	307.
Tems héroïques,	310.
Cajomarath,	311.
Huu-Hang,	318.

TABLE

Thamurasb,	item.
Gjemschid.	314.
Dehoc,	316.
Phridun,	318.
Manugjahr,	idem.
Nudar,	321.
Zab,	idem.
Keykobad,	idem.
Keykaus,	322.
Key-Chosrau,	323.
L'horasp, Gusztasp,	idem.
Zoroastre,	324.
Bahaman,	328.
Homaï, Darad I,	idem.
Darad II,	329.
Scythie, entre l'Inde, la Perse, les glaces du Nord, l'Océan celtibérien, et l'Afrique,	330.
Noms,	idem.
Transmigration et langue,	idem.
Anciens cultes des Scythes,	331.
Religion, sciences, mœurs et coutumes,	idem.
Dieux,	332.
Scythes,	idem.
Mœurs,	333.
Loix,	idem.
Rois. Inhumations,	334.
Usages,	335.
Commerce, arts, agriculture,	337.
Amazones,	338.

Tems fabuleux. Scythès I,	339.
Rois. Sigillus,	340.
Madyès,	idem.
Tomiris,	idem.
Janeyrus,	341.
Schytès II,	342.
Ariantes,	idem.
Athéas,	idem.
Asie mineure,	344.
Haute Phrygie, entre le Pont, la la Troade, la mer Egée, la Carie, et la Pamphilie,	idem.
Antiquité, mœurs, coutumes,	345.
Commerce,	idem.
Religion,	346.
Rois. Innacus,	347.
Midas I, Gordien I,	idem.
Midas II,	348.
Gordien II,	349.
Lyntersès,	idem.
Basse Phrygie, ou Troade, entre la Propontide, la mer Egée, la Misie mineure, l'Hélespont,	350.
Mœurs, religion, commerce.	351.
Rois. Teucer, Dardanus,	idem.
Eriéthon,	idem.
Tros et Ilus, Ganimède,	idem.
Laomédon,	352.
Priam,	353.
Prise de Troye,	354.
Mysie, entre la Propontide, la	

Lydie, la Phrygie, et la Bithie, 356.
Cysique, 357.
Pergame, idem.
Lampsaque, 358.
Lydie, entre la Mysie, la Carie, la Prhygie et l'Ionie, idem.
Antiquité, mœurs, commerce, religion, 359.
Rois, 360.
Candaule, idem.
Alyatte, 361.
Crésus, idem.
La Lycie, entre la Carie, la Pamphilie, la Phrygie, la Méditerranée, 363.
Xanthus, 364.
Chimère, 365.
Coutumes, idem.
État des enfans, idem.
Cylicie, entre la Syrie, la Pamphilie, la Cappadoce et la Méditerranée, 366.
Alexandrette, 367.
Grèce, entre la Macédoine, la Thrace, la mer Egée, Ionienne et de Crête, 368.
Mœurs, 369.
Sycione, entre le Péloponèse et l'Achaïe, 371.
Argolide, entre les baies de Paros et d'Argos, Sycione, l'Archadie

et la Laconie,	idem.
Raretés,	idem.
Rois,	372.
Trépied,	idem.
Danaus,	373.
Fureur de Bacchus,	374.
Persée,	idem.
L'Attique, entre la Béotie, le détroit de Negrepont, et la mer Egée,	377.
Rois,	idem.
Thésée,	378.
Béotie, entre l'Attique, la Phocide, les détroits de Negrepont et de Corinthe,	380.
Rois. Cadmus	381.
Arcadie, entre l'Elide, l'Argolide, la Laconie et Corinthe,	382.
Thessalie, entre l'Epire, la Macédoine et la Grèce. Phocide, entre la Thessalie, et la mer de Corinthe,	384.
Les Argonautes,	386.
Achille,	388.
Delphes,	389.
Corinthe, entre le Péloponèse et la mer,	390.
Laconie, entre le Péloponèse, l'Arcadie, la Messénie et la Méditerranée,	393.
Amycleus,	394.

Soüs, 395.
Elide, entre le Péloponèse, la mer Ionienne, l'Arcadie et l'Achaie, 396.
OEtolie, entre le Locrie, la Phocide, l'Acarnanie et la baie de Corinthe, 397.
La Locrie, près de la Phocide. La Doride, entre la Thessalie, la Phocide et l'OEtolie, 397.
L'Achaie. entre Sycione, l'Elide, l'Arcadie et Corinthe, 398.
Archontes, idem.
Dracon, 399.
Solon, 400.
Athènes, 410.
Pisistrate, 412.
Marathon, 421.
Aristide. Thémistocle, 424.
Ostracisme, 426.
Salamine, 429.
Cimon et Périclès, 439.
Guerre du Péloponèse, 450.
Les trente tyrans, 468.
Socrate, 474.
Paix d'Antalcide, 477.
Guerre des alliés, 478.
Guerre sacrée, idem.
Philippe de Macédoine, 479.
Démosthène et Phocion, idem.
Phocion, 486.
Démétrius de Phalère, 488.

Lycurgue,	492.
Religion,	495.
Distribution des terres,	idem.
Lois domestiques,	496.
Mariages,	idem.
Nourriture,	497.
Habits,	498.
Ordonnances générales,	499.
Etudes et sciences,	idem.
Exercices,	501.
Monnoie,	idem.
Justice,	502.
Loix militaires,	idem.
Cryptie,	504.
Guerre de Messène. Aristodème,	506.
Ephores,	508.
Parthéniens,	509.
Aristomène,	510.
Léonidas,	514.
Pausanias,	515.
Agis,	517.
Callicratidas,	518.
Lysandre,	idem.
Agésilas,	519.
Bataille de Leuctres,	521.
Archidamas,	524.
Agis II,	idem.
Eudamidas,	524.
Siége de Sparte,	525.
Cléomène,	536.
Nabis,	540.

Aratus,	545.
Prophétie d'Agélas,	550.
Mort d'Aratus,	551.
La Grèce déclarée libre,	553.
Désintéressement de Philopémen,	554.
Sa mort,	555.
Injustice des Romains,	557.
Prise de Corinthe,	561.
AEtolie, ou la petite Grèce, entre la Locrie et l'Arcarnanie, l'Epire et la baie de Corinthe,	564.
Caractère,	idem.
Actions des AEtoliens,	565.
Antiochus,	566.
Flaminius,	idem.
Siége d'Ambracie,	569.
Athènes,	572.
Siége d'Athènes,	573.
Béotie, entre l'Attique, la Phocide et Corinthe,	580.
Acarnanie, entre l'AEtolie, l'Epire,	582.
Epire, entre l'AEtolie, la mer Adriatique, la Macédoine, la Ténarie, et la mer Ionienne,	583.
Ionie, entre l'AEtolie, la mer Egée la Carie et la Lydie,	585.
Phocée,	idem.
Smirne,	588.
Clasomène,	589.
Erythrée, etc.	idem.
Ephèse,	590.

Milet, 593.
Eolide, entre l'Ionie et la Propontide, 595.
Doride, Promontoire de la Carie, idem.
Origine des Somiens, gouvernement, religion, mœurs, commerce, 596.
Histoire, 597.

Fin de la table du tome premier.

PRÉCIS
DE L'HISTOIRE
UNIVERSELLE.

Opinions sur la création du monde.

LE monde est-il créé? ou est-il éternel? S'il est éternel, est-il Dieu lui-même? Ne seroit-ce pas la matière qui seroit éternelle? et la forme ne lui auroit-elle pas été donnée dans le tems par un être souverainement puissant et intelligent? Toutes questions qui ont partagé les philosophes depuis qu'il en existe, jusqu'à nos jours. Guidées par eux, des nations entières ont embrassé sur ce sujet des opinions, qui sont devenues pour les peuples une espèce de religion.

Les Phéniciens qu'on croit avoir les premiers réfléchi sur leur existence, ou avoir du moins les premiers communiqué et répandu leurs réflexions, reconnoissoient pour principe de l'univers un *air opaque*, plein d'un *esprit impétueux*, un *cahos* trouble et ténébreux que *l'esprit* débrouilla.

Aux Égyptiens, qui croyoient aussi un *cahos*, le *mouvement* tenoit lieu d'es-

prit. Ce mouvement lança les parties ignées en haut; delà vint le soleil et les autres astres. La matière fangeuse et grossière tomba par sa pesanteur, et fut la terre, qui, pressurée pour ainsi dire par son propre poids, laissa échapper de tous côtés l'eau qui forma les mers; et tant que la porosité de la terre lui permit d'admettre les rayons du soleil, elle éprouva une fermentation qui produisit les animaux, dont la terre se peupla; mais il cessa d'en sortir de nouveaux, quand, s'étant séchée et endurcie, elle n'éprouva plus intérieurement la chaleur céleste.

C'est aussi d'un *cahos* affreux que les *Chaldéens* et les *Babyloniens* tiroient les monstres, qui furent selon eux, les premiers habitans de la terre. *Bel* les détruisit, perfectionna le soleil, la lune, et les cinq planetes, et fit naître les hommes.

Orphée qu'on peut regarder comme le premier théologien du paganisme, fait créer l'*AEther* ou les cieux par un être qu'il appelle *conseil lumière* et *source de vie*, auquel il donne les qualités d'*invisible*, *incompréhensible* et *créateur de toutes choses*. Après cette première idée, noble, grande et majestueuse, *Orphée* se rapetisse pour ainsi dire, en supposant que d'un *œuf* enfant du *hazard*, sortirent toutes les générations.

Hésiode dépose ce premier *œuf* dans le vaste sein du *cahos*, et en tire l'*amour bienfaisant*, pourvu d'ailes dorées, et impétueux comme les ouragans. De l'*amour* et du *cahos* vinrent les hommes et les animaux.

Anaximene et *Anaximandre* supposent que la génération et la corruption sont venues d'un *mouvement circulaire* imprimé au monde de toute éternité.

Anaxagore et *Diogène d'Apollonie*, disciples des premiers, ont rectifié l'hypothèse de leurs maîtres, en admettant un *être intelligent*, distinct de la matière, et qui a imprimé le mouvement à cette dernière.

Pareille discordance se trouve entre les *inventeurs* des atômes et leurs disciples. *Leucippe* les veut se mouvant fortuitement, se rencontrant, se mêlant sans direction déterminée. *Epicure* les fait mouvoir obliquement, *Démocrite* les anime. Parmi les modernes, *Gassendi* retient les atômes et le *vuide*. *Descartes* ne veut que du *plein*. Aux atômes, il substitue une *matière subtile*, qu'il fait tourbillonner rapidement, sous les ordres d'un *être intelligent*, architecte du monde.

Mais cet être est-il la *matière douée*

d'*intelligence*? ou la matière et l'intelligence sont elles deux êtres distincts l'un de l'autre? Selon *Hypparus* et *Héraclite*, le *feu* est le principe de toutes choses, et ce feu est *Dieu.*

Selon les Stoïciens, qui ont pour chef *Zénon*, les deux principes sont l'*esprit* et la *matière*, l'un actif, l'autre passif, tous deux corporels. Point de substance immatérielle. L'*esprit* soutient, vivifie, pénetre tout l'univers, et chacune de ses parties, comme l'*ame*, remplit le corps. Ainsi chaque partie du monde est une portion de la divinité, et le monde entier est *incorruptible.* Spinosa a renouvellé ce systême, qui est en vigueur chez les *Indiens* et les *Chinois,* et même chez les *Juifs cabalistes*, qui par-là n'échappent point au soupçon d'athéisme.

L'opinion qui admet deux *principes distincts* indépendans l'un de l'autre s'appuie de grands noms, *Pythagore, Aristote, Socrate, Platon.* Les disciples de ces hommes célèbres, célèbres eux-mêmes, *Empedocle, Plutarque,* et d'autres, ont mis des variétés dans les conséquences du systême de leurs maitres, dont ils retenoient toujours le principe, imités en cela par quelques chrétiens hérétiques *Manichéens, Marcionites* et *Pauliciens.*

On tireroit volontiers, des paroles de ces anciens philosophes, la conséquence qu'ils croyoient le monde éternel. Mais des nations entières ont cru et croyent que le monde a eu un commencement, qu'il a été tiré du *néant* par la suprême puissance de *Dieu*; et que par conséquent, par sa propre nature, il est sujet à dissolution. Ainsi pensoient les *Etruriens* ou anciens *Toscans*, les premiers *Persans*, les Indiens et leurs philosophes *Mages* et *Brachmanes*, les *Gaulois* et leurs *Druides*, les *Chinois*, les *Japonois*, et même plusieurs peuples de l'Amérique, dont on présentera les opinions à mesure que toutes ces nations paroîtront sur la scène.

Sans doute il résultera de leur examen que de tous les systèmes, le plus raisonnable est celui de Moïse: son début plein de majesté a toujours été cité comme un modèle d'éloquence. Il s'exprime ainsi: « Au commencement
» Dieu créa le ciel et la terre. Il dit:
» que la lumière, se fasse et elle fut
» faite. Il étendit le firmament, sépara
» les eaux supérieures des inférieures,
» ordonna à l'élément aride de paroître,
» le nomma *terre* et appela *mer* l'assemblage des eaux. Terre, ajouta-t-il,
» enfante des fruits, produits des arbres, couvre-toi de verdure. *Soleil*

Récit de Moïse.

» éclaire et échauffe la terre, pré-
» side au jour. *Lune* efface l'obscu-
» rité de la nuit : Marquez ensemble le
» tems et les saisons. Que les mers se
» remplissent de poissons, et les airs
» d'oiseaux. Animaux sauvages peuplez
» les forêts, reptiles sillonnez la terre.
» Croissez et multipliez, animaux do-
» mestiques pour l'usage de l'homme. »
Celui-ci fut le complément de la création. Dieu le fit à son image, le nomma
Adam, et lui donna une compagne,
qu'il appela *Eve*.

Comment la création s'est opérée. Il seroit sans doute agréable de savoir comment Dieu débrouilla le cahos ;
si ce fut comme l'a imaginé *Descartes*
en faisant jouer les tourbillons, composés de particules de matière divisi-
bles à l'infini, ou, comme l'a cru le
docteur *Burnet*, en imprimant seulement un premier mouvement, et laissant agir les élémens selon leurs qualités spécifiques, qui portoient la terre
au centre, l'eau autour, l'air et le feu
en haut, conformément aux loix de
l'attraction *neutoniene*, ou enfin comme
l'explique M. *Whiston*, qui, se bor-
nant comme *Moïse* à la création de
notre globe et de ses accessoires, suppose que ce fut d'abord une comète, que
Dieu prépara par une forte et longue
ébullition aux arrangemens qu'il con-
somma ensuite en six jours.

Tant d'efforts pour découvrir ce qu'on ne saura jamais, font regretter que de bons esprits se soient occupés à des recherches dans lesquelles la science s'est épuisée sans utilité et sans succès. Cette manie qui a toujours existé et qui existe encore, se remarque aussi dans les opinions sur *l'essence des esprits et des corps*, et principalement sur la nature et les attributs de *l'homme*.

Qualités d'Adam.

Après sa création il fut selon *Moïse* placé dans un jardin délicieux, nommé le *Paradis terrestre*. Sans doute lui et sa femme étoient dans un état adulte couple qu'on peut conjecturer parfaitement beau. Mais les *Rabbins Thalmudistes* renchérissent sur cette conjecture et exagèrent ses proportions jusqu'à le faire assez grand pour atteindre d'un bout de la terre à l'autre; car, disent-ils, il falloit bien qu'il put passer les mers et visiter son domaine; mais, ajoutent-ils, après son péché sa stature fut reduite à cent aulnes, et même des docteurs Mahométans ne lui donnent plus que la hauteur d'un grand palmier. Pour leur esprit, c'étoit, assurent ces docteurs, le réservoir de toutes les sciences. Point d'arts dont ils ne connussent les procédés et les finesses.

<small>Quand les ames sont créées.</small>

Cet *esprit*, ce souffle divin, c'est ce que nous appelons *ame*. Dieu, demande-t-on, en crée-t-il une à chaque homme qui naît? ou en a-t-il créé d'abord tout ce qu'il en faut, tant que le genre humain subsistera ? Ceux qui combattent la premiere opinion ne veulent pas que Dieu se mette pour ainsi dire à l'affut de l'union des sexes, pour créer une ame, sitôt que cette conjonction s'opère. D'un autre côté les adversaires de l'approvisionnement général demandent à quoi bon tant d'ames oisives, et à quoi les occuper jusqu'à ce que leur tour d'animer un corps soit arrivé ?

Pithagore se tire de l'objection de l'oisiveté où seroient quelques ames pendant des milliers de siècle, en supposant qu'il n'en a été créé qu'une quantité égale à celle des hommes qui devoient exister ensemble sur la terre. Quand ce nombre a été complet, sitôt qu'il mouroit un homme, son ame a passé dans le corps d'un autre qui naissoit, et cette succession s'est perpétuée depuis le moment où ces ames sont entrées en exercice, de sorte qu'il n'en est plus resté aucune oisive. C'est le système de la *métempsicose*, que ses sectateurs préconisent comme le plus propre à applannir les difficultés sur le bien et le mal moral, le bonheur et le malheur des hommes. Il a été embrassé par quelques peuples anciens, et est encore suivi par les *gymnosophistes* philosophes Indiens.

Si la création des ames a excité des débats, celle des corps n'a pas moins exercé les observateurs. Le premier couple, disent-ils, étoit blanc ou noir. S'il étoit blanc, pourquoi y a-t-il des hommes noirs? s'il étoit noir, pourquoi des blancs? Ils en concluent qu'il y a eu avant ou depuis *Adam* une race à lui étrangère, qui en a propagé une colorée différemment de la sienne. Mais connoît-on assez l'influence des climats, la force de l'imagination des mères, et toutes les causes phisiques, pour oser prononcer affirmativement, que jamais le blanc ne peut se nuancer jusqu'au noir, et le noir s'éclaircir jusqu'au blanc?

Les nègres.

Comme il y a entre les êtres une gradation, de ceux qui n'ont qu'une simple existence comme une pierre, à ceux qui ajoutent à l'existence, la vie comme les végétaux, ensuite les animaux qui ont le sentiment, et delà aux hommes qui pensent et raisonnent: de même il manqueroit un anneau à cette chaîne, si entre l'*homme*, si borné dans ses facultés, et *Dieu*, l'être

Les génies Sylphes, anges, etc.

le plus parfait, il ne s'en rencontroit pas d'intermédiaires plus parfaits que l'homme, et moins parfaits que Dieu. Voilà par quelle analogie on croiroit pouvoir prouver l'existence de substances purement spirituelles, mais qui ont la faculté de se revêtir, et se revêtent réellement de corps subtils et déliés, d'un nuage, d'une vapeur qu'elles prennent et déposent à volonté. On leur donne dans quelques religions toutes les passions et toutes les vertus. Elles les inspirent aux hommes, et sont chargées, sous les ordres de Dieu, de gouverner le monde, de faire rouler les planetes et d'amener les évènemens.

Leurs noms sont différens selon les tems et les lieux. Ecoutez quelques philosophes, surtout les Grecs, chaque homme à son *génie* qui l'avertit, le reprend, l'encourage. Souvent le génie de l'un est opposé au génie de l'autre. Vous vous tairez devant moi, ma présence vous gêne, c'est que mon génie a un ascendant sur le vôtre. Le même ascendant décidoit entre les génies du sort d'une ville, d'une province, d'un empire.

Les Perses avoient leurs *Péris*, espèce de héros surnaturels, guerriers et galants. Les Romains des *Sylvains*, des

Driades et des *nymphes*. Nos ancêtres croyoient aux *fées*, aux *sylphes*, aux *ondins*, et peut-être y a-t-il des cabalistes qui y croyent encore. Les chrétiens catholiques adoptent l'existence des *anges* et des *démons*. Les premiers inspirent les bonnes pensées et les bonnes actions ; les seconds tentent les hommes pour les engager à faire le mal.

Telles sont les créatures réelles ou fictives qui sont supposées avoir été en possession du monde, lorsqu'*Adam* et *Eve* y furent introduits.

Leur premier séjour fut le *paradis terrestre*. Moïse en a fixé la situation, et la décrite avec soin. On en a cherché les traces, sans songer qu'elles ont dues être effacées par le déluge. Ne les trouvant pas, on l'a placé dans tous les endroits que les préjugés, le goût et l'imagination ont indiqués, en Asie, en Europe, en Afrique et jusques dans l'Amérique ; tant les hommes sont habiles à se justifier leurs illusions !

Paradis terrestre.

Nos premiers parens entrèrent dans le paradis terrestre sous une condition terrible, ainsi exprimée : « Mangez de » tous les fruits de ces arbres, mais » ne mangez pas du fruit de l'arbre de » la science du bien et du mal ; car en » même-tems que vous en mangerez

Chûte d'Adam.

» vous mourerez. » Moïse raconte les suites de cette menace.

Le fruit étoit beau ; il tente Eve ; elle le désire ; la crainte la fait hésiter. Le serpent la rassure et l'enhardit ; elle en goûte, en fait manger à son mari. Aussitôt leurs yeux s'ouvrent, ils s'apperçoivent qu'ils sont nuds, se couvrent de feuilles, et se cachent de honte. Dieu les appelle, leur reproche amèrement leur faute, les blâme ironiquement d'avoir cru que ce fruit les rendroit semblables à l'éternel. Ils veulent s'excuser, mais reprenant toute sa sévérité, Dieu maudit le serpent, condamne la femme à être assujettie à son mari et à enfanter douloureusement. L'homme à labourer péniblement la terre, et à n'en tirer que difficilement sa nouriture : « Vous mangerez, lui » dit-il, votre pain à la sueur de votre » visage, jusqu'à ce que vous retour- » niez dans la terre, dont vous avez » été tirés ; car vous êtes poussière et » vous retournerez en poussière. » Après cette sentence, il les chasse du paradis ; les portes se ferment, et deux chérubins armés d'une épée flamboyante en défendent l'approche au couple infortuné.

Un arbre dont les fruits donnent la connoissance du bien et du mal, un autre qui rend immortel, un serpent qui parle, un Dieu qui converse avec ses créatures ! tout cela a paru à quelques commentateurs une allégorie orientale. Il faut d'abord, disent-ils, que le serpent, pour lier conversation avec Eve et ne pas l'effrayer, n'ait pas eu la forme hideuse que nous lui connoissons. C'étoit sans doute le *démon* sous la figure d'un beau jeune homme ; les fruits qui donnent la science du bien et du mal, sont les plaisirs qu'il étoit défendu aux jeunes époux de goûter, pendant quelque tems, et c'est le remords de la transgression dont ils crurent Dieu témoin qui leur causa la confusion, qu'ils cherchèrent à cacher.

Il n'est pas étonnant, ajoute le commentaire, que Dieu, qui venoit de les créer, et qui étoit accoutumé de se montrer à eux, conservât une familiarité que nous devons dans l'éloignement trouver fort extraordinaire. L'arbre qui rendoit immortel, ne seroit-ce pas le moyen de se perpétuer, qui donne une espèce d'immortalité. Mais peut-être aussi, disent d'autres, Dieu avoit-il créé un arbre dont les fruits savoureux et substantiels auroient eu la faculté de conserver toujours aux hommes la même force, de les préserver des maladies et de toutes les sensations

14 Précis

douloureuses, jusqu'à ce qu'il lui plût de les transporter dans un séjour encore plus heureux.

Voilà bien des efforts d'imagination pour expliquer des faits merveilleux dont le seul résultat est nécessaire à connoître : savoir que le premier homme a péché, que non-seulement il a été puni en sa personne, mais que toute sa postérité a été enveloppée dans le châtiment de sa faute. Telle est, selon *Moïse*, la source des malheurs qui affligent le genre humain. Quant à *Adam* et *Eve*, on conviendra que si, chassés du paradis, ils ont eu nos goûts et nos besoins, sans avoir pour y satisfaire nos moyens ou des équivalens, ils ont été les plus malheureuses créatures qui ayent existé.

Chronologie avant le déluge. Les chronologistes les font vivre les uns huit cents, les autres près de mille ans. Ils mettent la même variété dans l'âge de leurs enfans, les patriarches antidiluviens ; ce qui porte l'espace du tems qui s'est écoulé depuis la création jusqu'au déluge, où à treize cents sept ou à deux mille deux-cents soixante et deux ans.

Tradition. On sait ce qui s'est passé dans cet intervalle, par les récits qui, de patriarche en patriarche, sont parvenus jusqu'à *Noé*, qui a survécu au déluge.

Il a de même transmis la mémoire des évènemens à ses descendans, desquels *Abraham* les a reçu, et perpétué dans sa race, jusqu'à *Moïse* qui nous les a conservé, mais en très-petit nombre relativement à la durée de cette époque.

Mort d'Abel.

Elle nous présente le tableau du chagrin sans doute le plus amer qu'un père et une mère puissent éprouver. *Adam* et *Ève* entre plusieurs autres enfans dont il est fait mention, en avoient deux qui sont devenus célèbres. *Cain* d'un caractère sombre, né envieux et méchant; *Abel*, doux et naturellement vertueux. Le premier s'adonnoit à l'agriculture, le second au soin des troupeaux. Quelques préférences accordées par les parens aux qualités aimables d'*Abel*, aigrissent *Cain*. Dans un mouvement de jalousie, il tue son frère, et l'enterre.

Châtiment de Cain.

L'historien Juif introduit encore ici Dieu parlant directement à *Cain*. *Qu'est-devenu votre frère*, lui dit-il? *En suis-je le gardien?* répond brusquement le coupable. *En punition de votre crime*, reprend l'Eternel, *vous serez errant et fugitif sur la terre.* Cette idée d'errer perpétuellement exposé au ressentiment des descendans de ses autres frères, effraye le scélérat. *Ils me tueront*, dit-il. *Rassurez-vous*, répond le Seigneur, *j'ai posé un signe, qui em-*

péchera ceux qui vous connoîtront de vous ôter la vie.

Ce signe qui devoit arrêter les bras assassins a été chez les commentateurs le sujet de mille conjectures. Etoit-il dans sa personne ou dehors? dehors: ce pouvoit être un tremblement de terre qui l'environnoit perpétuellement, et empêchoit qu'on ne l'approchât, ou le chien d'*Abel* qui s'étoit attaché à lui, et éloignoit les malveillans. Dedans, les lettres initiales du nom d'*Abel*, ou du sabat, ou du nom de Dieu gravées sur son front; une croix, une corne, la lepre ou un air effaré; des yeux ensanglantés, un tremblement dans tous ses membres; ou enfin, ce qui paroît plus vraisemblable, un air d'agitation et d'inquiétude, suite de ses remords, signe le plus capable de suspendre le coup vengeur, en inspirant de la compassion pour le malheureux.

<small>Naissance des arts, etc.</small>

C'est ainsi que les commentateurs allongent par leurs rêveries, le récit simple, naïf et touchant, de *Moïse*. Il nous marque en peu de mots la naissance de plusieurs arts et coutumes, et de leurs inventeurs. *Lamech*, fils de *Cain*, donna l'exemple de la poligamie. *Cain* lui-même bâtit le premier des villes, fixa les poids et les mesures. Un de ses petits-fils sortit des cavernes, dressa des tentes, et appela à l'entour des bestiaux. *Jubal* inventa la musique; *Tubal-cain* l'art de forger le fer, et de couler l'airain; et on doit à une fille, nommée *Naamah*, celui de filer et de faire la toile.

L'idolâtrie a précédé le déluge. Sans doute il faut en éloigner le commencement du tems où la mémoire de l'unité de Dieu étoit encore fraîche chez les hommes. Peut-être a-t-elle eu son principe dans le respect et la reconnoissance pour des bienfaiteurs de l'humanité, ou destructeurs de monstres ou inventeurs d'arts. Ces sentimens amenent aisément l'adoration. La contemplation des astres, et l'admiration qu'ils inspirent, a aussi été capable de tourner vers eux l'hommage religieux des hommes. Leur cours, leur révolution ont été observés avant le déluge. Leurs périodes furent alors marquées sur deux colonnes, l'une de pierre, pour résister à l'eau, l'autre de brique, pour résister au feu : deux élémens qui selon une prédiction d'*Adam* conservée par tradition, devoient l'un après l'autre opérer la destruction du genre humain. L'historien *Joseph* prétend avoir vu la colonne de pierre encore existante.

L'écriture ne donne pas d'enfans à

L'idolâtrie.

Le déluge.

Abel, mais elle reconnoit une nombreuse postérité à *Seth*, dont la naissance consola *Eve* de la mort d'*Abel*. Les descendans de *Seth* vécurent longtems pieux et sages, séparés des descendans de *Cain*. Ils s'en rapprochèrent à la fin par des alliances, et adoptèrent beaucoup plus les vices des Cainites, qu'ils ne leur communiquèrent leurs vertus. Dieu les trouva confondus dans le crime, lorsque son indignation lui inspira la résolution de détruire cette race perverse.

Un seul nommé *Noé*, descendant de *Seth*, avoit échappé à la corruption générale et mérita d'être exempté de la proscription, avec ses trois enfans, *Sem*, *Cham* et *Japhet* et leurs épouses. Dieu leur ordonna de construire une arche ou un vaisseau capable de contenir un couple de tous les animaux, et de les y renfermer avec lui. Quand ils y furent entrés, Dieu, selon l'expression de l'écriture, ouvrit les cataractes des cieux, appela les eaux des abymes, et elles couvrirent la terre plusieurs coudées par-dessus les plus hautes montagnes. L'inondation dura cinq mois, pendant lesquels tout périt, excepté ce qui étoit dans l'arche. *Noé* en sortit quand la terre fut séchée.

Piété de Noé. L'aspect nud et ravagé de cette terre

autrefois si riante, les traces effrayantes des torrens, la solitude et son vaste silence, quelles tristes réflexions ces objets ne durent-ils pas faire naître chez *Noé* et sa famille. Ils se jettèrent avec confiance dans les bras de la providence, le plus sûr refuge des malheureux, et lui élevèrent sur le mont *Ararat*, où ils étoient descendus, un autel comme témoin de leur résignation, et dépositaire de leurs vœux.

Dieu content de leur soumission changea pour eux, en bénédictions l'anathême prononcé contre *Adam et Eve*. « Multipliez, leur dit-il, et remplissez » la terre ; que tous les animaux trem- » blent devant vous ; nourrissez-vous » de tout ce qui a vie et mouvement. » Quiconque aura répandu le sang sera » puni par l'effusion du sien. Je fais » une alliance éternelle avec vous ; il » n'y aura plus de déluge ; j'en donne » pour garant ce signe qui paroît dans » les cieux : » C'étoit l'arc en ciel ; effet naturel de la réfrangibilité des rayons du soleil dans une nuée opposée ; effet que Dieu indiqua pour lors aux hommes que l'éruption des eaux devoit effrayer, comme un signe qu'il n'y auroit plus de déluge.

Noé cultiva la terre et planta la vigne ; il éprouva le premier les effets

<small>Son ivresse.</small>

souvent dangereux de son jus. L'ivresse le montra dans un état d'indécence à ses enfans. *Cham*, père de *Chanaan*, s'en moqua; au contraire *Sem* et *Japhet* couvrirent respectueusement leur pere d'un manteau. Le vieillard revenu dans son bon sens, apprenant ce qui s'étoit passé, dit dans une colère prophétique : « Seigneur, bénissez Sem,
» et que Chanaan soit son esclave;
» multipliez la postérité de Japhet,
» qu'il habite les tentes, et que Cha-
» naan le serve. »

Sa mort.   *Noé* mourut trois-cents cinquante ans après le déluge près du mont *Ararat*, où on le dit inhumé. D'autres lui font abandonner ses trois fils, nés avant le déluge et partir avec leurs puinés pour la Chine, dont les habitants se croyent le plus ancien des peuples.

Ses descendans.   On a taché de suivre la marche progressive des trois enfants de Noé et de leurs établissemens. La critique qui a présidé à ces recherches n'est ni sûre ni lumineuse ; et d'un cahos immense d'érudition, on ne tire que quelques faits très abrégés.

La véritable religion, c'est à dire le culte d'un seul Dieu, s'est conservé long-temps dans la race de *Sem*. *Cham* est accusé d'avoir jetté les premiers fondemens de l'idolâtrie, d'avoir inventé la magie, d'avoir été débauché, incestueux et cruel. Le plus distingué de ses descendans fut *Nemrod*, qui a bâti de grandes villes, qu'on croit avoir été le premier roi, et qui étoit un *grand chasseur devant le Seigneur*. Cette occupation donnoit alors de la réputation, et méritoit la reconnoissance des hommes, parce qu'elle purgeoit la terre des animaux nuisibles.

C'est dans la branche de *Sem* que s'est perpétuée la famille patriarchale; les *Hébreux* ont emprunté leurs noms de son fils *Heber*; sous ses enfans on commença à bâtir des temples, et à rendre des honneurs divins à différens chefs des nations. *Tharé*, beau-père d'*Abraham*, s'occupoit à faire des statues. Voilà à-peu-près ce qu'on peut recueillir de l'histoire Hébraïque pendant l'espace de mille soixante et dix-huit ans, depuis le déluge jusqu'à la vocation d'Abraham; c'est comme un gros livre dont il n'y a que quelques pages écrites.

L'entreprise de la tour de Babel en est pour ainsi dire le principal chapitre, tant pour le fait en lui-même que pour ses suites qui sont la séparation des nations et leur dispersion par toute la terre. Cet évènement est raconté de la manière suivante: Environ quatre-cents

<small>Tour de Babel</small>

ans après le déluge, et quarante ou cinquante ans depuis la mort de *Noé*, ses enfans qui s'étoient multipliés au bas du mont *Ararat* dans la plaine de *Seinhar*, en s'étendant sur les bords de l'*Euphrate* et du *Tigre*, commencèrent à s'appercevoir que ce pays n'étoit pas suffisant pour les contenir, et qu'il faudroit bientôt se séparer. Ils résolurent d'élever auparavant une tour qui leur serviroit de point de réunion, s'il leur prenoit envie de se rassembler. A ce motif, dont on ne peut blâmer le but, se joignit un sentiment répréhensible d'orgueil [1], exprimé par ces paroles : « Bâtissons-nous une ville et une tour » dont le sommet aille jusqu'aux cieux. » Comme si, modèles des Titans, ils s'étoient proposés d'attaquer Dieu jusques sur son trône.

Ils se mirent avec ardeur à l'ouvrage. Trois ans furent employés aux préparatifs, qui consistoient principalement en briques cuites au soleil, d'un pied et demi d'épaisseur, et en de grands amas de roseaux qui servent encore dans ce pays de ciment, quand ils sont mêlés avec le bitume qu'on ramasse sur les lacs voisins. L'édifice se forma de huit tours quarrées, placées l'une sur l'autre ; elles décroissoient proportionellement en diamètre à mesure qu'elles s'élevoient ; la montée étoit extérieure, coupée sur la masse en rampe douce, qui facilitoit l'élévation des matériaux.

Parvenus les uns disent à une lieue, les autres à deux lieues de hauteur, tout-à-coup les ouvriers s'apperçoivent qu'ils ne s'entendent plus, et que chacun parle une langue différente de celle de son voisin. C'étoit un miracle par lequel Dieu les punissoit de leurs prétentions orgueilleuses. Il n'y eut alors d'autre parti à prendre que d'abandonner l'ouvrage. Quelques voyageurs ont cru encore en reconnoître des restes. Chacun se joignit à ceux dont il entendoit la langue, et dont il étoit entendu. Ainsi se formèrent les peuplades, qui, de proche en proche, ont couvert la surface de la terre.

Confusion des langues.

Premiers ages depuis le Déluge.

Du fait de la confusion des langues tel que *Moïse* le rapporte, on tire du moins cette conséquence avouée par la raison, que c'est à Dieu qu'elles doivent leur origine. Nous savons combien il est difficile de les apprendre, à plus forte raison de les former. On a l'expérience que certaines syllabes sont impossibles à prononcer par ceux qui n'y ont pas été accoutumés d'en-

Leur origine.

fance. Les premières langues ont dû être très-simples, parce qu'elles étoient nécessairement resserrées dans les bornes des connoissances alors peu étendues. Les arts, les sciences et mille autres causes ont fourni successivement des découvertes qui ont enrichi le langage. Si la première langue des hommes a été unique, il a fallu des siècles pour lui donner une sorte de perfection. « Trois causes, dit Scali-
» ger, ont contribué d'abord à former
» et par la suite à perfectionner le lan-
» gage ; savoir la nécessité, l'usage
» et le désir de plaire. La nécessité
» produisit un ensemble de paroles
» très-imparfaitement liées ; l'usage en
» les multipliant leur donna plus d'ex-
» pression, et c'est au désir de plaire
» qu'on dût ensuite ces tournures,
» cet heureux assemblage de mots qui
» donnent aux phrases de l'élégance et
» de la grace. »

L'écriture.   L'écriture doit être de beaucoup postérieure à la parole. Nous ne nous éloignerions pas de croire qu'elle a été pratiquée avant le déluge, puisqu'il y avoit déjà de grands empires, par conséquent une police, des gouvernemens, toutes choses qui ne peuvent guères se soutenir sans des signes convenus qui fassent parvenir au loin avec sûreté et secret les intentions du chef, et ces signes quelqu'ils aient été dans le principe sont l'écriture.

La plus ancienne paroît être l'hiérogliphique, qui peint les choses, et qui a dû être la plus facile à trouver. Celle dont nous nous servons qui peint la parole, est l'effort le plus admirable de l'esprit humain; mais elle a pu être inventée et perfectionnée à force de tems, de soins et de combinaisons; il n'est pas nécessaire pour cela comme ont fait quelques auteurs de recourir à des miracles.

Il n'en a pas fallu non plus pour effectuer la dispersion des peuples. Il est tout naturel qu'une foule pressée dans un endroit, voyant plus loin un pays où elle sera plus à son aise, s'y porte, et ainsi progressivement. L'écriture sainte marque dans cette progression un ordre qui fait croire qu'elle ne dépendit pas du hazard. Quelques calculateurs ont supputé le nombre d'hommes qui existoient au moment de la dispersion, et d'après la proportion de la vie des hommes d'alors, ils ont conclu qu'il doit être porté au-delà de deux-cents quarante mille. Sans doute Noé leur avoit appris les arts qui se pratiquoient avant le déluge; car il en existoit, ne fut-ce que celui de fondre le fer et tous

Dispersion des Peuples.

autres métaux, de les manier et de façonner le bois ; sans lesquels arts, l'arche n'auroit pas pu être construite. En ce cas les enfans de Noé n'auront pas eu la peine d'inventer, peine qui, si le hazard ne s'en mêle, l'emporte sur celle de perfectionner.

Pour le commerce, il a dû s'établir aussi aisément. On a des denrées superflues, le voisin en manque, on échange avec lui ce qu'il a de trop : et quand des contrées se sont égalisées mutuellement, on porte plus au loin ce qui reste. On parcourt les pays, on traverse les mers ; à la place de ce qui seroit embarassant ou de trop difficile défaite, on reçoit des métaux, et pour être sûr du titre, on désire qu'ils soient empreints de l'effigie du prince, ou d'un signe quelconque caractéristique de la garantie de l'état : delà est venue la monnoie. Celui à qui vous confiez votre marchandise n'a pas de ces métaux ; mais il promet de vous en livrer dans un tems déterminé ; delà les billets, les lettres-de-change et les autres obligations qui ont fort étendu le commerce, mais qui lui ont beaucoup ôté de sa première franchise et de sa sûreté. Enfin la conformité de caractères et de mœurs, l'identité de religion, les fléaux même, la guerre, la famine, les inondations, l'ascendant d'un homme plus courageux ou plus fort qui a su dominer les autres, ont concouru à la formation des empires dont nous allons donner l'histoire.

ÉGYPTIENS.

Quoique les Egyptiens ne soient peut-être pas le plus ancien peuple, l'usage a prévalu qu'on les mette les premiers dans l'histoire, sans doute parce qu'ils sont ceux dont il nous reste les notions les plus anciennes et les plus étendues. Leur pays, séjour du bon sens et de la superstition la plus absurde, est long de deux-cents lieues et large de trente; partagé dans sa longueur par le Nil qui l'arrose et le féconde; on le divise en haute, moyenne et basse Egypte.

La première partie, la plus voisine des cataractes étoit autrefois embelie par un grand nombre de superbes villes, de temples majestueux, de palais, de tombeaux, d'obélisques, et sur-tout de cette fameuse *Thèbes*, célèbre par son étonnante population, ses richesses, ses édifices. De chacune de ses cents portes, dit-on, elle faisoit sortir 200 chariots et dix mille hommes. Ce qui reste encore de ruines, rend presque croyable ce qu'on en a écrit. *Memphis*, dans la partie moyenne, sans égaler Thèbes,

Tom. 1.

L'Egypte en affrique, entre l'Ethiopie, au haut des cataractes du Nil, la mer rouge, l'Istme de Suès, la Méditerrannée et la Lybie.

Description.

étale encore aux yeux des voyageurs des débris imposans. Près d'elle sont les monumens gigantesques nommés pyramides, et les traces du lac *Mœris*, creusé de main d'homme, et d'une étendue dont l'imagination est effrayée. On croit que la partie basse de l'Egypte, nommée le *Delta*, à cause de sa figure ressemblante à cette lettre grecque Δ, est une création du Nil, qui en apportant son limon a formé cet attérissement. Au défaut des ouvrages de l'art, elle est richement embellie des dons de la nature, et douée d'une fécondité inaltérable. Il est à remarquer que cette fécondité du *Delta*, est indépendante des crues du Nil, qu'il l'a doit à la bonté de son sol, et qu'elle ne se dément pas, lors même que les basses eaux de ce fleuve occasionnent la disette dans les autres parties de l'Egypte.

<small>Le Nil. Cataractes.</small> Le *Nil*, originaire d'Ethiopie, grossi par les pluies qui y tombent dans les mois d'avril et de mai, se décharge en Egypte par sept cataractes dont l'aspect et le bruit font frissonner les curieux qui en approchent ; mais les habitans des deux bords familiarisés avec le danger, ont donné de tout tems, et donnent encore aux voyageurs, un spectacle d'intrépidité vraiment effrayant. On les voit suspendus

à la cime du fleuve se précipiter à travers les rochers, diriger leurs frêles nacelles, au milieu des gouffres écumans, couverts d'un brouillard perpétuel; et lorsqu'on les croit engloutis, ils reparoissent au loin voguant tranquillement sur le fleuve devenu calme, comme un canal. Ses eaux se répandent lentement sur les terres qu'elles couvrent de proche en proche, et sont conduites dans les plus éloignées par des différens moyens que la nécessité et la pratique du nivellement ont appris aux Egyptiens. Elles restent quatre mois comme stagnantes, et de peur qu'elles ne s'écoulent trop rapidement avant qu'elles aient déposé leur limon fécondant, il souffle pendant ces quatre mois un vent de mer qui les retient.

Aspect de l'Egypte.

Dans le tems de l'inondation, en se plaçant sur quelque lieu élevé comme seroient les pyramides, on découvre une vaste mer sur laquelle s'élèvent plusieurs villages, qui ressemblent à des amas d'îles liées par des chaussées pour la commodité des habitans. Elles sont entremêlées de bosquets dont on ne voit que le sommet; mais dans ces mêmes lieux où voguoient encore au commencement d'octobre, des embarcations de toute espèce, quand la terre est raffermie, vers décembre et janvier, on voit bondir des bestiaux dans une immense prairie émaillée de fleurs, coupée par des haies odoriférantes, et peuplée d'arbres dont les uns promettent et les autres donnent déjà les fruits les plus délicieux.

L'activité du cultivateur anime encore ce tableau. Le travail du laboureur est facile ; il ne fait que gratter la terre quand elle se consolide, y mêler un peu de sable, et elle donne les plus belles récoltes. Le préjugé a étendu jusqu'aux femmes et aux femelles des animaux la propriété fécondante du Nil ; il est vrai que les animaux y multiplient prodigieusement, et que les Egyptiennes peuvent être mères à neuf et dix ans ; mais elles doivent sans doute cet avantage, si c'en est un, moins à l'eau du Nil qu'elles boivent, qu'à la salubrité de l'air, et à la douceur du climat tempéré, quoique sous un soleil brûlant, par la fraîcheur des eaux, et par un vent constant de Nord-Est.

Il faut au Nil à-peu-près trente pieds d'élévation pour procurer l'abondance ; trop ou trop peu cause la stérilité et la disette. Des motifs si importans fixent une attention inquiète sur l'accroissement du fleuve. Mille moyens ont été inventés pour s'en assurer ; la superstition s'en est mêlée. On jettoit autrefois une jeune vierge dans les eaux, au moment qu'elles commençoient à s'enfler, pour se rendre le fleuve favorable; à présent on se contente d'y précipiter une statue. Encore actuellement, la crue du Nil est en Egypte la nouvelle du jour, qui, selon le dégré, occasionne du deuil ou des fêtes.

Les animaux particuliers à l'Egypte sont l'*Hyppopotame* ou cheval de rivière, animal indomptable, féroce et très-irritable. Le *Crocodile*, monstre amphibie et vorace, fait comme le lézard, mais quelquefois de trente pieds de long et au delà. L'*Ichneumon*, espèce de rat qui purge la terre des reptiles et autres insectes engendrés dans le limon après l'inondation; c'est aussi un ennemi très-redoutable pour le crocodile; il casse ses œufs; et lorsque le monstre dort, le petit rat entre par sa gueule et lui ronge les entrailles. Les animaux domestiques, bœufs, chèvres, brebis y réussissent merveilleusement; le mouton y est d'un goût exquis. On y trouve des caméléons, des singes, des chameaux et des gazelles.

Entre les oiseaux qui planent sous ce beau ciel, on distingue l'aigle et le faucon. La pintade et toutes sortes de volailles peuplent les basse-cours. Des bords du fleuve et des étangs qu'il forme s'élèvent le pélican, le héron, des nuées de canards et d'autres oi-

Animaux.

seaux aquatiques. Le poisson y abonde, et fournit au peuple sa principale nourriture. L'*Autruche* accourt en Egypte des plaines sabloneuses qui l'environnent ; et l'Ibis, oiseau autrefois adoré et encore actuellement très-respecté, se tient à l'entrée du désert, comme sur une frontière confiée à sa garde, et dévore les serpens que la Lybie envoie.

<small>Plantes.</small> Excepté les arbres fruitiers, tout autre bois y est rare. Entre les premiers, le datier est le plus commun ; et entre les derniers le palmier, quelques cèdres, et un arbre garni d'épines qu'on croit l'acacia, propre à faire des bateaux. La nature dédommage l'Egypte de la disette des bois par les plantes, le lin toujours si estimé, le *papyrus* dont on tiroit le papier, des habits, des ustensiles, des médicamens, et même dont on mangeoit la moëlle. On faisoit le même usage du lotus ou lys d'étang. Il croît aussi des plantes odoriférantes dont les femmes se parfument, et qui a goûté des fruits, des légumes et des végétaux de l'Egypte, n'est pas étonné que les Juifs les aient regretté.

<small>Pyramides.</small> On va voir en Egypte les *pyramides* qui sont justement mises au nombre des merveilles du monde ; les trois plus remarquables existent depuis plus de trois mille ans, près de l'endroit où étoit autrefois Memphis, et où est ac-

tuellement le grand *Caire.* Le mot de *pyramide*, le nom des architectes, le terme fixe de la bâtisse, de quelle manière elle s'est exécutée, tout cela est la matière de longues et savantes dissertations qui n'apprennent rien. On n'est pas plus instruit du but de l'ouvrage; il y a seulement lieu de conjecturer qu'elles ont été destinées à des sépultures. Ce sont donc des sépulcres qui ont été élevés à si grands frais; et ce but n'est pas indigne des Egyptiens qui attachoient une si grande importance à la conservation des corps de leurs parens, qu'on trouve encore des cadavres qu'on appelle *momies*, très-entiers sous leurs bandelettes aromatisées, et qui ont certainement plusieurs centaines de siècles.

La plus belle pyramide est placée avantageusement sur un rocher de cent pieds d'élévation, dans une plaine unie. C'est un carré parfait, dont chaque côté regardant une des quatre parties du monde, et marquant exactement le méridien, a près de sept cents pieds à sa base, près de cinq cents d'élévation, et va toujours en diminuant jusqu'à une platte-forme d'à-peu-près seize pieds carrés, composée de neuf pièces. On y monte mais très-difficilement par des lits extérieurs de pierres, qui à chaque assisse, se rétrécissent de trois pieds. Etant entré par un passage pratiqué dans le milieu, on y trouve des galeries, des montées, dont les parois sont d'une pierre brillante, d'un poli fini; et dans la plus grande chambre, revêtue de beau marbre, est encore un tombeau de porphire, où la clarté ne pénètre par aucune ouverture. Croyez, si vous n'y avez pas de répugnance, qu'on a employé pour la bâtir trois-cents soixante mille hommes pendant vingt années, et qu'on a dépensé plus de dix millions en ail, raves et oignons pour les ouvriers.

Le Labyrinte. Le *labyrinthe* encore plus étonnant, bâti près du lac *Mœris*, superbement décoré à l'extérieur, contenoit trois mille pièces, vestibules, cabinets, chambres, dont une de cinquante pieds de haut, quinze-cents au rez-de-chaussée, et quinze-cents sous terre; celles-ci destinées, suivant Hérodote qui les avoit vues, à conserver les cadavres embaumés des animaux, regardés comme des dieux; on les nourrissoit dans l'étage supérieur.

Palais des Cataractes et autres. Près des cataractes se voyent les ruines d'un édifice qui paroît avoir été un palais. Son emplacement est semé de colonnes, de statues brisées, et de fragmens du plus beau marbre trèsdélicatement sculptés. On y arrivoit par des avenues de colonnes. Les voyageurs nous assurent qu'il en existe encore six mille tant debout que couchées, de soixante et dix pieds de hauteur, portées trois à trois sur une base, et chargées sur leurs chapiteaux d'énormes figures de sphinx et de lions; ouvrages bien prodigieux, mais qui n'approchent pas encore du temple *Dandéra*, dans le même canton de la haute Egypte, dont les colonnes peuvent à peine être embrassées par huit hommes, et dont la grandeur est telle, que les Arabes ont placé une ville sur la platteforme, qui servoit de comble. Ne fût-elle composée que de tentes à la façon des Arabes, une ville posée sur le comble d'un bâtiment est toujours bien admirable.

On va d'étonnement en étonnement, quand on suit les voyageurs dans les grottes d'*Osyût*, encore dans la haute Egypte, percées au nombre de plus de mille dans un roc très-dur, ouvertes avec simétrie, ornées de pilastres et de colonnes taillées dans la pierre même. Quelques-unes de celles où ils disent avoir pénétrés, et qui ne sont pas les plus grandes, pouroient contenir six-cents cavaliers rangés en bataille. Ces grottes étoient vraisemblablement les carrières d'où on tiroit les obélisques de deux-cents pieds de haut d'une seule pierre, qui nous étonnent encore. On en a trouvé quelques-unes ébauchées dans ces grottes, qui attestent l'habileté des Egyptiens à rendre agréables les lieux les moins propres à être embellis.

Lac Mœris. Si l'utilité de ces énormes excavations est peu connue, du moins celle du lac Mœris n'est pas douteuse. *Mœris*, roi d'Egypte, qui l'a fait creuser, lui a donné son nom. Dans les années d'un trop grand débordement du Nil, il recevoit ses eaux superflues, et les rendoit en supplément dans les années de disette. Malgré les éboulemens de terre, et les amas de limon qui ont dû le rétrécir, on lui trouve encore douze ou quinze lieues de tour. Au milieu se voit un monticule qui paroît formé par les débris de deux statues du roi et de la reine sa femme, qui avoient 36 pieds de haut, et par les ruines d'un palais. Les frais d'entretien de ce lac étoient immenses, mais aussi la pêche en étoit très-lucrative. Les canaux pour l'entrée et la sortie des eaux, les travaux des berges pour les contenir, les portes et les écluses dont on voit encore des traces, marquent que les Egyptiens étoient aussi habiles dans l'architecture hydraulique que dans la colossale. Quelle étonnante révolution s'est faite, comme on va le voir, dans l'intelligence et les talens de ce peuple, ainsi que dans son état civil et ses mœurs.

Origine.

La manie des hommes en fait d'origine est quelquefois bien étrange. Pour paroître plus anciens, les Egyptiens ont mieux aimé se croire nés du limon de leur fleuve, comme certains rats à deux pattes qui fourmillent quand l'eau se retire, que de reconnoître des ancêtres venus d'ailleurs; cependant le nom de Meraim, que leur pays porte souvent dans l'écriture, peut faire croire qu'il descendent de ce fils de Cham, second fils de Noé.

Gouvernement. Rois.

Leur gouvernement a toujours été monarchique; mais il paroît que dès le commencement ils ont pris de sages précautions pour que la puissance d'un seul ne fut pas nuisible à tous. L'éducation du roi n'étoit pas arbitraire. Dès sa naissance le prince qui devoit regner étoit confié aux prêtres, hommes graves, instruits de la religion et des loix. On l'entouroit de jeunes gens de mœurs éprouvées. Nul esclave, nul hommes suspect n'approchoit de lui. On lui inculquoit par des exercices religieux, par des exemples, par le récit journalier des belles actions et des crimes, l'idée d'un Dieu rénumérateur et vengeur. L'heure de toutes les actions de la journée étoit marquée, la forme des habits prescrite, le retour des exercices fixé, sa boisson, les mets de sa table réglés, tant pour la qualité que pour la quantité. Loin de se trouver gênés par la sévérité de ce régime, plusieurs rois ont reconnu qu'ils lui devoient leur force et leur bonne santé. Tant que le monarque vivoit, il étoit respecté comme un Dieu ; mais à sa mort il subissoit le sort des hommes. Le peuple entier le jugeoit sur le seuil de son sépulcre ; et après une exacte discussion, si les bonnes actions ne l'emportoient pas sur les mauvaises, il étoit honteusement privé de la sépulture.

Division des familles. Classes et biens. Le royaume étoit divisé en provinces qui avoient chacune un gouverneur, et les terres partagées entre le roi, les prêtres et les soldats, qui formoient les trois ordres principaux. Il y avoit trois autres sous-ordres, les bergers, les laboureurs et les artisans. La part du roi étoit destinée à l'entretien de sa cour, qu'on vouloit magnifique, à la guerre et aux récompenses d'encouragement. Les biens des prêtres étoient affectés aux frais du culte, et de l'éducation nationale, et au soutien de leurs familles ; ceux des soldats leur tenoient lieu de solde.

La science et la vertu attiroient aux prêtres une grande vénération. Ils avoient un habit distingué, entroient dans le conseil d'état ; et quand il est arrivé aux Egyptiens d'élire un roi, s'il n'étoit pas de la classe des prêtres, on l'initioit dans l'ordre avant que de l'introniser. Sans doute le sacerdoce étoit héréditaire, puisque les Egyptiens étoient obligés de suivre la profession de leurs pères, même les soldats. Ceux-ci donnoient, ainsi que les prêtres leurs biens à cultiver aux laboureurs, à charge d'une redevance. L'habileté des cultivateurs Egyptiens a toujours été renommée, tant pour le labour, que pour l'industrie à nourrir et multiplier les bestiaux. Ils pratiquent encore leur ancienne manière de faire éclore les poulets dans des fours, et de multiplier ainsi prodigieusement la volaille. Nous la connoissons cette manière ; nous l'avons essayée avec quelque succès, et cependant abandonnée.

Justice et lois. Le premier soin dans le choix des juges, étoit qu'ils eussent des mœurs irréprochables. Les membres du premier tribunal de la nation, composé de trente, se prenoient dans les principales villes, parce qu'on y supposoit plus de lumières. Ils choisissoient leur président, qui pour marque de sa dignité, portoit suspendue au col, l'image de la vérité, ornée de diamans. Le roi les payoit ; les causes étoient plaidées par les parties ; le demandeur présentoit sa requête par écrit ; copie en étoit donnée au défendeur qui répondoit ; le premier répliquoit, ensuite sa partie répondoit encore si cela étoit nécessaire ; et sans mot dire le juge tournoit l'image de la vérité vers celui dont il reconnoissoit le droit. Point d'avocats, leur éloquence, leur astuce, leur habitude de déguiser la vérité les rendoit suspects. En général, ils aimoient mieux juger sur écrit que sur parole, parceque la différence de la facilité à s'exprimer peut donner à une des parties une supériorité nuisible à la justice.

Leurs lois ont été reconnues si sages, que les nations même éloignées venoient en chercher chez eux ; et la *sagesse des Egyptiens* étoit devenue proverbe. Il nous en reste sur le parjure, le meurtre, l'esclavage, le commerce, l'adultère, le mariage, et d'autres sujets ; elles marquent beaucoup de sagacité. On en jugera par celle-ci : « Les » parens qui auront tué leurs enfans » ne seront pas mis à mort, mais ils » tiendront les cadavres embrassés pen-

» dant trois jours et trois nuits. » Et afin qu'ils ne pussent pas éluder la loi, on mettoit des gardes auprès d'eux. Selon une autre coutume qui équivaloit à une loi, les voleurs et filoux formoient une société qui avoit un chef ; ils étoient obligés de s'inscrire sur un registre, et de s'engager par serment à remettre le vol au chef ; ceux qui étoient volés s'adressoient à lui ; il rendoit l'objet, et retenoit seulement la quatrième partie de la valeur. De pareilles associations autorisées dans les grandes villes, contribueroient peut-être autant au bon ordre que les lois pénales.

Religion.

Les Egyptiens adoroient plusieurs divinités dont les principales étoient le le soleil et la lune, sous les noms d'*Isis* et d'*Osiris*. Ils préposèrent aussi des dieux à tous les élémens ; *Vulcain* au feu, *Cérès* à la terre, *Océan* à la mer, *Minerve* à l'air ; *Jupiter*, l'esprit, la force vivifiante, ils le plaçoient dans le ciel ; ils faisoient animer les étoiles et les planettes par d'autres dieux subalternes ou par les ames des héros. Une preuve de la persuasion où ils étoient de l'existence d'un Dieu suprême, créateur et conservateur du monde, c'est cette inscription d'un de leurs temples : « Je suis tout ce qui a été, est et sera, » et aucun mortel n'a encore levé le

» voile qui me couvre ». Et cette autre qui existe encore : « A toi la déesse » *Isis* qui étant une, es toute chose ».

Le désir de faire connoître l'influence, et le pouvoir qu'ils attribuoient à leurs dieux, en a rendu les représentations très-bisarres. Un œil au bout d'un sceptre signifioit la providence d'*Osiris*, un faucon sa vue perçante. Ces emblêmes s'ajoutoient à sa figure de jeune homme, décorée d'une faculté générative très-marquée. *Isis* étoit toute couverte de mamelles, pour signifier qu'elle nourrissoit toutes choses. On lui mettoit à la tête des cornes, un sistre et une cruche dans la main, et d'autres signes qui indiquoient les phases de la lune, la fécondité du Nil et les fêtes établies à cette occasion. *Sérapis*, dieu de l'abondance, avoit un boisseau sur la tête. *Jupiter-Ammon* avoit la tête d'un bélier, *Ambis* celle d'un chien, d'autres dieux des têtes, des pieds, des mains, des corps d'animaux avec des faces humaines; d'où il arrivoit que le peuple oubliant le motif de ces signes, s'attachoit à la chose représentante, et en est venu jusqu'à adorer les animaux dont les figures n'étoient ajoutées ou substituées au personnage que pour rappeller les qualités qui le faisoient honorer d'un culte.

Delà au culte des animaux même, il *Superstitions.* n'y avoit pas grand chemin à faire, et les Egyptiens le franchirent. On sait les attentions, les soins, les précautions avec lesquels ils choisissoient et nourrissoient le bœuf *Apis.* Il n'y avoit pas une seule ville qui n'eût son animal divinisé, chat, chien, loup, porc, crocodile, reptile, oiseau, poisson, avec de grands bâtimens, des viviers, des volières, selon leur nature, et des prêtres pour les servir. Mais le singulier, c'est que l'animal qui étoit adoré dans une ville, étoit immolé dans l'autre, d'où naissoient des haines funestes entre les habitans du même pays. On prétend que ces haines avoient été provoquées par la politique d'un de leur rois.

Voyant ses sujets naturellement enclins à la sédition, il ordonna à chaque province et à chaque ville d'adorer un animal particulier, et de suivre un différent régime de vie. Par cette loi, les Egyptiens se trouvant partagés en sociétés distinctes, prévenues les unes contre les autres au sujet de la religion, et se méprisant mutuellement à cause de la diversité de leurs coutumes, ne pouvoient que très-difficilement se réunir pour causer des troubles généraux dans l'état. On pourroit encore dériver ce culte des animaux de leurs étendards sur lesquels ils peignoient ceux qui leur étoient les plus utiles, comme l'*Ibis* et le *Faucon* qui dévoroient les serpens, l'*Ichneumon* qui empêchoit la multiplication des crocodiles, le chat qui détruisoit les rats, fléau commun en Egypte. Mais pour le culte des oignons, porreaux, feves et autres légumes, on n'en peut trouver l'origine que dans une ridicule démence, qui n'a pu être le partage que de la partie la plus ignorante du peuple, si toutes fois ce culte a jamais été pratiqué, et si ce n'est pas une exagération des historiens, pour mettre le comble au mépris qu'attiroit aux Egyptiens leur fanatisme religieux, de la part des autres nations, et surtout des Grecs leurs voisins.

Culte.
Il est certain qu'on ne peut rien ajouter au respect, à la vénération, à l'exactitude scrupuleuse qu'ils portoient dans leurs cérémonies. Ils avoient des sacrifices, et même, affreuse superstition! des sacrifices humains, une liturgie pompeuse, des fêtes gaies et brillantes. Comme les autres peuples ils se firent des oracles. Leurs temples et leurs idoles brilloient d'ornemens et s'enrichissoient tous les jours par les offrandes. A voir cette magnificence, on auroit peine à croire que l'objet en étoit une brute ou un légume; mais tout s'allie,

dans les têtes, et avec la démence la la plus ridicule, on trouve chez les Egyptiens les institutions civiles les plus sages. Ils les ont conservé long-tems, et une coutume nouvelle chez eux étoit un prodige.

L'éducation étoit fort soignée, confiée aux prêtres qui enseignoient la religion, la géométrie, l'arithmétique, à lire et à écrire, sur-tout à ceux qu'on destinoit au commerce : ils les formoient à la sobriété, en ne permettant pas qu'ils usassent d'alimens trop recherchés. Les Egyptiens étoient peu vêtus, marchoient nuds pieds. On les accoutumoit de bonne heure à respecter la vieillesse. On ne vouloit ni de la musique ni de la lutte : la premiere énervoit l'ame, la seconde pouvoit nuire au corps par des efforts outrés. Il n'est pourtant pas vraisemblable qu'ils se soient passés de chant ; ce plaisir est de toutes les nations et de tous les tems ; mais ils tempéroient étrangement la gaieté. Dans les grands repas on apportoit sous les yeux des convives, un cercueil, ou un vrai cadavre, qu'on accompagnoit de cette apostrophe : *regarde ce mort, tu deviendras semblable à lui.* _{Mœurs et coutumes.}

La circoncision étoit en usage chez les Egyptiens. Ils se faisoient une obligation de la propreté, et un point d'honneur de la reconnoissance, leur vertu favorite. On remarque que dans quelques cantons les femmes faisoient le commerce et les affaires du dehors, les hommes filoient et s'occupoient du ménage. On leur trouve encore plusieurs habitudes propres a un sexe transférées à l'autre.

<small>Deuil, sépulchres, embaumemens.</small> Peut être sont-ils les premiers qui aient enseigné le dogme de l'immortalité de l'ame; ils la perpétuoient par la métempsicose. Elle passe, disoient-ils, d'un corps dans un autre, même dans ceux des animaux; mais ses transmigrations ne commencent qu'après la corruption du cadavre; delà venoit qu'ils prenoient tant de mesures pour le conserver. Ils n'épargnoient ni peines ni dépenses dans la construction de leurs sépulcres, qu'ils nommoient des *demeures éternelles*, pendant qu'ils n'appelloient les plus beaux palais que des *hotelleries*.

Les cérémonies funéraires commençoient par le deuil des femmes, qui consistoit en lamentations et en cris forcenés. L'embaumeur étoit appellé; selon le prix qu'on vouloit y mettre, il employoit des aromates plus ou moins précieux, observant des procédés plus ou moins parfaits: il exécutoit les détails de son art avec tant d'adresse, que le corps n'en étoit point défiguré. Les poils même des sourcils et des paupieres n'en recevoient aucune altération, et les formes du visage étoient assez conservées, pour qu'on pût reconnoître la personne. Ils couvroient le cercueil d'hiérogliphes servant peut-être d'épitaphes.

Les parens du défunt faisoient avertir par un crieur public que tel jour, un tel qu'ils nommoient, devoit être transporté à son sépulcre, et invitoient à la cérémonie ses amis et les juges établis pour l'examen des actions du défunt : on repassoit toute sa vie sans parler de sa naissance, parce que les Egyptiens se croioient tous égaux. Les hommes reconnus vertueux étoient renfermés dans le tombeau avec des éloges, des hymnes d'actions de graces et des prieres aux Dieux de les placer dans un séjour de bonheur. Quand le défunt avoit commis quelque crime, ou laissoit des dettes, il n'étoit pas enterré. Son corps restoit dans quelque lieu particulier de la maison, et il est arrivé que ses descendans devenus riches satisfaisoient les créanciers, et faisoient ainsi obtenir à leurs ancêtres les honneurs de la sépulture.   *Jugement des morts.*

En ne faisant attention qu'au nom des arts pratiqués et des sciences cultivées par les Egyptiens, on croiroit qu'ils ont   *Les sciences et arts.*

eu toutes les connoissances des modernes augmentées de tous les talens acquis par les nations pendant la durée de plusieurs siecles. Mais en approfondissant on s'appercevroit que de quelques-unes de ces sciences, ils n'ont eu quelquefois que le nom et les élémens, et qu'ils étoient bien loin de notre perfection; très-estimables néanmoins d'avoir fait briller quelques jets de lumiere, lorsque les autres nations étoient plongées dans une epaisse obscurité.

Louons les donc d'avoir eu une géométrie, c'est-à-dire, de s'être fait quelques principes pour reconnoître les bornes des terres abandonnées par le fleuve; mais ils ne sçavoient pas mesurer les distances inabordables. Leur ariméthique étoit un calcul économique et tout au plus mercantille. Placés sous un ciel serein et sur un sol uni, jouissant d'un vaste horizon, ils ont étudié le cours des astres et ont fixé le retour des mois et des années, ce qui est beaucoup, mais très-peu en comparaison des théories savantes qui forment notre astronomie. Crédules et superstitieux, ils ont donné dans l'astrologie judiciaire, c'est-à-dire, l'opinion de l'influence des astres sur la destinée des hommes; dans la magie qui est la science de tromper par les illusions. Si on juge de leurs progrès dans la peinture par les figures qu'on trouve sur les cercueils des momies, les seuls monumens de cette espèce qui nous restent; ils étoient fort peu avancés. Leurs dessins sont grossiers et lourds. Il paroît qu'ils n'étoient pas plus habiles en sculpture. Leurs ouvrages en ce genre sont des figures emmaillotées jusqu'aux épaules, ou qui diminuant de la ceinture jusqu'en bas, finissent en gaine. On dit qu'il y avoit des ouvriers qui ne faisoient que des jambes, d'autres des pieds, d'autres des bras et des mains, d'autres des têtes et ainsi du reste. Conçoit-on que toutes ces parties faites dans des ateliers différens, aient jamais pu s'adapter avec grace et justesse, et donner comme quelques auteurs le prétendent, des statues parfaites.

Les bornes posées à la médecine ont dû aussi empêcher le développement de cette science. Il n'étoit permis à un médecin de s'occuper que d'un genre de maladie, et si même dans cette maladie, il employoit un traitement autre que celui qui étoit prescrit par le dispensaire, et que si le malade succomboit, le médecin étoit puni de mort. Deux inconvéniens très-nuisibles dans cette loi: le premier que le médecin borné à la cure d'une seule maladie, les ramenoit toutes à celle qu'il connoissoit, et étoit par là exposé à employer souvent un traitement tout contraire à celui que le mal exigeoit. Le second, que ne pouvant sous peine de mort varier ses ordonnances, ne pouvoit non plus faire d'expériences : ainsi la science restoit toujours dans son enfance. Les médecins étoient payés du trésor public. L'art des embaumemens auroit dû leur procurer des connoissances anatomiques ; mais il paroît qu'ils n'en ont pas beaucoup profité.

Commerce.   Le commerce a fleuri dès les premiers tems. L'intérieur, par le Nil entre les villes et les provinces ; l'extérieur, avec les étrangers, par les canaux tirés à travers les déserts, communiquant du fleuve à la mer rouge, golphe de l'océan, s'étendant par le même fleuve à la méditérannée. Ainsi l'Egypte étoit le lien des deux mers. Elle tiroit par les caravannes les marchandises précieuses de l'Arabie et de l'Inde, qu'elle transportoit avec ses bleds dans la partie méridionale de l'Europe, qui en étoit peu fournie.

Art militaire.   L'art de la guerre n'étoit pas ignoré des Egyptiens. Circonscrits par des montagnes et des déserts, défendus par des remparts naturels, contre les invasions hostiles, ils auroient dû vivre dans une paix perpétuelle ; mais ils eurent comme tant d'autres peuples la manie des conquêtes, et se formerent sur-tout une cavalerie qui a été célèbre.

Les Egyptiens, ainsi que presque tous les Orientaux, avoient deux langues, une sacrée et une prophane. On prétend même que la sacrée étoit double : une appliquée aux mystères les plus secrets, étoit possédée seulement par les chefs des prêtres. La profane s'est conservée chez les Coptes, habitans indigènes, descendans des anciens. Il y a eu aussi deux sortes d'écriture : l'hiérogliphique dont nous avons tant de traces sur les monumens Egyptiens, et une autre pour les usages communs de la vie, qui peignoit les mots. On présume que ses caractères ressembloient à-peu-près à ceux des Chinois. Langue et écriture, tout est perdu pour nous. Ce sont les Grecs qui nous ont fourni ce que nous avons dit sur les usages des Egyptiens, et qui nous fourniront ce que nous allons dire sur l'histoire.

Jupiter et *Junon* enfans de *Saturne* et de *Rhée*, c'est-à-dire du tems et de la terre, engendrèrent *Osiris*, *Isis*, *Tiphon*, *Apollon* et *Vénus*. *Rhée* par une infidélité commise après beaucoup d'autres, avec *Mercure*, dont elle se trouvoit enceinte, fut condamnée par son mari à ne pouvoir accoucher dans aucun mois de l'année ; mais son amant eut l'adresse de dérober à plusieurs mois des heures dont il forma cinq jours, qui n'appartenoient à aucun mois. Pendant ces jours la déesse, comme pour se dédommager, se délivra d'une multitude de dieux et de déesses.

L'ainé de cette étonnante progéniture, reçut encore le nom d'*Osiris*, et son éducation fut confiée à une vierge qui l'éleva avec beaucoup de soins et de tendresse. Parvenu au trône d'Egypte, il travailla à adoucir les mœurs sauvages de ses sujets, bâtit la première ville et des temples, et conçut le projet d'étendre sur toute la terre le bienfait de la civilisation.

Nul conquérant ne peut lui être comparé, s'il n'employa que les armes qu'on lui suppose; savoir l'éloquence, la musique et la poésie. Il se fit accompagner dans son voyage par neuf vierges habiles musiciennes, qu'il mit sous la conduite d'*Apollon* son frère. Il leur joignit *Maro*, qui le premier enseigna à planter et à cultiver la vigne, et *Triptoléme* auquel on doit l'art de sémer et de recueillir. Outre ces personnes utiles, il grossit son cortège de quelques satyres dont la gaieté, les danses et les facéties lui parurent propres à gagner le peuple, moyen en effet souvent plus puissant que la raison.

En allant travailler au bonheur des autres nations, *Osiris* n'oublia pas la sienne. Il laissa pour défendre ses sujets *Hercule*, qu'il nomma chef de l'armée. *Antée*, *Busiris* et *Promethée*, furent chargés du gouvernement des principales provinces, et il confia l'administration générale à *Isis* sa femme, sous la direction d'*Hermès*: d'*Hermès*, qui a été sans contredit le plus habile des hommes, puisqu'on lui doit les sons articulés et appellatifs, les lettres, la religion, l'astronomie, la musique, la lutte, l'arithmétique, la lyre à trois cordes, et l'usage de l'olive.

Ces précautions prises, *Osiris* passe en Ethiopie, parcourt l'Arabie, l'Inde, une bonne partie de l'Asie, s'avance jusqu'à la lisière de l'Europe, marquant son passage par des villes qu'il bâtissoit, des temples et d'autres monumens, qui lui méritèrent moins de gloire que les connoissances utiles dont il enrichit tous ces peuples.

Revenu dans ses états, le conquérant législateur n'y trouva pas le bonheur qu'il avoit droit de se promettre. *Typhon* son frère, dans le dessein de s'approprier le royaume, avoit formé un parti dont le roi ne se défioit pas. Reçu avec l'apparence de l'amitié, *Osiris* se rend à un repas préparé par *Typhon*. Les convives étoient les complices du perfide. Pendant le repas on apporte un coffre magnifique,

Chacun en admire l'ouvrage et la richesse. Il sera, dit *Typhon*, à celui d'entre vous qui le remplira avec justesse. Plusieurs s'y mesurent inutilement, *Osyris* y entre à son tour ; le coffre se ferme ; on verse dessus du plomb fondu à grands flots, et on le précipite dans la mer.

Isis son épouse désolée cherche le coffre, et après bien des peines le trouve chez un roi voisin qui l'avoit tiré de la mer. Elle jette un tel cri que le fils de ce roi en meurt de peur. D'un regard elle tue l'autre fils, qui eut l'indiscrétion de venir la surprendre pendant qu'elle colloit tristement son visage sur celui de son époux, et elle sèche d'un souffle un fleuve coupable de la seule faute de n'avoir pas arrêté un vent qui lui déplaisoit.

Cette terrible princesse poursuit *Typhon*, le bat, le tue, place ses enfans sur différens trônes, tout cela par les conseils secrets d'*Osiris* qui revient clandestinement sur la terre, et la rendit encore mère.

Tems héroïques.

Rois.
Ménès.

Après ces tems fabuleux, le premier roi qui se présente sur la scène, dans les tems qu'on appelle héroïques, mais sans date certaine est *Ménès*. Il dessecha la partie basse de l'Egypte, de marais la rendit terre ferme, changea le cours du Nil pour l'utilité du pays, enseigna la religion, institua des fêtes solennelles, et fut suivi de cinquante rois de sa race.

Il paroît que l'Egypte s'enrichit et s'embellit pendant cette longue succession ; mais elle perdit ces avantages par l'invasion des peuples venus du couchant, qui fondirent sur ce beau royaume et l'asservirent. Ils sont représentés comme une horde de sauvages, et leurs rois comme des tyrans qui pilloient, massacroient, détruisoient, et sembloient mettre leur gloire à effacer jusqu'au nom des nations conquises. Ces conquérans sont appellés *peuple pasteur;* apparemment parce qu'ils s'appliquoient au pâturage. On ne sait s'ils dominèrent long-tems en Egypte ; mais enfin ils furent vaincus à leur tour, confinés d'abord dans un coin du pays, ensuite chassés ou détruits, ou confondus avec les indigènes. Quelques commentateurs les prennent pour les Israélites ; mais la chronologie contredit cette opinion. *Rois pasteurs.*

Les Egyptiens ayant pris le dessus, se firent des rois de leur pays. Après une suite de plusieurs princes, dont un, *Busiris*, fonda Thèbes, parut *Osymandias*. Il fut assez puissant pour lever contre les Ethiopiens une armée de quatre cents mille fantassins et de vingt mille cavaliers. Il attachoit un grand honneur à son goût pour les bâtimens. « Ce- *Osymandias.*

» lui, disoit-il, qui enviera ma grandeur,
» n'a qu'à m'égaler dans quelqu'un de
» mes ouvrages ». Ce *roi des rois*, ainsi s'appelloit-il lui-même, orna Memphis de portiques, de temples, de son propre tombeau et d'autres monumens. C'est une justice à lui rendre, qu'il sut joindre dans ses édifices l'agrément à la majesté, différent de plusieurs de ses prédécesseurs et de ses successeurs, qui ne s'embarassoient pas qu'une chose fut belle, pourvu qu'elle fut grande. Il bâtit aussi une bibliothéque, et mit sur la porte cette inscription: *La pharmacie de l'ame.*

Nitocris.

Plusieurs monarques après lui augmentèrent Thèbes et l'embellirent. *Nitocris* fut la première femme qui porta la couronne en Egypte. Elle la reçut des Egyptiens qui avoient ôté le sceptre à son frère. Mais, plus vindicative que reconnoissante, elle noya dans un souterrain les seigneurs qui précipitant le frère du trône, y avoient porté la sœur. On la dépeint belle, avec des cheveux blonds et un teint admirable; mais on lui reproche sa cruauté. Elle éleva une des pyramides.

Sésostris.

Douze générations se passèrent jusqu'à *Méris* qui creusa le fameux lac de son nom. On le fait prédécesseur immédiat du célèbre *Sésostris*; d'autres donnent au père de ce monarque illustre, le nom d'*Aménophis*. A la naissance de son fils, le père prévoyant fit assembler tous les enfans nés le même jour, pour être élevés avec lui, persuadé que ceux qui auroient été ses compagnons et ses égaux pendant son enfance, seroient des ministres fidèles et des soldats affectionnés.

C'est le *Sésostris* que l'auteur de Télémaque a sû faire admirer et aimer, en lui donnant dans sa vieillesse du repentir de son orgueil, de son amour pour les conquêtes, de son luxe et de toutes les brillantes foiblesses qui séduisent les jeunes monarques. Il lui reconnoît de la douceur, de la bonté, du goût pour les sciences et les arts, une grande tendresse pour les peuples, vertus que l'histoire ne dément pas.

Pour première expédition, son père l'envoya purger la Lybie des serpens et des monstres, et combattre les Arabes qu'il vainquit en portant ses armes jusqu'à l'Océan Atlantique. Ces succès lui donnèrent le désir de les étendre plus loin, même sur toute la terre, s'il étoit possible. Il commença par s'assurer le centre de sa puissance ; s'efforça de gagner le cœur de ses sujets, par des libéralités et des actions de clémence ; pardonna à tous ceux qui étoient coupables de rébellion ; paya les dettes de ceux qui étoient insolvables; joignit à ces actes de bienfaisance une aimable affabilité, et pourvut à la sûreté du pays en y établissant trente-six gouverneurs sous la régence de son frère.

Sachant que l'union et l'honneur font la force des armées, *Sésostris* établit pour la terre et pour la mer des ordres militaires formés de l'élite de ses sujets. A la tête de ces braves, tantôt sur ses vaisseaux qui couvrirent l'océan de l'Inde et la Méditerranée, tantôt avec des corps d'armée qui parcoururent depuis les bords du Gange jusqu'en Thrace, il subjugua, vainquit, triompha et érigea en plusieurs endroits des colonnes qu'on voyoit encore long tems après lui; elles portoient cette inscription: *Sésostris, roi des rois, seigneur des seigneurs, a soumis ce pays par la force de ses armes.* Il se trouvoit même plusieurs siècles après, dans la Colchide, des hommes qu'à leur teint basanné, à leurs cheveux frisés, à leur langage, à leurs coutumes, surtout à celle de la circoncision, on jugeoit Egyptiens. Une tradition les faisoit descendre des soldats de *Sésostris*. Les conquérans sont des torrens qui laissent souvent une partie de leurs eaux dans les terres qu'ils ravagent.

Après neuf ans de travaux, *Sésostris* revint en Egypte, traînant après lui une foule d'esclaves. *Armaïs*, que d'autres nomment *Danaus* son frère, qui s'étoit accoutumé à commander, voulut se défaire du roi, qui échappa comme par miracle aux feux qui devoient le consumer. Il se contenta de chasser le coupable qui se retira en Grèce. *Sésostris* employa le reste de ses jours à fortifier et à embellir l'Egypte. Il construisit une grande muraille à travers les déserts, pour prévenir les courses des Syriens et des Arabes, nivela, pour ainsi dire, son royaume, en creusant les endroits qui ne pouvoient pas recevoir le fleuve, et en élevant ceux qui étoient trop inondés. Il coupa l'Egypte par beaucoup de canaux utiles au commerce ; mais la nation qui jusqu'alors avoit été redoutable par ses chevaux et ses charriots, perdit par ces coupures cet avantage. Enfin, il construisit dans chaque ville importante un temple magnifique avec cette inscription : *Aucun Egyptien n'a travaillé à cet édifice.* Preuve de l'extrême attention qu'il avoit à ne pas fouler son peuple.

Tout le travail retomba apparemment sur les esclaves. On peut juger de la conduite qu'il tenoit à l'égard du commun des captifs, par la manière dont il traitoit leurs rois. De tems en tems il les faisoit atteler à son char. S'appercevant un jour qu'un de ces infortunés, lié au timon, tournoit souvent la tête, et considéroit tristement les roues, il voulut savoir quelle pensée l'occupoit alors : « O roi, répondit » le prince, le tournoiement de la roue » me rappelle les vicissitudes de la for- » tune ; chaque partie est tour-à-tour » en haut et en bas ; c'est le sort des » hommes. Assis aujourd'hui sur le trône, » ils se voient réduits le lendemain au » plus honteux esclavage ». Cette leçon corrigea *Sésostris*. Dans sa vieillesse il devint aveugle, et se tua lui-même : action qui fut célébrée comme un acte du plus grand courage.

Sésostris II.   *Sésostris* II, eut de commun avec son père, de devenir aveugle ; non pas cependant par vieillesse, mais par punition d'un sacrilége. Le dieu du Nil qui s'étoit ainsi vengé de ce qu'il avoit, dans un excès de colère, lancé un javelot contre ses eaux, lui indiqua malignement un remède qui se trouva difficile ; c'étoit de se laver les yeux avec l'urine d'une femme qui auroit été toujours fidèle à son mari. Celle de sa femme, par laquelle il commença, n'opéra pas ; il s'adressa sans succès à plusieurs autres ; et enfin la guérison s'accomplit par la femme d'un jardinier : il l'épousa, et fit brûler toutes celles qu'il croyoit adultères.

Actisanès.   A plusieurs rois Egyptiens dont le

dernier fut un tyran, succéda *Actisanès* Ethiopien, que les Egyptiens eux-mêmes appelèrent au trône. Il étoit grand justicier. Sa sévérité peupla Rhinocolure, ville la plus reculée des terres entre la Syrie et l'Egypte, dans une contrée stérile, et sans autre boisson qu'une eau salée et amère. Il y envoyoit les voleurs, dont il fit faire une exacte recherche, et qu'on flétrit d'une ignominie éternelle en leur coupant le nez. La nécessité, mère de l'invention, leur enseigna l'art de faire des filets de roseaux, avec lesquels ils prenoient les cailles qui passoient par ce pays à des tems marqués.

Mendes, son successeur, roi par élection, bâtit le labyrinthe. Une anarchie de cinq générations amena sur le trône *Menes*, d'une naissance obscure, appellé par les Grecs *Protée*. Ils lui ont donné comme à un grand magicien le pouvoir de prendre toutes sortes de formes, même celle du feu : ce qui n'est que l'emblème de la coutume des Egyptiens, d'orner la tête de leurs rois de figures d'animaux et de végétaux, et même d'encens brûlant. Pendant le règne de *Protée*, *Paris* et *Helène* furent poussés par la tempête en Egypte, et échappèrent difficilement à la justice du roi, qui vouloit les punir de leur adultère.

<small>Mendes Protée.</small>

Remphis.

Remphis son fils fut extrêmement avare. Il fit bâtir une forteresse pour garder ses trésors. Il la croyoit inaccessible, mais en allant visiter ses richesses, il s'apperçut qu'elles diminuoient. La cause en étoit simple. L'architecte en bâtissant, avoit placé une pierre avec tant d'art, qu'un seul homme pouvoit l'ôter et la remettre sans qu'il y parût, et ainsi entrer et prendre ce qu'il voudroit. En mourant, il déclara ce secret à ses deux fils, qui en faisoient l'usage dont le roi s'apperçut, par la diminution de son trésor. Il mit des piéges autour des vases qui contenoient l'or. Les voleurs ne se défiant de rien vinrent comme à l'ordinaire. Le premier fut pris, et voyant qu'il ne pouvoit se débarrasser, il exhorta son frère à lui couper la tête et à l'emporter, afin qu'on ne pût découvrir les complices. Intéressé par sa propre sûreté, le frère obéit, et le lendemain le roi ne trouva qu'un corps sans tête, dont il ne put tirer aucune indice. Il mit tout en œuvre, jusqu'à prostituer sa fille, pour découvrir le voleur. Celui-ci s'exposant toujours, échappoit à toutes les recherches, et il donna tant de traits d'adresse et d'habileté, que le roi, auquel il osa se déclarer, lui donna sa fille en mariage, et l'employa utilement dans le gouvernement de ses états.

Chéops.

Après huit rois, *Chéops* monta sur le trône, et bâtit la grande pyramide. Sa fille qui se prostitua pour aider à son père à faire les frais de cet édifice, en bâtit une petite du produit des présens particuliers de chacun de ses amans. L'histoire fait connoître que les femmes égyptiennes n'étoient pas délicates sur la pudeur.

Mycérinus.

Nous avons cependant l'exemple d'une princesse qui se donna la mort pour un attentat fait à sa chasteté. Cet attentat étoit le crime de *Mycérinus* son père. Il devint amoureux de sa fille ; il la viola, et elle se pendit. Le père lui fit faire des obsèques magnifiques : on vante d'ailleurs la douceur et la bonté de ce monarque ; ce furent, dit-on, ses vertus qui hâterent sa mort. Un oracle lui signifia qu'il n'avoit plus que six ans à vivre ; « mais, répliqua-t-il, mon père
» et mon oncle qui étoient des monstres
» d'impiété et de cruauté, ont vécu
» long-tems, ma clémence sera très-
» mal récompensée si une prophétie
» aussi sévère s'accomplit. Votre père
» et votre oncle, répondit l'oracle, sa-
» voient les décrets du sort qui avoit
» condamné les Egyptiens à cent cin-
» quante ans d'esclavage et de misère,

» et ils ont agi conformément à cette
» connoissance; vous avez interrompu
» le cours de leurs maux, et vous vous
» êtes opposé aux décrets du sort, à
» la vérité involontairement, mais vous
» n'en serez pas moins puni ». Singulière manière de donner raison à ses dieux.

Gnephactus. *Gnephactus* est le roi qu'on place après *Mycérinus*. Il est renommé pour sa sobriété : le goût lui en vint par nécessité. Dans une expédition qu'il fit en Arabie, les vivres lui ayant manqué, son armée se soutint plusieurs jours par les alimens les plus vils; il en conclut qu'on pouvoit bien se passer de bonne chere, et il la défendit dans tous ses états. Un autre auroit pu croire qu'il falloit au contraire se dédommager de la disette dans l'abondance.

Bocchoris le sage.
Architis.
Son fils *Bocchoris* le sage, a mérité ce surnom par des institutions utiles, qui le font regarder comme un législateur. Pour rétablir le crédit, et faire circuler l'argent, *Architis* son successeur, permit d'emprunter sur le corps de son père, qui devenoit ainsi une obligation inviolable qu'on se transmettoit. Le débiteur donnoit en gage le cadavre à son créancier; il ne pouvoit être enterré, ni lui ni ses descendans, que la dette ne fut acquittée.

Un Éthiopien, nommé *Sabbaco*, monta sur le trône par droit de conquête, et en chassa *Anysis*, qui s'enfuit dans les marais. Une vision avoit ordonné à l'Éthiopien cette entreprise ; une autre vision, cinquante ans après, lui ordonna de massacrer tous les prêtres : il aima mieux abdiquer la couronne, et se retira dans son pays. *Anysis* reprit le trône, et y fut remplacé après sa mort, par *Séthon*, de l'ordre sacerdotal. Cette alternative de rois conquérans, rois détrônés, rois rétablis, marquent une fermentation qui aboutit à un gouvernement de douze rois.

<small>Anysis. Sabbaco. Séthon.</small>

Maîtres du royaume, ils prirent toutes les mesures possibles pour s'affermir. Les plus embarrassantes étoient contre l'ambition l'un de l'autre. Ils consultèrent l'oracle ; il répondit : « celui d'entre
» vous qui fera une libation avec une
» coupe d'airain, sera roi de toute l'É-
» gypte ». Un autre oracle ajouta :
» celui que vous maltraiterez sera vengé
» par des hommes d'airain, qui sorti-
» ront de la mer ». Un jour qu'ils étoient tous rassemblés pour un sacrifice, il ne se trouva que onze coupes pour eux douze. *Psammétique*, l'un d'entre eux, emplit de vin son casque d'airain, et s'en sert pour faire la li-

<small>Les douze rois</small>

bation aux dieux. Voilà déjà l'explication du premier oracle. Ses collègues s'en allarment, et le reléguent dans les marais, apparemment dans la partie basse de l'Egypte. Pendant qu'il s'y abandonnoit à l'indignation que lui causoit un traitement si injuste, des habitans de la côte accourent effrayés, et lui disent : *des hommes d'airain sortent de la mer*. C'étoient des corsaires Indiens et Cariens, revêtus de cuirasses d'airain, qui abordoient pour piller. Application du second oracle. *Psammétique* la saisit, fait alliance avec eux, assemble une armée dont ils deviennent la principale force, fond à leur tête sur les onze autres rois, les défait, et s'empare seul du trône. On a l'époque de cet évènement. A ce prince commence le tems vrai de l'histoire égyptienne.

Tems vrai. Psammétique. Après le déluge. 2339.

De ce moment les Grecs eurent un grand crédit en Egypte. *Psammétique* leur donna des terres, et leur marqua la plus grande confiance. Deux cents mille Egyptiens, apparemment de l'ordre militaire, piqués de cette préférence, l'abandonnent pour aller chercher des établissemens ailleurs. Il envoie après eux, y court lui-même, leur fait de grandes promesses ; démarche inutile : Frappant de leurs lances sur leurs boucliers ; « tant que nous aurons des ar-

» mes, dirent-ils, nous ne manquerons
» pas de patrie ; et avec cela, ajoutè-
» rent-ils, en se découvrant indécem-
» ment, nous ne manquerons ni de
» femmes ni d'enfans ». Ils se retirèrent
en Éthiopie, et s'y établirent dans une
contrée fertile.

Pour réparer cette perte, *Psammé-tique* s'appliqua à s'attacher ses sujets par de bonnes manières, sans cependant négliger les étrangers, auxquels il témoigna toujours beaucoup d'égards. Il leur ouvrit ses ports, et fit fleurir le commerce. Il fit rechercher les sources du Nil, et fut le premier des rois d'Egypte qui but du vin. Il y avoit pourtant déjà plus de deux mille ans que *Noé* avoit planté la vigne. C'étoit aussi bien tard rechercher qu'elle étoit la plus ancienne nation de la terre. *Psammé-tique* crut pouvoir la connoître par la première parole que prononceroient deux enfans qu'il fit élever, sans qu'ils entendissent jamais un seul mot. A deux ans ils prononcèrent le mot *beccos*, qui signifie en phrygien, du pain ; donc conclut-il, la nation phrygienne est la plus ancienne.

On rapporte que sous *Nécho pharaon* son fils et son successeur, les Egyptiens guidés par des phéniciens, sortirent de la mer Rouge par le détroit de

Babel-mandel, dirigèrent leur course vers les bords orientaux d'Afrique, doublèrent le cap de Bonne-Espérance, et ayant passé le détroit de Gibraltrar, retournèrent par la Méditerranée en Egypte, où ils arrivèrent au bout de trois ans.

Pendant que les flottes de *Nécho* couvroient la Méditerranée et le golphe Arabique, ses armées de terre combattoient les Mèdes et les Babyloniens, qui venoient de renverser la monarchie des Assyriens. Il vainquit les premiers sur les bords de l'Euphrate, triompha aussi des Juifs sous *Achaz*; mais fut à son tour vaincu par *Nabuchodonosor*, roi des Babyloniens.

Psammis.

On ne voit pas que *Psammis*, fils de *Nécho*, ait continué cette guerre. Il avoit apparemment une grande réputation de sagesse, puisque les Grecs vinrent le consulter sur la police des jeux olympiques. Sa première question fut : « Vos propres citoyens qui jugent » les compétiteurs, sont-ils admis à dis- » puter le prix ? Sans doute, répon- » dirent-ils. C'est pécher, répliqua le » roi, contre les règles de l'hospitalité; » car il est naturel qu'ils favorisent plus » leurs compatriotes que les étrangers ». On ne sait si les députés profitèrent de cette observation.

Apriès le *Pharao Hophra* de l'é- **Apirès Pharao Hophra.**
criture, fut un prince belliqueux. Il con-
tinua ou reprit la guerre contre les Babyloniens, et développa de grandes forces, tant de terre que de mer, contre
les Tyriens, les Sidoniens et les Cy-
priots. Sa politique astucieuse trompa
les Juifs, qu'il engagea dans une guerre
contre *Nabuchodonosor*, empereur
d'Assyrie. Il les abandona ensuite ;
mais il éprouva lui-même, comme en
punition, une trahison dans son propre
royaume. Il avoit mécontenté son armée, qui après une défaite l'accusa de
l'avoir exposé témérairement et l'abandonna. *Amasis*, un de ses officiers, rassembla les déserteurs. Envain *Apriès*
lui opposa une armée d'étrangers ; malgré leur bravoure ils furent battus et
Apriès tomba entre les mains du vainqueur.

Amasis vouloit sauver le prince, mais **Amasis.**
le peuple toujours féroce dans sa haine, **2420.**
l'obligea de s'en défaire, et il fut étranglé. La vie d'*Amasis*, avant que de parvenir au trône avoit été conforme à sa
naissance grossière, libertine et même
criminelle, car il aimoit le vol, et ne se
tira souvent des mauvaises affaires que
cette inclination lui suscitoit, que par
la hardiesse et l'effronterie. Il paroît que

c'étoit un vrai soldat élevé dans la licence des camps, qui ne sut jamais ni se gêner, ni se corriger dans ses propos et dans ses plaisirs. On lui manquoit de respect, il s'en offensoit peu. Cependant il voulut un jour faire connoître qu'il n'étoit pas tout-à-fait indifférent au manque d'égards, qu'il croyoit lui être attirée par sa naissance. D'une cuvette d'or qui servoit à laver ses pieds, il fit faire une idôle qu'il plaça dans le temple le plus fréquenté de la ville, où elle fut révérée de tout le monde. Alors il assembla sa cour et lui dit: « Le dieu que vous ado-
» rez à présent, a été fait d'un vase
» destiné aux usages les plus vils. Il en
» doit être de même à mon égard. Au-
» trefois homme du peuple, je suis pré-
» sentement votre roi, n'oubliez ja-
» mais le respect que vous me devez ».
Ceux qui avoient favorisé ses désordres, il les punit, et marquoit au contraire de l'estime et de la considération à ceux qui ne l'avoient pas ménagé.

L'Égypte fut très-florissante pendant la plus grande partie de son règne. Soit goût naturel, soit habileté à discerner les bons ouvriers, il orna son royaume d'édifices magnifiques. On a de lui une loi sage; savoir: l'obligation prescrite à chaque Egyptien d'informer une fois par an le magistrat du genre de travail qui lui procuroit sa subsistance.

Sa vie auroit été un bonheur continu sans une haine mortelle que lui jura sur la fin *Cambyse*, roi de Perse. On en rapporte pour cause le refus qu'*Amasis* fit de donner une de ses filles à *Cambyse*, s'imaginant qu'il la vouloit pour concubine. L'orgueil du Persan fut tellement mortifié, qu'il arma puissamment contre l'Egyptien. Il débaucha son meilleur général, et sut, pour se procurer une flotte, se prévaloir d'une faute bien impolitique d'*Amasis*, contre *Polycrate*, tyran de Samos, son ancien ami.

« J'apprends, lui écrivoit confidemment le monarque, que vous êtes parfaitement heureux, et je crains pour vous un retour fâcheux, si vous ne vous procurez vous-même quelque peine qui mélange ce bonheur trop constant. Examinez donc ce que vous possédez de plus précieux, ce que vous perdriez avec le plus sensible regret, et perdez-le de manière qu'il ne puisse être retrouvé ; et si la fortune s'obstine à vous favoriser, obstinez-vous aussi jusqu'à ce que vous ayez apporté du remède à votre prospérité par le moyen que je vous indique ». *Polycrate* se prête à ce caprice, il avoit un bijou qu'il aimoit beaucoup, il le jette dans la mer. On le retrouva quelques jours après dans le ventre d'un poisson, qui lui fut rapporté. « Voilà, se dit *Amasis*, un bonheur trop » constant, je pourrois bien être enve- » loppé dans les disgraces de *Polycrate*, aussitôt il lui signifie qu'il renonce à son amitié, et le tyran de Samos, piqué, fournit à *Cambyse* des vaisseaux pour le transporter en Egypte.

Amasis ne fut pas témoin lui-même des premiers avantages de *Cambyse*. Le fléau tomba sur les *Psamméticus*, son fils et son successeur. Une seule bataille le mit dans les fers des Persans, mais avec des circonstances qu'il est bon de raconter, pour faire frémir sur l'horreur des représailles.

Le général qui avoit abandonné les drapeaux d'*Amasis*, se nommoit *Phanès* et étoit Grec. Ses soldats restés attachés aux Egyptiens quand le chef déserta, sachant qu'il étoit dans l'armée persane, pour donner à *Psamméticus* une preuve de leur attachement, prennent les enfants de *Phanès* qu'ils avoient retenus, les conduisent à la tête de l'armée prête à combattre, et à la vue du père et de ses nouveaux amis, il les égorgent sur un vase qui reçoit leur sang et le boivent. La mêlée fut terrible. La

[marginal note: Psamméticus. 2474.]

rage et le désespoir animoient les deux partis. Les Egyptiens cèdent à la fin et s'enfuient jusqu'à Memphis. *Cambyse* leur envoie un hérault pour les engager à se rendre. Ces forcénés mettent en pièces le hérault, et traînent ses membres par la ville. Les Persans y entrent sans effort. Les cruels sont toujours lâches. La punition du peuple, peut-être seul coupable de cet affreux excès, retomba sur les grands qui ne les avoient pas empêchés.

Dix jours après la prise de la ville, le roi d'Egypte est traîné honteusement dans le fauxbourg, pour jouer son rôle dans la plus affreuse tragédie qu'il soit possible d'imaginer. On le place dans un endroit élevé; aussitôt paroît devant lui sa fille, habillée comme une pauvre esclave, avec une cruche pour puiser de l'eau, attribut de la basse servilité, suivie des filles des premières maisons de l'Egypte, revêtues d'habits pareils, et déplorant à grands cris leur infortune. Les pères qu'on avoit placés avec *Psamméticus*, fondoient en larmes à ce spectacle. Lui seul, quoique prêt à succomber sous le poids de sa douleur, retenoit ses sanglots, et fixoit ses yeux à terre. Ces filles étoient suivies du fils du roi, et de deux mille jeunes seigneurs Egyptiens, portant des mords dans la bouche, et des licols autour du col. Ils alloient être immolés aux mânes du hérault persan qui avoit été massacré. *Psamméticus*, comme s'il eut été pétrifié de douleur, ne levoit pas les yeux, pendant que les pères autour de lui, donnoient les marques les plus éclatantes de désespoir. Mais ce monarque si maître des signes de sa sensibilité, appercevant dans la foule un de ses intimes amis, dont l'extérieur annonçoit la plus extrême misère, pleura amèrement, et se frappa comme un furieux. *Cambyse* lui fit demander l'explication de sa conduite. « Les calamités de ma » famille sont trop grandes, répondit-» il, pour donner lieu à la réflexion qui » fait couler les larmes, mais la vue d'un » ami réduit à la misère m'a donné le » tems de réfléchir, et me permet de » pleurer ». Est-ce que les larmes ne sont que l'effet de la réflexion ?

Cette réponse fit connoître au monarque persan que l'infortuné prince avoit senti tout l'excès de son malheur. Il le crut assez puni, ordonna qu'on fit grace à son fils ; mais il étoit déjà mort. *Psamméticus* ayant laissé dans la suite échapper quelque désir de vengeance, fut aussi condamné à mort, et finit sa vie après six mois de règne. *Cambyse* promena, pour ainsi dire, sa vengeance et sa fureur sur toute l'Egypte, qu'il ravagea et pilla inhumainement. Il fit tirer le corps d'*Amasis* de son tombeau, le fit mettre en pièces et brûler. Mais ce qui toucha le plus les Egyptiens, ce fut la mort du bœuf Apis, leur dieu, que *Cambyse* tua lui-même. Cette injure qu'ils regardèrent comme faite à toute la nation, la toucha tellement, qu'elle conserva depuis une haine implacable contre les Perses, et ne put jamais rester paisible sous leur domination.

Réduite en province de l'empire persan, l'Egypte devint un foyer perpétuel de séditions. Les Egyptiens mordoient avec rage le frein qui les retenoit, et quiconque se présentoit pour les en délivrer étoit accepté. A cette condition, ils déférèrent la couronne à *Inarus*, roi de Lidie. Ce prince se soutint quelque tems contre les Perses, fut vaincu à la fin et fait prisonnier, quoiqu'il eut su se procurer un secours puissant des Athéniens. Ses vainqueurs le firent inhumainement crucifier. {Inarus. 2539.}

Ce terrible exemple n'empêcha pas que les Egyptiens ne trouvassent des chefs contre les Persans; tant une couronne a d'appas! Elle fut successivement portée par *Amyrtacus* et sept princes {Amyrtacus. 2585.}

après lui ; mais toujours chancelante, et tombant souvent sous les efforts des Perses, malgré ceux des Grecs, qui acquirent pendant tout ce tems une grande prépondérance en Egypte, et qui surent bien faire payer leurs secours.

Tachos.
2632.

On crut quelque tems que *Tachos*, d'une race égyptienne, soutiendroit le trône où on l'avoit placé ; mais il ne sut pas profiter des conseils d'*Agésilas*, roi de Sparte. La simplicité et l'air peu distingué de ce vieux général lui déplurent. Il confia ses principales forces à un autre chef qui se laissa vaincre. Cette défaite mécontenta les Egyptiens. Ils chassèrent *Tachos*. *Agésilas* contribua au succès de la révolte, par vengeance contre le roi qui l'avoit méprisé.

Nectanebès.
2642.

Le chef des révoltés, *Nectanebès*, aussi d'un sang Egyptien, prit le sceptre et la couronne. Le peuple accoutumé aux factions, travailla bientôt à renverser son propre ouvrage. Le roi se trouva enfermé dans une ville ; il en sortit par le secours d'*Agésilas*, et fut assez habile, pour former une ligue de plusieurs peuples contre les Perses qui agitoient toujours son royaume. Ceux-ci firent un dernier effort, et soumirent l'Egypte. *Nectanebès* ramassa ce qu'il pût de ses trésors, et s'enfuit en Ethiopie, d'où il ne revint plus. Par là s'accomplit la prophétie d'Ezéchiel : *Il n'y aura plus de prince du pays d'Egypte.*

Ainsi, le royaume le plus riche et le plus florissant, le dépôt des arts et des sciences, puissant en flottes et en troupes de terre qui avoit souvent imposé la loi à ses voisins, et porté ses conquêtes dans des provinces éloignées, célèbre par son attachement à sa religion et à ses rois, le centre du commerce par sa position entre les deux mers, inaccessible aux invasions par les déserts qui l'environnent, devint, et n'a cessé d'être la proie, des factions et des étrangers, et n'est plus visité par les voyageurs, que comme un monument de ruines, couvert des débris de sa grandeur.

MOABITES.

L'histoire d'Egypte est liée par le voisinage à celle des Israélites ; mais avant que de parler de ceux-ci, il convient de faire connoître les peuples avec lesquels ils eurent à traiter, lorsqu'ils prirent possession de la terre de Chanaan, ou *terre promise.* Moabites situés entre le lac Asphaltide, le Jourdain, les Ammonites, le pays de Madian et d'Edom.

Les premiers sont les Moabites, descendans de *Moab*, fils de *Loth*, par sa fille aînée. *Loth* étoit neveu d'*Abraham*, qui le prit sous sa protection, et l'em- Loth.

mena avec lui en Egypte, lorsque la famine le contraignit d'y aller. En se séparant, à cause de leur nombreuse suite, *Abraham* abandonna à *Loth* la plaine du Jourdain. *Loth* se trouva voisin de Sodome, dont les habitans, en punition de leurs mœurs infâmes, furent détruits par le feu du ciel. Fuyant avec deux de ses filles, cette contrée maudite, il se réfugia dans une caverne. Ces jeunes filles s'imaginant que tous les hommes avoient péri par l'embrasement de Sodome, et ne voulant pas laisser finir le monde, enivrent *Loth*, et deviennent enceintes; l'aînée de *Moab*, père des Moabites; et la cadette d'*Ammon*, père des Ammonites.

Pays et mœurs.
Le pays des Moabites est montagneux, et propre au pâturage. Leur capitale se nommoit *Ar*. Ils étoient gouvernés par des rois, et pratiquoient la circoncision. *Moïse* leur trouva encore l'idée d'un seul dieu, sans doute transmise par *Loth*; mais obscurcie par des notions fausses et idolâtres. On leur reproche de l'obscénité dans les mœurs. Ils sacrifioient sur les montagnes des taureaux et des boucs, et même dans des occasions extraordinaires des victimes humaines. Les enfans de Moab se multipliant et s'étendant, chassèrent ou détruisirent les premiers habitans du pays, race gigantesque et terrible qui descendoit de *Cham*, mais

qu'ils trouvèrent très-affoiblis par les victoires de *Coder la Homer*, roi d'Edom.

Balack, un de leurs rois, pressé par les Israélites, quand *Josué* les introduisit dans la terre promise, et n'étant pas le plus fort, employa, avec succès contre eux, les moyens des foibles, la superstition et la séduction. Persuadé qu'il y a une vertu secrette attachée aux imprécations et malédictions qu'on lance contre un ennemi, *Balak* fait venir un prophète nommé *Balaam*, l'engage d'aller sur une montagne d'où il pourroit voir l'armée ennemie et de la maudire. *Balaam* se met en marche, mais son ânesse refuse d'avancer. Il la pique, l'animal résiste, parle comme les chevaux d'Homer, et se plaint d'être maltraité pendant qu'un ange armé lui barre le chemin. *Balaam*, cependant, désirant gagner les présens qu'on lui promettoit, ouvre la bouche pour lancer des malédictions, mais contre ses efforts, ils n'en sort que des bénédictions. Outré à son tour, d'être malgré lui un organe de prospérités pour le peuple qu'il vouloit perdre : « En vain, dit-il à *Balack*, » vous prétendrez nuire à cette nation, » tant qu'elle sera fidèle à son dieu ; le » seul moyen de la vaincre, est de lui » faire oublier sa religion : envoyez dans » leur camp vos plus belles filles, mu- » nies d'instructions nécessaires, et

Balaam.

» comptez sur le succès ». En effet, il ne se fit pas attendre; de la débauche, les Israélites passèrent bientôt à l'idolâtrie. Dieu les en punit par une plaie qui emporta plusieurs milliers d'hommes, et les Moabites furent délivrés.

Un roi de cette nation nommé *Eglon*, tint pendant dix-huit ans les Israélites sous sa domination, et leur imposa un fort tribut. Un Benjamite, nommé *Chol*, qui étoit chargé d'aller le payer, forma le projet d'affranchir sa nation de cette servitude, et y réussit en tuant le tyran. A leur tour, ces peuples passèrent sous le joug des Israélites, pendant le règne de *David*; et en général, ils partagèrent les succès de leurs vainqueurs, et leurs disgraces. Trainés comme eux en captivité, révoltés, soumis, jusqu'à ce qu'ils se confondirent dans les grandes nations qui ravagèrent ces contrées, ou quelques-unes de leurs descendans existent, dit-on, encore sous la dénomination générale d'Arabes.

AMMONITES.

Ammonites, situés entre les montagnes de Galaad, le Jourdain, la rivière d'Amon, les Moabites et les déserts de l'Arabie.

Ammon, père des Ammonites, descendoit de *Loth*, par sa fille cadette; ils trouvèrent, comme les Moabites, des géans qui insensiblement disparurent. Ce pays assez uni, étoit fertile en blé. La capitale se nommoit *Rabbah*. Ils avoient des rois, et pratiquoient la circoncision. C'est tout ce qu'on en sait. On n'a pas plus de lumière sur leur religion, qui a été pure dans son principe ; mais ils la souillèrent par le culte de *Moloch*, dieu du feu, auquel ils offroient leurs enfans. Les uns disent qu'ils ne faisoient que les passer sur la flamme pour les purifier ; les autres, ce qui n'est que trop vraisemblable, qu'ils les jetoient vivans dans des fournaises de cuivre, au bruit des tambours qui empêchoient qu'on n'entendit les cris de ces malheureuses victimes.

Mœurs et coutumes.

Ils ont été souvent en guerre contre les Israélites avec des succès variés. On raconte une cruauté atroce de *Nahash*, un de leurs rois. Ayant réduit à l'extrémité la ville de Jabès qu'il assiégeoit, les habitans offrirent de se rendre, et de le reconnoître pour souverain. « Je » le veux, répondit-il ; mais à condi- » tion que pour préliminaire de l'alliance, » on vous crèvera à chacun l'œil droit ». En réponse à cette terrible proposition, les habitans demandèrent sept jours de délai. Pendant cet intervalle, il leur arriva des secours, et le barbare en fut pour son affreux projet.

L'imprudence d'un jeune roi, nommé *Hanon*, attira une guerre cruelle de la part de *David*. Ce prince lui avoit envoyé des ambassadeurs pour le féliciter au commencement de son règne. Des mauvais conseillers persuadèrent à *Hanon* que c'étoit un prétexte pour reconnoître ses forces. Sur cette supposition, il leur fait couper la moitié de la barbe et leurs habits jusqu'à la ceinture et les renvoye ainsi honteusement défigurés. *David* arma. La guerre dura plusieurs années. Enfin, *Hanon* réduit à sa capitale, fut tué dans l'assaut. *David*, dit *Joseph*, ôta lui-même de dessus la tête du mort, sa couronne d'or, ornée de pierreries de grand prix, et fit expirer tous les habitans dans les supplices. Ceux des autres villes ne furent pas mieux traités. Ce carnage effaça pour long-temps les Ammonites de la liste des nations belliqueuses; cependant, on les voit reparoître sous les Macchabées, leur tenir tête, puis disparoître engloutis par les grandes nations, et ne plus subsister qu'en petit nombre, comme leurs frères les Moabites, sous le nom d'Arabes.

MADIANITES.

Madianites, dans l'Arabie Pétrée, entre le lac Asphaltide, le pays de Moab, la Mer Rouge et l'Idumée. Mœurs et coutumes.

A l'orient du Jourdain, sur le bord de la mer Rouge et de l'Arabie Pétrée, habitoient les Madianites, issus de *Madian*, fils d'*Abraham* et de *Cetura* son esclave.

Cette position les rendit pasteurs et marchands : les premiers vivoient sous des tentes, promenoient leurs troupeaux dans ces plaines partie verdoyantes, partie sabloneuses et parsemées de roches ; s'arrêtoient où ils trouvoient des sources et des pâturages : et quand ceux-ci étoient consumés, ils en alloient chercher d'autres.

Entre les bestiaux qui composoient leurs troupeaux, il se trouvoit beaucoup de chameaux et de dromadaires, qu'on appelle les *vaisseaux de terre*, à cause de la charge qu'ils portent. Ils les vendoient avantageusement à ceux de leurs compatriotes qui s'adonnoient au commerce. Ces marchands le faisoient, comme ils le font encore aujourd'hui, à travers les déserts. Ils apportoient aux pasteurs les parfums de l'Arabie. Le voisinage de la mer Rouge les rendit aussi marins. Par cette voie, ils tiroient les étoffes précieuses de l'Inde ; de sorte que sous des tentes couvertes d'un feutre grossier, habitoit souvent le luxe asiatique.

Des peuples errans et voyageurs, s'ils ont une religion, ont rarement un culte fixe ; celui-ci se propage par la communication et l'enseignement dans les grandes sociétés, et surtout dans les villes. Or, il y avoit très-peu de cités chez les *Madianites*. Leur capitale s'appeloit

Religion.

Madian. On en voit encore les ruines sous le même nom. Ils ne pratiquoient pas la circoncision, adoroient en grande partie de faux dieux ; mais rendoient aussi hommage au véritable. *Jethro*, surnommé *le Prêtre de Madian*, qui fut en commerce d'amitié avec Moïse, laissa au milieu des Madianites, ses frères, une postérité qui ne se souilla jamais par les rites de l'idolâtrie, mais qui aussi fit peu de prosélytes.

Gouvernement. Les chaînes du gouvernement ne les gênoient pas plus que le joug de la religion. Ils se laissoient commander tantôt par un roi, tantôt par plusieurs chefs, qui étoient obéis, autant que l'autorité pouvoit se faire respecter, chez des peuples si enclins à l'indépendance. Leurs guerres étoient des courses très-redoutées par les Israélites, qui y ont été fort exposés, et s'en sont quelquefois cruellement vengés ; mais il n'étoit pas aisé d'atteindre les Madianites. Ils se précipitoient dans le pays comme un torrent, ravageoient, fuyoient ; et quand on les croyoit bien loin, revenoient piller le reste. Si on les poursuivoit avec opiniâtreté, hommes, femmes, enfans, bestiaux, s'enfonçoient dans le désert, ne laissant après eux aucune trace.

Leurs guerres avec les Israélites ont toujours été fort cruelles. Il semble que ce fut un défi à qui s'extermineroit ; ils s'égorgeoient et réduisoient leurs villes en cendres. Après avoir subi les mêmes vicissitudes du sort que les Israélites, le nom des Madianites s'est mêlé et perdu dans les nations les plus célèbres de l'Arabie.

Edomites ou Iduméens.

Les Iduméens descendoient d'*Abraham* par *Isaac* son fils, qui fut père d'*Esaü*, nommé aussi *Edom*. Le terrain qu'ils habitoient a tellement varié, qu'il est impossible d'en fixer la juste position et l'étendue. On sait seulement que, tantôt élargi et tantôt resserré, il a occupé un lieu difficile à circonscrire, entre Madian, le Jourdain et la Méditerranée, qu'il touchoit en plusieurs points : il est rempli de montagnes, baigné d'eaux courantes ; mais il a des sources, et produisoit autrefois du vin et du froment. *Edomites ou Iduméens, situés entre Madian, le Jourdain et la Méditerranée.*

Même difficulté pour décrire les mœurs et les coutumes des Iduméens, qui ont dû changer dans la durée des siècles. Pendant leur état de prospérité, ils faisoient un grand commerce, tant sur la mer Rouge que sur la Méditerranée ; leur principal étoit avec Tyr et Sidon. Ils mettoient sur pied des troupes nombreuses, et beaucoup de charriots armés *Mœurs et coutumes.*

qui décidoient alors du succès des combats. Leurs villes étoient bien bâties et bien fortifiées; ils cultivoient les sciences et les arts. On leur reproche quelque chose d'insociable dans le caractère, de la dureté, de l'orgueil, qui ne les abandonnoit pas même dans leurs disgraces.

<small>Religion et gouvernement.</small> Descendans d'*Isaac*, ils conservoient la circoncision et le culte d'un seul dieu, sauf les cérémonies idolâtres, que l'ignorance, les préjugés, la corruption des mœurs, et les mauvais exemples de leurs voisins ont pu y joindre. Leur premier gouvernement fut patriarchal, ensuite la royauté élective.

Enfans d'*Isaac* par *Esaü*, comme les Juifs l'étoient par *Jacob*, ces deux peuples frères furent des ennemis très-acharnés. Les Iduméens, dans le pays où *Esaü* les avoit pour ainsi dire implantés, avoient trouvé d'anciens habitans dont la race s'éteignit insensiblement. Ils y restèrent seuls, s'y établirent, s'y fortifièrent, et lorsqu'ils jouissoient tranquillement de leurs possessions, arrive une nation entière, que le désert où elle avoit erré pendant quarante ans vomit sur cette contrée florissante. Le roi d'*Edom* s'oppose d'abord à son passage, et traite ensuite avec elle.

On sait l'antipathie chagrine qu'*Esaü* montra toujours à son frère *Jacob*, depuis que celui-ci lui eut dérobé son droit d'ainesse. Il semble que ce sentiment devint héréditaire à leurs descendans. Les *Iduméens* et les *Juifs* ne se firent pas la guerre comme les autres peuples. C'étoit une fureur et une rage qui les portoit, non à se vaincre, mais à se détruire. Après une bataille importante qu'ils se livrèrent, dans laquelle les *Iduméens* perdirent dix-huit mille hommes, *Joad*, général de *David*, fit massacrer tous ceux qu'on put rencontrer. Les malheureux restes de ce peuple infortuné se réfugièrent partie chez les *Moabites*, partie en Egypte, avec *Nadad* leur roi. Il tenta de rentrer dans son royaume, et ne réussit pas. L'Idumée resta assujettie à la maison de *David*, gouvernée par ses vice-rois. Les *Iduméens* voulurent rompre leurs chaînes; les *Juifs* les appesantirent; ils les secouèrent de nouveau, et une défaite éclatante entraîna la perte de leur capitale, située sur des rochers, d'où le général ennemi fit précipiter dix mille captifs.

Après de pareilles exécutions, il n'est pas étonnant qu'ils aient conservé une haine violente contre les Juifs; ils étoient toujours prêts à se liguer contre eux. Réduits comme eux en esclavage par les Babyloniens, il semble que leur malheur étoit soulagé par celui de leurs anciens ennemis ; et ils firent tous leurs efforts pour engager leur commun vainqueur à raser *Jérusalem*.

Il manqueroit un trait au tableau du caractère opiniatre et vindicatif des *Iduméens*, si on ne remarquoit qu'ils étoient autant incapables de se céder entre eux, que de se concilier avec leurs voisins. Ils se minoient par des guerres perpétuelles au-dedans et au-dehors, et une nation si puissante fut réduite à se réfugier sur un coin de la contrée qu'elle occupoit auparavant toute entière avec gloire. Elle se fondit dans la masse des Juifs qu'elle abhorroit, et, dans la lie des peuples voisins, dont elle avoit souvent soumis l'alliance à ses intérêts et à ses caprices.

Amalécites.

<small>Amalécites, entre Chanaan, Edom, l'Egypte et les déserts du côté de la mer.</small>

Les Amalécites descendoient d'*Eliphaz*, premier né d'*Esaü*, mais par une esclave, au lieu que les Iduméens descendoient d'une femme légitime. C'est sur cette diversité d'origine que l'on fonde la rivalité qui a toujours existé entre ces deux peuples.

<small>Arts et coutumes.</small>

D'ailleurs ils se ressembloient par la religion, mélangée de bien et de mal, par le goût des arts, par le commerce, que leur position entre les mers Rouge et Méditerranée, et la proximité de l'Egypte leur permit de cultiver et d'étendre. On les soupçonne même d'avoir été conquérans, et d'avoir fait partie de ce *peuple pasteur* qui subjugua l'Egypte, et y domina pendant deux cents ans. C'est sans doute cet état brillant qui l'a fait nommer par les historiens Juifs *le premier des peuples ;* mais aussi à côté de cette pompeuse qualification se trouve cette fatale prédiction : *Sa mémoire sera pour jamais effacée de dessous les cieux.*

En effet, les guerres perpétuelles contre leurs voisins, et surtout contre les Juifs, les ruinèrent insensiblement. *Saül* en fit une destruction effrayante ; *David* extermina, par l'ordre d'un prophète, ce qui avoit échappé au premier massacre, et il n'eut pas la permission de sauver leur roi *Agag*, qui fut coupé par morceaux. Depuis cette terrible exécution, on ne voit plus le nom d'*Amalec* que dans l'histoire d'*Esther*, lorsqu'*Aman*, Amalécit , par vengeance d'une humiliation que le Juif *Mardochée* lui avoit attirée sans le vouloir, conçut le dessein de faire périr en une seule nuit, non-seulement tous les Juifs répandus dans les états d'*Assuérus*, roi de Babylone, mais ceux même qu'il avoit laissés en Judée, pleurer sur les ruines de leur patrie. Cet affreux projet retomba sur *Aman*, qui fut exterminé avec toute sa famille, et les Juifs eurent la permission de poursuivre partout leurs ennemis, dont ils firent un grand carnage. Après cet événement les Amalécites n'ont plus reparu.

CHANANÉENS.

Tome 3.

Chanaan, entre le mont Liban, les Moabites et les Philistins.

Il est aussi difficile de fixer l'arrondissement du pays des Chananéens, que d'y placer les différentes tribus qui l'ont habité. Elles étoient au nombre de sept ou de neuf, descendant de *Cham*, fils de *Noé*. Ces peuples furent principalement l'objet des malédictions que nous avons rapportées, données par *Noé* à *Cham* leur ancêtre, et leur destinée étoit d'être à la fin exterminés, chassés ou assujettis.

Mœurs et coutumes.

On sait peu de chose des Chananéens, avant l'irruption des Israélites dans leur pays. De certains détails qui se rencontrent incidemment dans les historiens juifs, on conclut que les Chananéens étoient bergers, laboureurs, soldats, artisans, marchands, matelots, selon leur sol et leur position. Chaque tribu étoit gouvernée par un roi: ils se réunirent souvent contre *Israël*, l'ennemi commun. Leur résistance, quand ils étoient attaqués, fait croire qu'ils étoient bons soldats. Ils ne manquoient pas de bonnes villes et de forteresses, où ils soutinrent des sièges prolongés, par tout ce que l'art des défenses fournissoit alors d'expédiens; enfin ces sept ou neuf peuples faisoient comme un corps de nation partagée en plusieurs membres, avec des lois tant communes que propres à chacune. Il en étoit de même de la religion. On voit d'un côté *Melchisedech*, l'un de leurs rois, professer hautement le culte du vrai dieu, et de l'autre des prêtres de *Moloc* brûler impitoyablement les enfans qu'une partie des Chananéens offroit en holocauste à cette divinité infernale.

Du reste il paroît que leurs rois n'étoient pas despotiques: ils régloient les affaires intérieures et extérieures dans des assemblées populaires. Ainsi ce fut le peuple entier, et non le roi seul, *Ephron*, qui transigea avec *Abraham*, pour un terrain propre à la sépulture de sa famille. Ces chefs n'usoient guères que du droit de persuasion, comme il paroît dans l'aventure de *Dina*.

Dina.

Hamor, roi de Sichem, avoit un fils qui devint éperdument amoureux de *Dina*, fille de *Jacob*. Emporté par la fougue de ses désirs, ce jeune prince osa satisfaire sa passion sans l'aveu de celle qui la causoit. Les frères de la personne outragée courent aux armes. *Ha-*

mor, les larmes aux yeux, conjure *Jacob* et ses fils de pardonner au sien; et celui-ci, revenu à des sentimens vertueux, offre d'épouser la jeune Israélite. Les frères consentent au mariage et à oublier l'injure, à condition que *Hamor* se fera circoncire avec toute sa famille. *Hamor* assemble son peuple, lui représente l'avantage d'une alliance qui ne sera solide qu'à cette condition; ils se laissent gagner. L'opération se fait, et le troisième jour, dans la force de la douleur, *Siméon* et *Lévi*, enfans de *Jacob*, paroissent subitement à la tête de leurs serviteurs armés. Hommes, femmes, enfans, bestiaux, ils passent tout impitoyablement au fil de l'épée, sans que les malheureux Chananéens, mis par la blessure hors d'état de se défendre, puissent faire aucune résistance.

Rois.

Leur histoire, après cela, n'est qu'une longue suite de guerres avec les Israélites, dans lesquelles ils éprouvoient beaucoup plus de revers que de succès. Leurs défaites sont toujours, dans l'histoire, accompagnées de circonstances merveilleuses et funestes. *Arod*, roi du sud de Chanaan, *Og*, roi de Basan, voulant résister aux premiers efforts du peuple de Dieu, sont totalement détruits. *Josué* prend Jéricho par un miracle, et n'y laisse de vivant qu'une femme et sa famille. Le roi d'*Aï* est étranglé à la vue de sa ville dévorée par les flammes. Les *Gabaonites* évitent le sort commun, en surprenant une alliance comme s'ils venoient de loin. Si *Josué* leur laisse la vie, il les condamne pour toujours aux travaux des esclaves. Cinq rois se joignent et mettent à leur tête *Adonizédec* pour arrêter *Josué*. Celui-ci appelle contre eux une nuée de pierres qui les écrasent, arrête le soleil pour achever la défaite, et les fait pendre tous cinq, à l'entrée d'une caverne où ils s'étoient réfugiés. Sept princes encore réunis périssent avec leurs peuples sous les successeurs de *Josué. Adonizédec*, qui avoit fait couper les pouces des mains et des pieds de soixante-dix rois ou chefs Chananéens, subit la même peine. *Sisara*, un d'entre eux, qui croyoit écraser les Israélites sous les roues de ses charriots de fer, que l'on comptoit au nombre de neuf cens dans son armée, est mis en fuite, et périt de la main d'une femme, qui lui enfonça un clou dans la tête. Ainsi tout contribuoit aux triomphes sanglans du peuple choisi, pendant que les malheureux Chananéens, sous l'anathême de la proscription, s'anéantissoient malgré des efforts valeureux. Les uns s'ensevelirent sous les ruines de leurs cités; les autres les abandonnèrent en frémissant de rage ; ceux-ci allèrent fonder des colonies en Afrique ; plusieurs s'établirent sur la côte, où le commerce les rendit célèbres sous le nom de *Phéniciens* : le plus petit nombre resta comme souffert dans le pays où il dominoit auparavant.

PHILISTINS.

Philistins. Philistine, ou Palestine. Le long de la mer Méditerranée, entre Amalec, Edom, la tribu de Dan, Siméon et Juda.

A la différence des peuples dont nous venons de parler, destinés au glaive des Israélites, les Philistins étoient comme une verge dans la main de Dieu, quand il vouloit châtier son peuple. Leur pays, uni le long de la mer, s'élève en montagnes et en collines, non-seulement très-fertiles, mais ornées de points de vue les plus agréables. Il n'y a point de rivières ; mais grand nombre de ruisseaux descendent des montagnes. Le climat est doux et tempéré. Des *Philistins*, il a pris le nom de *Palestine*, qui est demeuré au pays que les Juifs habitoient anciennement. Leurs principales villes étoient *Gaza*, un peu dans les terres, mais jointe pour ainsi dire à la mer par un petit port peu éloigné ; *Ascalon*, vrai port de mer, et *Azoth*, située sur une colline plantée de vignes. Des vallées fertiles en blé les environnent : ces villes existent encore.

Les *Philistins* descendoient de *Cham*, et pourroient bien avoir été une colonie Egyptienne. Leurs chefs n'avoient d'abord qu'une puissance bornée, ou plutôt leur gouvernement étoit une espèce d'aristocratie ; ils élisoient des chefs qui rendoient compte, tantôt aux grands, tantôt aux peuples ; de sorte qu'on peut dire que quelquefois ils ont été république démocratique. Leur langue différoit peu de celle des Juifs ; ils possédoient sans doute les mêmes talens dans les arts. On leur attribue l'invention de l'arc et de la flèche : ils avoient parmi eux des géans, restes d'une ancienne race détruite. *(Mœurs et coutumes.)*

Abimélech, un de leurs rois, connoissoit le vrai dieu. Cette lumière s'est éclipsée insensiblement, et peu de pays ont été couverts d'une idolâtrie aussi épaisse. *Dagon* étoit adoré à *Azoth*, *Astarté* ou *Vénus* à *Geth*, *Beelzebuth* ou le dieu des mouches, à *Ezron*, où il avoit un oracle célèbre. Les Philistins s'acquittoient des devoirs extérieurs de leur religion avec beaucoup de pompe, dans des temples spacieux et bien décorés ; ils offroient à leurs dieux la partie la plus précieuse de leur butin. Quoiqu'extrêmement superstitieux, ils n'immoloient pas de victimes humaines. *(Religion.)*

Deux *Abimélech* ont été successivement

amoureux, l'un de la femme d'*Abraham*, l'autre de la femme d'*Isaac*, que ces patriarches faisoient passer pour leurs sœurs, et tous deux les rendirent intactes à leurs époux, et joignirent à cette restitution des présens. S'il y eut dans ces premiers tems, entre les deux nations, de la bonne intelligence, elles se brouillèrent par la suite, et n'ont jamais eu de paix constante. Sous le règne de *Jephté*, *Samson*, renommé pour sa force, humilia cruellement les Philistins; il leur tua à plusieurs fois beaucoup de jeunes gens, prit *Ascalon*, emporta sur ses épaules les portes de *Gaza*, brûla leurs moissons. Ils le surprirent, lui crevèrent les yeux; mais les principaux de la nation l'ayant fait venir pour leur servir de jouet dans le temple où ils étoient assemblés, il en ebranla les colonnes, et s'ensevelit avec eux sous les ruines.

On ignore en grande partie les avantages de ce peuple sur les Israélites; ils furent considérables, sans doute, puisqu'ils purent s'emparer de l'arche d'alliance, ce dépôt précieux, si cher au peuple de Dieu; ils la mirent dans le temple de *Dagon* leur idole, comme une offrande qu'ils lui présentoient. Dieu les en punit, en renversant l'idole, et en permettant qu'ils fussent eux-mêmes attaqués d'une maladie honteuse. Une autre preuve encore de supériorité des *Philistins*, c'est qu'ils ôtèrent aux Israélites toutes leurs armes, et ne laissèrent pas chez eux un forgeron. Ceux-ci se retirèrent de cette humiliante situation par les victoires du jeune *David*, qui, d'un coup de pierre lancé avec sa fronde, tua le géant *Goliath*, couvert de pied en cap d'une armure d'airain.

Les Philistins reprirent le dessus, et gagnèrent une grande bataille où *Saül* fut tué. *David* le vengea. D'autres rois d'Israël les tinrent sous le joug; mais ils le secouèrent, et ne furent jamais soumis. Enfin, comme si la destinée de ces deux peuples devoit se balancer jusqu'à la fin, après s'être épuisés réciproquement, ils passèrent ensemble sous la domination des Assyriens; mais les Philistins s'y sont perdus. Tels sont les peuples qui ont occupé, avant les Israélites, la terre qui leur étoit promise. Ceux-ci ont été contrariés dans leurs conquêtes, et quelquefois asservis par des voisins dont l'histoire doit encore précéder celle des Juifs, parce qu'elle y porte des lumières nécessaires.

S Y R I E N S.

La Syrie a été partagée en plusieurs provinces, dont les bornes et les noms ont perpétuellement varié. On y trouve la Syrie, entre le mont Taurus, l'Euphrate, l'Arabie déserte, la Palestine, la Méditerranée, et la Cilicie.

de grandes montagnes, des rivières considérables, des pays fertiles et des déserts.

Climat. Pendant qu'un froid âpre glace les sommets du *Taurus*, que le *Liban* et l'*Anti-Liban* sont couverts de neige, que le reste de la Syrie, sans vents et sans ombrage, languit sous une chaleur étouffante qui affaisse les esprits et les corps, un air frais circule entre les collines qui soutiennent les hautes montagnes, suit les bords du fleuve *Oronte*, et vivifie les habitans de ces contrées délicieuses. Entre les raretés naturelles, doivent se mettre les cèdres du *Liban*, ces arbres célèbres, objets d'un culte antique, et encore religieusement honorés de nos jours, et deux vallées de sel qui en sont remplies à une profondeur qu'on n'a pu sonder, enfin les eaux minérales de Palmyre.

Balbech et Palmyre. Quand les guerres, nos discordes civiles et la main du tems auront détruit nos cités, ceux que notre réputation attirera dans nos déserts, pour y contempler les restes de notre ancienne magnificence, trouveront des monceaux de décombres effrayans, mais nulle part la quantité de riches débris qu'on admire à *Balbeck* et à *Palmyre*.

Balbeck, située dans une plaine délicieuse au pied du mont *Liban*, paroît avoir été la demeure de plusieurs puissans rois qui se sont succédés dans ce palais : un seul n'auroit pu achever les édifices dont les débris étonnent encore. Elle est absolument ruinée ; mais on n'y peut faire un pas sans trouver des fragmens précieux de sculpture et d'architecture, des statues sans nombre, des colonnes, de vastes voûtes, et des murailles chargées de bas-reliefs, de longues rampes d'escalier du plus beau marbre, des incrustations, et tout ce qui peut orner des édifices superbes par eux-mêmes. On remarque dans cet amas de ruines un mélange des productions gigantesques des anciens constructeurs, avec la légèreté et les graces des architectes grecs et romains. Les derniers ont semé sur les colonnes, les faisceaux, l'aigle, et les attributs de leurs dieux. Un mur de clôture présente trois pierres dont l'une a soixante-trois pieds, et les deux autres chacune soixante de longueur sur douze de largeur et d'épaisseur, élevées à trente de hauteur. Il s'en trouve de plus fortes encore, toutes taillées, dans les carrières du mont *Liban*.

Palmyre entourrée de sables, encore éloignée de l'*Euphrate*, présente des débris, qui par la quantité, les masses et la variété, ne sont pas moins imposant que ceux de *Balbeck*. On fait remonter sa splendeur au tems de Salomon. Les Grecs et les Romains y ont, comme à *Balbeck*, imprimé le caractère de leur touche élégante. On y distingue encore des temples, des amphithéâtres, des cirques, des tombeaux, où la vanité humaine survit aux dépouilles de ceux qu'on y a déposés. Leurs noms sont effacées, mais ceux de la reine *Zénobie* et de *Longin*, son ministre, resteront gravés avec éloge dans les fastes de l'histoire.

Mœurs et coutumes. Les Syriens descendent d'*Aram*, le plus jeune des fils de *Sem* : il s'est joint à eux beaucoup de familles Chananéennes, échappées au fer d'Israël ; en sorte qu'ils descendent aussi en partie de *Cham*. La Syrie a été d'abord divisée en petits royaumes, dont le principal étoit celui de *Damas*. Pendant un certain espace de tems il a envahi tous les autres. En général, les Syriens ont passé et passent encore pour une nation molle et efféminée. Aux efforts qu'ils faisoient pour se rapprocher non seulement des habitudes des femmes, mais encore de leur sexe, on croiroit qu'ils avoient honte d'être hommes.

Religion. Ces désordres peuvent venir du climat, mais encore plus de la religion. On n'en connoît pas dans l'antiquité dont les rites et les emblêmes aient été plus propres à gâter l'imagination et à corrompre les mœurs. Leur principale divinité étoit une déesse; les parties sexuelles étoient des objets de culte, les unes gravées sur les murailles des temples, les autres élevées en trophées de grandeur démesurée. Leurs prêtres les plus accrédités étoient des eunuques qui ne portoient que des habits de femmes, et affectoient des manières molles et lascives.

On attribue l'origine de cet usage à l'aventure de *Combabus*, beau et jeune seigneur, qu'un roi de Syrie choisit pour commander l'escorte de *Stratonice* son épouse, pendant un long pélerinage. Craignant qu'on ne l'accusa de ne s'être pas tenu auprès de cette belle reine, dans les bornes de la surveillance, *Combabus* se fit une opération cruelle, et en déposa les preuves dans une boîte scellée, qu'il mit entre les mains du roi. Comme il l'avoit prévu, la calomnie ne manqua pas de l'attaquer. A son retour il se laissa condamner à mort; mais avant que d'aller au supplice, il pria le roi d'ouvrir la boîte qu'il lui avoit confié; on y trouva les preuves indubitables de son innocence. Le roi touché de ce sacrifice, lui offrit les dignités les plus importantes de son royaume. *Combabus* les refusa et aima mieux passer sa vie dans un temple, que *Stratonice* fit

Combabus.

bâtir. Il y attira des candidats, qui par un fanatisme de religion qu'on leur inspiroit, s'empressoient d'imiter le dévoument du chef; et depuis, à certains jours de fêtes, de jeunes Syriens, transportés d'une espèce de délire, se mutiloient eux-mêmes dans le temple. La folie de cette singulière institution, s'est propagée et a été soufferte même chez les Romains. On remarque que ces malheureux nourrissoient une passion quelquefois effrénée pour le sexe, et que cet amour loin de paroître scandaleux et étrange, étoit regardé comme saint et pur.

Le temple de la grande déesse Syrienne étoit comme un Panthéon, ou une réunion de toutes les divinités grecques, soit que les Syriens les aient pris des Grecs, ou les grecs des Syriens. Le sanctuaire étoit rempli du cortège des dieux et déesses; *Jupiter*, *Apollon*, *Mercure*, *Junon*, *Vénus*, *Minerve*, enfin de toutes les divinités qui peuploient l'olympe grec. La déesse elle-même portoit en ornement, les attributs de chacune des divinités femelles. Le sceptre de *Junon*, la ceinture de *Vénus*, la quenouille de *Némésis*, le ciseau des parques, chaque emblême orné de pierreries les plus estimées par leur éclat et leur grosseur. Le soleil et la lune avoient aussi leur trône dans ce temple, mais sans statues. On y voyoit celle de *Sémiramis*, qu'on croit l'avoir bâti; et ce qui paroît étonnant, celles d'*Hélène*, d'*Hécube*, d'*Andromaque*, de *Paris*, d'*Hector*, en un mot, tous les héros de Troie. Ce mélange cause une grande incertitude sur ce qu'il faut penser des dogmes Syriens, d'autant plus qu'il y avoit aussi des statues de dieux présidens aux maladies, aux fléaux et aux infirmités, celle de *Philomele*, de *Progné*, de *Terée*, changé en oiseau, de *Sardanapale* même. Enfin, on montroit avec vénération une fente au pavé, par laquelle s'étoit écoulée l'eau du déluge de *Deucalion*.

Rien ne manquoit à ce temple. On y gardoit des chevaux, des lions, des aigles, animaux sacrés. Un lac environné de statues conservoit des poissons. On ne sait si c'étoit en leur honneur qu'on brûloit jour et nuit de l'encens sur un autel, qui paroissoit flotter sur l'eau, tant on avoit de peine à deviner ce qui le soutenoit. L'arsenal du paganisme n'auroit pas été complet, s'il n'y avoit pas eu un oracle. Il étoit rendu par *Apollon*, le seul de ces dieux qui eût des vêtemens, mais rendu par l'organe de ses prêtres, après des bruits effrayans qu'on entendoit dans le temple, dont les portes restoient fermées. On seroit embarrassé à décrire ce qui se passoit dans des espèces de chapelles parfumées, et dans des bosquets, où tout respiroit la volupté, et ce qu'y permettoit et prescrivoit un fanatisme impur : excès monstrueux, dont le libertinage crapuleux de la plus vive populace de nos villes, détourneroit les yeux; et c'étoit si on en croit les historiens grecs, c'étoit là les mœurs de tout un peuple.

<small>Arts sciences et commerce.</small> Cette molesse n'empêchoit pas les Syriens de se rendre habiles dans les arts et dans les sciences. Leur heureuse situation presqu'au centre de l'ancien monde, les a rendu comme dépositaires et gardiens des connoissances des autres peuples; ils les ont très-long-tems conservées dans leur langue, et perpétuées par leur écriture, fort ressemblantes, l'une et l'autre, à celles des Hébreux. Ils ont fait un grand commerce, surtout par l'Euphrate, qui leur procuroit les marchandises de la Perse et de l'Inde, qu'ils portoient en Asie. Leur pays étoit aussi le passage de la côte la plus commerçante de la mer Rouge à la Méditerranée, et ils eurent sur la première un port qui les rendit quelque tems maîtres du commerce de l'Egypte.

Plusieurs cantons de Syrie ont eu *Rois de Zobah* leurs rois, dont on connoît peu le *1955.* nombre et la succession. Le plus fameux de ceux de Zobah, fut *Hadarézer*, qui eut une guerre malheureuse avec *David*. Auparavant il aspiroit à la souveraineté de toute la Syrie; mais quand il vit ses troupes et celles de ses alliés défaites, il dut s'estimer heureux de mourir sur son petit trône. *De Damas*

Celui de Damas s'éleva sur ses ruines. Trois de ses possesseurs soutinrent, contre les Israélites, des guerres dont on ignore le détail. Les efforts inutiles de *Benhadad*, sont plus connus. L'imagination est effrayée du nombre d'hommes que ces anciens rois de Syrie mettoient sur pied, et des prétentions insolentes que leur inspiroient ces armées formidables. *Benhadad* campé devant Samarie, n'ordonnoit pas moins au roi *Achab* que de laisser fouiller son palais et ceux des grands, pour y prendre tout ce qui conviendroit, richesses, hommes et enfans. « S'il refuse,
» ajoutoit-il, j'amenerai une autre
» armée si nombreuse, que quand
» chacun de mes soldats n'apporteroit
» des ruines de Samarie qu'une poignée
» de terre, toute la ville disparoîtroit ».
Cette menace eut le sort ordinaire de

e 5

ces sortes de bravades. *Benhadad* étoit tranquille dans son camp, où il se croyoit fort en sûreté ; on l'avertit qu'une petit corps d'Israélites sort de la ville : *qu'on me les amène en vie*, dit-il. C'étoit le roi *Achab*, qui à la tête d'une troupe déterminée, venoit à midi surprendre les Syriens, qui étoient à table. A la première attaque du monarque Israélite, les Syriens saisis d'une terreur panique, fuient épouvantés jusques dans leur pays.

« Cette victoire, dirent à *Benhadad*, » ses courtisans, a été bien facile à » *Achab* ; son dieu est le dieu des montagnes, les nôtres sont les dieux des » plaines. Attaquez-y les Israélites vous » verrez ce qu'ils deviendront ». *Benhadab* l'éprouva. Il perdit cent mille hommes, et une muraille de la ville d'*Aphek* où il se réfugia, en écrasa vingt sept mille en tombant. Ces défaites tempérèrent la fierté de *Benhadad* ; il demanda la paix à *Achab*, et on les vit tous deux dans le même char, comme des amis ; mais ils se brouillèrent encore, et il y eut une bataille sanglante, dont le succès resta indécis.

Naaman.

Le général qui commandoit cette expédition, se nommoit *Naaman* ; il étoit affligé de la lèpre. Une jeune fille israélite, qu'il avoit fait captive, lui conseilla de recourir à *Elizée*, prophète israélite. Il le fit, et le prophète nonseulement lui procura la santé du corps, mais encore celle de l'ame, en l'initiant dans la foi et le culte d'un seul dieu. La réputation d'*Elizée*, comme d'un homme favorisé de dieu et à qui rien n'étoit caché, se répandit dans la cour de *Benhadad*. Ce prince à l'occasion d'une autre expédition méditée contre les Juifs, et dont le secret avoit été éventé, se persuada que c'étoit l'homme merveilleux qui avoit découvert son projet. Il envoie des soldats pour le prendre et le lui amener. Ils arrivèrent de nuit ; mais le soleil ne se leva pas pour eux : ils furent frappés d'aveuglement. On les mena s'en qu'ils s'en apperçussent au milieu de *Samarie*, où la vue leur revint, et ils furent bien étonnés de se voir où ils étoient. Les Samaritains qui avoit tant à se plaindre de l'acharnement de leur roi, ne les traitèrent cependant pas en prisonniers ; ils les renvoyèrent sains et saufs.

Malgré cette générosité, *Benhadad* revint encore une fois contre Samarie, et ce fut la dernière. *Hazaël* un de ses généraux, lui ôta la couronne et la vie. Celui-ci eut contre les Juifs toute l'ani‑

Hazael.
2159.

mosité de son prédécesseur et plus de succès, puisqu'il prit et saccagea *Jérusalem*, et qu'il assujettit les royaumes d'*Israël* et de *Juda*. Il se fit aussi par la prise d'*Elath*, un grand établissement sur la mer Rouge. Sous *Hazaël*, la Syrie arriva au plus haut dégré de puissance.

<small>Rézin. 2063.</small>

Benhadab II, son fils, perdit tout et se rendit tributaire des Juifs. *Rézin* effaça cette opprobre, et l'imprima à son tour sur le front d'Israël : réciprocité cruelle que les peuples exercent les uns contre les autres, sans prendre garde qu'elle les mène à leur perte. Ces deux peuples rivaux passèrent, comme on le verra, sous le joug des Assyriens.

<small>Rois de Hamath et de Geshur. 1969 et 1988.</small>

On connoît à peine l'emplacement des deux petits royaumes d'*Hamath* et de *Geshar* : tout ce qu'ils ont pu avoir d'éclat, leur est venu d'alliance avec des royaumes plus considérables; ainsi le dernier roi de *Geshar* se soutint en donnant sa fille *Talmaï*, en mariage à *David*; et quand les états protégeans ont été renversés par les Assyriens, les protégés se sont perdus sous leurs ruines.

PHÉNIQIENS.

Le nom de *Phénicie*, celui de *Tyr* et

de *Sidon*, les principales villes de ce pays, présentent à l'esprit l'idée d'une des contrées les plus commerçantes de l'univers. Otez-en les étrangers que le commerce y attiroit, vous n'aurez qu'un peuple peu nombreux, peut-être des fuyards de *Chanaan*, fortifiés de familles syriennes et égyptiennes, répandus en long sur un terrain assez fertile, bordé par la Méditerranée.

<small>Phénicie, entre la Syrie le royaume de Juda et la Méditerranée.</small>

<small>Origine des Phéniciens.</small>

Les villes des Phéniciens regorgeant d'habitans, ont été obligées en plusieurs circonstances, de se décharger de l'excédent de leur population, par des colonies. Des côtes de la Méditerranée, elles s'étendirent jusqu'au détroit de Gibraltar, le passèrent et reconnurent les îles britanniques. Tout favorisoit autour d'eux les spéculations de commerce. La mer baignoit leurs côtes, les forêts du Liban leur fournissoient abondamment les bois propres à la construction des vaisseaux. Les voiles, les cordages et autres agrêts leur arrivoient facilement de l'Egypte. Leurs ports étoient nombreux, sûrs et spacieux, ils en faisoient sortir des flottes chargées, non-seulement des ouvrages de leurs manufactures, mais encore des productions de l'Orient et du Midi, qu'ils tiroient par la Syrie, et répandoient dans la Grèce et au-delà ; de sorte qu'ils furent pendant plusieurs siècles les fac-

<small>Mœurs et coutumes.</small>

<small>Arts et sciences</small>

<small>Commerce.</small>

teurs de l'Occident, et le lien des trois parties du monde.

Non-seulement les Phéniciens avoient l'industrie et les ruses du commerce, ils en avoient encore la jalousie. Suivis quelquefois par des concurrens qui cherchoient à découvrir les lieux qu'ils fréquentoient, on dit qu'ils ne se contentoient pas de faire fausse route pour les éviter, mais qu'ils se jettoient même dans des mers orageuses et semées d'écueils, au hazard de se perdre, et contens pourvu qu'ils entraînassent avec eux leurs rivaux. Ils faisoient plus, quand ils se trouvoient hors du risque d'être découverts, ils courroient en corsaires sur ces curieux indiscrets, tuoient les hommes, abîmoient les vaisseaux, afin qu'on ne pût acquérir la connoissance de leurs relations commerciales.

Les villes dans ce petit pays, sont aussi fameuses que les royaumes dans d'autres; *Sydon*, *Tyr*, ont eu une grande réputation en tout genre. Dans ces cités opulentes, se cultivoient avec éclat la philosophie, l'éloquence, les sciences qui demandent de la tranquillité et une certaine aisance. Les besoins du commerce y perfectionnèrent la géomètrie, l'astronomie et l'arithmétique. Ils s'y forma des ouvriers et artistes excellens; sculpteurs, peintres, architectes; brodeurs, constructeurs, charpentiers, forgerons. C'est aux rois de ce petit état, que recouvroient de grands monarques, quand ils vouloient ériger des monumens importans : ainsi *Salomon* ayant entrepris de bâtir et d'orner le temple de Jérusalem, s'adressa pour avoir des directeurs d'ouvrages, et des ouvriers expérimentés, à *Hiram*, roi de Tyr.

Une remarque qui se présentera souvent, c'est que ces villes où fleurissent les sciences, où brillent les lumières, qui devroient par conséquent être l'asile de la sagesse et des mœurs, sont au contraire presque toujours un foyer d'erreur, et une sentine de corruption. On est surpris qu'à l'adoration du vrai dieu, que les Phéniciens tenoient des patriarches leurs pères, ils aient substitué assez rapidement les cultes usités surtout chez les Syriens leurs voisins, celui du soleil, sous le nom de *Baal*, de la lune, sous celui d'*Astarté*, et sous le nom de *Moloch*, le culte du feu, auquel ils livroient des victimes humaines.

Mais un rit qui leur étoit particulier, étoit celui d'*Adonis*. *Adonis* fut un jeune homme d'une beauté singulière : deux déesses se le disputoient ; *Vénus* l'emporta sur *Diane*, et celle-ci dans un accès de jalouse fureur, fit déchirer par un sanglier, l'objet de sa passion. Ce sont ces amours et sa funeste catastrophe, que les Phéniciens, hommes et femmes, célébroient avec tous les rafinemens de la débauche. En mémoire de la douleur de *Vénus*, privée de son amant, les femmes étoient obligées, le jour de la fête, de consacrer leurs cheveux sur l'autel du temple, à moins que dans ce même temple, elles ne rachetassent leur chevelure par une entière complaisance aux désirs de ceux qui se présentoient.

Un phénomène naturel contribuoit à soutenir cet usage. Tous les ans dans la même saison, le fleuve *Adonis* paroissoit couleur de sang, parce qu'alors ses eaux enflées par la fonte des neiges du Liban, s'élevoient jusqu'à des terres rouges qu'elles lavoient, et dont elles prenoient la teinture. Le peuple croyoit que c'étoit l'effet du sang qui couloit de la blessure d'*Adonis*, et cette persuasion perpétuoit la superstition. D'ailleurs il paroît que les Phéniciens connoissoient les dieux qui ont été adorés dans la Grèce, même sous les noms grecs, *Jupiter*, *Mars*, *Neptune*, *Pluton* et autres. Les aventures qu'ils en racontoient avoient beaucoup de ressemblance avec celles que les Egyptiens publioient de leurs dieux, sous d'autres noms. Ce rapport a servi à des écrivains laborieux, pour imaginer une filiation de l'idolâtrie. Au reste on peut dire que chez les Phéniciens, qui étoient négocians, voyageurs, marins, on trouvoit toute sorte de croyance.

Tyr et *Sidon* sont renommées par leurs manufactures, l'élégance des ouvrages en bois, en fer, en or, argent, airain et autres métaux, et par la blancheur et la finesse de leurs tissus de lin. On croit que le verre a été inventé par les habitans de Tyr. Sur ses côtes se trouvoit un petit coquillage qui donnoit la pourpre, et qu'on n'y rencontre plus. Tyr a été bâtie successivement sur la terre ferme, ensuite dans une île vis-à-vis, et enfin dans cette même île devenue péninsule par une digue sur laquelle les maisons se sont prolongées. Il paroît par ce qui reste de ruines, peu fastueuses, que ses habitans, connoissant en marchands l'avantage de l'économie, bâtissoient plus pour l'utilité que pour la splendeur. Il peut se faire aussi, que la circonscription étroite du terrain, ne leur ait pas permis de l'embarasser par de grands édifices; ils les ont rejetés dans les environs. Du côté de *Sidon*, on trouve encore des restes de magnificence communes aux deux villes; entre autres une vaste citerne, qui après avoir abreuvé

Tyr, Sidon, Tripoli.

Sidon, alloit rafraîchir *Tyr* par des canaux placés sur la digue. Quand *Tyr* eut été transportée dans l'île, ces deux villes et une troisième nommé *Aradus*, étoient si voisines, que *Tripoli*, ainsi nommé, comme si on disoit *trois villes*, couvre leur terrein de manière qu'on ne peut dire si elle s'étend plus sur l'une que sur l'autre.

Sidon un peu dans les terres, étoit sans doute la demeure des grands, et *Tyr* celle des marchands. Celle-ci avoit deux ports, l'un d'hiver et l'autre d'été; on plutôt par l'inflexion favorable de la côte, on pouvoit y aborder et en sortir en toute saison. Les villes de la Phénicie ne se bornoient pas aux trois que nous avons nommées. La terre chargée en beaucoup d'endroits de montagnes, de décombres, jonchée de débris à l'entour, atteste l'existence de cités en plus grand nombre qu'un pays si petit n'auroit du en porter, s'il n'avoit été vivifié par le commerce.

Rois.

Quelques-unes de ces villes ont été républiques, d'autres soumises à des rois. L'histoire fabuleuse nomme les premiers *Agénor* et *Phœnix*, de qui la Phénicie a pris son nom. *Cadmus*, par leur ordre alla chercher sa sœur Europe en Grèce, où il trouva des trésors et y fonda des royaumes : ce qui ne marque sans doute que des expéditions de commerce maritimes.

 Le premier roi de Sidon est *Sidon*, fils de *Chanaan*. Après lui se trouve un très-long interval, jusqu'à *Tetramnestus*, qui fournit trois cents galères à *Xercès*, roi de Perse, contre les Grecs. On ne sait si c'étoit à titre d'allié ou de tributaire. Mais sous *Tennes*, son successeur, les Sydoniens devinrent sujets et se révoltèrent. *Darius Ochus* marcha contre eux avec toutes ses forces, déterminé à les soumettre ou à les détruire. Après s'être défendu vigoureusement, ils parlèrent de se rendre à des conditions. Mais il se trouva des traîtres parmi eux. Le roi de *Sidon* lui-même abandonna ses sujets. Ceux d'entr'eux qu'ils députèrent au camp des Perses pour traiter, furent inhumainement massacrés. Les ennemis entrèrent dans la ville, dont les portes leur furent livrées, par la connivence du roi, qui étoit demeuré avec les Perses. Les malheureux habitans réduits au désespoir, s'enfermèrent dans leurs maisons avec leurs femmes et leurs enfans, y mirent le feu, et s'ensevelirent sous les ruines de leur patrie. Il ne resta à *Darius* que des cendres, et d'où il tira cependant de grandes richesses, tant en métaux fondus qu'en effets précieux

Rois de Sidon.
2548.

qui échappèrent aux flammes. Le foible roi qui avoit abandonné son peuple, ne gagna rien à sa lâcheté. Le vainqueur qui le méprisoit, le fit mourir.

Abdalonime. Quelques familles sydoniennes s'étoient soustraites sur leurs vaisseaux à la barbarie de *Darius*. Après son départ, elles revinrent sur les débris fumans de leur ville qu'elles rebâtirent; mais elles ne purent y ramener la splendeur dont elle avoit joui. La haine contre les Perses s'y perpétua, de sorte que quand *Alexandre*, qui leur faisoit la guerre, se présenta devant *Sidon*, elle ouvrit ses portes malgré son roi, nommé *Straton*, qui ne vouloit pas subir ce nouveau joug. *Alexandre* mit sur le trône à sa place un homme qui par sa sagesse et ses vertus, s'étoit attiré, sans y prétendre, l'estime de ses concitoyens. Il se nommoit *Abdalonime*. Les députés du vainqueur qui lui portèrent la couronne, le trouvèrent occupé des travaux de son jardin. Après des regrets adressés à sa retraite champêtre, il se laissa entraîner sur le trône. Sa main ornée du sceptre, fit fleurir son royaume, comme chargée de la bêche, elle avoit fertilisé son jardin. Il rendit son peuple heureux, et justifia le choix d'*Alexandre*.

Rois de Tyr.
Abibal Hiram.
1984.
Le premier roi de *Tyr*, bien certain, est *Abibal*, prédécesseur d'*Hiram*,

connu par ses relations avec *Salomon*. Il fournit à ce prince du bois du liban, pour la construction du temple de Jérusalem, et de ses flottes. Ces deux rois se proposoient des énigmes à deviner, genre d'application qui étoit estimé chez les anciens.

On ne sait guère que les noms des sept rois suivans jusqu'à *Pigmalion*. Celui-ci a laissé la réputation d'un prince avare qui tua son beau-frère pour jouir de ses trésors. *Didon*, sa veuve, les cacha, trompa son frère, et les emporta sur des vaisseaux. Elle erra quelque tems sur mer, aborda plusieurs plages, ou les avanturiers qui l'accompagnoient prirent des provisions, et même des femmes. Se trouvant bien reçus des habitans d'Utique, sur la côte d'Afrique, colonie Tyrienne, ils fondèrent Carthage dans son voisinage. Pygmalion.

Les Tyriens jalousés par les monarques voisins essuyèrent deux siéges, l'un de cinq ans, l'autre de treize, sous des rois peu connus ; et enfin un troisième sous le roi *Baal*, par *Nabuchodonosor*. Après une opiniâtre résistance, les Tyriens se sauvèrent sur leurs vaisseaux, et abandonnèrent au vainqueur leurs maisons vuides. Il se vengea en les détruisant. Baal. 2420.

Tyr étoit sur le rivage. Les Tyriens Straton.

la rebâtirent sur une petite île très-peu éloignée, et la fortifièrent de manière à la rendre presqu'imprenable. Ils essayèrent de magistrats pour se gouverner sous le nom de *suffetes* ou juges; mais ils retournèrent à la royauté. Quatre rois régnèrent obscurément. Sous le dernier, où pendant un interrègne, les esclaves qui étoient en grand nombre à *Tyr*, tuèrent leurs maîtres, s'emparèrent de toutes les richesses, et épousèrent les veuves et les filles. Ils résolurent ensuite de se donner un roi. Leurs chefs assemblés ne pouvant tomber d'accord, convinrent que celui d'entre eux qui le lendemain verroit le premier le soleil, seroit proclamé comme le plus favorisé des dieux. Un d'entre eux avoit sauvé la vie à *Straton*, son maître, dont il avoit toujours été traité humainement. L'esclave lui rapporta le résultat de la délibération. « Sans doute, lui dit Straton, ils
» regarderont tous l'Orient : vous, tour-
» nez les yeux vers l'Occident, sur l'endroit
» le plus élevé de la plus haute tour de
» la ville, et vous la verrez avant tout
» autre, dorée par les rayons du soleil ».
Le conseil fut suivi et réussit. Les esclaves étonnés, persuadés qu'une pareille sagacité passoit les bornes de leur capacité ordinaire, exigèrent de l'esclave qu'il découvrit de qui il tenoit son

expédient. Il avoua que c'étoit de *Straton*, son maître, qu'il avoit sauvé avec son fils, en reconnoissance de sa bonté. Les esclaves, regardant *Straton* comme un homme conservé par la providence particulière des dieux, le proclamèrent roi.

Son fils lui succéda, et le sceptre passa entre les mains de ses descendans, dont le dernier se nomme *Azelmic*. Sous son règne, *Alexandre* vint, disoit-il, venger l'affront fait par les esclaves à leurs maîtres, plus de deux cents ans auparavant. Toutes raisons sont bonnes à un conquérant. Mais il trouva des hommes que les victoires n'épouvantoient pas, et bien déterminés à se défendre. Pour rester fermes dans leur résolution, et ne pas courir risque d'être ébranlés par la pitié, ils envoyèrent leurs femmes et leurs enfans à Carthage. Leurs murailles étoient épaisses, environnées de la mer, hérissées de machines offensives et défensives, protégées par une flotte.

Azelmic.
Prise de Tyr
2657.

Après le mauvais succès de plusieurs attaques, *Alexandre* comprit qu'il falloit en venir au seul moyen efficace contre une île, qui étoit de la joindre à la terre ferme. Il travailla à une digue qui devoit traverser la mer. Ce fut alors que le courage et l'industrie des assiégés se développèrent. Leurs plongeons écartoient les pierres qu'on jettoit dans la mer, et à l'aide de leurs chaloupes, ils tiroient et arrachoient les arbres qu'on enfonçoit pour retenir ces blocs. Cependant l'ouvrage avançoit, et bientôt on pût combattre de près. Il n'y a rien dans cette extrêmité que les assiégés n'employassent. Traits enflammés pour éloigner les assiégeans, longs crochets pour les attirer et les précipiter entre la digue et la ville. Du haut de leurs murailles, ils versoient sur eux de l'huile bouillante et du sable ardent, qui s'insinuant par les jointures des armures, les brûloient vifs, et leur faisoient pousser des cris affreux.

Le siége dura sept mois. *Alexandre* l'emporta l'épée à la main. Il y entra en vainqueur irrité. Il fit passer deux mille hommes au fil de l'épée, et en fit mettre en croix autour des murailles deux mille. Race d'esclaves, disoit-il, et qui ne méritoit que le supplice des esclaves. Pour donner un air de justice à ce qui n'étoit en effet qu'une vengeance des pertes essuyées pendant le siége, il épargna les descendans de *Straton*. Ce qui restoit de cette Tyr, *Alexandre* le renversa, et sur ses décombres applanie, il en bâtit une nouvelle, dont il se déclara le fondateur.

Ce conquérant éprouva sinon de la

résistance, du moins de la mauvaise volonté de la part de *Gerostratus*, troisième roi d'Arad, petit pays dont *Aradus*, la capitale, située dans une île, faisoit toute la force. *Gerostratus* vouloit rester fidèle à l'alliance de *Darius*; mais son fils livra toutes les places de son père. Celui-ci ne le désavoua pas. Le vainqueur voulut bien prendre pour bonne volonté, ce qui étoit l'effet de la nécessité ; et la Phénicie se laissa tomber dans le partage des généraux d'A‑ lexandre.

Rois d'Arad. Gérostratus.

JUIFS.

En rentrant dans les terres, on trouve la *Judée*, composée des pays que nous avons décrits, en parlant des peuples de *Chanaan*.

Juifs.

Les Juifs reconnoissent pour leur père *Abraham*, fils de *Tharé*, issu de *Sem*, fils de *Noé*, dont *Moïse* donne la filiation. Les descendans de *Sem* s'étendirent de l'Arménie, où l'on croit que l'arche s'arrêta, en Mésopotamie, et delà en Chaldée, où *Abraham* naquit. Comme il devoit être la tige d'un grand peuple, dieu le sépara des autres descendans de *Sem*, habitués dans ce pays, en inspirant à *Tharé* de quitter la Chaldée avec son fils. Ils se transporta dans

Abraham. 1076.

le pays d'*Haram* près de la Mésopotamie où il mourut. *Abraham* croyoit s'y fixer, mais la même volonté divine qu'il connut aussi par inspiration, le conduisit dans la terre de *Chanaan*, qui devoit être l'héritage de ses enfans.

<small>Inspiration des livres saints.</small>

Ici commence une longue suite d'événemens présentés dans les livres sacrés des Juifs, comme dirigés par la main de dieu. Ceux qui répugnent à reconnoître l'influence divine, dans les faits dont nous allons abréger le récit, objectent qu'il y a peu d'anciennes nations qui ne se soient cru établies par des miracles, ou qui n'ayent pensé que leurs fondateurs ou premiers législateurs, étoient en relation immédiate avec la divinité. Dans cette persuasion, quelqu'étranges que soient les faits compris dans leurs annales, elles les présentent comme autant de dépôts de vérité. Or si les merveilles surnaturelles, dont ces chroniques antiques sont remplies, empêchent qu'on y ait confiance, pourquoi en accorderoit-on aux fastes hébraïques. qui ont le même défaut?

La réponse des Juifs à cette objection, se trouve, disent-ils, dans l'histoire même. Non contents de raconter les faits passés, les livres saints annoncent les événemens futurs. Plusieurs siècles auparavant, ils prédisent le sort des empires, fixent le moment de leur élévation et de leur chûte, dévouent à une destruction entière et éternelle les villes les plus florissantes, dans le moment de leur splendeur, telle que la grande, la somptueuse Babylone, dont en effet, selon la menace du prophète, on cherche inutilement la place. Ils appellent *Cyrus* par son nom, bien avant qu'il existe, et annoncent avec la même certitude, les victoires et les humiliations de *Nabuchodonosor*. Enfin les écrivains sacrés décrivent, comme si ils les avoient sous leurs yeux, les désastres des nations ennemies du peuple chéri, et les malheurs mérités de ce même peuple, bien avant qu'ils arrivent.

De qui, ajoutent les théologiens juifs et chrétiens, de qui les auteurs de ces livres tirent-ils leur prescience? sinon de celui devant qui l'avenir est comme le présent et le passé. Or, il est contre toute vraisemblance que des hommes en commerce intime avec l'être suprême, choisis pour être ses organes, aient donné à l'univers pour des vérités un tissu de mensonges. Ainsi quelqu'étranges que paroissent certains faits ou leurs motifs, quoique leur possibilité ou leur justice semblent en contradiction avec les lumières naturelles, dès là que des historiens, dont la véracité ne permet aucun doute, présentent ces faits et leurs motifs comme inspirés, commandés, dirigés par l'auteur de la nature, maître de changer les lois qu'il a créées, on doit les raconter avec la naïveté de la conviction, sans se croire obligé de les expliquer ou commenter, comme s'ils avoient besoin de justification. On observera comme un mérite de cette histoire à l'égard de ceux mêmes qui lui refuseroient l'inspiration divine, qu'elle est la seule des annales anciennes qui nous instruise exactement de la formation, des progrès et des vicissitudes que peut éprouver une nation dans une longue suite de siècles. C'est pourquoi nous nous permettrons sur les commencemens du peuple Juif, des détails que l'interruption fréquente dans la suite des faits, nous font refuser aux autres.

Voyages d'Abraham. Le premier soin d'*Abraham*, en arrivant dans le pays de *Chanaan*, fut d'ériger un autel au vrai dieu qui lui apparut et lui confirma la promesse déjà faite de donner cette terre à ses enfans. Une grande famine le força de passer en Egypte, où la beauté de *Sara*, sa femme, fille de son oncle, lui fit courir des risques de la part du roi *Pharaon*. Il étoit convenu avec elle qu'il l'appelleroit sa sœur, de peur que le roi ne se défît du mari pour l'épouser. En effet, la croyant sœur et non femme d'*Abraham*, *Pharaon* voulut l'admettre au nombre des siennes; mais dieu lui fit connoître le crime qu'il alloit commettre, et il s'en abstint. La famine cessa, et *Abraham* retourna en Chanaan. Sans enfant, et n'en espérant pas de *Sara*, déjà avancée en âge, il se proposoit de donner tout son bien à *Eliézer*, le chef de ses domestiques. *Sara*, dans la même appréhension, voulant du moins voir un héritier à son mari, lui proposa de prendre *Hagar*, sa servante. Il en eut un fils qu'il nomma *Ismaël*. *Sara* devint aussi mère, et mit au monde *Isaac*, que son père circoncit. *Abraham* qui avoit lui-même subi cette opération par ordre de Dieu, en imposa l'obligation à toute sa postérité, comme un signe ineffaçable de l'alliance qu'il contractoit avec elle.

Une mésintelligence qui survint entre les deux mères, obligea *Abraham* d'opter. Il renvoya *Hagar* et son fils, qui tournèrent vers le désert. *Ismaël* y devint père des Arabes, nation qui selon la promesse faite à *Abraham*, n'a jamais été assujétie. Il garda près de lui le fils de la femme libre, *Isaac*, l'objet de la prédilection de son père, sur qui se sont répandues et reposent les

Isaac et Ismaël, 1101.

bénédictions promises au peuple Juif, dont il fut le père.

Sacrifice d'Isaac.

La foi d'*Abraham*, dans les promesses qui regardoient *Isaac* et ses descendans fut mise à une terrible épreuve. Dieu lui ordonna de sacrifier cet enfant chéri. Sans murmurer, sans se plaindre, mais le cœur serré par la douleur la plus vive, *Abraham* charge son fils du bois qui devoit composer le bûcher, où il alloit être consumé, se met avec lui en chemin, et garde un morne silence aux questions que cet étrange appareil arrache à son fils. Parvenu au lieu, il attache cette innocente victime; mais lorsqu'il étoit prêt à frapper, un ange l'arrête; et Dieu satisfait de son obéissance, lui confirme par serment les promesses déjà faites. *Sara* mourut; le patriarche épousa *Ketura*, dont il eut six enfans. Il les dota de manière qu'ils n'eussent rien à prétendre dans la part d'*Isaac*. Ils tournèrent aussi vers l'Arabie, où ils se mélèrent aux enfans d'Ismaël.

Mariage d'Isaac. 1142.

Le mariage d'*Isaac*, qui devoit être l'origine d'une nation sainte, demandoit des précautions. *Abraham* voulut lui donner une fille de sa famille. Il envoya dans son pays natif, *Eliézer*, qui lui ramena *Rebecca*, fille de son beau-frère. Elle consola la vieillesse d'*Abraham*. Cependant elle ne devint mère qu'après sa mort.

Jacob et *Esaü*, deux jumeaux dont elle accoucha, firent pressentir dès le ventre de leur mère, la division qui devoit régner entre eux. *Esaü* vint le premier, mais il vendit ensuite son droit d'ainesse à *Jacob*, et cette cession fut le principe de la discorde entre les deux frères, parce qu'à ce droit d'ainesse étoit attachée la possession de tous les avantages promis à *Abraham*; entre autres, d'être le chef et le père du peuple, dont naîtroit le *Messie* qui devoit étendre son empire sur toute la terre. Jacob et Esaü. 1152.

La haine d'*Esaü* obligea *Jacob* à chercher un asyle dans le berceau de sa famille, d'où étoit venue *Rebecca* sa mère. Il trouva deux cousines chez *Laban*, son oncle. *Rachel*, la plus jeune, captiva son cœur. Il la désiroit en mariage. Par une surprise de *Laban*, qui vouloit marier l'aînée la première, il se trouva époux de *Lia*, et n'obtint l'objet de ses désirs, qu'après quatorze ans de persévérance, dont la plus grande partie fut employée au profit du beau-père. Jacob et Rachel. 1239.

Chez *Laban* naquirent, tant des deux épouses que de leurs servantes, les dix fils de *Jacob*, qui devinrent pères des Leurs enfans.

tribus, et une seule fille nommée *Dina*. *Rachel* dans ce nombre ne compte que deux fils qu'elle eut après une longue stérilité, *Joseph* et *Benjamin*, le dernier de tous. *Joseph* devint par la suite père de deux enfans, qui complétèrent les douze tribus d'Israël.

Après plusieurs années employées à se faire un fonds de richesses et à fortifier sa famille, *Jacob* eut envie de faire voir à son père sa belle postérité. *Laban* qui s'étoit bien trouvé de son séjour pour sa fortune, voulut le retenir. Le gendre trompa sa vigilance et partit: le beau-père le poursuivit et l'atteignit; mais ils s'accordèrent, et *Jacob* continua son voyage.

Rencontre de Jacob et d'Esaü.

Echappé à ce danger, il fut exposé à un autre plus grand de la part d'*Esaü*, son frère. *Jacob* prêt à arriver chez *Isaac*, son père, près du quel *Esaü* demeuroit, lui avoit envoyé faire des soumissions. *Esaü* ne répondit point à cette politesse, et *Jacob* apprit que son-frère venoit au-devant de lui, accompagné d'une troupe armée. Les motifs de leur ancienne division donnoient au voyageur lieu de craindre. Cependant il se trouva que c'étoit l'amitié qui conduisoit *Esaü* à la rencontre de *Jacob*. Celui-ci sitôt qu'il sut que son frère approchoit, avoit rangé ses serviteurs, ses femmes et ses enfans sur deux lignes. Quand il parut, elles allèrent successivement porter leurs présens aux pieds d'*Esaü*; il les embrassa, et quand arriva le tour de son frère, il le serra tendrement entre ses bras. Il vouloit l'accompagner et lui servir d'escorte jusque chez leur père, mais *Jacob*, un peu défiant le remercia. *Esaü* repartit pour le pays des Iduméens, où il demeuroit, et *Jacob* resta auprès d'*Isaac* dans la terre de *Chanaan*, où il mourut. Ses deux fils l'inhumèrent dans le tombeau d'*Abraham*. *Esaü* retourna dans son pays adoptif, et *Jacob*, comme jouissant du droit d'aînesse, se fixa dans le domaine paternel.

Il n'avoit pas eu la satisfaction d'y amener sa bien-aimée *Rachel*. Elle mourut avant qu'il eut rejoint son père. *Joseph* et *Benjamin*, fils de cette épouse chérie, furent la consolation de la vieillesse de leur père. Quelques-uns de ses autres enfans jettèrent de l'amertume dans son ame. *Ruben* se souilla d'un inceste avec la concubine de son propre père. *Siméon* et *Lévi* par une vengeance atroce et une barbare perfidie, massacrèrent tous les mâles d'un peuple qui s'étoit fié à leur parole. *Dan*, *Nepthali*, *Gad*, *Azer* et *Juda* se rendirent coupables à l'égard de *Joseph*, d'un crime qui influa sur le sort de toute la famille.

Joseph 1284.

Jacob avoit pour ce fils de *Rachel* une prédilection qui excita la jalousie de ses autres enfans. L'âge de *Joseph* l'empêchoit de prévenir les effets de cette passion, et peut-être de la remarquer. Il lui échappa de leur raconter devant son père même, ces deux songes : « J'ai rêvé qu'étant tous en-
» semble occupés à lier nos gerbes, la
» mienne se tenoit debout au milieu,
» et que les vôtres se prosternoient
» pour l'adorer. Il m'a semblé une au-
» trefois, ajouta-t-il, que j'étois le so-
» leil, et que la lune et onze étoiles,
» empressées autour de moi, me ren-
» doient leurs hommages ». *Jacob* blâma son fils de la vanité que ces récits sembloient indiquer. Mais ses frères ne se contentèrent pas de cette réprimande : ils firent le complot de se venger, et l'apercevant un jour venir à eux, les visiter de la part de leur père, dans le désert, où il gardoient leurs bestiaux, *voici*, se dirent-ils entre eux, *notre songeur ; qui nous empêche de nous en défaire ?*

Ils alloient porter sur lui leurs mains meurtrières, lorsque *Ruben* les arrêta, leur fit horreur de répandre le sang de leur frère, et leur conseilla de le descendre dans une citerne sèche, où il mourroit bientôt de faim. Son dessein étoit de l'en retirer quand ils seroient éloignés, et de le renvoyer. Mais il passa une caravane de marchands Ismaélites; les frères de *Joseph* le tirèrent de la citerne, et le vendirent. Afin d'ôter à *Jacob* jusqu'à l'idée de soupçonner du crime dans l'événement qui le privoit de la présence de son fils bien aimé, ils lui envoyèrent des lambeaux de ses habits teints de sang, et lui insinuèrent que les bêtes féroces l'avoient dévoré. Le malheureux père le crut, et la tendresse qu'il partageoit entre les deux enfans de *Rachel*, il la transporta toute entière sur *Benjamin*, sans néanmoins cesser de regretter *Joseph*.

Les marchands menèrent leur esclave en Egypte, et le vendirent à *Putiphar*, grand officier de la couronne. Son maître lui trouva tant d'intelligence, qu'il lui confia le soin de ses affaires domestiques. Sa maîtresse remarqua trop en lui d'autres qualités. Il étoit dans la fleur de l'âge. Elle veut le séduire, il résiste; elle le presse, il s'enfuit; elle veut le retenir par le manteau, et le manteau lui reste entre les mains. Ce qui étoit une preuve de l'innocence de *Joseph*, devient pour cette femme vindicative, un moyen de conviction. Elle l'accuse d'avoir voulu lui faire violence : son mari

Joseph en Egypte.

la croit, et fait mettre son esclave dans la prison royale.

Il y trouva l'échanson et le pannetier du roi, détenus sur des accusations dont ils attendoient le jugement. Dans cette situation, il n'est pas étonnant que leur affaire les occupât même pendant le sommeil. Ils firent des songes : les communiquèrent à *Joseph* qui leur en donna l'explication. Il prédit la mort au pannetier ; et à l'échanson, qu'il seroit rétabli dans sa charge, ce qui arriva.

On peut remarquer dans cette histoire l'opinion du temps, qui portoit à croire aux songes comme à des inspirations relatives aux événemens futurs. *Pharaon*, roi d'Egypte, rêva aussi. Etant réveillé, il lui resta de ses songes une agitation qui l'inquiéta. Tous les sages d'Egypte furent invités à les expliquer ; aucun n'y réussit. La perplexité du roi rappella à l'échanson l'interprète de son rêve dans la prison. On le fit venir. « J'ai cru
» voir, lui dit *Pharaon*, sept jeunes
» vaches belles et grasses, paissant sur
» les bords du Nil ; sept autres maigres
» et difformes, sont sorties du fleuve,
» et ont dévoré les premières. Il m'a
» aussi semblé voir sept épis beaux et
» pleins, qui ont été engloutis par sept
» autres épis grêles et petits ». « Prince,
» dit *Joseph*, les sept vaches grasses et

» les sept épis pleins, désignent sept an-
» nées d'une abondance excessive qui
» n'empêcheront pas les désastres qu'en-
» fanteront sept années d'une horrible
» famine, représentées par les sept va-
» ches et les sept épis maigres. Ainsi,
» les deux figures signifient la même
» chose. Mais la répétition du pronostic
» annonce que l'événement ne tardera
» par d'arriver. Il est donc de votre pru-
» dence de choisir dès à présent quel-
» qu'un capable de prendre les moyens
» propres à écarter les maux qui doivent
» naître des sept années de famine ».
Sur le témoignage qu'on rendit au roi
de l'intelligence de *Joseph*, le choix
fut bientôt fait. *Pharaon* le chargea de
pourvoir à tout. Le ministre fit bâtir de
grands magasins, et établit dans chaque
province des commissaires pour serrer
la cinquième partie du blé de chaque
année d'abondance, qu'on retrouveroit
dans les années de disette.

La famine prédite devint horrible. Elle *Joseph avec*
s'étendit principalement chez les peuples *ses frères.*
voisins, qui avoient coutume de s'ali-
menter en Egypte. Pour les Egyptiens,
à l'aide de leurs greniers de réserve, ils
sentirent peu la disette, et se trouvèrent
même en état d'attirer chez eux l'argent
des étrangers. *Jacob* pressé comme les
autres, par la famine, dans le pays de

Chanaan, sachant qu'on vendoit du blé en Egypte, envoya ses dix enfans en acheter.

Dix hommes du même pays qui paroissent tous frères, excitent l'attention. *Joseph* est averti, se les fait présenter et les reconnoît. Ils lui demandèrent du blé pour de l'argent. Il les interrogea avec un air de soupçon sur leur pays, leur profession, leur famille, et malgré la naïveté et le caractère vrai de leurs réponses, prenant tout-à-coup un air imposant. « Vous êtes, leur dit-il, des
» imposteurs, des espions, qui venez
» examiner la foiblesse du royaume pour
» l'attaquer. Non, répondent-ils, nous
» ne sommes point des traîtres ni des es-
» pions ; mais tous frères et enfans d'un
» même père. Nous en avons encore
» laissé un jeune auprès de lui, pour
» le consoler de la perte d'un autre qui
» est mort. Eh bien, reprend le minis-
» tre, qu'un de vous parte et me ra-
» mène ce jeune frère. Les autres en
» attendant resteront ici en ôtage ». Ils ne pouvoient s'accorder sur le choix ; Joseph les fait conduire en prison.

Ils y restent trois jours à se reprocher réciproquement la manière dont ils avoient traité leur malheureux frères. *Ce qui nous arrive, disoient-ils, n'est qu'une trop juste punition de notre crime.*

Joseph étoit instruit de leurs discours. Un cœur fraternel se laisse aisément attendrir ; il les crut assez punis, et les fit reparoître devant lui. Je me contente encore, dit-il, d'un seul ôtage. « Que les autres partent ; faites ce que » je vous demande et vous vivrez ; car » je crains le Seigneur ». Le sort tomba sur *Siméon*. Les autres se mettent en route. En ouvrant leurs sacs pour la nourriture de leurs bêtes, ils y trouvent chacun l'argent de leur blé. Grand étonnement ! Grand sujet de trouble ! Ceci n'auroit-il pas été fait dans l'intention de les traiter en voleurs, et de les faire esclaves quand ils reviendront dégager leur ôtage ? Après quelques réflexions, contens d'un moyen qu'ils imaginent de faire connoître leur innocence, ils jugent à propos de ne point retourner sur leur pas, et continuent leur voyage.

Arrivés près de *Jacob*, il faut d'abord le consoler de l'absence de *Siméon* ; mais ce n'étoit pas-là le plus difficile de leur mission. Il faut ensuite engager leur père à se priver pour quelque tems de *Benjamin*. A cette proposition le bon vieillard fond en larmes. Elle lui rappelle la perte de son bien aimé *Joseph* ; il ne peut consentir à se séparer du dernier rejetton de sa chère *Rachel*. Enfin, les horreurs de la famine qui va croissant, les instances de ses enfans, l'engagement que *Juda* prend sur sa tête de lui ramener *Benjamin*, lui arrachent un consentement bien amer à son cœur. Il embrasse ce cher enfant, le presse dans ses bras, conjure ses fils, en les interpellant chacun par leur nom, d'en avoir le plus grand soin; et ils étoient déjà loin, qu'il leur recommandoit encore une tête si précieuse.

Ils s'entretenoient en route du but de leur voyage, et sur-tout de leur prompt retour. Selon eux ils n'avoient qu'à paroître, prouver en rendant l'argent qui s'étoit trouvé à l'entrée de leurs sacs, qu'ils n'étoient pas des voleurs, montrer *Benjamin*, délivrer *Siméon*, charger leurs bêtes et partir. Ils trouvent leur frère *Siméon* en bonne santé, fort content de la manière dont il avoit été traité. Le ministre les accueille avec bienveillance et distinction, les retient à dîner, leur envoie des plats de sa table. Une chose les frappe, c'est que ces plats sont mis devant eux l'un après l'autre, non indistinctement sur la place qu'ils occupoient, mais selon leur âge, et qu'on présente à *Benjamin* un portion cinq fois plus grande que les autres.

Après cette observation qui leur donna quelqu'inquiétude, après les adieux affectueux du ministre qui leur causoient de l'étonnement, ils se mettent en chemin. Peu éloignés encore, ils voient arriver sur eux une troupe de gens armés. Le maître d'hôtel du ministre étoit à leur tête. Il se plaint qu'ils ont pris la coupe de son maître. Tous se recrient avec indignation, demandent eux-mêmes qu'on fouille leur bagage; mais quelle surprise, lorsque la coupe se trouve dans le sac de *Benjamin!*

On les ramène en criminels devant le ministre. Après de vifs reproches, « je » pourrois, leur dit-il, d'un ton irrité, » vous retenir tous en esclavage, mais » je me contente du coupable, que les » autres s'en retournent ». A cette terrible sentence, ils se jettent aux pieds du ministre, protestant de l'innocence de leur jeune frère. *Juda* sur-tout qui en avoit répondu, remontre le chagrin qu'éprouvera le vieillard, qu'il en mourra de douleur : s'il ne peut fléchir le juge, il offre de rester esclave à la place de *Benjamin.* Il presse, supplie, conjure avec tant de force que le ministre ne tient plus à son émotion. Il fait retirer les Egyptiens qui l'environnoient, et se trouvant seul avec eux, il se jette dans leurs bras: d'une voix étouffée par les sanglots, il leur dit: *je suis Joseph votre frère, mon père vit donc encore.* Ce peu de mots explique les contrastes d'une conduite dans laquelle les marques de ressentimens n'avoient servi qu'à faire mieux éclater la tendresse fraternelle.

Le bruit se répandit bientôt à la cour que les frères du ministre étoient arrivés. Le roi voulut les voir. Il dit à *Joseph* de faire venir sa famille en Egypte, et de choisir un séjour assez agréable, pour qu'elle ne fût jamais tentée de regreter le pays qu'elle quitteroit. Cet ordre obligeant fut accompagné de chariots pour transporter les femmes et les enfans. *Joseph* joignit des présens d'habits, de parfums et d'autres choses précieuses pour chacun de ses frères, et pour son père, et leur recommanda d'obtenir de lui qu'il viendroit être témoin de son élévation.

<small>Les Israélites en Égypte.</small> Il fallut aux frères de *Joseph* bien des paroles et des répétitions pour faire comprendre à *Jacob* les merveilles de leur voyage. A chaque nouvelle circonstance, le vieillard, les yeux baignés de larmes de joie, s'écrioit : « il suffit, mon fils » Joseph vit encore. J'irai, je le verrai » avant que de mourir, c'est tout ce que » je désire. » Son souhait fut accompli ; il se transporta avec toute sa famille en Egypte. *Joseph* alla le recevoir, et le plaça dans le pays de *Gessen*, contrée fertile, propre au pâturage, entre le Nil et la mer rouge. Ainsi les enfans de

Jacob, séparés du reste de la postérité d'*Abraham*, et de celle d'*Esaü*, se trouvèrent établis et se multiplièrent dans une terre étrangère à celle qui leur étoit promise. Ils abondonnoient alors une petite partie de cette terre, où ils devoient retourner un jour, pour la posséder entière.

Jacob au moment de sa mort appela ses enfans au tour de son lit, et leur donna sa bénédiction, elle contient d'une manière frappante la prédiction de ce qui devoit arriver à chacune de ces tribus, leurs avantages, leurs revers, leurs liaisons, leurs désordres, et jusqu'aux caractères qui les ont différenciés. Il demanda aussi que son corps fût porté en Chanaan dans la sépulture de ses pères. *Joseph* lui en fit la promesse et l'exécuta. A son tour *Joseph* exigea de ses enfans le transport de son corps dans le même sépulcre, acheté autrefois par *Abraham*; et ce désir lui donna occasion de prédire aux Israëlites d'une manière très-affirmative, qu'ils ne resteroient pas en Egypte. Cependant les promesses du roi, les mesures prises par *Joseph* pour leur sûreté, la vie pastorale et patriarchale qu'ils continuoient d'y mener, la force et la population qui en sont une suite, sembloient leur pré-

Mort de Jacob.

sager un établissement à l'abri de toute révolution.

<small>Vie patriarchale.</small>

Pour peu qu'on ait d'idée des mœurs douces de la campagne, entre les habitans dont l'excès des travaux forcés n'abat point l'ame et n'épuise pas le corps, il n'est pas difficile de se figurer qu'elle étoit la vie patriarchale, la première des Hébreux, et peut-être de tous les peuples. Le soin des bestiaux, la chasse, la culture, les occupations du ménage, les devoirs de l'hospitalité partagoient le tems, et faisoient couler les jours sans ennuis. Le gouvernement paternel entretenoit la paix dans les familles, l'unité de culte les rassembloit à des époques fixes qui devenoient des jours de fêtes. Les rencontres occasionnoient des mariages, la sagesse en formoit les nœuds, et une nombreuse postérité en étoit la richesse. Si a une longue vie, récompense du travail et de la frugalité, on ajoute la poligamie, autorisée long-tems chez les Hébreux, par le désir religieux d'avoir beaucoup d'enfans, on concevra qu'il est possible, qu'en cent soixante ans à-peu-près, douze familles se soient accrues j'usqu'au nombre de six cents mille hommes en état de combattre, non compris les filles et les femmes, les enfans mâles jusqu'à vingt ans, et les vieillards depuis soixante.

On ne sera pas surpris non plus qu'une pareille multitude ait causé de l'ombrage aux Egyptiens ; mais puisqu'ils avoient donné retraite chez eux à la famille de leur ancien ministre, ils auroient dû tacher de se l'attacher par des bienfaits, ou du moins ne la pas traiter de manière qu'elle eût droit de se plaindre ; ou enfin, s'ils n'en étoient pas contents, la renvoyer dans son premier pays, et dans tout autre où elle auroit pu s'établir. Au contraire, ils vouloient la garder en esclave. Tout ce qu'ils purent imaginer de vexations, de travaux pénibles, impôts exorbitans, humiliations flétrisantes, ils les employèrent pour affoiblir cette nation. Voyant qu'elle n'en continuoit pas moins à s'augmenter de manière à faire craindre la réussite d'un coup de désespoir, *Pharaon*, ainsi étoient nommé tous les rois d'Egypte, donne l'édit peut-être le plus barbare qui ait jamais échappé à un tyran. Il ordonna sous peine capitale aux sages-femmes Egyptiennes appellées par les Juives, d'étouffer tous les enfans mâles qu'elles recevroient ; et sous la même peine, aux femmes Juives qui accoucheroient sans le secours des Egyptiennes, de tuer elles-mêmes leurs enfans.

Une Israëlite nommée *Jocabeth* de la

Moïse. 142.

tribu de Lévi, avoit eu deux enfans avant la cruelle ordonnance. Un troisième lui survint après, elle le garda trois mois; mais effrayée par les recherches qui pouvoient lui être aussi funestes qu'à son fils; voulant néanmoins s'épargner la douleur déchirante de le voir périr sous ses yeux, elle l'enferme dans un petit coffre, et l'expose sur le Nil, avec la précaution d'aposter sa fille *Marie*, pour voir ce que son fils deviendroit. La fille *de Pharaon* se promenoit par hasard sur le bord du fleuve : elle apperçoit le coffre, se le fait apporter, l'ouvre, se laisse toucher par la beauté et les cris de l'enfant, elle demande une nourrice, la jeune *Marie* qui n'attendoit que cet ordre, appelle sa mère. La princesse sans le savoir, attache de nouveau l'enfant au sein maternel, l'emmène dans son palais, prend du goût pour lui, et le fait élever sous ses yeux.

Elle lui donna le nom de *Moïse*, qui veut dire sauvé des eaux. Il fut instruit dans toutes les sciences des Egyptiens, s'avança à la cour; on dit même qu'il commanda des armées. Sa mère n'avoit pas sans doute négligé de lui faire connoître sa naissance. En prenant de l'attachement pour sa nation, il conçut contre les oppresseurs une aversion dont il osa donner des preuves non seulement par des marques de compassion en faveur des opprimés, mais par des représailles violentes. Cette hardiesse le rendit suspect; il fut obligé de fuir et de se cacher dans le pays de *Madian*, chez *Jého* son beau-père, où il resta quarante ans. On croit qu'il composa dans cet azile le livre de *Job*. En effet, les idées sublimes de cet espèce de poëme ressemblent beaucoup aux beautés majestueuses des cantiques, dont *Moïse* est certainement l'auteur.

Ce fut à la fin de cette longue retraite, que Dieu lui découvrit le dessein qu'il avoit de se servir de lui pour délivrer son peuple de la captivité où il gémissoit. Le Seigneur lui apparut, lui parla, écouta ses objections, y répondit avec complaisance, et triompha de ses répugances par des miracles. *Moïse* convaincu de la certitude de sa mission, part pour l'Egypte, et trouve en son chemin *Aaron* son frère, qui, guidé par une inspiration divine, venoit à sa rencontre.

Ces deux hommes arrivés dans la contrée qu'habitoient les Hébreux, leur font part des ordres de Dieu, concertent leurs mesures et se présentent au roi d'Egypte. « Nous sommes, lui » disent-ils, envoyés par l'éternel dieu » d'Israël qui ordonne à son peuple, » sous peine des plus terribles fléaux,

<small>Les Hébreux sortent de l'Egypte. 1508.</small>

» d'aller à trois journées dans le désert
» célébrer une fête en son honneur, et lui
» offrir un sacrifice. Je ne connois pas
» votre dieu, répond Pharaon, et je dé-
» fie sa colère. ». Pour mieux marquer
son mépris, il accable les Hébreux de
nouveaux travaux. Ceux-ci, qui sur la
parole de Moïse, s'attendoient à une
prompte délivrance, éclatent en plaintes
et en murmures. Moïse a recours au seigneur. « Présentez-vous de nouveau, lui
» dit-il, je vous donne la puissance d'o-
» pérer toutes les merveilles propres à
» convaincre et à forcer son incrédu-
» lité ».

Armé du pouvoir de commander à la
nature et de s'en faire obéir, Moïse étend
sa verge devant le roi, et elle se change
en serpent. Il frappe, et les eaux du Nil
se convertissent en sang. Il redouble,
une immense multitude de grenouilles
se répand sur la surface du royaume,
et infecte les maisons. Les magiciens
de Pharaon imitent ces prodiges, et leur
adresse endurcit le roi dans son obstination. Cependant, il promet de laisser
aller les Israélites ; rétracte sa parole,
repromet encore à mesure que les fléaux
cessent et recommencent. Moïse ne les
lui épargne pas. Il fait naître une multitude d'insectes aussi épaisse que la
poussière des champs, qui tourmentent

les bêtes et les hommes. Il remplit l'air de mouches qui gâtent et corrompent tout. Les bestiaux sont frappés de maladies aiguës, et meurent en mugissant. Les hommes se trouvent couverts d'ulcères fétides et douloureuses. Le ciel se cache sous des nuages qui vomissent des torrens d'eaux et de grêle. Les éclairs et le tonnerre glacent tous les cœurs d'effroi. L'Egypte entière est ravagée. Le peu de verdure qui reste est livré aux sauterelles que *Moïse* appelle, et pendant plusieurs jours, ce malheureux royaume est livré à des ténèbres épaisses qui font craindre que le soleil n'ait disparu pour toujours, pendant qu'il brille sur la terre de *Gesshen*, ou on ne se ressent en rien de ces fléaux.

Il en restoit un terrible dont *Moïse* prévint le roi, et il avertit en même tems les Israélites de se préparer à partir; au moment que le dernier coup de la foudre céleste éclateroit sur les Egyptiens. Ce fléau ne se fit pas attendre. La nuit même l'ange exterminateur frappe tous les premiers nés d'Egypte, depuis l'aîné du monarque, jusqu'à celui du dernier de ses sujets: de sorte qu'un deuil lugubre se répandit dans toutes les familles. Les Israélites profitèrent de cette circonstance pour quitter l'Egypte. *Moïse* leur fait faire auparavant un dernier repas qu'ils appellèrent *la Pâque*, c'est-à-dire, *le passage du Seigneur*. Ils reçurent ordre de le renouveller tous les ans en équipage de voyageurs, un bâton blanc à la main, et leurs habits longs ceints autour des reins comme pour marcher plus facilement. Il ne se trouva parmi eux, au moment du départ, ni infirmes ni malades. Les vieillards recouvrèrent leurs forces pour fuir leurs bourreaux; et ils emportèrent beaucoup de meubles précieux qu'ils avoient empruntés aux Egyptiens, sous le prétexte de rendre plus majestueuse la fête qu'ils alloient célébrer dans le désert.

Tome 4.
Passage de la mer Rouge.

Ils en prirent le chemin sous la conduite de *Moïse*. Alors commença la suite des miracles que Dieu ne cessa d'employer pour favoriser ou châtier son peuple selon ses mérites. Le premier fut une colonne de fumée le jour, de feu la nuit, qui se levoit exactement pour éclairer et ombrager la marche, marquer le moment du départ et du repos. Les Israélites avançoient tranquillement sous cette égide, lorsqu'ils entendirent derrière eux le bruit d'une grande armée qui les poursuivoit. Devant eux se trouvoient les gouffres de la mer-rouge. La frayeur les saisit. Ils entourent *Moïse*, « N'y avoit-il pas, lui » dirent-ils, assez de tombeaux en

» Egypte, sans nous faire engloutir dans » les eaux ». *Moïse* ne répond rien, étend seulement sa baguette, en frappe la mer; elle se divise et les Israélites passent à pied sec. Les Egyptiens veulent les poursuivre; *Moïse* étend de nouveau sa formidable baguette. Les eaux retombent: hommes, chevaux, charriots, tout est englouti: les flots roulent sur le rivage les cadavres, dont les dépouilles servent à armer les Israélites.

Les voilà au nombre d'à-peu-près trois millions, dans un désert, sans provisions, sans ressource humaine, livrés aux soins seuls de la providence; mais elle ne leur manqua jamais, malgré la défiance et les murmures. Leur premier besoin étoit la nourriture. Dieu y pourvoit. Tous les matins, la manne, espèce de rosée condensée et substancielle, tomboit au tour du camp. Ils s'en lassèrent, Dieu leur envoya des nuées de cailles, qui se laissoient prendre faciment. Quand l'eau manquoit, *Moïse* frappoit les rochers, et elle jaillissoit abondamment. Celle qui se trouvoit amère, il la rendoit douce, et toujours la nuée alternativement lumineuse et obscure, préservoit pendant la marche des ardeurs du soleil, et éclairoit pendant la nuit.

Les Israélites dans le désert.

Il y eut quelques expéditions indécises *La loi donnée*

sur le mont Sinaï.
1490.

contre les nations limitrophes du désert, d'où les Israëlites tachoient de se tirer; mais la main de Dieu, barrière impénétrable, les y retenoit. La même main les conduisit au pied du mont-Sinaï, célèbre par la loi qui fut donnée aux Juifs. Ils furent avertis de se préparer à la recevoir: de bien examiner ce qui se passeroit, mais de se tenir dans un éloignement respectueux. *Moïse* seul eut droit d'aborder la montagne, où il eut plusieurs entretiens avec le Seigneur. Au jour indiqué, le sommet se couronne d'une nuée, il en sort des feux et des éclairs, le tonnerre gronde, des trompettes sonnent, la terre tremble, et une voix prononce distinctement le *décalogue*, c'est-à-dire, les dix commandemens qui contiennent l'abrégé de toute la morale. *Moïse* resta quelques jours sur la montagne, et en rapporta la loi gravée par le doigt de Dieu, sur deux tables de pierre. En descendant il entendit des ris, des chants, le bruit d'une multitude qui se livroit à une joie effrénée. Que vit-il en approchant? Le peuple dansant au tour d'un veau d'or. Les filles et les femmes avoient donné leurs bijoux pour faire ce Dieu; et *Aaron* avoit eu la complaisance criminelle de le fondre. *Moïse* outré de colère s'écrie dans le transport de son zèle: *qui sont* ceux qui sont du parti de l'Eternel? La tribu de *Lévi* se présente, passe au fil de l'épée un grand nombre de coupables, et mérite par-là le sacerdoce. Mais la grande prêtrise demeure dans la famille d'*Aaron*. Le peuple fit ensuite pénitence de son idolâtrie, et Dieu lui pardonna.

Moïse l'occupa de la confection, tant de l'arche où devoient être renfermées les tables refaites après la fracture des premières, que de celle du tabernacle destiné à recevoir l'arche. Toutes les dimensions, tous les ornemens avoient été fixés dans les entretiens de Dieu avec *Moïse*, sur le mont Sinaï. On choisit d'habiles ouvriers; les Israélites donnèrent sans hésiter tout ce qu'ils possédoient en bijoux et en étoffes propres non-seulement pour l'arche, mais encore pour les habits sacerdotaux et les instrumens du culte. Le tems du séjour dans le désert fut aussi employé à établir le gouvernement général, la police entre les tribus et les familles; à fixer les fêtes, régler les cérémonies religieuses, et aguerrir le peuple par des excursions sur les terres qu'on devoit ensuite occuper. Aguerrir le peuple, c'est-à-dire, la partie du peuple qui étoit destinée à y entrer. Or, tous ceux qui avoient plus de vingt ans quand ils sortirent d'Egypte, furent privés

Arche d'alliance.

de cet avantage, en punition de leurs murmures et fréquentes rébellions. *Moïse* lui-même ne fut pas exempt de ce châtiment, pour avoir hésité dans une chose que Dieu lui commandoit : il lui fut seulement accordé de voir la terre promise du haut d'une montagne.

<small>Fin de Moïse.</small> Les seuls *Josué* et *Caleb* échappèrent à cette proscription. Ils avoient été envoyés avec dix autres, un de chaque tribu, pour examiner le sol et les productions de la terre de Chanaan : ils firent un rapport avantageux, capable d'encourager le peuple. Les autres députés, au contraire, firent du pays qui étoit destiné aux Israélites une peinture si désagréable, que le peuple se souleva contre *Moïse*. Il fallut encore en venir à des punitions, qui étoient ordinairement la mort des coupables. Le glaive des Amalécites en châtia quelques-uns ; la terre engloutit *Coré*, et un feu surnaturel consuma *Dathan* et *Abiram*, sacriléges profanateurs du sacerdoce. Des serpens brûlans détruisirent de nouveaux rébelles ; mais la vue du serpent d'airain élevé par *Moïse*, suspendit l'activité de ces feux dans ceux qui le regardoient. Le zèle de *Phinées* punit de mort l'idolâtre *Zamri*. Ce châtiment n'empêcha pas les Hébreux de prostituer leur religion à leur passion pour des filles étrangères, et d'adorer de faux dieux. *Moïse*,

prêt à disparoître du milieu d'eux, leur fit de vifs reproches sur ce fatal penchant, et des menaces terribles s'ils continuoient de s'y livrer.

Il leur fit aussi renouveler entre ses mains l'alliance avec Dieu, et jurer d'y être fidelles. Il nomma pour son successeur *Josué*, qui s'étoit déjà distingué dans plusieurs expéditions; ensuite il entonna un cantique d'actions de graces, qui retrace d'une manière pathétique et touchante les bienfaits de Dieu à l'égard d'Israël, et contient des vœux pour sa prospérité. Après avoir donné sa bénédiction à ce peuple qui, malgré ses infidélités, lui étoit toujours cher, le saint législateur se retira sur la montagne de *Nébo*, d'où il vit encore la terre promise. Les principaux des douze tribus l'accompagnèrent: pendant qu'ils lui faisoient de tendres adieux, il s'échappa de leurs bras et disparut.

Josué réunit le commandement des armes et le gouvernement civil. L'administration de la justice appartenoit aux Lévites, et le peuple étoit divisé de tribus en décuries, et de décuries en familles, pour se mieux reconnoître. Ces divisions contribuoient aussi à un ordre prompt et réglé dans les marches et les campemens; chacun avoit son poste marqué, en avant, en arrière, aux deux côtés de

Josué. 1548.

l'arche qui faisoit toujour le centre ; et dans les combats, dans les retraites, le même ordre s'observoit le plus exactement qu'il étoit possible.

Enfin, après quarante ans de marches directes, circulaires, rétrogrades dans le désert, il fut question d'entamer sérieusement la conquête de la terre promise. *Josué* la connoissoit. Dans son rapport sur l'état de ce pays, en donnant des espérances, il n'avoit pas dissimulé les difficultés. On conçoit que les habitans de la terre de Chanaan n'avoient pu voir sans inquiétudes errer depuis si long tems, sur leurs frontières, un peuple dont ils sentoient que la seule ressource étoit d'envahir. Il y avoit eu, entre les possesseurs et les prétendans, plusieurs combats meurtriers, et toujours suivis de scènes d'horreur. On se massacroit sans pitié, parce que les aggresseurs chassoient ou exterminoient pour s'établir, et les habitans exterminoient pour conserver. La même fureur destructive régna entre les adversaires, pendant tout le tems de la conquête.

Passage du Jourdain. *Josué* la commença par une cérémonie imposante. Toute la nation eut ordre de se purifier pour le passage du Jourdain. Au jour marqué, le peuple se rangea comme dans les marches ordinaires, autour de l'arche. Elle étoit portée par les Lévites. Sitôt qu'ils touchèrent l'eau de leurs pieds, elle se suspendit comme dans la mer Rouge, et livra un chemin ferme. Ils s'arrêtèrent au milieu du fleuve, jusqu'à ce que tout le peuple fût passé. Alors un député de chaque tribu plaça une grosse pierre dans l'endroit que l'arche avoit occupé; ils en tirèrent aussi chacun une du lit du fleuve, dont ils formèrent sur la rive un monceau ou monument de mémoire.

De ce moment le nuage conducteur disparut. *Josué* fit le partage de la terre qu'il alloit conquérir, et assigna à chaque tribu sa contrée. Cette opération dut inspirer une singulière ardeur, non-seulement à toute la nation, mais encore à chaque particulier; il n'y en eut aucun qui, en voyant un champ, une maison, ou toute autre propriété, ne se dît à lui-même : « Ceci est à moi, et celui qui » l'occupe est un usurpateur ». D'un autre côté, les habitans devoient se dire : « Nous » avons défriché ces terres, planté ces » arbres, ces villes opulentes, ces tours, » ces murailles, c'est nous qui les avons » bâties ». Quel courage dans l'attaque, quelle opiniâtreté dans la défense, ces réflexions ne devoient-elles pas produire ? Et malgré les six cents mille combattans avec lesquels les Israélites commencèrent leurs conquêtes contre des nations aguerries qui défendoient femmes, enfans, et tout ce qu'on a de plus cher au monde, auroient-ils jamais pu réussir, s'ils n'avoient été secondés par une puissance surnaturelle ?

Elle se montra efficacement dès la première entreprise qui fut dirigée contre *Jéricho*, ville considérable. Un miracle la livra aux Israélites. Ils eurent ordre de promener sept fois l'arche autour des murailles ; au septième tour, les Lévites sonnent de la trompette ; les soldats jettent tous ensemble un grand cri. Les murs se renversent, les tours s'écroulent ; ils entrent en foule, massacrent tout, et ne sauvent qu'une femme qui avoit favorisé leurs espions. Il y eut là un exemple de discipline très-sévère. On avoit publié la défense de rien garder en particulier du butin qui se feroit à *Jéricho* : c'étoit le moyen d'enflammer également le courage de tous, par l'espoir d'un partage général. *Achan*, de la tribu de *Juda*, cacha des effets qu'il comptoit s'approprier ; il fut découvert, et lapidé sans miséricorde, lui, sa femme, ses enfans et ses bestiaux. Deux miracles éclatans signalèrent encore le commencement de la conquête.

Les *Gabaonites*, peuple peu nombreux, avoient recherché l'alliance des *Israélites*, moins par affection que pour se soustraire à leur fureur. Les rois de *Chanaan*, qui faisoient ensemble cause commune contre ces étrangers, trouvèrent mauvais que les *Gabaonites* se retirassent de leur ligue, et les attaquèrent. *Josué* courut à leur secours. Il trouva tous ces princes déterminés à vaincre ou à périr. C'étoit une bataille décisive. Elle fut long-tems disputée; la déroute des alliés ne commença que vers la fin du jour. *Josué* craignant qu'ils ne lui échappassent, à la faveur de la nuit, s'écria: *Soleil, arrête-toi!* et le jour fut prolongé. Il appela aussi contre eux une nuée épaisse, d'où, à l'aide d'un vent furieux, se lancèrent des pierres qui écrasèrent les fuyards. Ces deux événemens miraculeux jetèrent la consternation dans tout le pays de Chanaan, et en facilitèrent la conquête, qui fut faite en six ans.

Il n'y a point de pays qui ait été soumis à autant de divisions successives, que le pays de Chanaan. Sous ses premiers habitans, il contenoit des royaumes; sous les Juifs, des tribus; sous les conquérans Babyloniens et autres, des provinces; sous les rois Iduméens, des tétrarchies et téparchies; après les Romains, sous les Mamelus, des villes éparses, sans lien de gouvernement; sous les Croisés, un royaume, et enfin sous les Turcs, aux cantons maritimes près, il est presque inhabité. Il faut l'avouer, le pays de Chanaan n'auroit rien de remarquable, s'il

Nouveau Chanaan ou Judée entre la pays d'Edom et Amalec, la mer morte, le Jourdain, la mer de Galilée, les montagnes du Liban, les Phéniciens et la Méditerranée.

n'avoit été l'habitation d'un peuple qui faisoit de sa possession un objet de félicité, et qui n'en parle encore qu'avec transport; si les principaux mystères de notre religion ne s'y étoient opérés; si enfin l'Europe chrétienne fondant, lors des croisades, sur cette petite partie de l'Asie, ne l'eût rendue fameuse. Ses limites et par conséquent son étendue, ont varié selon les tems : peu de ses parties ont conservé leur nom primitif. Comme la tribu de *Juda* étoit la plus nombreuse et la plus belliqueuse, les nations subjuguées se sont accoutumées à appeler les vainqueurs *Juifs*, et leur pays, la *Judée*.

Des hommes qui sortoient de plaines arides, où leurs pères et eux avoient erré pendant quarante ans sans domiciles fixes, durent s'estimer heureux, lorsqu'ils se trouvèrent bien établis dans un pays d'une température modérée, suffisamment arrosée, fertile sur-tout en vin et en huile, sans cependant manquer de blé. Le miel étoit aussi une de ses productions; il y avoit des plantes aromatiques, dont on tiroit un baume précieux. Rien n'y manquoit pour le nécessaire et même le superflu; et maintenant cette terre désolée ne présente plus que stérilité et solitude, au point que plusieurs écrivains ont regardé comme très-exagérées et même fausses les descriptions avantageuses que les livres saints nous en ont laissées. Ces critiques ne réfléchissent pas assez sur les changemens affreux que les fléaux de toute espèce, prolongés pendant tant de siècles, peuvent et doivent opérer dans les pays même les plus favorisés de la nature.

Quelque dégradée que soit la Judée, la curiosité et la dévotion y amènent encore les chrétiens, pour y visiter les lieux consacrés par leur religion. Les souvenirs touchans par lesquels les ames pieuses aiment à se laisser attendrir, sont seuls capables de faire supporter les dangers et les fatigues de ce voyage. Des hordes de voleurs infestent les campagnes ; les villes, soumises à un gouvernement oppressif, n'offrent pas un plus sûr asile : la plupart sont réduites en bourgades. La seule *Jérusalem* présente quelques débris de monumens augustes, qu'on peut croire être l'ouvrage, les uns des Juifs, les autres des Croisés.

Pour tracer une esquisse fidelle des mœurs et des institutions des Juifs, il faut les prendre dans le tems de prospérité qui suivit la conquête ; lorsqu'encore frappés des merveilles opérées en leur faveur, ils ne s'écartoient qu'avec scrupule des lois qui leur avoient été données, et que, ramenés par les châ-

Religion, gouvernement, sciences, commerce, art militaire.

timens, ils y revenoient avec zèle et confiance.

Tout avoit été prévu, tant dans le code de *Moïse*, ou plutôt dans le code de Dieu lui-même, publié sur le mont Sinaï, que dans les institutions politiques et sacrées, qui sont un ample commentaire de ce code. Les lois les plus recommandées étoient celles qui regardent la religion : proscription de l'idolâtrie sous toutes les formes, obligation étroite de circoncire, pratique du sabat, c'est-à-dire, cessation rigoureuse de tous travaux, même les plus nécessaires, et repos absolu pendant un jour entier de la semaine. Les solennités principales étoient la Pâque, instituée en mémoire de la sortie d'Egypte ; la Pentecôte, anniversaire de la loi donnée sur le mont Sinaï ; la fête des Tabernacles, figure du séjour errant pendant quarante ans dans le désert ; la fête des Trompettes, qui annonçoit les premiers jours de l'année, de chaque mois, et les nouvelles lunes ; des fêtes expiatoires, des jeûnes qui rappeloient des crimes commis, la punition, le repentir et le pardon.

L'année sabbatique et celle du jubilé, la première arrivant tous les sept ans, la seconde tous les sept fois sept ans, avoient des obligations et des priviléges analogues entre elles. On ne semoit, récoltoit et commerçoit que pour les pauvres. De plus, dans l'année jubilaire, les esclaves juifs recouvroient leur liberté, et ceux qui, pendant cet espace de quarante neuf ans, avoient aliéné leurs biens, y rentroient.

Les loix du rit forment seules, dans ce code, un article très-étendu, tant il y avoit de précautions à prendre pour le choix des victimes, les cérémonies des sacrifices, le service du tabernacle, celui du temple, les habits des prêtres et des Lévites, leur matière, leur forme, leur conservation! Les occupations de ces deux ordres sont spécifiées en grand détail. On voit quels étoient leurs revenus, leur part dans les sacrifices, leurs biens ; savoir, la dîme de tout, et des villes avec leur territoire qui leur étoient affectées dans chaque tribu.

Plusieurs des lois civiles rentroient dans les lois ecclésiastiques, ou du moins y tenoient par des cérémonies qui en sanctifioient pour ainsi dire l'exécution. On ne citera que la cérémonie *des eaux de jalousie*. C'étoit un breuvage composé par les prêtres ; ils le présentoient eux-mêmes à la femme que le mari traduisoit devant eux comme suspecte d'infidélité. Ces eaux tuoient la coupable, et rendoient l'innocente plus belle et plus saine. D'ailleurs il n'y avoit pas d'acte de la vie que la religion ne réglât : deuils, festins, funérailles, emploi du tems, heures du lever et du coucher, les égards et les civilités réciproques.

Les prêtres et les Lévites étoient admis entre les juges, et prononçoient avec eux la punition annexée au vol, à la fraude, à l'usure, aux mensonges, aux fautes comme aux crimes. Le meurtre étoit toujours puni de mort. Toute espèce de violence subissoit la peine du talion. On ne voit cependant pas que le mariage ait eu besoin du ministère des prêtres, ni le divorce de leur sanction. Une fonction qui leur étoit exclusivement propre, et sans doute la moins agréable, c'est le discernement de la lèpre, maladie cutannée que nous ne connoissons plus. Les symptômes en étoient aussi effrayans que dégoûtans ; elle s'attachoit même aux meubles et aux maisons : c'étoit aux prêtres à déclarer ceux qui en étoient atteints, à les séquestrer de la société, et à les y rappeler quand ils étoient guéris.

Les études des Juifs se bornoient à la science de la religion. En effet, elle leur apprenoit toute la morale, et ce qu'il leur étoit nécessaire de savoir en physique pour leur conservation et leur bonheur. Outre que les pères étoient très-exacts à instruire leurs enfans, il y avoit encore des écoles publiques où on formoit la jeunesse. Leur langue, quoique peu abondante, est harmonieuse, propre aux élans de la poësie sublime. Les mouvemens moins marqués d'une poësie tendre ne leur manquent pas. Soit qu'ils gémissent de leurs fautes, soit qu'ils implorent la clémence de l'Eternel, qu'ils ont offensé, c'est toujours avec une sensibilité qui part du cœur, qui touche et émeut. Qu'étoit-ce quand le rithme de ces hymnes étoit soutenu par les charmes de la musique, et quand des vierges pures, de jeunes Lévites en marquoient, par leurs pas, la cadence dans les solennités ?

La vie privée n'offre rien de remarquable. Sans doute ils avoient des manufactures dans les villes ; ils y pratiquoient des métiers utiles ; mais ils cultivoient peu les arts agréables ; car ils ne connoissoient le luxe, ni dans les bâtimens, ni dans l'ameublement, ni dans les habits ; ils aimoient mieux être parés de la propreté que de la richesse. Si on peut juger d'un peuple par les désirs qu'il exprime, on croira que le Juif estimoit surtout la vie champêtre. Ce qu'il souhaitoit, c'étoit d'être assis à l'ombre de sa vigne et de son figuier, de cueillir ses olives, de traire ses brebis, de conduire ses bestiaux, de les voir bondir dans de gras pâturages. Ce qu'il regrettoit dans sa captivité, c'étoit les rives agréables du Jourdain, les saules auxquels il avoit tristement suspendu son luth et sa harpe. Souvenirs amers ! tristes effets des guerres !

Au reste, ce que les Juifs ont essuyé de malheurs et de fléaux, ils l'ont fait éprouver à d'autres. On ne peut nier qu'ils n'aient été très-belliqueux ; mais la grandeur de leurs armées, portées dans quelques époques jusqu'à onze et douze cents mille hommes, donne tout lieu dé croire qu'ils faisoient alors la guerre plutôt à la manière des barbares, dont la nation s'arme toute entière, que comme des peuples formés, qui ont des corps d'élite, et par conséquent une tactique et une science de cet art funeste; d'autant plus que cette multitude étoit ordinairement mal armée. Mais par la suite, ils eurent des phalanges couvertes de bonnes armures, des charriots hérissés de fer, une cavalerie exercée, des arsenaux bien fournis, des machines meurtrières sur leurs remparts, et tout l'attirail redoutable de l'attaque et de la défense ; mais, ce qu'ils eurent de plus que les autres nations, c'est la protection immédiate de Dieu, quand ils étoient fidelles à son culte. Dieu s'étoit déclaré leur chef, et on doit regarder leur gouvernement, dans son principe, comme une théocratie.

Mort de Josué. 1550.

Ce gouvernement subsista sous *Josué*

et les *Juges* ses successeurs : c'est-à-dire que les Juifs n'entreprenoient rien que d'après l'inspiration divine, qui leur étoit manifestée par les prophètes, dont le nombre fut très-grand dans cette époque. Ce conquérant eut, avant que de mourir, le plaisir de voir le peuple qui lui avoit été confié bien établi dans le pays soumis par ses victoires. Elles furent souvent sanglantes, et presque toujours suivies d'exécutions cruelles. On accuse *Josué* d'avoir eu un zèle destructeur. Son motif peut le justifier auprès des personnes persuadées qu'il faut tout sacrifier à la religion. Il connoissoit le goût effréné de son peuple pour l'idolâtrie, et auroit bien voulu détruire ce penchant. Le meilleur moyen étoit d'ôter les exemples, soit en chassant, soit en exterminant ceux qui les donnoient. Ce vainqueur austère fit l'un et l'autre ; mais sa sévérité contre les Chananéens, son inflexibilité à punir les Juifs coupables, n'eurent que peu de succès. Partie par compassion, partie par l'intérêt d'avoir des esclaves, les Juifs épargnèrent beaucoup de Chananéens. Ceux-ci, au défaut des temples qu'on renversoit, transportèrent leurs fêtes dans les bocages. La curiosité, la fraîcheur, la gaîté y attirèrent les Juifs. Les filles Chananéennes, dans le dessein d'adoucir les vainqueurs, cherchèrent à leur plaire.

Les Juifs se laissèrent prendre à cette amorce, contractèrent des mariages, changèrent bientôt une religion austère contre des cérémonies dont leurs épouses faisoient l'ornement. Ils abandonnèrent Dieu, revinrent à lui, et vécurent entre la vraie et les fausses religions dans une fluctuation perpétuelle, qui a été la cause des alternatives de victoires et de défaites qu'ils ont éprouvées sous les juges.

Juges.
1585.

On ne sait comment s'élisoient les juges, ni jusqu'où alloit leur puissance. Elle étoit militaire, puisqu'on trouve entre eux des hommes habiles dans le commandement des armées, et fameux par des expéditions guerrières; mais elle n'étoit pas non plus uniquement militaire, puisqu'entre eux on trouve des femmes. Il y en a beaucoup dont on ne sait que le nom, et peut-être ne sont-ce pas les moins estimables, par la raison que la célébrité se doit quelquefois plus aux vices brillans qu'à la vertu.

Benjamites.

Sous *Athoniel*, second successeur de *Josué*, se voit le premier exemple de schisme. Un jeune Lévite, gagné par la prière d'une vieille femme, contre la défense expresse de sacrifier ailleurs que devant l'arche, érigea dans une maison particulière un petit autel. Les habitans d'une ville voisine nommée *Dan*, appellent ce Lévite avec son autel et ses habits sacerdotaux, et se font un culte séparé. Sous le même *Athoniel* arriva le crime affreux des Benjamites, qui firent à la femme d'un Lévite les plus outrageantes violences, dont s'ensuivit sa mort. Le Lévite coupa le cadavre en onze quartiers, qu'il envoya à chacune des tribus. Elles s'armèrent, et exterminèrent la tribu de Benjamin, à six cents hommes près. Survint ensuite le repentir d'avoir presque détruit tout une tribu. Les Juifs n'y trouvèrent d'autre remède qu'un nouveau crime ; savoir, de tuer tous les habitans non Israélites d'une ville du voisinage, pour avoir leurs filles, et n'en ayant pas assez, d'enlever dans une embuscade celles d'une autre : ce qui fut exécuté. La tribu de *Benjamin* se rétablit ainsi ; mais elle ne fut jamais si nombreuse que les autres.

Gédéon est fameux par sa victoire sur les Madianites. Ils avoient totalement asservi les Juifs, et triomphoient insolemment. Dieu eut pitié de son peuple, qui s'étoit humilié, et suscita *Gédéon* pour les tirer d'esclavage. Il avoit rassemblé une armée très-inférieure à celle des ennemis ; Dieu la trouva encore trop nombreuse. « Menez, dit-il, vos soldats » le long du ruisseau ; ceux qui se met- » tront à genoux pour boire à leur aise, » renvoyez-les ; ceux qui ne feront que

Gédéon, 1761.

» prendre, en passant, de l'eau dans le
» creux de leur main pour étancher leur
» soif, gardez-les ». Il n'en resta que trois
cents de ceux-ci. *Gédéon* les divisa en
trois corps. Ils sortent la nuit de leur
camp, portant chacun une épée dans une
main, et dans l'autre un flambeau allumé
caché dans un vase de terre. Ils arrivent
au camp ennemi, jettent de grands cris,
brisent leurs vases l'un contre l'autre. La
lumière paroît, l'épouvante saisit toute
l'armée ; elle fuit en désordre. *Gédéon*
les poursuit, et cette seule nuit rend la
liberté à toute une nation.

Allégorie.
1801.

Les enfans légitimes de *Gédéon*, au nombre de soixante-dix, gouvernèrent, après la mort de leur père, apparemment chacun leur canton. *Abimélech*, fils d'une concubine, résolut de régner seul. Il tua soixante-huit de ses frères, et se fit proclamer dans une assemblée tumultueuse. *Joathan*, le seul qui avoit échappé au massacre, du haut d'une montagne d'où il voyoit cette assemblée, lui adressa cette allégorie : « Les arbres s'assemblèrent un
» jour pour choisir un roi. Ils offrirent
» d'abord le sceptre à l'olivier, il répon-
» dit qu'il ne vouloit pas se priver de son
» fruit et de son huile, si agréables à
» Dieu et aux hommes, pour régner sur
» eux. Ils invitèrent le figuier, qui refusa,
» parce que l'excellence de son fruit lui

» suffisoit. La vigne, priée à son tour,
» préféra son jus, qui réjouit les dieux et
» les hommes, à l'empire qu'on lui of-
» froit ; enfin, la dignité royale ayant été
» offerte à l'épine, elle répondit : si vous
» avez réellement dessein de me confier
» la suprême autorité, retirez-vous sous
» mon ombre, ou consentez que le feu
» sorte de mon sein, et dévore les cèdres
» du Liban ». La morale que *Joathan*
tira de cette fable, c'est que les bons
sont rarement curieux d'autorité, et que
les méchans ne peuvent dominer que par
la destruction.

Jephté et *Samson* sont célèbres, l'un par son vœu téméraire, et l'autre par sa force prodigieuse. Le premier étoit un chef d'aventuriers, qui se portoit sans distinction d'amis ou d'ennemis, partout où il espéroit trouver du butin. On pourroit se représenter le second comme un soldat d'une valeur féroce, domptant tout, excepté ses passions. Dieu se servit de ces deux hommes pour humilier les Philistins, ennemis de son peuple. *Jephté* gagna plusieurs batailles ; mais dans une où la victoire balançoit, il fit vœu, s'il étoit vainqueur, de sacrifier au Seigneur la première créature vivante qui se présenteroit. En rentrant dans la ville, il entend des instrumens et des chants de triomphe. Il regarde et veut détourner

Jephté, Samson.

les yeux; mais le coup étoit porté. C'étoit sa fille unique qui venoit à la tête de ses compagnes le féliciter. *Jephté*, le cœur percé de douleur, dit à sa fille l'engagement solennel qu'il a pris. Elle l'écoute avec fermeté, demande seulement deux mois pour aller pleurer sa virginité avec ses compagnes. Ce terme expiré, elle revient docilement consommer son sacrifice. *Samson*, également vainqueur des Philistins, mérita long tems ses victoires par la discrétion qui lui étoit ordonnée sur le don de force qu'il avoit reçu; mais trop complaisant pour *Dalila* sa maîtresse, il se laissa arracher son secret, et paya son imprudence par une mort tragique, qu'il rendit, autant que sa vie, funeste à ses ennemis.

Héli.
1900.

L'avant dernier juge fut *Héli*, grand sacrificateur : homme pieux et juste, mais poussant jusqu'à la foiblesse l'indulgence pour *Ophni* et *Phinées* ses enfans, qui ne lui ressembloient pas. Il élevoit dans le temple un jeune Lévite, nommé *Samuel*, dont il estimoit la simplicité et la candeur. Cet enfant voué à Dieu dès sa naissance, par sa mère, qui l'avoit obtenu après une longue stérilité, fut chargé d'annoncer au grand prêtre, son bienfaiteur, des vérités dures, mais nécessaires. Dieu lui ordonna pendant son sommeil d'aller trouver *Héli*; de lui reprocher la conduite de ses fils ; de lui reprocher sa foiblesse à leur égard, et de le menacer lui-même d'un châtiment exemplaire, s'il ne réprimoit leurs désordres. L'avertissement étoit humiliant pour un vieillard, de la part d'un enfant ; mais *Samuel* y apporta tant de ménagemens, prouva si bien que Dieu lui-même en étoit l'auteur, qu'*Héli* loin de se choquer, prit la résolution de se corriger. Il n'en eut pas la force. Ses enfans continuèrent à abuser de sa bonté ; les Israélites alors en guerre avec les Philistins, furent battus, l'arche fut prise. A cette nouvelle le malheureux vieillard tomba de sa chaise et se tua.

 Le gouvernement des juges dura trois cents quarante-huit ans, et finit à *Samuel*. Il signala le sien par une grande victoire sur les Philistins, et il eut la satisfaction de voir Israël dans une paix profonde. Pour se soulager dans les fonctions pénibles de juge, *Samuel* donna l'administration d'un canton à deux de ses fils. Leur conduite ne répondit pas à la confiance du père ; le peuple murmura. Les anciens avertirent le prophète, et lui dirent que puisque ses enfans se montroient indignes de lui succéder, la nation demandoit un roi. *Samuel* assembla le peuple, lui remontra le risque qu'il courroit à changer le gouver-

Samuel.

nement de Dieu contre celui d'un homme. Leur résolution étoit prise; ils y persistent. Le prophéte consulta le seigneur, qui y consentit, et indiqua celui qui devoit être placé sur le trône.

Dieu le prit parmi les bergers, il se nommoit *Saul*. *Samuel* le sacra à l'insçu de tout le monde ; mais quand il fallut lui faire exercer les fonctions de la royauté, il assembla le peuple et fit tirer au sort. De tribus en famille, il tomba sur celle de *Cis*, de la tribu de Benjamin, et dans sa famille, sur son fils *Saul*, qui étoit de la taille la plus avantageuse. Sa première action, comme roi, fut une victoire très-complète sur les Amalécites. Ce glorieux exploit lui gagna l'estime du peuple. La nation assemblée marqua son attachement et son respect par des présens, espèce d'hommage qui tenoit lieu de consécration. Mais pendant que les Israélites se félicitoient d'avoir un roi doué, à ce qu'ils croyoient, des qualités propres à sa dignité, *Samuel*, à qui Dieu faisoit connoître l'intérieur de ce prince, n'étoit pas content de ses dispositions. Dans des choses essentielles, il agissoit sans consulter, ou il désobéissoit ouvertement à des ordres formels. Il en vint au point, que le prophète lui déclara, qu'en punition de ces prévarications, la couronne ne se perpétueroit pas dans sa famille ; et en effet, il donna l'onction royale à *David*, pris aussi parmi les bergers, en présence de son père et de ses frères.

Plusieurs évènemens fournirent à *David* l'occasion de se faire connoître. D'abord une mélancolie profonde, tenant de la manie, saisit *Saul*, elle ne pouvoit être suspendue que par les sons mélodieux de la harpe. David y excelloit; il fut apellé, et charma si bien les ennuis du roi, que ce prince lui donna une place auprès de lui. L'insolence de *Goliath*, géant philistin, fut un autre moyen dont Dieu se servit pour étendre la réputation de *David*. Fier de sa force, *Goliath* couvert de fer, bravoit l'armée d'Israël et la défioit au combat; personne n'osoit se mesurer avec lui. David se propose; attaque le barbare comme il avoit coutume d'affronter les lions et les tigres du désert, armé seulement de sa fronde : il lui lance une pierre au milieu du front et le tue. Cet exploit lui mérita *Michol*, fille du roi, que ce prince lui donna en mariage.

Ce fut la dernière faveur de *Saul*. En proie à une sombre jalousie, il ne cessa depuis de tourmenter son gendre, tâcha de le faire tuer par des assassins qu'il envoya à sa poursuite, et voulu le tuer lui-même. Soit qu'on sut la cérémonie de l'onction faite par *Samuel*, qui destinoit *David* au trône, soit commisération pour un innocent persécuté, il paroît que *David* avoit un grand parti à la cour. *Jonathas* lui-même, fils de *Saul*, faisoit profession ouverte d'amitié avec lui.

<small>La Pythonisse. Mort de Saül.</small> Cette faveur générale que *Saul* ne pouvoit ignorer, augmenta le trouble de son esprit. De noirs pressentimens le tourmentoient. Il n'avoit plus *Samuel* pour lui confier ses peines, et prendre des résolutions sages. Le prophète étoit mort; *Saul* résolut d'évoquer son ombre. Dans une petite ville nommé *Endor*, une vieille femme, sous la qualité de *Pythonisse*, c'est-à-dire habile à deviner, découvroit les choses cachées, et rendoit des espèces d'oracles. *Saul* va la trouver dans son antre, et lui explique son désir. Elle fait ses conjurations; le roi en attend l'effet dans un profond silence. A la fin elle parle. « Je vois, » dit-elle, des ombres effrayantes qui » sortent de la terre, et avec elles un » vieillard au regard sévère, couvert » d'un petit manteau ». C'est *Samuel*, s'écrie le prince; il se prosterne, et lui demande qu'elle sera l'issue d'une bataille qu'il doit livrer aux Philistins. « Pour-» quoi viens tu troubler mon repos ? lui » répond l'ombre redoutable; l'éternel

» irrité s'est rétiré de toi ; il a donné » ton royaume à *David* : demain toi et » tes fils vous serez avec moi ». Elle dit et disparoît. La bataille se donne ; *Saul* et *Jonathas* sont tués ; il ne resta des fils de *Saul*, qu'*Isboseth*.

Ce prince soutint sept ans son droit à la couronne, secondé par d'habiles généraux, et la plus grande partie de la nation. *David* n'avoit que la tribu de Juda, à la vérité égale en force à toutes les autres. La mort d'*Isboseth*, lâchement assassiné, sans qu'on voie que *David* ait eu part au crime, le rendit souverain de toute la nation.

David. 1941.

Le tableau brillant de ce règne, a aussi ses ombres ; il commence par des prospérités. *David* triomphe des ennemis extérieurs, assoupit toutes les discordes internes ; fait renaître dans les peuples, par des cérémonies augustes, l'attachement à la religion ; leur inspire le goût des arts, en appellant auprès de lui, pour ses ameublemens et ses édifices, des ouvriers habiles en tout genre. Il leur donne aussi un exemple de reconnoissance rare, c'est d'inviter à la cour *Miphiboseth*, fils de *Jonathas*, et de lui donner près de lui un rang et des honneurs qui rappelloient sans cesse la tendre amitié qu'il avoit eue pour son père. Heureux *David*, s'il n'eût ouvert son cœur qu'à ce genre de tendresse !

<small>Betzabée. 1564.</small>

Mais se promenant sur la terrasse de son palais, il apperçut sur une autre une belle femme, dans la liberté et la négligence du bain. Ce prince se laisse enflammer d'un désir criminel, et réussit à le satisfaire. *Betzabée*, cette beauté dangereuse, étoit femme d'*Urie*, qui depuis plusieurs mois combattoit sur la frontière. Elle se trouve enceinte, et fait part de son embarras à son amant. Il demande *Urie*, comptant qu'après une longue absence, ce guerrier profitera volontiers de l'occasion de revoir son épouse. « Je n'ai garde, répond le brave » soldat, pendant que mes compagnons » sont exposés aux injures de l'air, » d'aller coucher mollement dans un lit ». Il passe la nuit avec ceux qui veilloient à la porte du palais, et repart. *David* le fait accompagner par un ordre au général, de l'exposer dans la première occasion dangereuse. *Urie* est tué. Ainsi un crime en appelle un autre, et l'adultère devient homicide.

Pendant que *David* étouffoit ses remords dans la jouissance, le prophète *Nathan* se présente à lui, comme pour demander justice d'un fait atroce. « Un » homme riche, dit-il, avoit un repas » à donner; pour épargner ses nombreux

» troupeaux, il a enlevé à son voisin, » pauvre, une brebis chérie qui étoit » tout son bien; et l'a égorgée ». *Le barbare*, s'écrie *David* avec colère, *il mérite la mort. Vous étes cet homme*, réplique avec fermeté le prophète. Il n'eut pas besoin d'insister auprès du prince sur la grandeur de sa faute. Il en sentit toute l'énormité, fondit en larmes; en demanda humblement pardon à Dieu, qui lui remit son péché; mais non les peines qui en devoient être l'expiation.

De ce moment son règne ne fut plus qu'un tissu d'infortunes. Il vit son royaume ravagé par des guerres malheureuses, par la peste et la famine. Il éprouva des maux domestiques, un inceste, des meurtres entre frères. La nation murmura et se plaignit; des révoltes éclatèrent. Celle d'*Absalon*, fils trop chéri de *David*, fut accompagnée de circonstances humiliantes. Le roi s'enfuit de sa capitale, chargé des imprécations du peuple qui l'adoroit auparavant. Son fils conseillé par les perfides qui avoient intérêt de le rendre irréconciliable avec son père, fit élever une tente sur la terrasse du palais royal, y appella les concubines de *David*, et n'eut pas honte de faire à ce prince, à la vue du peuple, le plus grand des outrages. Une bataille termina la rébellion et la vie de ce fils ingrat. La vieillesse de *David* fut troublée par des chagrins de la part de l'ainé de ses enfans, qui aspiroit au trône. Mais par ordre exprès de Dieu, *David* destina sa couronne à *Salomon*, fils de *Betzabée*, qui étoit né, après que devenue veuve, il eût contracté mariage avec elle.

L'entreprise que *David* mourant, recommanda le plus expressément à *Salomon*, fut la construction du temple. Il avoit trouvé *Jérusalem* petite et foible, et l'avoit aggrandie, fortifiée, et rendue la capitale de ses états. Il se flattoit de l'orner d'un temple magnifique, destiné à placer l'arche d'alliance, et à accomplir avec magnificence toutes les cérémonies du culte. *David* avoit donné le plan de ce superbe édifice; les matériaux étoient apportés; les ouvriers les plus habiles mandés; l'argent amassé; il ne s'agissoit plus que de mettre la main à l'œuvre. Dieu lui refusa ce bonheur. Il en gratifia *Salomon*, qui s'y employa avec ardeur, et le finit en sept ans.

C'étoit le seul temple qui fut permis aux Juifs. Là se faisoient les sacrifices; là se rendoient les oracles de la religion; là demeuroit le grand sacrificateur, les autres prêtres, et les Lévites de service. Il étoit ordonné à tous les Juifs en âge de raison, de s'y rendre chaque année à la fête de Pâques. Jérusalem, Sion, le temple, le saint des saints, son parvis, ses portiques, revenoient dans tous leurs hymnes et leurs cantiques, et étoient les objets perpétuels de leur vénération. La dédicace de ce monument se fit avec une magnificence proportionnée aux respects religieux des spectateurs. Dieu le consacra par sa présence, une colonne de feu s'élança du sanctuaire, et consuma les holocaustes.

La jeunesse de Salomon et le commencement de son règne, sont illustrés par un jugement digne de la maturité de l'âge, et qui dut inspirer beaucoup de confiance au peuple dans la sagesse de son nouveau souverain. Deux femmes vivoient ensemble, mères chacune d'un enfant à la mamelle. L'une d'elle étouffe le sien par accident, et comme la fécondité étoit une bénédiction chez les Juives, elle va pendant que sa voisine dormoit, prendre son enfant vivant, et met le mort à sa place. Celle-ci réveillée, redemande son enfant qu'elle reconnoît entre les bras de l'autre, qui au contraire affirme que le mort n'est pas le sien. Salomon rendoit la justice en public. Ces deux femmes paroissent devant lui. Il les interroge, leurs réponses et leur obstination ne font que rendre

Jugement de Salomon.

la question plus obscure. Le roi se recueille un moment, et adressant la parole à un de ses gardes : « Prends, lui » dit-il, l'enfant vivant, partages-le en » deux, que chacune en ait la moitié ». Une des femmes frémit et se précipite aux pieds du roi. *Ah !* s'écrie-t-elle, *qu'elle l'ait tout entier.* C'étoit le cri de la nature. *Voilà la vraie mère*, dit Salomon, *qu'on le lui rende.*

La reine de Saba. La sagacité de ce jugement étoit bien propre à étendre la réputation du jeune monarque; aussi vola-t-elle jusques dans les pays les plus éloignés. Elle lui attira la visite de la reine de *Saba*, qu'on croit Egyptienne ou Ethiopienne. Elle vint disposée à l'admiration; mais ce qu'elle vit surpassa encore les idées qu'elle s'étoit formées. L'esprit du prince, les égards flatteurs d'une réception qu'on veut rendre agréable, charmèrent la reine. On se proposoit alors des énigmes à deviner. Le succès de Salomon dans ce genre d'exercice, lui attira, de la princesse, des témoignages d'une singulière estime. Il la fit passer d'étonnement en étonnement, dans son palais enrichi d'ornemens précieux; richesses de l'Asie et de l'Afrique, tirées par la mer rouge: dans ses jardins où se trouvoient toutes les productions de la nature, *depuis l'hysope*, disent les historiens sacrés, *jusqu'aux cèdres du Liban :* dans ses arsenaux fournies de machines, de charriots de guerre, et d'armes de toute espèce.

La reine s'instruisit de la police du royaume, de l'administration de la justice, de la tenue des troupes, des établissemens politiques, civils et religieux, tous objets qui pendant la durée de la monarchie judaïque, n'ont jamais été au point de perfection où les porta Salomon. *Sa sagesse* est devenue proverbe. Nous en avons des monumens précieux dans les écrits moraux qui nous restent de lui : *la sagesse*, l'*ecclésiaste*, livres pleins de préceptes applicables à toutes les situations de la vie. Ils prouvent ces préceptes, que Salomon connoissoit parfaitement le cœur humain ; et *le cantique des cantiques*, s'il est de lui, marque qu'il savoit exprimer la tendresse.

Ce prince, nommé *le sage* par excellence, démentit honteusement ce surnom à la fin de sa vie. La volupté le perdit. Il épousa un grand nombre de femmes de tout pays et de toute religion. L'écriture sainte le fait monter à sept cents, et celui de ses concubines à trois cents. Sa complaisance pour elles, le jetta dans l'idolâtrie ; et ce roi si fameux, comme les grands fleuves qui se perdent dans les sables, mourut sans laisser d'autre souvenir de sa puissance, que la confusion qui suivit.

<small>Roboam. 2014.</small>

Il lui avoit été prédit qu'en punition de son idolâtrie, son royaume seroit divisé. Pendant ses dernières années, il y avoit eu quelques mouvemens parmi le peuple. Un jeune seigneur, nommé *Jéroboam*, fier et ardent, s'étoit mis à la tête des mécontens. *Salomon* le fit arrêter, et lui pardonna ensuite. A la mort du vieux roi, les murmures du peuple se renouvellèrent avec menaces. Il demandoit la diminution des impôts, prétexte ordinaire de tous les mouvemens populaires. *Roboam*, fils de *Salomon*, au lieu de les satisfaire, ou de les calmer par la douceur, leur fit cette dure réponse. « N'attendez pas de moi que je vous traite autrement que mon prédécesseur; et si vous me désobéissez, au lieu de fouets, je me servirai de sangle pour vous châtier ». Dix tribus renoncerent sur le champ à son obéissance, et il ne lui resta que *Juda* et *Benjamin*. *Roboam* envoya des négociateurs pour regagner les autres, il n'étoit plus tems. *Jéroboam* avoit habilement profité de l'occasion. Il se fit proclamer roi d'Israël, et éleva un mur éternel de séparation entre les deux parties du même peuple.

Son premier soin, celui qu'emploiera toujours toute révolte, fut de dissoudre la religion. L'unité d'un temple, l'obligation d'y aller tous les ans porter ses vœux et ses offrandes, étoit comme un lien qui unissoit tous les Hébreux, et en faisoit un peuple de frères. *Jérobaam* trancha ce nœud sacré, il autorisa partout l'idolâtrie en faveur de ceux de ses sujets qui vouloient un but déterminé pour leur dévotion ; au lieu du temple de *Jérusalem*, dont il défendit le voyage, il érigea aux deux extrémités de son royaume des autels où les Israélites devoient borner leurs pélerinages. Les prêtres, les lévites qui tâchoient de retenir les peuples dans l'ancienne religion, furent tourmentés et persécutés, il ne leur fut pas même permis, non plus qu'aux autres fidèles, de fuir, et d'aller chercher un asile dans le royaume de *Juda*, de peur qu'il ne se fortifiât aux dépens de celui d'*Israël* ; mais ces précautions vexatoires n'empêchèrent pas que beaucoup d'Israélites n'échapassent, et le royaume de *Juda*, quoique réduit à deux tribus, balança toujours les forces de son rival, et dura plus long-tems.

Cette époque est celle des prophètes. Jamais il n'y en eut tant. *Abdias*, *Elie*, *Elizée*, *Isaïe*, *Zacharie*, *Jérémie*,

Prophètes.

et beaucoup d'autres dont il ne nous reste que les noms et les indications. Il y en avoit des collèges et associations nombreuses. Etoit-ce un art ? étoit-ce une inspiration ? il paroît, comme il arrive dans toutes les institutions louables, qu'il s'y mêloit beaucoup d'imposture. Les prophétes, non-seulement instruisoient les peuples, mais encore donnoient des avis aux rois, avec un ton d'autorité qui ne fut pas toujours bien accueilli. Leurs mœurs étoient austères, leur morale sévère, leurs exhortations vives et pathétiques, et cependant il n'y eut jamais tant d'irréligion et d'idolâtrie que de leur tems, effet du schisme qui manifestant dans les ministres de la religion des opinions contraires, jette les peuples dans une perplexité qui cause d'abord des doutes, et finit par l'incrédulité.

Roboam pour son intérêt, par la même politique qui conseilloit le schisme à son rival, auroit du soutenir le culte de *Jérusalem*. Il ne le fit pas, ou le fit mollement, et laissa établir l'idolâtrie dans son royaume. Dieu le punit par une invasion des Egyptiens. *Sésac*, leur roi entra dans Jérusalem, enleva les vases sacrés du temple, et des boucliers d'or renfermés dans le palais du roi.

Abias.
Asa.

Abias, successeur de *Roboam*, porta au royaume d'Israël, encore gouverné par *Jéroboam*, un coup dont il ne pût se relever. En une seule bataille, celui-ci perdit trois cents mille hommes restés sur la place. *Zara* roi d'Ethiopie, attaqua *Asa*, successeur d'*Abias*, prince pieux. L'éthiopien traînoit après lui un million d'hommes, et fut vaincu. Malgré sa victoire, *Asa* crut devoir contre une nouvelle invasion se fortifier du secours de *Benadad*, roi de Syrie. Cette défiance de la providence, après la protection qu'il venoit d'en éprouver, lui fut reprochée par un prophète, et Dieu le punit d'une maladie douloureuse qui lui fit traîner une vie languissante. Dans le même tems, la famille de *Jéroboam* disparoissoit de la surface de la terre, victime de plusieurs conspirations, justes châtimens de celle qui avoit occasionné sa splendeur.

Achab passe pour un des méchans rois d'Israël. Cependant on remarque dans sa vie quelques traits de bonté, et il paroît qu'il y auroit peu de reproches à lui faire, s'il n'avoit épousé une méchante femme. L'action qui a fait le plus de tort à sa réputation, est le meurtre de *Naboth*. C'étoit un israélite craignant Dieu; il cultivoit paisiblement une petite vigne, son seul bien. Malheureusement, elle se trouvoit située de manière à gêner quelques projets du roi. Il vou-

Achab.
roi d'Israël.
2081.

Naboth.

lut l'acheter. *Naboth* s'excusa de vendre l'héritage de ses pères. *Jezabel*, femme d'*Achab*, voyant son mari affligé de ce refus, s'arrange avec des juges iniques et suscite de faux témoins. On accuse *Naboth* d'un crime capital. Il est condamné, lapidé, et sa vigne confisquée. *Achab* s'en mit en possession. On ne voit pas qu'il ait participé à cette horrible injustice ; mais il en profita, et ne la punit pas. Dieu lui fit annoncer par un prophète, que les chiens lécheroient son sang, et dévoreroient les membres de la cruelle *Jézabel*. *Achab* fut tué dans une bataille, le sang qui inondoit son char, fut léché par les chiens ; et *Jézabel*, précipitée d'une fenêtre, par ordre de l'usurpateur *Jéhu*, devint, selon la prophétie la proie des mêmes animaux.

Josaphat, roi de Juda. 2102.

Pendant qu'*Achab* régnoit sur Israël, le trône de *Juda* étoit occupé par le saint roi *Josaphat*. Cette épithète seule le caractérise. Il ne fut pas exempt de malheurs ; Dieu n'épargne pas toujours les épreuves à ses serviteurs ; mais il triompha d'une ligue formée contre lui, et trouva dans ses succès, la récompense de ses vertus.

Siége de Samarie. 2110.

Pendant que le royaume de Juda jouissoit de la paix, *Benadad*, roi de Syrie, couvroit de ses troupes celui d'Israël : il vint jusqu'à *Samarie*, la capitale,

qu'il tint étroitement bloquée. Du haut de ses remparts, le roi *Joram* n'imaginant pas de ressources, regardoit tristement cette multitude effrayante qui le resserroit. La famine étoit parvenue à ce dernier excès qui fait frémir la nature. Une femme tirant une autre après elle, vint interrompre la sombre rêverie du roi. « Justice, s'écria-t-elle, justice :
» pressée par la faim, j'ai partagé mon
» fils avec cette malheureuse, à con-
» dition que je partagerois aussi le sien.
» Actuellement que le mien est mangé
» elle le cache, et refuse de tenir sa
» parole ». *Joram* pénétré, de douleur, déchira ses vêtemens. Le malheur amena le repentir. Il eut recours à *Elizée*, qu'il avoit maltraité auparavant. Le prophète lui promit que le lendemain il seroit délivré ; et en effet un bruit d'armes et de chevaux qui se fit entendre pendant la nuit, persuada aux Syriens qu'une armée formidable d'Egyptiens arrivoit au secours des Israélites. Ils levèrent le siége, et laissèrent toutes leurs provisions dont les Samaritains profitèrent.

Jéhu, qu'on pourroit surnommer l'exterminateur, fit tuer en une fois seule soixante-dix fils d'*Achab*, et quarante-deux princes de la maison de Juda, qui alloient visiter les premiers. Malgré ce massacre, il en resta encore assez de

Jéhu, Athalie, Joas. 2121.

la race de *David*, pour assouvir la rage sanguinaire d'*Athalie*, fille de *Jézabel*. Elle avoit résolu d'extirper cette famille jusqu'au dernier rejetton, afin de rendre vaines les promesses de perpétuité faites à son chef, par la bouche de Dieu lui-même. Mais son projet impie n'eut pas le succès désiré. *Joas*, enfant d'un an, échappa à ses recherches, et son élévation au trône, fut la sentence de mort d'*Athalie*. *Joas*, pieux quelque tems, devint ensuite idolâtre comme ses prédécesseurs, et fit lapider dans le temple le grand prêtre *Zacharie* son oncle, auquel il devoit la vie et la couronne. Ce prince ingrat vit son royaume dévasté, et fut attaqué dans sa capitale par *Hazaël*, roi de Syrie. Pour se soustraire à l'esclavage, *Joas* dépouilla le temple, et livra en forme de rançon, ses trésors au conquérant. Il survécut peu à cette lâcheté: ses propres serviteurs l'assassinèrent dans son lit. Le mépris du peuple le poursuivit après sa mort, et le priva de l'honneur d'être enterré dans la sépulture des rois.

Amazias, Joram. 2160.

Amazias, son fils, punit les assassins de son père ; mais ne fut pas plus heureux que lui, parce qu'il ne fut pas plus religieux. Il avoit de la bravoure et même de l'audace qu'il exprimoit quelquefois très-fortement. Se trouvant en guerre avec un autre *Joas*, roi d'Israël, il lui écrivit : « Viens : que nous nous voyons l'un et l'autre en face ». L'autre lui répondit : « Tu ressembles à l'épine qui voulant faire alliance avec le cèdre, est foulée aux pieds par les bêtes sauvages ». Ce défi amena une bataille qu'*Amazias* perdit avec ses trésors et sa liberté. *Joas* la lui rendit généreusement. Depuis *Joram II*, son fils, et *Zacharie*, son petit-fils, qui se succédèrent, les rois d'Iraël ne sont presque plus connus que par leurs défaites et leurs malheurs.

2227.

Osias guérit par sa sagesse et sa douceur les plaies faites au royaume de Juda, sous les derniers règnes. Il auroit été heureux jusqu'à la fin, si une vanité désordonnée ne s'étoit emparée de lui. Il affecta les honneurs, et voulut exercer les fonctions du sacerdoce. Dieu le frappa de lèpre. Il périt misérablement. Les vertus de *Joathan* consolèrent Juda, pendant qu'Israël languissoit sous la tyrannie de *Phacée*. Les peuples de celui-ci, peu affectionnés à un si mauvais maître, se défendirent mal contre *Theglath Phalazar*, roi d'Assyrie, qui emmena captive la tribu de Nepthali, toute entière.

Ozias, Phacée, Joathan. 2238.

Malgré une si grande perte, les Israélites se trouvèrent encore assez forts pour faire trembler une dernière fois tout le royaume

Achas. 2252.

de Juda. Ils passèrent au fil de l'épée cent vingt mille Juifs, et en emmenoient prisonniers deux cents mille des deux sexes et de tout âge, lorsque le prophète *Obed* se présenta à eux. « Que faites-
» vous ? leur dit-il, après un si affreux massacre, « voulez-vous encore réduire
» en servitude les restes infortunés de
» vos frères ? avez-vous résolu de faire
» disparoître de la terre, la malheureuse
» tribu de Juda ? Si Dieu vous a livré
» les idolâtres, vos coups ne doivent
» pas tomber sur les innocens, et si
» vous continuez à abuser de votre vic-
» toire, craignez que le seigneur ne
» lance sur vous les traits redoutables
» de sa vengeance. Contentez-vous des
» riches dépouilles que vous emportez;
» et renvoyez vos frères à leurs foyers ».
Cette exhortation pathétique eut son effet. Ils relâchèrent les prisonniers, et leur donnèrent en partant des marques sensibles d'attachement et d'humanité. Les malheureux Juifs avoient grand besoin de consolation, ils venoient d'être pillés par un roi de Syrie qui étoit venu jusqu'aux portes de *Jérusalem*. Les peuples voisins, *Iduméens*, et *Philistins*, anciens ennemis, assailloient les frontières, et tout le règne d'*Achas* n'offre que deuil et désolation.

Après tant de calamités, qui fondirent

comme un ouragan furieux sur *Juda*, pendant le règne d'*Achas*, un calme inespéré reparut sur ces mêmes contrées pendant celui d'*Ezéchias*, son fils. Il est vrai qu'il prit en montant sur le trône des mesures bien propres à ramener du moins quelques jours sereins dans ce royaume désolé. *Ezéchias* commença par y rétablir la religion, d'où dépend la soumission des peuples et leur prospérité. Il purgea son royaume de l'idolâtrie qui l'infectoit, abbatit les bosquets, asiles des cultes infâmes, chassa leurs impurs ministres, rendit au temple du vrai Dieu ses ornemens et ses sacrifices, et fit célébrer la fête de Pâques avec une magnificence inconnue depuis *Salomon*. Il y invita ses sujets par des lettres circulaires; ils y vinrent en foule, et non-seulement ses sujets y accoururent, mais encore ceux du royaume d'Israël.

Les malheureux! c'étoit la dernière fois que leurs yeux devoient encore apercevoir quelque lueur de l'éclat dont brilloit autrefois leur patrie. Ils étoient désormais destinés à la regretter pour toujours. *Salmanozar*, roi d'Assyrie, sans autre motif que celui du pillage, s'y précipita comme un foudre, prit Samarie, la capitale, dont il fit un monceau de cendre, emmena le roi *Ozed* en cap-

Captivité des Israélites.

tivité, avec ceux de ses sujets qui purent échapper à la première rage des vainqueurs. Les prophètes les représentent comme des barbares altérés de sang, qui poussoient la cruauté jusqu'à fendre le ventre des femmes enceintes, et à écraser les enfans contre terre. Ainsi furent détruites les dix tribus qui composoient le royaume d'Israël. Elles furent partie massacrées, partie dispersées entre les peuples qui composoient le grand empire des Assyriens. Quelques familles de ces infortunés se réunirent dans les lieux de leur exil, et on en trouve encore des restes; mais jamais elles n'ont existé en corps de nation. Les vainqueurs envoyèrent des colonies d'autres nations par eux subjuguées pour repeupler ce pays.

Cadran d'Achas. La vue d'un désastre si voisin effraya *Ezéchias;* il envoya de grands présens à *Salmanozar*, et détourna ainsi de ses états le torrent qui étoit prêt à l'emporter. Mais il se vit bientôt menacé par un autre. A *Salmanozar*, vainqueur barbare des Israélites, avoit succédé *Sennacherib.* Ce prince ne voyant plus rien à piller en *Israël* jetta les yeux sur *Juda. Ezéchias* l'arrêta aussi par des présens, et descendit même jusqu'à se soumettre à un tribut. Mauvais moyen d'avoir la paix, que de paroître craindre la guerre. *Sennacherib* crut que de nouvelle menaces attireroient de nouveaux dons, il signifia ses prétentions par des lettres insolentes, et les soutint par une armée qui s'avança jusque sous les murs de *Jérusalem*.

Ezéchias étoit malade alors. De plus, lorsqu'il suspendit la première invasion des Assyriens, il s'étoit attribué comme dû à sa prudence tout honneur de succès. Dieu voulut le punir de sa vanité. Le prophète *Isaïe* lui annonça le châtiment. *Ezéchias* s'humilia, et Dieu non seulement lui rendit sa santé; mais encore lui prédit que les efforts de *Sennacherib* seroient impuissans contre lui. Il demanda au prophète un miracle, comme un cautionnement de cette promesse. *Isaïe* commanda, et l'ombre du stilet qui marquoit les heures sur le cadran du palais, retourna en arrière de dix degrés. Rétrogression qui, si elle eut lieu sur tous les autres cadrans, ne put s'exécuter sans un mouvement rétrograde de tous les astres ; par conséquent le plus grand miracle qui ait jamais été fait. En comparaison celui de garantir *Ezéchias* de la fureur de *Sennacherib* étoit peu de chose. Dieu, pour acquitter ses promesses, envoya un ange exterminateur dans le camp des Assyriens; en une nuit il en tua quatre-vingt cinq mille. Le reste se sauva en désordre, et *Ezéchias* fut délivré. Il laissa la réputation d'un prince pieux, cependant trop susceptible de vanité. Ce défaut lui attira encore quelques châtimens. Il embellit *Jérusalem*, y amena des eaux, encouragea l'agriculture, et mourut regretté de son peuple.

<small>Manassé, Amnon. 2308.</small>

Son fils *Manassé* ne l'imita pas. La mesure de ses iniquités fut celle de ses malheurs. Idolâtre, sacrilège, altéré du sang des prêtres et des adorateurs du vrai Dieu, il subit à son tour le châtiment de ses cruautés. Les Assyriens revenus en Judée malgré leurs défaites, dévastèrent de nouveau le royaume, chargèrent le roi de chaînes, l'entraînèrent garotté à *Babylone* qu'ils venoient de conquérir, et le jettèrent dans un cachot. Le malheur fit naître le repentir; les vainqueurs de *Manassé* se laissèrent toucher par ses prières, et le renvoyèrent sur son trône. Il fit oublier ses crimes par ses vertus, et rendit son peuple heureux. *Ammon*, son fils, ne prit des exemples de son père que ce qu'il y avoit de mauvais. Il périt malheureusement assassiné par ses sujets.

<small>Josias. 2356.</small>

Avant la dernière catastrophe qui ébranla le royaume de *Juda* jusque dans ses fondemens, il reste un règne estimable à présenter, celui de *Josias*. Parvenu presqu'enfant au trône, il ne démentit pas pendant une assez longue vie, les bonnes qualités qu'il avoit montré d'abord. Il détruisit les idoles que le règne d'*Ammon*, quoique court, avoit reproduites en grand nombre, et nonseulement il les détruisit dans *Juda*, mais encore dans *Iraël*, dont apparemment il avoit réuni quelques contrées à son empire. *Josias* envoya partout des commissaires revêtus de son autorité, et chargés de faire revivre les lois civiles et religieuses. Ne se fiant pas entièrement à leur zèle et à leurs lumières, il parcourut lui-même ses provinces. Sous l'œil vigilant du monarque les abus échappés aux commissaires disparoissoient. De retour à *Jérusalem*, il répara le temple, et fit célébrer la fête de Pâques avec la même pompe qui avoit distingué celle d'*Ezéchias*. Ce fut la dernière. *Josias* ayant voulu s'opposer à une armée des Egyptiens qui pretendoient passer par la Judée pour aller attaquer les Assyriens ses alliés ou ses protecteurs, leur livra bataille, et fut tué dans le combat. On croit que c'est à l'occasion de cette mort, que *Jérémie* composa ses lamentations, élégie énergique et touchante qui exprime les sentiment de la plus vive douleur. En effet il n'y eut jamais de tristesse plus légitime, puisque la religion, le bonheur et la gloire de la nation expirèrent avec ce saint roi.

<small>Joachas. Joachim. 2585.</small>

Son fils *Joachas* subit le sort destiné à son père. Il fut emmené captif en Egypte. Les vainqueurs donnèrent la couronne à *Joachim*, son frère, dont on fait un portrait très-hideux. Ses palais, disent les historiens, étoient fondés sur le meurtre, et embellis de rapines. Il supposoit des crimes à des innocens, pour avoir occasion de les dépouiller et de les condamner à mort. Il lutta avec désavantage contre *Nabuchodonosor*, roi d'Assyrie, qui subjugua tout le pays, pilla le temple, emmena le roi captif à *Babylone*, et lui rendit ensuite la couronne à condition d'un tribut. Après l'avoir payé trois ans, *Joachim* se révolta et fut tué.

<small>Jéchonias. 2600.</small>

Jéchonias, son fils, le remplaça et imita ses crimes; aussi éprouva-t-il les mêmes malheurs, soit qu'il eut pris le sceptre sans l'aveu de *Nabuchodonosor*, soit qu'il ait tâché de secouer le joug. Ce monarque l'attaqua, et quoique le roi Juif tâcha de fléchir le vainqueur par les supplications les plus humbles, l'Assyrien inexorable, l'emmena chargé de chaînes avec toute sa famille à *Babylone* où il mourut. Le palais, le trésor, le temple furent pillés une seconde fois.

Les ustensiles destinés au culte, qui existoient depuis le tems de Salomon, et qui avoient été respectés dans le premier ravage, furent enlevés dans celui-ci; et avec ce butin, les vainqueurs emmenèrent les Juifs les plus distingués par leurs talens et leurs richesses, et les meilleurs ouvriers; de sorte qu'il ne resta en Judée que la lie de la nation, et ce qu'il falloit d'hommes pour ne pas laisser les terres en friches.

Pour gouverner ce reste infortuné d'une nation jadis si florissante, *Nabuchodosor*, laissa *Sédécias*, oncle du roi détrôné. Sans être intimidé par l'exemple de son neveu, il eut l'imprudence de refuser le tribut à son bienfaiteur. Ce prince revint avec toute la fureur d'un vainqueur outragé. Il assiéga *Jérusalem*, y entra le flambeau à la main, fit tout passer au fil de l'épée, sans distinction d'âge ni de sexe, renversa les édifices, et ruina le temple de fond en comble. Alors arrivèrent tous les maux prédits par les prophetes. Les sacrifices cessèrent, ce qu'on n'avoit pas vu, même dans les plus grandes calamités; l'arche d'alliance et les dépôts sacrés qu'elle contenoit furent prophanés; il n'y eut plus ni oracles, ni sacerdoce. Le roi, les princes, les princesses du sang royal arrachées de leurs palais furent traînées

Sédécias. La grande captivité. 2417.

en captivité avec tout le peuple. L'épouse étoit séparée de l'époux, les enfans du père et de la mère. Ils étoient chassés en troupeaux comme des bêtes. Leurs impitoyables vainqueurs gardèrent les plus distingués dans les chaînes à Babylone, et dispersèrent les autres dans les contrées les plus éloignées de leur empire, jusqu'au tems marqué par la providence pour leur retour, après la destruction des Assyriens leurs vainqueurs et leurs tyrans, prédite aussi par les prophètes.

ASSYRIENS.

Assyrie entre le Tigre et l'Euphrate, jusques aux pays compris entre l'Asie mineure, l'Arménie, la Médie, la Perse, l'Arabie déserte et la Syrie.

Il est difficile d'assigner les bornes de l'ancienne Assyrie. Il paroit qu'elle étoit située entre le Tigre et l'Euphrate, enfermée entre ces deux fleuves, dans l'endroit où ils commencent à se rapprocher, en sortant de la Mésopotamie, jusqu'à celui où ils se joignent non loin de leur embouchure, dans le golphe de Perse.

Origine des grands empires.

On est étonné qu'un si petit pays ait pu envoyer hors de son sein des armées d'un million et douze cents mille hommes, nombre qui effraye l'imagination, quand on songe combien outre les combattans, il devoit se trouver à la suite d'hommes pour le service ; mais cette espèce d'énigme s'explique par la manière dont se formoient ces grandes armées.

D'un centre quelquefois peu étendu sortoit une cohorte guerrière, qui se jettoit sur son voisinage. Elle en ramenoit des hommes arrachés à leurs foyers, qui, n'ayant pas d'autre ressource, s'incorporoient à leurs vainqueurs. Tous ensemble ils alloient, excités par l'appât du butin, ravager les contrées limitrophes, dont les habitans dépouillés et entrainés grossissoient la troupe. Ainsi se formèrent ces hordes ambulantes, qui, sous le nom d'*Assyriens*, subjuguèrent la Mésopotamie, pénétrèrent jusqu'en Arménie, en Médie et en Perse, passèrent comme un torrent par la *Syrie*, d'où ils portèrent la dévastation dans la Chaldée devenue la patrie des Juifs. A force de conquêtes éloignées, le centre s'entourra de déserts, et devint désert lui-même. On y cherche inutilement les vestiges de plusieurs villes fameuses, telles que *Ninive* et *Babylone*, qui, d'après les descriptions qui nous en restent, ont passé à juste titre pour des merveilles du monde.

Envain donc se demanderoit-on quels étoient les mœurs, la religion, le commerce, les usages des Assyriens? Ils ont dû avoir ceux de tous les peuples qu'ils

Mœurs, religion, commerce.

rassembloient ; c'est-à-dire qu'ils étoient conquérans et barbares, excessivement libres entr'eux sur la police et les rites, pourvu qu'aucun n'adoptat des loix ou des pratiques capables de rallentir les succès guerriers.

On conçoit que des peuples livrés à une pareille agitation, n'ont guères eu le tems ni les moyens de faire des annales, sur lesquels on ait pu asseoir une base de chronologie, d'où il soit possible de tirer des dattes certaines. Tout au plus conservoient-ils par tradition des faits principaux ; encore la mémoire nous en a-t-elle été transmise très-altérée par les Grecs. En même-tems que l'on convient qu'on doit à ceux-ci presque toutes les connoissances historiques relatives aux anciennes nations Asiatiques, il faut avouer aussi que souvent les travestissant, ils ont grécisé les noms des dieux et des hommes, lié les récits à leurs traditions, de sorte que quand on croit tenir des vérités bien constatées, on n'a souvent que des fables grecques. Cet avertissement suffit pour fixer le dégré de confiance qu'on doit accorder à l'histoire de ces anciens tems.

Ninus, Sémiramis. — *Ninus* et *Sémiramis* sont le héros et l'héroïne des vieilles chroniques Assyriennes, compilées par le grec *Ectesias*. *Ninus* regnoit dans une petite contrée sur la rive gauche du *Tigre*, peu loin de sa source entre des lacs et des montagnes. Cette position explique comment il devint guerrier et conquérant ; sans doute pour trouver un pays plus fertile. *Ninus* doit être supposé commencer par se former une troupe d'élite de la jeunesse de ses états. Il les exerce au travail et à la fatigue ; fait alliance avec un roi Arabe dont il craignoit une diversion quand il seroit plus loin. Ces précautions prises, il suit le cours de l'Euphrate, l'assujetissant jusqu'à l'endroit où il bâtit *Babylone* ; remonte dans l'*Arménie*, qu'il soumet, détruit la famille royale, et fait expirer le roi sur une croix. Ses autres exploits sont plutôt des promenades que des expéditions militaires. Comme si la peur lioit les bras de tous ceux qui auroient pu lui résister. Il parcourt l'Egypte, la Célésyrie, les pays situés sur l'Hélespont, ceux des Parthes, des Mèdes, des Perses, et n'est arrêté que par les Bactriens dont les montagnes et la valeur suspendent ses succès, mais seulement pour quelque tems.

Ici *Ctésias* fait paroître *Sémiramis*. Elle étoit fille d'une déesse nommé *Derceto*, qui s'étoit attirée la colère de *Vénus*. Celle-ci la rendit amoureuse d'un jeune homme dont elle eut une fille qu'elle cacha par honte entre les rochers du désert; et elle-même se précipita dans la mer où elle fut changée en poisson. Des pigeons que le hasard amena à la caverne, couvrirent et réchauffèrent l'enfant de leurs ailes, et le nourrissoient de lait caillé qu'ils déroboient aux bergers du voisinage. Ceuxci s'apperçurent du vol, suivirent les pigeons, et trouvèrent une belle fille. Leur chef, berger du roi, lui donna le nom de *Sémiramis*, qui en langue Syrienne veut dire *Colombe*.

Elle passa bientôt toutes celles de son sexe en esprit et en beauté. Ses charmes firent une telle impression sur *Ménon*, gouverneur de Syrie, qu'il l'épousa. Alors *Ninus* étoit retourné contre les *Bactriens*, dont-il assiégeoit la principale forteresse, nommée *Bactra*. *Ménon* fut obligé de suivre le roi. S'ennuyant de l'absence de sa jeune épouse, il ne tarda pas à l'appeller auprès de lui. *Sémiramis* partit avec des projets de fortune. Elle savoit que le premier moyen d'une belle femme, est d'attirer les regards. La fille de *Derceto* les fixa par un habillement moitié galant, moitié guerrier, si élégant, que les Perses et les Mèdes, nations tour-à-tour belliqueuses et efféminées, l'ont adopté dans le tems de leurs triomphes.

Arrivée au camp, *Sémiramis* qui vouloit devoir son élévation à un mérite moins vulgaire que celui de la beauté, examine les opérations du siége. Elle remarque que toutes les attaques se dirigent contre les endroits foibles, que les assiégés par conséquent y portent toutes leurs forces, et laissent les endroits difficiles sans défense. Elle cherche des hommes accoutumés à gravir les rochers, en forme une troupe, se met à la tête, et après des peines inexprimables, s'empare de la partie haute de la forteresse, qui, attaquée de tous côtés, est forcée de se rendre.

Ninus veut voir celle qui a imaginé et conduit ce projet; il en devient amoureux, et la demande à *Ménon*. Le mari refuse de céder sa femme. Le roi insiste. Le général se pend de désespoir; et *Sémiramis* devenue veuve, épouse *Ninus*. Il alla jouir avec elle du fruit de ses conquêtes dans la ville de *Ninive* qu'il avoit bâtie. On croit qu'elle étoit située vers le haut du Tigre, dans les premiers états de *Ninus*. Les historiens en parlent comme d'une ville superbe; mais sans aucun détail de ses beautés. On sait qu'elle étoit très-grande; on ignore absolument où elle a existé, et quelque recherche qu'on ait faite, on n'en a trouvé aucune trace.

Sémiramis vécut peu de tems avec *Ninus*. En mourant il lui laissa un fils nommé *Ninias*. Comme elle avoit commencé sa réputation par un exploit guerrier, elle la soutint et l'augmenta par le même moyen. Mais son mari ne mettoit sur pied que des armées de seize-cents mille hommes, elle en leva de trois millions, assura la soumission du pays déjà conquis, et en subjugua beaucoup d'autres. La guerre dans ses courses n'étoit pas sa seule occupation; elle marquoit sa marche par des établissemens utiles, combloit des marais, construisoit des ponts, applanissoit des montagnes, traçoit des routes à travers les sables et les rochers. Long-tems après ces routes portoient encore le nom de *chemins de Sémiramis*.

Babylone. Comme *Ninus* avoit fondé ou du moins embelli *Ninive*, par émulation *Sémiramis* bâtit Babylone. L'une et l'autre ville étoit enceinte d'une muraille de plusieurs lieues et de cent pieds de haut. Sur celle de *Ninive* il ne pouvoit passer que trois charriots de front, au lieu qu'il en passoit six sur celle de *Babylone*.

Cette ville étoit située sur l'*Euphrate* qui la partageoit en deux. Un seul pont dont le plancher étoit de bois de cèdre réunissoit les deux parties. Des quais de marbre très-élevés, ornoient et assuroient les bords du fleuve. On arrivoit au niveau de l'eau sous des voûtes fermées par des portes d'airain. Sur une rive étoit le magnifique temple de *Bel*; sur l'autre le palais de la reine. Ces deux édifices se communiquoient par un passage sous le lit de l'*Euphrate*. Un lac immense fut creusé pour recevoir les eaux du fleuve, pendant soixante jours qu'on employa à pratiquer ce passage.

L'historien Grec s'étend avec complaisance sur la description des ornemens placés dans ces deux édifices, entre autres sur les jardins suspendus, dont on a tant parlé. C'étoit une masse énorme de terre que *Sémiramis* avoit fait élever sur le tombeau de son mari. Cette masse étoit assez étendue, pour qu'elle y eût planté des jardins ornés de grands arbres. Au reste, on doit remarquer que cette reine montra en plusieurs occasions du goût pour ces monts factices. Il lui est arrivé pendant le cours de ses expéditions d'occuper une partie de son armée à élever dans de grande plaines de pareilles montagnes. Elles y faisoit placer sa tente, et se plaisoit, de cet espèce de trône à promener sa vue sur cette multitude d'hommes rampans à ses pieds. En élevant dans son palais ces jardins presque aériens, *Sémiramis* se donnoit le plaisir de contempler sa création du fonds de ses bosquets. On peut dire sa création; car pour compléter le prodige, l'historien ajoute que tant de merveilles ne furent l'ouvrage que d'un an. La reine partagea le terrain de la ville aux principaux seigneurs de la cour, à condition de bâtir sur le modèle qu'elle donna, et d'achever dans un tems fixe.

Quant à l'argent nécessaire à ces grandes entreprises, il ne faut pas s'imaginer qu'il vint d'impôts établis avec équité, et levés avec méthode. Lorsque les trésors remplis par les pillages étoient épuisés, ces princes dévastateurs entroient à main armée dans les pays qu'on croyoit opulens. Ils ne se contentoient pas de contributions; mais ils prenoient et emportoient tout, vivres, bestiaux, produits de l'industrie et du commerce, hommes, femmes, enfans, qu'ils vendoient à leur profit; et cet argent consommé, ils alloient ailleurs chercher de quoi en faire d'autres.

Ainsi *Sémiramis* ayant épuisé ce qui étoit autour d'elle à une assez grande distance, résolut d'attaquer l'*Inde* qui passoit pour le plus riche pays de l'univers. Ses préparatifs durèrent trois ans; mais le succès n'y répondit pas. Après quelques avantages, son armée composée de trois millions d'hommes fut battue, dispersée; et elle-même blessée prit la fuite. On ne sait si elle put regagner ses états, ni où elle mourut. Il y a une opinion que *Ninias*, son fils, forma contre elle une conjuration, et qu'elle y périt.

Sémiramis a laissé après elle la réputation d'une princesse habile et courageuse. Elle fit preuve de l'une et de l'autre qualité dans une occasion importante. Pendant qu'elle étoit à sa toilette, on vint l'avertir qu'il y avoit une sédition dans la ville. Sans se donner le tems d'achever, elle vole où étoit le danger, et soit force, soit persuasion, elle appaise la révolte. Elle voulut qu'une statue qui la représenteroit échevelée dans le désordre de la toilette, comme elle étoit quand elle arrêta la rébellion, pepétuat la mémoire de cet évènement. On l'a cru d'une vertu plus que suspecte. Elle étoit toujours entourée des plus beaux jeunes gens de son royaume sous le nom de gardes. Souvent il en disparoissoit quelques-uns, et principalement ceux qu'elle avoit honorés de plus d'attention ; ce qui a fait croire, que joignant par un reste de honte la cruauté à la débauche, elle se défaisoit des complices de ses plaisirs.

Son fils *Ninias* imita plus sa mère dans les désordres de sa vie privée, que dans les occupations de sa vie politique et guerrière. La manière dont il

Ninias.

pourvut à sa sûreté et à la jouissance tranquille de ses plaisirs mérite d'être remarquée. Chaque année il levoit une armée composée d'hommes pris dans les différentes provinces de son empire. Sur chaque division provinciale, il établissoit un chef de son choix. Cette armée servoit un an sous ses yeux, occupée à la garde de la ville et de son palais; mais assujetie à une sévère discipline. Ce tems expiré, il la licencioit, après avoir fait prêter à chaque individu serment de fidélité, et il en appelloit une autre formée de la même manière. Officiers et soldats, ayant à peine le tems de se connoître, d'ailleurs commandés par des chefs de son choix, ne pouvoient concerter d'entreprises contre lui, et ainsi sans craindre de révolte, il s'abandonnoit dans son palais aux plus honteuses voluptés. Ses successeurs ne fournissent pas de plus beaux traits à l'histoire. On ne peut compter sur les dates de leur succesion, ni sur leur filiation, jusqu'à *Sardanapale* qui est le dernier.

Sardanapale. Le nom de ce prince est devenu presqu'une injure. Il mérite l'ignominie dont il est couvert, s'il n'a pas eu honte de s'habiller en femme, de filer avec ses concubines, de se farder, d'affecter les parures les plus recherchées et la lasciveté des prostituées les plus effrontées. Soit indignation contre ses désordres, soit ambition, deux hommes formèrent le projet de le détrôner. L'un se nommoit *Arbaces*, Mede de nation, bon général, l'autre *Bélésis*, Babylonien, prêtre et grand astrologue. Ce fut celui-ci qui séduisit et échauffa l'autre par de prétendues prédictions. Ils commencèrent par faire une ligue entre tous les gouverneurs de province, qui par une négligence mal-à-droite du roi se trouvoient alors rassemblés à *Ninive* ; ensuite ils gagnèrent l'armée annuelle.

Mais avant que d'éclater, *Arbaces* voulut connoître celui qu'il alloit attaquer, précaution sage dans un conspirateur. Il se fit introduire dans le palais, et quand il eut vu la conduite honteuse de *Sardanapale*, il ne douta pas du succès. Cependant cet homme efféminé montra dans le danger beaucoup plus de bravoure et de fermeté qu'on n'en attendoit. Trois fois il battit les rebelles, trois fois ils se retirèrent déconcertés, et trois fois l'astrologue *Bélésis* les ramena par ses prédictions, et les engagea enfin à un dernier effort. Moyennant la défection d'une partie des troupes royales que *Bélésis* sut ménager, ce dernier effort fut heureux. *Sardanapale* contraint de se retirer dans *Ninive* comptoit s'y défendre longtems, parce qu'il l'avoit bien muni et que les assiégeans n'avoient point de machines pour battre les murs ; mais une inondation imprévue en renversa une partie, et ouvrit une grande brèche aux assaillans. Pour ne pas tomber dans leurs mains, *Sardanapale* se brûla avec ses femmes et toutes ses richesses. Les vainqueurs détruisirent *Ninive* de fond en comble : mais ils traitèrent les habitans avec humanité.

Entre les faits attribués par le Grec *Ctesias* à *Ninus*, *Sémiramis*, *Ninias* et *Sardanapale*, il peut se faire qu'il y en ait beaucoup de véritables ; mais il y a apparence, qu'il a réuni sur quatre princes les évènemens qui appartiennent à un bien plus grand nombre ; de sorte qu'il a fait un roman plutôt qu'une histoire. Les historiens Juifs dans leur briéveté, vont nous fournir assez de notions, pour appliquer à-peu-près à chaque personnage les faits qui lui appartiennent, et pour donner en forme d'annales quelqu'ordre à l'histoire des Assyriens.

Empereurs d'Assyrie, selon les Juifs. 2228.

Le premier monarque des Assyriens, comme nation puissante, se nomme *Pul*. Il trouva *Ninive* bâtie. *Pul* est connu par ses exploits contre le royaume d'*Israël*. Il le rendit tributaire, après avoir traversé en vainqueur celui de Syrie.

Thiglath Pilésar aggrava le malheur des Israélites, en transportant beaucoup d'entr'eux, captifs dans ses états : mais il protégea *Achas* roi de Juda, contre *Razin* roi de *Damas* qui l'opprimoit, et détruisit le royaume de l'oppresseur.

2259.

Salmanazar combla les infortunes des Israélites, il les emmena en captivité, et les dispersa dans ses vastes états. Ce prince étendit ses conquêtes sur la *Syrie* et la *Phénicie*, et dompta l'orgueil des Tyriens, qu'il ne put cependant assujetir. Ce même roi et *Rabsacès* son général attaquèrent *Ezechias* roi de Juda. Ils se permirent des menaces et des imprécations, par lesquelles ils affectoient de défier insolemment la puissance du Dieu des Hébreux. *Rabsacès* étoit sous les murs de Jérusalem; mais *Isaïe* en annonçant ce siége longtems auparavant, avoit dit : « tu ne te » présenteras pas contre elle avec le » bouclier, et tu n'y jetteras aucune » flèche ». L'accomplissement de cette prédiction se trouve exactement dans *Hérodote* historien prophane. Il marque qu'une quantité prodigieuse de rats coupèrent dans une seule nuit toutes les courroies des boucliers, et les cordes des arcs de l'armée assiégeante. *Salmanazar* fut tué par ses propres enfans.

2274.

2287.

2351.

Ezar-Adden, un de ses fils qui n'étoit pas du nombre des assassins, releva la gloire de l'*Assyrie*. Au sceptre de *Ninive* il joignit celui de *Babylone*, acheva la ruine des *Syriens* et des *Juifs*, qui cessèrent d'être des nations, et porta ses armes victorieuses en Egypte et en Ethiopie.

Nabuchodonosor soumit les Mèdes, et détruisit la magnifique *Ecbatane* leur capitale. Il écrivoit à *Holopherne* un de ses généraux; « marche contre les
» habitans du pays d'Occident; ordon-
» ne-leur de m'apporter la terre et
» l'eau, s'ils désobéissent, je couvrirai
» le dessus de la terre des pieds de mon
» armée; je les donnerai en proie à mes
» soldats, jusqu'à ce que les corps de
» ceux qui auront été tués remplissent
» les vallées et les torrens, et fassent
» déborder les rivières. Accomplis mes
» ordres et ne tarde pas ». En consé-séquence Holopherne ramasse une armée prodigieuse, repousse dans le désert les Arabes, enfans d'*Ismaël*, traverse la Mésopotamie, en ruine les villes; attaque les enfans de *Madian*, brûle leurs tentes et leurs bergeries, couvre de décombres la plaine de *Damas*, dont il égorge les habitans, désole les côtes de la mer, se déclare contre tous les dieux, et défend qu'on en

adore désormais d'autres que *Nabuchodonosor*.

Cette défense signifiée aux Juifs avec des menaces blasphématoires les pénètre de frayeur. Ils s'attendoient à un massacre général, lorsqu'une jeune veuve de leur nation nommée *Judith* conçoit le projet de les délivrer. Elle se fait présenter au général Assyrien. Frappé de ses charmes, il l'introduit dans sa tente, se met à table avec elle ; mais trop peu en garde contre l'effet du vin, il s'en laisse surprendre, et s'endort. *Judith* aidée de sa servante lui coupe la tête et l'emporte dans un sac. Toute l'armée se dissipe, et les Juifs sont délivrés. *Nabuchodonosor* en punition de son orgueil fut changé en bête ; c'est-à-dire qu'ayant voulu s'élever au dessus de la nature humaine, il devint moins qu'un homme.

Son regne qui avoit été l'époque glorieuse de l'empire Assyrien en commença la décadence. De chûte en chûte il se précipita dans l'empire *Babylonien* et s'y engloutit de manière que dans les siècles même prochains, à peine restoit-il quelque trace de sa dernière existence.

Judith.

BABYLONIENS.

Babylonie entre le Tigre et l'Euphrate, la Mésopotamie et le golphe de Perse.

Il faut distinguer le royaume de *Babylonne* de l'empire des Babyloniens. Il reste des notices du premier, dès les tems les plus reculés, qui ont suivi le déluge. Le royaume étoit très-resserré, puisqu'il ne passoit pas les rives des deux fleuves du *Tigre* et de l'*Euphrate*. Tout au plus s'étendoit-il un peu, au delà du Tigre, vers l'endroit qu'on soupçonne avoir été l'emplacement de Ninive, d'où sont peut-être venus les premiers monarques de ce royaume; mais l'empire, c'est-à-dire, cette puissance qui a donné des loix, non-seulement au petit canton où elle étoit établie, mais encore à tout ce qui l'environnoit fort au loin, cet empire s'est formé par une suite de conquêtes qui quelquefois se sont portées du centre aux extrémités, quelquefois ont réflué des extrémités au centre. Aussi voit-on dans la liste des Empereurs Babyloniens des Arabes, des Perses, des Mèdes, dont les uns ont formé des dinasties, les autres n'ont fait que paroître sur le trône, enfans de leur valeur, et n'ont point laissé de successeurs de leur race. Il résulte de ces observations, que la Babylonie et l'Assyrie, dont nous venons de parler, sont le même pays; que ces deux empires ce sont presque toujours confondus, avec la différence, que le Babylonien a survécu à l'Assyrien, par conséquent qu'il a eu des usages plus fixes; que ces usages étant plus connus on doit en faire mention, ce qui n'a pas été possible à l'égard de l'Assyrie.

Quant au climat, ce qu'on dit de l'une, il faut l'entendre de l'autre. La *Babylonie* est un pays absolument plat, exposé à des chaleurs souvent insupportables, qui forcent quelquefois les habitans de se mettre dans des citernes ou dans de grands vases de terre où ils dorment. Il n'y pleut presque jamais; mais les deux fleuves débordent tous les ans, et laissent dans les terres de grandes marres d'eau, dont les habitans éloignés des rives, se servent pour arroser; de sorte que la Babylonie, malgré la sécheresse continuelle, est très-fertile. Les fruits y sont excellens; et lorsqu'elle étoit peuplée, l'abondance, la grosseur et la qualité de ses grains surpassoient celles des pays les plus favorisés de la nature: aussi y a-t-on placé le paradis terrestre. On ne trouve aucune curiosité naturelle dans cette terre uniforme, excepté une espèce de bitume propre à brûler et à bâtir, qui est charriée comme de l'écume, par une petite rivière d'Arménie qui se jette dans l'Euphrate.

Climat.

Ancienneté. Les Babyloniens et Assyriens disputoient d'ancienneté avec les Egyptiens, et prétendoient même l'emporter. En effet, s'ils avoient pour fondateur de leur monarchie *Nemrod*, petit-fils de *Noé*, que quelques-uns prétendent avoir bâti *Ninive*; ils sont vraisemblablement le plus ancien peuple qui ait existé en corps de nation. L'idolâtrie, dit-on, est née sur les bords de l'Euphrate et du Tygre, d'où elle s'est répandue en Egypte et en Grèce. A la vérité, les fables de tous ces pays se ressemblent à quelques nuances près. Que ce soit *Pul*, *Bel* ou *Jupiter*, c'est sous différens noms le dieu qui habite le ciel, lance le tonnerre et règle les destinées des hommes; que ce soit l'*Astarté* des Syriens, la *Mélita* des Babyloniens, ou la *Vénus* des Grecs, c'est toujours une femme de la plus grande beauté, la mère des graces et des amours, qui préside aux plaisirs, et les excite par son exemple.

Religion. En Babylonie, la prostitution étoit un acte de religion, un tribut que chaque femme devoit, une fois dans sa vie, payer à la déesse dans son temple. Sans doute c'étoit une coutume et non un devoir prescrit; encore auroit-on beaucoup de peine à croire que cette coutume ait été générale. Tous les cultes qui ont parcouru l'univers semblent partir de Babylone. On y adoroit des héros déifiés et des animaux. On offroit de l'encens aux arbres, aux élémens, aux saisons, et dans le même temple, à côté des fausses divinités qu'on croyoit appaiser par des victimes humaines, s'élevoit un autel consacré au vrai dieu : étrange contraste qui a été depuis imité par des nations aussi éclairées que les Babyloniens. C'est ce mélange qu'on a appelé *sabéisme*, qui consistoit à croire un dieu premier, sans exclure les dieux secondaires.

Coutumes.

Les Babyloniens faisoient à des tems marqués une espèce d'enchère de leurs filles. Ils les rassembloient dans un endroit public, où chacun étoit libre de les voir. L'argent donné pour obtenir les belles, servoit à marier les laides. Les purifications étoient rigoureusement prescrites et nécessaires dans un pays aussi chaud. Ils exposoient les malades à la porte des maisons, afin que les passans qui auroient été attaqués du même mal, et qui en connoissoient le remède, l'indiquassent. Quoiqu'ils fussent assez près du pays des parfums, ils enduisoient les corps de cire et de miel; c'étoit-là leur manière d'embaumer. Ils accompagnoient leurs funérailles de longs et solennels regrets.

Il seroit injuste d'attribuer à toute une nation des débauches qui n'ont peut-être été que les excès de quelques particuliers opulens. On a reproché aux Babyloniens d'avoir appellé dans leurs orgies, non des courtisannes, mais leurs propres femmes et filles, qui, perdant par gradation toute pudeur, se dépouilloient pièce à pièce de leurs vêtemens jusqu'au dernier. Ces dissolutions ont été assez communes, pour que plus d'un historien en ait fait mention. Ils en assignent la cause au climat, qui portoit à la mollesse, ou à la religion, qui consacroit les plus grand désordres; peut-être doit-on l'attribuer à l'une et à l'autre.

Prêtres et devins. Les Babyloniens prenoient leurs prêtres parmi les *Chaldéens*, qui étoient leurs philosophes, leurs devins et leurs astronomes. Ils croyoient le monde éternel, et regardoient les astres comme des dieux, ou du moins comme le séjour de divinités subalternes, auxquelles le dieu suprême avoit confié le gouvernement du monde. Delà l'astrologie judiciaire, dont nous avons déjà remarqué qu'on les disoit inventeurs. Elle consistoit à épier quel astre paroissoit sur l'horison à l'instant de la naissance d'un enfant, dans l'opinion que la puissance de cet astre, ou de la divinité qui l'habitoit, influeroit sur toute la vie du nouveau né; de sorte qu'ils se croyoient fondés à prédire parla qu'il seroit courageux, riche, heureux ou malheureux, selon le genre de puissance qu'ils supposoient à l'astre dominant.

Les *Chaldéens* devinoient aussi par le vol des oiseaux, par les entrailles des victimes, par les traits du visage, par les linéamens des mains, par les phénomènes de la nature qu'ils tournoient en présages. Ils étoient fort respectés, et avoient près des temples des établissemens magnifiques où ils tenoient leurs écoles ; mais leur science ne sortoit pas de leurs familles. En cela la profession des devins ne différoit pas des autres, qui généralement, dans l'Orient, passoit et passe encore du père au fils ; pratique utile à la perfection des arts, mais peu favorable à l'invention.

La religion du peuple étoit le culte d'*Oanès*, monstre sorti de la mer, moitié homme, moitié poisson, qui avoit enseigné toutes les sciences, et d'une *Vénus*, mère des graces. Ce fut sans doute elle qui présida à leurs habillemens ; ils avoient en même tems du faste et de la mollesse, et consistoient en une veste de lin, descendant jusqu'aux talons, recouverte d'une autre de laine fine, et sur le tout un manteau. Les habits des femmes ne différoient guères de ceux des hommes, et les uns et les autres se ressembloient par la richesse des ornemens accessoires. Leurs têtes, garnies de cheveux, étoient

[marginale : Habillement.]

dans les deux sexes ornées d'une mitre, et leurs doigts chargés d'anneaux, dont un servoit de cachet. Ils sortoient rarement sans avoir à la main un bâton ou espèce de sceptre, surmonté d'une fleur ou d'un oiseau, et aux pieds de riches sandales.

<small>Sciences, arts et commerce.</small> Les Babyloniens connoissoient la danse et la musique. Les historiens Juifs l'attestent, en blâment l'usage qu'ils en faisoient dans les fêtes de leurs faux dieux. Quant au commerce extérieur, ils ont eu de bonne heure, par la navigation de leurs deux grands fleuves, des facilités dont ils ont dû profiter. Le commerce intérieur ou de consommation étoit sans doute vif et actif, au milieu d'un peuple aussi nombreux, dans un centre où affluoient toutes les magnificences des nations conquises. Riches filatures, tissus variés, teintures éclatantes, ouvrages délicats en buis, cuivre, or et argent. Tous les ornemens de luxe se trouvoient chez ce peuple délicat et industrieux, ainsi que le talent, plus rare encore, de les employer avec goût; en sorte que pour faire valoir un bijou, le marchand disoit: *C'est un ouvrage Babylonien.*

<small>Rois et divisions du peuple.</small> Les monarques Babyloniens se faisoient appeler *rois des rois.* Ils prétendoient qu'on les adorât, sur ce raisonnement: « Nous avons triomphé de la puissance

» des dieux des autres nations, par conséquent nous sommes plus qu'eux. On les adore, donc on doit encore plus nous adorer ». Leur monarchie prenoit le titre superbe de *reine de l'Orient*. Le roi étoit despote, et sa cour avoit un faste proportionné à son orgueil. Les livres saints nous ont conservé la gradation de ses officiers. Un capitaine des gardes, un chef des eunuques, un premier ministre, un chef des magiciens, une hiérarchie de juges pour écouter les plaintes du peuple, des gens armés pour faire exécuter ses ordres. Les supplices étoient prompts et terribles, comme il se remarque encore en Orient. Une coutume qui n'est pas non plus abolie en plusieurs parties de l'Asie, et qui tient aux premiers principes de l'éducation, c'est que le peuple étoit divisé en différentes classes ou castes. Chacune avoit ses usages, exerçoit exclusivement une profession, et se nourrissoit de tels mets qu'une autre abhorroit. Elles avoient aussi leurs doctrines, leurs écoles séparées, et des sectes dont les noms sont connus.

On croiroit que les annales d'une nation qui a figuré d'une manière brillante entre les premiers peuples connus, devroient fournir des faits intéressans ; cependant elles ne présentent guères qu'une sèche nomenclature. Elles commencent

par une espèce de roman qui remonte à *Sardanapale*, dernier empereur Assyrien siégeant à Ninive. On a vu que *Bélésis* l'astrologue avoit eu beaucoup de part au succès d'*Arsacès*, qui avoit contraint *Sardanapale* à se brûler avec toutes ses richesses. « Pendant que vous
» l'assiégiez, dit ce fourbe à *Arsacès*,
» j'ai fait vœu, si vous réussissiez, de
» transporter à Babylone les cendres de
» son bûcher, pour en former une mon-
» tagne près du temple de mon dieu.
» Elle servira de monument de la des-
» truction de l'empire Assyrien, à tous
» ceux qui navigueront sur l'Euphrate ».
Bélésis savoit que ces cendres renfermoient un immense trésor ; il s'en empara par la crédule facilité d'*Arsacès*, qui lui donna le gouvernement de Babylone.

Possesseur de ces richesses, il se plongea dans le luxe et la mollesse avec tant d'abandon, qu'il devint un objet de raillerie dans la cour d'*Arsacès*. Le principal favori de l'empereur, nommé *Parsondas*, jeune homme très-bien fait, étoit un des plus acharnés à se moquer de *Bélésis*, et poussoit la plaisanterie jusqu'au mépris. L'astrologue piqué, dresse des embuches à *Parsondas*, le fait amener dans son palais, et jure de rendre ce censeur de la volupté, le plus délicat et le plus efféminé des hommes. Il appelle l'eunuque qui avoit la direction de ses chanteuses, lui ordonne de raser *Parsondas*, de le farder, de l'habiller comme une chanteuse, de lui faire apprendre leur art, et de n'épargner ni soins, ni peines pour le transformer en femme. Par l'habileté de l'eunuque, *Parsondas*, qui sans doute y prit goût, devint plus efféminé et plus délicat qu'une femme, et surpassoit en agrémens, dans toutes les fêtes, les plus charmantes dames de la cour.

Pendant ce tems, *Arsacès* faisoit chercher partout son favori. On sut qu'il étoit chez *Bélésis*. L'empereur envoie le demander : l'officier chargé de l'ordre commença par des reproches à *Bélésis*, sur le chagrin qu'il a causé à son bienfaiteur. *J'ai de quoi me justifier*, répondit-il. Il reçoit très-bien l'envoyé, lui donne un grand repas. A la fin entrent une cinquantaine de femmes chantant et jouant de différens instrumens. L'astrologue lui dit de choisir, pour passer la nuit, celle qui lui plairoit davantage ; le choix tomba sur *Parsondas*. L'officier le reconnoît avec surprise, et remène à *Arsacès* son favori. Arrivé à la cour, *Parsondas* se plaint vivement de l'affront qui lui a été fait, et demande vengeance. Le gouverneur de Babylone est mandé ; il part, emportant des ballots pleins d'or, d'argent et de bijoux, qu'il distribue aux eunuques et aux favorites. Introduit devant le roi, il s'excuse sur ce qu'il n'avoit eu d'autre dessein que de faire sentir à *Parsondas* qu'on ne devoit pas se moquer de ceux qui se laissoient séduire par les charmes de la volupté ; enfin il fait de son aventure un sujet de plaisanterie. *Arsacès*, qui avoit été d'abord fort irrité, en rit lui-même : *Parsondas* en fut pour la honte de sa métamorphose. *Bélésis* revint triomphant dans son gouvernement ; sans doute il dut moins sa justification à ses raisons qu'à ses richesses, et c'est peut-être là toute la morale qu'on a voulu tirer de ce récit fabuleux, au moins en quelques parties.

Nabuchodo-nosor.
2394.
Songes.

Après *Arsacès*, on fait régner cinq rois divisés par des interrègnes qui ont beaucoup de peine à remplir les siècles écoulés depuis ce prince jusqu'à *Nabopolassar*, qui est le *Nabuchodonosor* de l'écriture. Nous avons parlé de ses guerres et de ses conquêtes ; il a été de plus fameux par ses songes. On y attachoit alors de l'importance. Il rêva qu'il voyoit une grande et magnifique statue, au regard terrible, la tête d'or, la poitrine et les bras d'argent, le ventre et les jambes d'airain, les pieds en partie de fer, en partie de terre. Une pierre lancée par une main invisible frappe la statue au pied ; elle se fond en paille que le vent emporte ; et il reste à la place une grande montagne qui remplit toute la terre. *Nabuchodonosor* avoit oublié des parties de ce songe. *Daniel*, un des Juifs qu'il avoit emmené en captivité, retrouva ces parties, et expliqua le songe tout entier. Les différens matériaux de la statue, or, argent, airain, fer, terre, signifioient les différences spécifiques des empires qui succédèrent à ceux de Babylone, Mèdes, Perses, Grecs, Romains ; après eux est une inondation de barbares emportés par le vent comme la paille, remplacés par une grande montagne, ou un dernier royaume qui devoit durer éternellement ; ce que les Juifs entendent par le règne du Messie.

Nabuchodonosor rêve encore ; il voit un grand arbre dont le sommet touchoit les cieux, et les racines le centre de la terre. Les branches étoient chargées d'oiseaux et de fruits. Les animaux venoient s'en nourrir et se reposer sous son ombre.

« Pendant que j'admirois, dit-il, une
» voix forte cria : Abattez l'arbre, coupez
» les branches, faites tomber les feuilles,
» répandez les fruits, que les bêtes fuient,
» que les oiseaux s'envolent ; laissez
» néanmoins la racine, liez-la avec des
» chaînes de fer..... Que son cœur
» d'homme soit changé, qu'on lui donne

» un cœur de bête, et que sept ans se
» passent sur lui ». Il étoit bien dangereux
d'expliquer en face ce songe au monarque,
aussi *Daniel* fit-il de grandes difficultés.
A la fin cependant il lui déclara que c'étoit
lui qui en étoit le héros, et qu'après avoir
été l'admiration de son empire, comme
un grand arbre, il deviendroit réduit à
l'état de bête, et un objet de pitié.

Evil-mérodac.
2437.

Pendant les sept années de son châtiment, il paroît, quelqu'ait été le gouvernement de son royaume, qu'il n'éprouva aucune secousse. Il y eut seulement un évènement moins important par lui-même que par ses suites. *Evil-Mérodac* son fils, dans une partie de chasse, se permit une excursion sur le territoire des *Mèdes*; ceux-ci le repoussèrent. Un divertissement imprudent devint là cause d'une guerre funeste. *Evil-Mérodac* n'en vit que les préparatifs; il fut tué en trahison par son beau-frère.

Nériglissar.
2439.

Nériglissar trouva, en montant sur le trône, l'empire Babylonien menacé par les Mèdes et les Perses. Il vint à bout de former contre eux une ligue formidable des rois voisins, et de leur opposer une armée très-nombreuse. Mais les Babyloniens s'enfuirent sans combattre. Les alliés abandonnés se retirèrent, et laissèrent leur camp à la merci des vainqueurs. *Nériglissar* fut tué.

On ne sait si *Laborosoarchod* fut son fils. Il est flétri dans l'histoire par deux actions aussi infâmes l'une que l'autre. La première est le meurtre de *Gobryas*, jeune seigneur Babylonien, qu'il fit tuer par jalousie d'adresse, parce qu'il avoit abattu une bête, que lui-même avoit manquée ; la seconde, la mutilation d'un autre nommé *Gadates*, commandée parce qu'une de ses concubines lui en avoit dit du bien. Ces deux familles, très-puissantes, se réunirent aux Mèdes et aux Perses, et concoururent au renversement du trône Babylonien, déjà très-ébranlé.

Laborosoarchod. 2443.

La dernière catastrophe eut lieu sous *Nabonœdius*. Il avoit pour mère *Nitocris*, dont on dit autant de bien pour le courage, la dextérité dans les affaires et le goût des grandes entreprises, que de *Sémiramis* ; mais elle arriva dans un tems moins propre à faire valoir ces qualités estimables. L'empire Babylonien étoit sur le penchant de sa ruine ; elle tâcha de l'étayer en fortifiant *Babylone*. On dit qu'elle fit mettre sur son tombeau cette inscription : *Si quelque roi de Babylone a besoin d'argent, il trouvera ici ce qui lui est nécessaire.* Celui qui l'ouvrit, pour tout trésor, trouva ces mots : *Si tu n'étois pas le plus avide des hommes, tu n'aurois pas violé l'asile des morts.*

Nebonædius ou Belsazzar. Nitocris. 2544.

Les murailles qu'elle avoit fait bâtir

étoient si élevées et si épaisses, que son fils, qui soutenoit le siége contre les Mèdes et les Perses, étant bien pourvu de vivres, se flattoit qu'il lasseroit les assiégeans. Dans cette confiance, il se livroit dans son palais au plaisir, comme en pleine paix. Etant un jour à table avec ses concubines et les compagnons ordinaires de ses désordres, par un rafinement de débauche, il imagine de faire apporter les vases enlevés par *Nabuchodonosor* dans le temple de Jérusalem, et d'y faire verser à boire aux convives. Soudain paroît une main qui traçoit sur la muraille des caractères inconnus. La frayeur s'empare des assistans. On fait venir le prophète *Daniel*, habile dans l'art de deviner. Il lit, et prononce cette terrible sentence : *Les jours de ton règne sont comptés ; tu as été pesé dans la balance, et trouvé trop léger ; ton royaume a été divisé, et donné aux Perses et aux Mèdes.* La même nuit, les ennemis, qui avoient détourné le fleuve, entrèrent par son lit dans la ville, passèrent le roi, la garnison et tous les habitans au fil de l'épée. *Babylone* fut effacée de dessus la terre, et on cherche encore inutilement la place où elle a existé. Les Babyloniens se fondirent dans les Mèdes, leurs vainqueurs.

MÈDES.

La Médie ressent, dans un petit espace, le froid et le chaud; le premier sur les montagnes, le second dans les plaines. Le produit des terres varie comme la température, fertiles dans un endroit jusqu'à l'abondance, stériles dans d'autres jusqu'à la disette. Les endroits stériles, comme il arrive d'ordinaire, surtout les montagnes, nourrissent d'excellent gibier et en quantité. L'air y est très-sain, mais moins salutaire dans les plaines, surtout vers la mer Caspienne; les environs y sont souvent inondés par le débordement des fleuves qui s'y jettent, et infestés par une multitude d'insectes très-incommodes.

Médie entre la mer Caspienne, la Perse, l'Assyrie, la Parthie et l'Arménie.

La mer Caspienne est un grand lac, dont l'étendue et les bords ont été très-mal connus par les anciens, et ne sont décrits avec un peu de justesse, que très-récemment par les modernes. A voir le nombre et la grandeur des fleuves qui s'y jettent, on seroit tenté de croire qu'elle ne peut absorber toutes ces eaux sans s'en décharger par une communication souterraine avec l'Océan. Les anciens ont imaginé des gouffres, que des modernes ont renouvelés; mais d'habiles physiciens ont calculé que l'évaporation

Mer Caspienne.

suffit pour entretenir cette mer dans sa mesure ordinaire. Elle est très-peu salée sur les côtes perpétuellement baignées par les eaux douces des fleuves, et abonde en poissons de beaucoup d'espèces, dont quelques-uns lui sont particuliers.

Les montagnes de la Médie, hautes et rudes, sont la plupart comme des bornes posées entre les provinces, et ne laissent que des passages étroits semblables à des portes. Celles qu'on appeloit *portes Caspiennes*, sont un sujet de discussion entre les géographes. Ptolomée les place entre la Médie et l'Arménie.

Ecbatane.

Dans quelques contrées où le blé manque, les habitans font du pain avec des amandes sèches ; mais les parties méridionales produisent des grains, et tout ce qui est nécessaire à la vie, avec la plus grande abondance, sur-tout d'excellent vin. Ce canton où est actuellement la ville de *Tauris*, est appelé le jardin de la Perse. Dans ce beau pays étoit bâtie la fameuse *Ecbatane*, dont on ne connoît plus la place. Elle étoit construite sur une montagne en rond, entourée de sept murailles concentriques. Leurs sommets s'élevant au-dessus l'un de l'autre, étoient peints de différentes couleurs, qui de loin lui donnoient un aspect singulier et agréable.

On suppose pour patriarche aux Mèdes, *Madaï*, troisième fils de *Japhet*. Ces peuples furent d'abord très-belliqueux ; devenus alliés aux Perses, on les trouve efféminés, sans qu'on puisse décider si ce défaut a passé des Mèdes aux Perses, ou des Perses à eux. Ils manioient l'arc habilement, et empoisonnoient leurs flèches. On leur reproche d'avoir introduit la coutume barbare de faire des eunuques ; mais comme s'ils eussent voulu donner un dédommagement à ces êtres dégradés, ils leur marquoient beaucoup d'estime. C'est à eux qu'ils confioient l'éducation de leurs princes, parce qu'ils avoient remarqué, que privés des douceurs d'une famille, ils s'attachoient plus fortement aux élèves qui leur en tenoient lieu, et que sans soins domestiques, et sans vues pour l'avenir, ils étoient plus propres aux sciences. En effet, de cette classe d'hommes dégénérés, il est souvent sorti d'habiles ministres, et même d'excellens généraux. La poligamie réciproque étoit en usage chez les Mèdes. Un homme ne jouissoit pas d'une certaine considération s'il n'avoit pas au moins sept femmes, et une femme cinq maris. L'historien *Strabon* qui rapporte cet usage, n'a pas calculé combien il seroit difficile en tirant sept

Antiquité, gouvernemens, mœurs.

femmes pour un homme, de trouver sans confusion, cinq hommes pour une femme. Il ne faut pas ajouter plus de foi à la barbare coutume qu'on prête à toute la nation, d'avoir nourri de grands chiens, auxquels ils jettoient leurs amis et leurs parens à l'agonie, regardant comme une chose honteuse de mourir dans son lit, ou d'être déposé en terre. Cette affreuse coutume, si elle a existé, n'a pu être que le délire de quelques particuliers pieusement cruels.

Religion. La religion des Mèdes a été celle des Perses, dont nous parlerons. Il paroit qu'uniquement appliqués aux armes pendant la courte durée de leur empire, ils s'occupoient peu du commerce; d'ailleurs ils n'étoient pas placés pour l'étendre. Les loix une fois faites chez eux ne pouvoient être supprimées ou changées, même par celui qui les avoit établies; aussi les loix des Mèdes sont-elles appelées dans l'écriture sainte *irrévocables*. Ce frein imposé aux rois, est étonnant, car les Mèdes avoient pour eux un respect qui alloit jusqu'à l'adoration. On n'osoit ni rire, ni cracher en leur présence. Ils donnoient à leur monarque le titre suprême de *roi des rois*. Cette flatterie s'est propagée jusqu'aux Parthes et aux Perses. *Sapor*, l'un de ces derniers, écrivant à un empereur romain, s'intituloit *roi des rois, allié aux étoiles, frère du soleil et de la lune.*

Dans le berceau des Mèdes, on retrouve encore *Sémiramis* ; tantôt bienfaisante, elle comble des précipices, dessèche des marais, applanit des montagnes ; tantôt fastueuse, elle découpe un rocher, en fait sortir sa statue gigantesque, environnée de cent cavaliers ; tantôt jalouse de toute espèce de renommée, elle détruit la superbe Ecbatane, et transporte les richesses dans sa *Babylone* qu'elle bâtit. Ainsi les évènemens du monde ne sont qu'un cercle de créations et de destructions. Huit rois se succèdent, dont les noms même ne sont pas plus certains que les expéditions qu'on leur attribue. Soit incapacité de leur part, soit cours d'évènemens, le royaume tomba en anarchie. Heureuse la contrée qui trouva alors quelqu'homme capable de la juger et de la gouverner.

Tems fabuleux.

Entre ceux que les Mèdes avoient été obligés de choisir, pendant cette anarchie, se trouvoit un nommé *Déjocès*, qui montra un talent rare pour le gouvernement. Il étoit affable, exact, pacificateur intelligent et juge intègre. De sa province, sa réputation se ré-

Tems vrais. Déjocès. 2300.

pandit dans les autres; et il se vit enfin l'arbitre du royaume. Arrivé à ce point, l'adroit *Déjocès* déclare que le travail l'accable, que sa santé en souffre, que sa fortune dépérit, parce qu'il n'a pas le tems de vacquer à ses affaires. Cela dit et bien publié par-tout, *Déjocès* ferme sa porte, et n'écoute plus personne. On s'aperçoit bientôt qu'on n'est plus gouverné. Les désordres croissent, on s'assemble pour trouver un remède. *Déjocès* aposte des gens qui disent que le seul moyen est de le faire roi. Cette opinion prend dans l'assemblée; on l'approuve par acclamation, et on offre le trône à *Déjocès* qui l'accepte.

Alors le renard devient lion. On remarque que cet homme, si accessible auparavant, s'enferma dans son palais, s'entoura d'une garde nombreuse, et devint despote. Apparemment pendant sa popularité, il avoit reconnu que le peuple vaut mieux contraint que flatté. Aussi punissoit-il rigoureusement; mais d'un autre côté, il récompensoit avec noblesse. Les actions, les discours, il n'ignoroit rien au fond de sa retraite. Delà partoient des loix sages qui civilisèrent les Mèdes. Son économie prépara le commencement du règne brillant de ses descendans.

Phraortès envahit la Perse; cette

conquête le rendit fier, il attaqua l'Assyrie, fut battu et tué.

Son fils *Cyaxare* le vengea, mais il eut la douleur de voir la Médie ravagée par une inondation de Scythes, auxquels il n'opposa long-tems qu'une digue impuissante. Pour s'en délivrer tout-à-fait, il eut recours à une barbarie qui n'a été que trop imitée. Il invita les principaux Scythes à un grand festin, et pendant la joie du repas, il les fit égorger. Ses sujets avertis, en firent autant dans la plupart des villes. Il en resta cependant quelques-uns. Les Mèdes les réduisirent en esclavage; ils s'en firent des domestiques, et des officiers de cuisine. Quelques-uns de ces derniers maltraités par *Cyaxare*, lui-même, tuèrent de rage un enfant qu'il chérissoit, et le servirent sur sa table. Après s'être fait craindre des Babyloniens, ce prince fit alliance avec eux, partagea leurs conquêtes, et laissa le royaume, à Astiagès son fils, dans le plus haut degré de puissance.

Cyaxare. 2345.

Entre les captifs hébreux partagés par les Mèdes avec les *Assyriens*, se trouvoit une fille juive d'une grande beauté nommée *Ester*. *Astiagès* la mit au nombre de ses femmes. Elle avoit été suivie par *Mardochée* son oncle, homme sage et prudent. Un heureux hasard lui fit

Astiagès ou Antiochus, Esther. 2415.

découvrir une conspiration, il en donna connoissance au conseil du roi. On profita de son avis, mais sans le récompenser. *Astiagès* se faisant lire les annales de son règne, tomba sur cet article. Quand il vit qu'un service si utile n'avoit pas été reconnu, il fit appeler *Aman* son premier ministre. » De quelle manière, » lui dit-il, dois-je traiter un homme à » qui je veux marquer la plus grande » estime ». *Aman*, plein d'orgueil, s'imagina qu'un homme à qui le roi veut donner les plus grandes marques de considération, ne peut être que lui. » Prince, répondit-il, il faut faire mon- » ter cet homme sur le plus beau de » vos chevaux ; que le plus distingué » de votre cour le mène par la bride, » et que le héraut qui le précédera crie : » Peuples, prosternez-vous devant ce- » lui que le roi veut honorer. — Allez, » réplique *Astiagès*, faites vous-même » pour *Mardochée* ce que vous venez » de me dire ».

Aman obéit, mais la rage dans le cœur, parce qu'il détestoit *Mardochée*, qui n'avoit jamais fléchi sous lui. Il se propose bien de se venger ; épie le moment favorable, et fait signer au roi par surprise l'ordre d'égorger à la même heure tous les juifs dans son royaume. Ce projet atroce fut connu. *Mardochée* en instruisit *Esther*, et l'exhorta à employer tous les moyens pour le faire révoquer. Mais il falloit aborder le roi, et une loi, apparemment faite du tems de *Déjocès*, qui avoit jugé à propos de se rendre inaccessible, défendoit, sous peine de mort, d'approcher sans avoir été appellé. *Esther*, après avoir beaucoup hésité, hasarde cette démarche ; mais en entrant, la crainte la trouble, et une défaillance la fait tomber entre les bras des suivantes. Cet état ne fit que rendre ses graces plus touchantes. *Astiagès* lui-même se précipite de son trône, et lui présente son sceptre à baiser. C'étoit le signe de la grace. Il écoute sa prière, est surpris de la cruauté qu'un ministre infidele vouloit lui faire commettre, le condamne à la mort, et met *Mardochée* à sa place.

Les Juifs étoient ainsi quelquefois dédommagés de leur esclavage. Un d'eux nommé *Daniel*, après avoir été soixante et cinq ans chef du conseil des rois de babylone, devint premier ministre de *Cyaxare* II, fils et successeur d'*Astiagès*. La confiance que ce prince lui marquoit, excita la jalousie des courtisans. Il résolurent de le perdre. Pour exécuter leur mauvais dessein, ils engagèrent le roi à faire proclamer une défense d'adorer pendant trente jours d'au-

Cyaxare II.
2450.

tre dieu que lui, sous peine aux contrevenans d'être jettés aux lions qu'on gardoit pour devorer les criminels. Ils étoient sûrs que *Daniel* exact jusqu'au scrupule aux exercices de sa religion, ne s'en abstiendroit pas. En effet, il continua ses prières apparemment publiques, et il fut précipité dans la fosse aux lions. On avoit eu soin de les priver quelque tems de nourriture, afin de les rendre plus voraces. Mais par un miracle du dieu des Juifs, *Daniel* resta trois jours au milieu d'eux, sans éprouver aucun mal, et fut nouri par un autre miracle. Le roi en étant instruit, vient lui-même faire retirer son ministre de la fosse, et par ses ordres, on y précipite les criminels courtisans, qui furent sur-le-champ dévorés.

Cyaxare II a été le dernier roi des Mèdes. *Astiagès*, son père, avoit donné Mandanne sa fille en mariage à un Persan nommé *Cambyse*. Il en vint un fils appellé *Cirus*, ce prince réunit sous sa puissance les deux royaumes des Perses et des Mèdes. Celui-ci perdit son nom, et fut englouti dans l'autre.

PERSES.

<small>Perse entre la Scythie,</small> La Perse est peut-être le pays le plus agréable de l'Asie. Outre qu'il donne

les productions communes à cette partie du monde, savoir le riz et d'excellents fruits ; on y receuille ce qui lui est particulier, du froment et du vin. Les parfums, les plantes médicinales n'y sont pas rares, et plusieurs provinces fournissent les métaux qu'on y travaille habilement, le *Kirvain* de l'argent, l'*Hyrcanie* du fer et de l'acier, le *Mazenderan* du cuivre, les montagnes et les plaines de l'alun, du souffre, du sel, du naphte, des marbres, des turquoises, et enfin le golphe Persique les plus belles perles de la mer. La terre y est presque partout émaillée de fleurs, jasmins, tulipes, anémones, renoncules, Jonquilles, tubéreuses, y croissent d'elles-mêmes. On mange en Perse les meilleures dates du monde, et on y recueille le meilleur opium. Enfin il y a abondance de tout ce que la nature produit avec épargne dans d'autres pays.

On ne cite qu'une plante venimeuse. Son nom Persan signifie en français, *fleur qui empoisonne le vent*, parce que dans les grandes chaleurs ses émanations corrompent l'air qui passe dessus, il tue alors ceux qui le respirent. Partout ailleurs il est très-salubre, et rafraîchi par les rivières qui ne sont pas considérables, mais en grand nombre. Les eaux des sources suspendues sur

[marginalia:] l'Inde, la mer des Indes, la mer Rouge, l'Arabie, la Méditerranée et la mer Caspienne.

Productions.

Climat

les coteaux, circulent dans des rigoles habilement ménagées pour l'arrosement, avant que de tomber dans des plaines qu'elles fertilisent. Les grands orages sont rares, les tonnerres et les éclairs peu fréquens ; mais on n'est pas à l'abri des tremblemens de terre.

Animaux. — Les chevaux persans sont très-estimés, et ne le cèdent qu'aux Arabes. Les femmes montent des mulets et des ânes qui sont quelquefois d'un grand prix. Les chameaux servent aux longs voyages et aux gros transports. Les bestiaux sont nombreux dans tous les endroits propres à les nourrir. Il y a dans les montagnes des lions et des tigres. On nous parle de lézards d'une aulne de long, et d'énormes crapeaux horribles à voir, mais point malfaisans.

Toutes sortes d'oiseaux voltigent dans les campagnes. Le pélican ou *porteur d'eau* est particulier à la Perse. C'est un oiseau pêcheur ; cependant il habite le plus loin qu'il peut des rivières, quelquefois à deux journées, de peur d'être surpris. Mais quand la soif et la faim le pressent, il y vient se désaltérer, et chercher pour lui et ses petits la provision de poissons. Il les porte dans une grande poche placée sous son bec, on dit qu'un agneau y entreroit. Nous serions tentés de regarder comme une fable ce que les historiens et les voyageurs disent cependant d'un ton sérieux, d'un oiseau nommé l'*Abmélec*, qui mange les sauterelles; ce n'est point là le merveilleux; mais c'est qu'il aime si fort l'eau d'une certaine fontaine de la Bactriane, qu'avec un flacon de cette eau, on est sûr de s'en faire suivre par-tout, pourvu cependant qu'elle n'ait point passé dans une maison, ce qui apparemment lui ôte sa vertu. Ce qu'on peut prendre aussi, si on veut, pour une vérité, c'est que les pêcheurs de la mer Caspienne, sont si sûrs de leur coup de filet, que quand ils ne peuvent point vendre tout leurs poissons, ils les jettent dans la mer, sans garder de quoi vivre pour le lendemain.

Les curiosités naturelles sont peu communes en Perse. Une rivière soutéraine qu'on apperçoit par un espèce de soupirail, une caverne dont la voute laisse échapper des gouttes d'eau, qui forment des statactiques; le *Bézoar* que donnent les chèvres du *Corassan*, regardé autrefois comme un excellent remède, enfin un arbuste qui empoisonne les ânes, et n'empoisonne qu'eux. En-vain chercheroit-on chez les Persans modernes des curiosités artificielles, c'est-à-dire des ouvrages pompeux; le

Curiosités.

voluptueux Mahométan renfermé dans son sérail, ne songe qu'à y prendre l'avant-goût des plaisirs promis par son prophète, sans s'embarrasser d'orner, dit-il, l'hôtellerie qu'il doit bientôt quitter. L'ancien Persan au contraire aimoit à embellir sa demeure pour lui et ses descendans, et à imprimer sur ses monumens le sceau de l'immortalité.

Persépolis. Dans la plus belle plaine de l'Orient, traversée par l'Araxe et arrosée par une multitude de petits ruisseaux élancés des montagnes qui la couronnent, dans cette plaine encore peuplée de plus de quinze-cents villages, séparés par des bosquets touffus et des jardins odorans, s'élevoit la majestueuse *Persépolis*, digne capitale d'un si beau royaume. Ses ruines affectent le spectateur d'un sentiment d'admiration et de douleur. La ville et le palais étoient situés au pied d'une montagne dont les sinuosités et l'escarpement ont été habillement employés par l'architecte à la commodité et à la décoration. Dans le granit même sont taillées des figures qui semblent sortir de la pierre, et que la main du tems et la fureur destructive des conquérans n'a pu faire disparoître. Quelques-unes sont emblématiques ou historiques; d'autres représentent des combats, des chasses, d'anciennes cérémonies prophanes et religieuses. Elles s'élèvent sur les péristiles, s'entremêlent aux colonnes, tapissent les murailles des tombeaux, non-seulement autour du principal palais, mais fort loin dans la ceinture de montagnes qui forment cette belle plaine. Ces figures font connoître que les hommes étoient en Perse ce qu'ils sont encore, d'une haute stature, d'un port noble, bien musclés, de l'esprit dans la physionomie, de l'action dans les membres; les femmes d'une taille majestueuse, ont plus de dignité que de graces. On leur remarque un air dédaigneux et hautain, un air de commandement qui répond à l'idée qu'on a de l'empire qu'elles exerçoient sur leurs maris et leurs enfans.

Les Perses descendent de *Sem* par *Elam* son fils. Ses descendans peuplèrent la Suziane et d'autres provinces voisines, d'où l'écriture les appelle *Elamites*. Leur gouvernement a toujours été monarchique, et la couronne héréditaire. [Antiquités, gouvernement coutumes, sciences. Rois.]

Pendant une longue suite de rois tous absolus, le trône s'est consolidé, et environné d'une majesté qui faisoit regarder par les Persans les rois comme des dieux. La volonté du monarque étoit une loi suprême. Aucun sacrifice ne coûtoit pour lui prouver son dévouement. Il recevoit à son couronnement une thiare, qu'il portoit seule relevée en pointe. Les courtisans la portoient baissée plus ou moins selon le rang et la dignité. Un ruban pourpre et blanc qu'on a nommé *diadéme*, ceignoit la thiare de l'empereur. Comme son avènement au trône étoit célébré par de grandes réjouissances, sa mort causoit un deuil universel. Dans cette seule occasion, chaque famille éteignoit le feu sacré, qu'elle entretenoit ordinairement comme un Dieu tutélaire.

Les monarques Persans, possesseurs d'un vaste empire, changeoient de demeures selon le dégré de température qu'il leur plaisoit de choisir. Ils avoient pour cela des palais dans le nord et le midi. Celui qu'ils habitoient, étoit alors sacré et respecté comme un temple. Le lit, le trône étoit d'or massif émaillé de pierres précieuses, les murailles incrustées d'or, d'argent, d'ambre, d'ivoire; on peut juger par-là du reste de l'ameublement. Il y avoit toujours au chevet de son lit une cassette remplie d'une grosse somme. On l'appelloit *l'oreiller du roi*, apparemment parce qu'elle contribuoit à sa tranquillité. Combien de monarques dont le sommeil a été troublé faute de cette précaution !

Le plaisir étoit le souverain bien de ces princes voluptueux. Ceux que fournissoit l'intérieur du palais ne suffisant pas à un d'entre eux, il n'eut pas honte de promettre par un édit, une récompense à celui qui en inventeroit de nouveaux. Ce n'étoit cependant pas faute de principes vertueux qu'ils se livroient ainsi à la débauche ; leur éducation étoit très-soignée ; on peut en juger par celle de leurs sujets.

Éducation. Des mains des femmes à l'âge de cinq ans, on faisoit passer l'enfant dans celles des mages qui lui enseignoient, plus encore par leurs exemples que par leurs discours, à pratiquer toutes les vertus, à fuir tous les vices, entre lesquels étoient comptés le mensonge et l'imprudence de contracter des dettes. A dix-sept ans il prenoit un état. On ne sait jusqu'à quel âge les pères conservoient sur leurs enfans le droit de vie et de mort ; du moins il leur étoit défendu de l'exercer pour des fautes peu importantes, et pour un crime unique. La même restriction enchaînoit le despotisme du roi.

Mœurs et coutumes. Les Perses regardoient une nombreuse postérité comme un présent du ciel ; elle étoit récompensée par l'état. Ils célébroient avec magnificence le jour de leur naissance, aimoient à avoir des motifs et des occasions de se traiter. Ils versoient volontiers de leur bon vin, et ne désaprouvoient pas qu'on en fît quelqu'excès. C'étoit à table qu'ils délibéroient sur les affaires importantes ; mais ce n'étoit que le lendemain à jeun qu'ils prenoient un parti.

Soit qu'ils se rencontrassent, soit qu'ils se visitassent, leur politesse à l'égard les uns des autres étoit extrême, toujours marquée par des gestes respectueux, et des embrassades affectueuses. En général ils faisoient une grande estime de leurs compatriotes ; cependant aucune nation ne s'est montrée plus disposée à adopter les usages des autres peuples, et même leurs vices.

Justice. Les Perses n'avoient point de loix contre le parricide, ils regardoient ce crime comme impossible ; et s'il survenoit une accusation de ce genre, les juges la déclaroient mal fondée. Ils suivoient dans les jugemens criminels une coutume très-sage. Il seroit à souhaiter qu'on put la mettre par-tout en pratique. Le juge étoit obligé d'examiner avec soin toute la conduite du coupable. Si les mauvaises actions l'emportoient sur les bonnes, il étoit permis de le punir ; si les bonnes excédoient, le coupable obtenoit ou le pardon total, ou un adoucissement de peines proportionné.

Supplices. Leurs supplices étoient horribles. Celui des auges suppose dans l'inventeur un rafinement de cruauté diabolique. Il consistoit à coucher le malheureux dans un arbre creusé, recouvert par un autre; on n'en laissoit sortir que la tête, les pieds et les mains qu'on frottoit de miel, pour attirer les mouches et les autres insectes qui le dévoroient, pendant que les vers produits par ses excrémens, lui rongeoient les entrailles. On l'exposoit ainsi au grand soleil, et on prolongeoit sa vie en lui faisant avaler de la nourriture malgré lui. Des malheureux ont vécu dix-sept jours dans ce supplice. Les empoisonneurs étoient écrasés entre deux pierres, et les criminels de lèse-majesté, seulement décapités.

Ils avoient beaucoup d'Eunuques pour servir leur jalousie, qui étoit, et qui est encore extrême. C'étoit un crime capital, que de toucher les femmes du roi, fut-ce par hasard; de les approcher lorsqu'elles voyageoient; ou de ne pas s'éloigner d'elles au plus vite. Ils avoient plusieurs épouses et concubines, une d'elles étoit la maîtresse très-dominante et souvent cruelle. On ne peut assurer si c'étoit un usage commun à toute la nation, ou seulement particulier aux grands d'épouser leurs sœurs, et même leurs filles. Des auteurs leur reprochent d'avoir vécu avec leurs propres mères. Ils tenoient peut-être ce désordre des

Jalousie.

Egyptiens ou des Phrigiens, chez lesquels ont dit qu'il étoit autorisé ou toléré.

Institutions.   Ils avoient toutes les institutions politiques, civiles, militaires ou religieuses qui constatent un gouvernement bien réglé. Loix rurales, police dans les villes, attention sur les chemins, postes, ou du moins l'équivalent en couriers à pied payés par l'état, qui faisoient un rude apprentissage. Ils battoient monnoie en or si pur, que toutes les nations recherchoient leurs espèces. Leur commerce ne paroît pas s'être étendu au-dehors. Quant aux sciences, la célébrité de leurs mages, prouve qu'elles ont été cultivées en Perse avec avantage. Les Mages s'appliquoient principalement aux mathématiques et à l'astronomie. Ils les tenoient des Indiens avec quelques autres branches de sciences, et des mystères qu'on ignore. Il semble qu'ils en fussent jaloux, car ils les renfermoient dans leurs colléges, et ne les en laissoient sortir que pour des adeptes bien éprouvés, ou pour des membres de la famille royale dont ils présidoient l'éducation.

Militaire.   Tout Perse naissoit soldat. Le service militaire étoit d'obligation stricte. Il n'étoit pas permis de s'en dispenser; le demander même étoit imputé à crime. En voici un exemple terrible. Un vieil-

lard avoit rendu service à l'état : « De-
» mandez-moi, lui dit le roi, la ré-
» compense que vous voudrez, et je
» promets de vous l'accorder. Sire, lui
» dit le vieillard, je suis infirme et j'ai
» besoin de secours, j'ai cinq fils à l'ar-
» mée ; que votre majesté permette à
» l'aîné de venir soulager ma vieillesse ».
Le roi ne répond point. Mais il ordonne
que le malheureux fils soit coupé en deux,
et fait défiler l'armée entre les deux
moitiés palpitantes.

Par une suite de leur destination à   *Armes.*
l'état militaire, les Perses ne quittoient
jamais leurs armes, même en pleine
paix. Ainsi ils étoient toujours prêts à
se rendre sous le drapeau. Ils servoient
sans solde, et sans autre récompense
que la part du butin. Leurs armes défensives consistoient en une thiare à
l'épreuve pour la tête ; une côte de
mailles en écailles, des cuissards, des
brassars, et un bouclier. Les offensives,
des javelines et des épées courtes, des
arcs fort longs, des flèches de roseaux
qui se brisoient dans la plaie. Leurs
chevaux étoient aussi couverts de peaux
épaisses. Ils les manioient avec beaucoup
de dextérité, et tiroient leurs flèches
avec une adresse étonnante, surtout en
fuyant, usage qu'ils avoient de commun
avec les Parthes.

On croit qu'ils ont inventé des chariots armés, d'un usage excellent dans les plaines. C'étoit dans leur équipage militaire qu'ils étaloient leur plus grand luxe. Ils couvroient leurs armures de manteaux de pourpre, ou de couleur plus gaie; ce qui leur donnoit un air efféminé, mais qui n'ôtoit rien de leur courage. Une armée persane, dans ses marches et ses revues présentoit un spectacle magnifique. Le monarque étoit au centre, environné de l'élite de ses troupes, plus ou moins richement parées à proportion de l'éloignement de sa personne. L'étendard royal qui étoit un aigle d'or, et le char du soleil tiré par six chevaux blancs, précédoient le roi. Il étoit suivi de ses enfans, de ses femmes et de celles des plus grands seigneurs de la cour; cortége embarrassant, mais qui avoit son utilité. Des guerriers combattans sous les yeux de ce qu'ils avoient de plus cher, devoient vaincre ou périr.

Loix.   Leurs loix avoient pour but plutôt de prévenir le crime que de le punir, d'inspirer l'amour de la vertu et l'horreur du vice. Dès l'enfance on leur inculquoit ces principes dans les écoles. Elles étoient dirigées non par des maîtres mercénaires, mais par des hommes d'une naissance honnête et d'une probité éprouvée. La discipline étoit sévère, du pain et du cresson pour nourriture, de l'eau pour boisson. Encore ces douceurs étoient-elles achetées dès le matin par des violens exercices. Ceux qui n'avoient point passé par ces écoles, ne pouvoient être admis aux charges et aux emplois. Les Perses sont peut-être le seul peuple qui ait établi une loi pénale contre l'ingratitude. Le roi permettoit qu'on lui donnât des conseils. Celui qui s'y hazardoit, s'asseyoit sur un lingot d'or ; il l'emportoit si l'avis étoit bon, et étoit puni du fouet s'il étoit trouvé mauvais.

Chaque province avoit son trésor. Les impôts ont été long-tems volontaires. Le premier roi qui l'exigea, fut appellé par reproche *marchand*. Des cantons payoient en nature ; d'autres nourrissoient et entretenoient la cour ou une partie, pendant des semaines et des mois ; des provinces étoient affectées à des portions de dépenses, pour les écuries du roi, pour ses bâtimens, pour la ceinture de la reine. L'Ethiopie quand elle fut assujettie, envoyoit de l'or, l'Arabie des parfums, la Colchide cent jeunes garçons et autant de jeunes filles. [Impots.]

La religion pratiquée en Perse jusqu'à la destruction de l'empire, et transférée dans l'Inde par les Parses qui la pratiquent encore, mérite plus qu'aucune autre d'être approfondie. Ce fut [Religion. Théisme.]

d'abord le pur théisme, qui étoit déjà mélangé d'opinions hétéradoxes, du tems d'*Abraham* ; mais ils conservoient toujours précieusement l'idée de l'unité de Dieu ; et on ne doit point conclure des respects qu'ils rendoient et qu'ils rendent encore au feu et au soleil, qu'ils aient jamais adoré, ou qu'ils adorent cet élément et cet astre. *Zoroastre* leur grand docteur, prescrit à la vérité de se tourner vers le soleil ou le feu en priant ; mais dans les formules de prières qui doivent accompagner cette direction du corps, tout est pour le souverain être, rien pour les symboles. On doit observer que dans certaines sectes l'eau étoit aussi respectable que le feu, et qu'il étoit autant défendu de la souiller, que de jeter dans le feu des matières impures.

Théologie. Leur théologie est fort embrouillée. Au premier principe nommé *oromasdès*, *bon et juste*, ils associent un mauvais, les uns disent co-éternel avec l'autre, les autres produit dans les tems par les ténèbres, nommé *ariman*. De ces deux principes qui se combattent sans cesse, naissent le bien et le mal. Le mal est puni dans l'autre monde sous l'inspection de deux anges coupables, qui ont pour supplice de proportionner les souffrances des condamnés. Ils en seront délivrés tous ensemble, au jour du jugement général, qui sera à la fin de douze mille ans. Ils prétendent que Dieu a employé six saisons à la création du monde, et ils honorent le commencement de chacune de ces saisons par cinq jours de fête.

Nul peuple dans aucune religion n'a tant de cérémonies, et de formules adoratoires, préparatoires, expiatoires, initiatoires, qu'ils pratiquent avec une exactitude scrupuleuse, quoique gênantes et fatiguantes par leur multiplicité et leur longeur. Les *Parsis* n'ont point d'éloignement légal pour certains mets; mais comme ils sont doux et complaisans, ils s'abstiennent dans l'Inde de la vache, pour ne pas déplaire aux *Banians*, et du porc pour contenter les mahométans. Leurs mariages sont bénis par les prêtres qui reçoivent le consentement des parties. Le prêtre est aussi appellé auprès du mourant qu'il exhorte, et pour lequel il prie, mais il n'en approche plus quand il est mort, de peur de se rendre impur. Le cadavre est porté à *la tour du silence*, où il est dévoré par les oiseaux de proie. Ainsi il n'infecte ni le feu, ni l'eau, ni l'air, ni la terre. Les Parsis ont conservé dans l'Inde, ces espèces de cimetières; mais ils n'ont pour temples, que des

Cérémonies.

maisons particulières, au lieu de ces *pyrées*, ou temple de feu, qui s'élevoient autre fois magnifiquement dans les pays de leur domination, à un nombre égal aux églises qu'on voit dans les pays catholiques.

<small>Tems fabuleux.</small> L'enfance de l'empire persan est enveloppée de ténèbres. *Hérodote* a voulu les éclairer, mais à sa manière, c'est-à-dire, en remplaçant des incertitudes par des fables. Malgré son désir d'inventer, il n'a pu remonter au-delà de *Cyrus*. On a vu qu'*Astiages*, roi des Medes, avoit donné sa fille *Mandane* en mariage à un Persan nommé *Cambyse*. Ce mariage fut occasionné par un songe d'*Astiages*. Il rêva deux fois, la première qu'il sortoit de sa fille une quantité d'eau qui inondoit toute l'Asie; la seconde, que du corps de *Mandane* s'elevoit une vigne dont l'ombrage couvroit toute cette partie du monde. Ces songes interprétés, signifièrent que l'enfant dont sa fille accoucheroit, occuperoit le trône d'*Astiages*, et étendroit sa domination sur toute l'Asie. En donnant à *Mandane* un Mede pour époux, son père craignit de se voir supplanter par un de ses sujets. Il la maria à un Persan, homme doux et pacifique, à qui d'ailleurs il ne croyoit pas assez d'esprit et de fermeté pour élever son fils dans des principes de révolte et de conquête.

Pour plus grande sûreté, quand sa fille se trouva enceinte, il la fit venir en Médie, et l'enfant dont elle accoucha, il le donna au chef de ses bergers, nommé *Harpage*, avec ordre, sous peine des plus cruels supplices, de l'exposer dans l'endroit le plus désert et le plus dangereux des montagnes. *Harpage* ne put cacher cette commission à sa femme. Touchée par les graces de l'enfant, elle demanda à le garder. Il y consentit, et *Cyrus* s'éleva dans la cabane du berger, y prit des forces par les exercices violens de cet état, et vécut en égal avec ses camarades, auxquels cependant il en imposoit par un certain air de supériorité que la nature lui avoit donné.

Dans leurs jeux, s'il y avoit de l'autorité à accorder, ils la lui donnoient. Ils l'élurent un jour roi. *Cyrus* qui n'avoit que dix ans, commandoit avec hauteur, et prétendoit que ses ordres fussent exécutés. Le fils d'un grand seigneur qui se trouvoit dans la bande, refuse d'obéir. Le jeune roi le fait punir rigoureusement. L'enfant porte ses plaintes à son père, qui en instruit le roi. Astiages veut voir ce petit monarque qui savoit si bien se faire obéir. Dans sa physionomie, dans ses réponses, il apperçoit quelques indices qui lui donnent des soupçons. Il fait des recherches, et découvre que ce jeune homme est son petit-fils, qui n'a pas été livré à la mort selon ses ordres. D'abord il punit cruellement *Harpage*, en lui faisant servir dans un repas les membres de son propre fils. Il cherche ensuite ce qu'il doit faire du jeune prince. Les mages consultés, disent : « Il devoit être roi dans la Médie, » il l'a été ; l'oracle est accompli, il ne » le sera pas deux fois ». Sur cette réponse, Astiages le renvoya en Perse auprès de son père et de sa mère.

Ils l'avoient pleuré. Le miracle de son retour les combla de joie. Ils voulurent en savoir les circonstances, et leur compassion pour le berger *Harpage*, se tourna en désir de l'obliger. Lui de son côté conçut celui de se venger. Les rapports que sa charge lui donnoit avec les grands seigneurs de Médie, lui fournirent les moyens de se satisfaire. Il les trouva mécontens. Le peuple étoit oppressé et murmuroit ; *Harpage* écrit à *Cyrus* l'état des choses et l'exhorte à profiter de l'occasion pour soustraire les Perses au joug des Mèdes.

Cyrus commence par supposer une lettre d'*Astyages*, qui l'établissoit chef de toutes les forces en Perse, et la fait lire dans le conseil général de la nation. Fort de cet ordre, il assemble l'armée, lui impose un très-grand travail, et la congédie assez mécontente sans boisson ni nourriture. Il la rappelle le lendemain et lorsque les soldats s'attendoient à une nouvelle fatigue, ils sont fort surpris de trouver un bon repas et abondance de tout ce qu'ils pouvoient désirer : « quelle vie vous plait davantage ? leur » dit Cyrus, de celle d'hier ou de » celle d'aujourd'hui. Il n'y a point à » délibérer, s'écrient-ils tous ensemble. » Eh bien, répond Cyrus, suivez-moi, » et je vous promets toujours celle » d'aujourd'hui, ceux qui resteront ne » doivent s'attendre qu'à la vie d'hier » sous le gouvernement des Mèdes ».

Il rentre dans le royaume de son grand-père, à la tête de cette armée qu'il avoit su remplir d'enthousiasme. *Astiages* eut la maladresse de confier le commandement de la sienne à *Harpage*. Ce général se laissa battre deux fois, et se donna le plaisir d'apprendre au roi Mède fait prisonnier, que c'étoit lui qui avoit tramé la révolution, en vengeance de l'abominable repas qu'il lui avoit fait faire.

Jusqu'à la fin *Hérodote* met du merveilleux dans la vie de Cyrus. Il le fait combattre contre *Tomysis* reine des Massagetes, dont il tue le fils. Cette princesse prend sa revanche et tue *Cyrus*. Elle se fait apporter le cadavre, lui coupe la tête, et la plonge elle-même dans une cuve de sang humain. « Barbare, s'écrie-t-elle, abreuve-toi » de sang, puisque tu en as toujours eu » soif ».

<small>Tems vrai. Cyrus. 2400.</small>

Xénophon dans la vie de Cyrus se tient entre la fable et l'histoire. On le soupçonne d'avoir voulu dans un roman fondé sur des faits, donner des leçons aux princes qui le lisoient. *Cyrus* nait toujours de *Cambyse* et de *Mandane* ; mais ils l'élevent eux-mêmes en Perse, et vont le présenter à l'âge de douze ans à son grand-père. Il plaît beaucoup à la cour de Médie, et y fait ses premières armes avec tant d'avantage, que *Cyaxare II*, son oncle, successeur d'*Astiages*, obligé d'entrer en guerre contre le roi d'Arménie, donne à son neveu le commandement de ses troupes. *Cyrus* impose de nouveau à ce prince un tribut qu'il refusoit de payer. Depuis ce tems l'oncle et le neveu vécurent en parfaite intelligence, associés dans les combats et dans les victoires. Ils combattoient ensemble à la fameuse bataille de Timbrée, qui décida du sort de *Crésus* roi de Lydie.

<small>Bataille de Timbrée.</small>

On fait monter leur armée à cents quatre vingt seize mille hommes, cavalerie et infanterie, trois cents chariots armés de faulx, attelés de quatre chevaux de front, une quantité considérable de chariots plus grands chargés chacun d'une tour de dix-huit pieds de haut, qui contenoit vingt archers, tirés par seize bœufs de front; et un grand nombre de chameaux, sur chacun desquels il y avoit aussi deux archers Arabes adossés. On a peine à concevoir comment seize bœufs attelés de front, peuvent être conduits, et comment se soutenoient sur des charriots des tours de dix-huit pieds. Au reste cette description explique ce qui causoit ces grands carnages dont nous parlent les historiens. Dans de pareils embarras, quand la confusion s'y mettoit, il étoit aussi difficile de fuir que de se défendre, et les morts s'entassoient en monceaux. *Crésus* fut pris après cette bataille dans Sardes, capitale de ses états. *Cyrus* le replaça sur son trône après l'avoir fait descendre du bucher, où il l'avoit fait monter.

Sardes pris, il courut à Babylone. *Nitocris* l'avoit récemment fortifiée. *Cyrus* la prit par ruse; en ayant fait écouler l'Euphrate des deux côtés de la ville, il entra par le lit du fleuve mis à sec, et la détruisit de fond en comble. Prise de Babylone

Au tems marqué par les prophètes pour la fin de la captivité des Juifs, *Cyrus* devint sans le savoir exécuteur de la volonté divine. Il permit par un édit Fin de la captivité des Juifs 2463.

solennel à tous les Juifs captifs dans ses états, de retourner en Judée, et de rebâtir le temple. Il accompagna cette grace de secours pécuniaires, et réprima les efforts des Samaritains, qui par une basse jalousie, vouloient empêcher les Juifs de se rétablir dans leur patrie.

Cambyse.
2470.

Cyrus réunit après la mort de son oncle *Cyaxare*, les royaumes de Médie et de Perse, il les laisssa à *Cambyse* son fils ainé, donna à *Smerdis* son autre fils des gouvernemens considérables. L'histoire d'Egypte a rapporté les cruautés et les dévastations de *Cambyse* dans la guerre contre ce royaume. La prise de Péluse place frontière et clef de l'Egypte, en détermina le succès. Le Persan le dut à une ruse. Sachant que la garnison étoit presque toute composée d'Egyptiens, pour qui les animaux étoient sacrés, il fit précéder ses soldats montant à l'assaut par des chats, des chiens, des brebis et d'autres bêtes. Les Egyptiens n'osèrent pas tirer sur leurs dieux, et à l'aide de ce rempart, *Cambyse* entra facilement dans la ville.

Siége de Péluse.

Guerre contre l'Ethiopie.

Maître de l'Egypte, il voulut subjuguer l'Ethiopie, et y envoya sous le titre d'ambassadeurs des espions chargés de présens. L'Empereur Ethiopien les reçut et leur dit : « Je connois

» votre intention. Si votre prince étoit
» sage, il se contenteroit de ce qu'il a,
» et ne songeroit point à charger de
» fers un prince qui ne lui a jamais fait
» du mal. Portez-lui mon arc, ajouta-
» t-il, en le bandant devant eux, et
» dites-lui que je ne lui conseille de me
» faire la guerre, que quand ses Per-
» sans pourront plier un arc comme
» celui-ci aussi aisément que je le fais.
» En attendant, qu'il rende grace aux
» dieux de ce qu'ils n'ont pas mis aux
» cœurs des Ethiopiens le désir de s'éten-
» dre hors de leur pays ».

Cette espèce de défi pique Cambyse. Sans provisions, sans précautions, il part pour l'Ethiopie, s'enfonce dans les déserts sabloneux qui l'environnent. Bientôt vivres et eau, tout lui manque. Il s'avance toujours d'avantage dans l'espérance d'arriver à un pays cultivé. Les soldats se disputent les brins d'herbe qu'ils peuvent rencontrer. Ils mangent les bêtes de charge, enfin on en vient aux hommes. Ils tiroient au sort, et le dixième servoit de nourriture aux autres. Alors *Cambyse* est obligé de rétrograder; et ramène en Egypte une petite troupe presque mourante, au lieu de l'armée immense qu'il avoit menée. Pendant ce tems une autre de cinquante mille hommes qu'il avoit envoyée pour piller le temple de *Jupiter Ammon*, périssoit dans les sables, sans qu'on en ait jamais eu de nouvelles.

Cruautés de Cambyse.

Ce fut alors que le caractère farouche de *Cambyse*, aigri par ses malheurs, lui fit commettre les cruautés qui le rendirent exécrable d'abord aux Égyptiens qu'il accabla de toute sorte de maux, ensuite à son propre peuple témoin et victime de sa barbarie. Son frère *Smerdis* qui ne lui ressembloit pas, devint l'objet de sa jalousie et de ses soupçons ; il le fit assassiner par *Prexaspe* son principal favori. L'amour entra dans le cœur de ce monstre, mais ce fut pour mieux faire éclater sa férocité. Il avoit une sœur nommée *Meroë*, dont les charmes le touchèrent. La coutume d'épouser les sœurs n'étoit pas encore établie en Perse. Il fit venir les Mages et demanda leur avis. Placés entre le glaive du tyran et l'estime publique, qu'une réponse favorable au crime pouvoit leur faire perdre, ils se tirèrent habilement de ce pas difficile. « Il n'y a point, lui-dirent-» ils, de loix qui autorise à épouser » sa sœur ; mais il y en a une qui per-» met à l'Empereur de faire tout ce » qu'il veut ». Ainsi *Meroë* tomba entre ses bras.

Elle étoit douce et humaine, et sa sensibilité la perdit. Elle assistoit un jour au combat d'un jeune lion contre un chien. Celui-ci étoit prêt à périr, un autre chien, son frère, s'élance et le délivre. Ce spectacle amusoit le roi. Il regarde son épouse, et s'apperçoit que ses yeux se mouilloient de larmes, il veut en savoir la cause. *Hélas*, répond-elle naivement « il ne s'est trouvé » personne pour sauver mon frère *Smer-» dis* »! Le brutal se lève, la frappe du pied dans le ventre ; elle étoit enceinte, et elle en mourut.

Préxaspe, l'exécuteur de ces ordres contre *Smerdis*, fut puni par *Cambyse* lui-même de sa lâche complaisance. Il voulut savoir de ce favori ce que disoient de lui les Perses dans leurs conversations particulières. « Ils admirent en » vous, seigneur, répondit-il, grand » nombre d'excellentes qualités ; mais » ils vous croient un peu trop adonné » au vin. C'est-à-dire, répondit-il, » qu'ils croient que le vin me rend in-» capable d'agir. Vous en allez juger ». Il se met à boire avec plus d'excès qu'à l'ordinaire, et étant bien ivre, sans que le vin lui fasse oublier son projet, il appelle le fils de *Préxaspe*, le fait placer à distance, la main gauche sur sa tête, bande son arc, tire, le jeune homme tombe. Il appelle le père, fait ouvrir le corps sous ses yeux, et lui montre que la flèche a percé juste le milieu du cœur. « Avouez, dit-il, qu'on » ne me rend pas justice, en préten- » dant que le vin m'ôte l'usage de la » raison ».

Après cet acte de cruauté froide et réfléchie, on ne sera pas étonné qu'il ait fait enterrer des seigneurs de sa cour tout vivans. Il ne se passoit pas de jour qu'il n'immolât quelqu'un à sa vengeance, ou à son caprice. *Crésus* l'ami de *Cyrus* revenoit souvent dans la cour de son fils et en étoit aimé, cependant Cambyse donna l'ordre de le faire mourir. Ceux qui en étoient chargés soupçonnant que le roi revenu de l'ivresse pourroit en être fâché, sursoient à l'exécution. En effet le lendemain il demande *Crésus*. On lui dit ce qu'il avoit commandé la veille; et il en marque du regret. Sur cette démonstration, les exécuteurs avouent qu'ils ont différé. Il en témoigne de la joie; mais il les fait mourir pour lui avoir désobéi. Peut-être les auroit-il punis de même, s'ils avoient exécuté ses ordres.

Sa mort.

Un accident termina le cours de ces affreuses barbaries. *Cambyse* alloit d'Egypte en Perse, pour s'opposer à une révolte que venoit d'exciter *Palisithe* chef des mages. Le roi en quittant la Perse lui en avoit confié le gouvernement. Le mage avoit un frère très-ressemblant à *Smerdis*. La mort de ce prince étoit restée quelque tems cachée. Sitôt que *Patisithe* en fut assuré, certain de la disposition des esprits à l'égard de *Cambyse*, qu'on détestoit, il met son frère sur le trône. Le roi part pour aller combattre les rebelles qui lui donnoient de l'inquiétude, parce qu'il avoit songé que *Smerdis* le chassoit du trône. En passant par *Ecbatane*, petite ville de Syrie, il se blesse de sa propre épée en montant à cheval. Quand il sut le nom de cette ville, il se crut mort, parce qu'un oracle lui avoit prédit qu'il mourroit dans Ecbatane. Comme il ne connoissoit que celle de Médie, il l'avoit toujours évitée; mais il ne put fuir son mauvais sort qui l'attendoit dans une Ecbatane, selon la prédiction de l'oracle. Il fit assembler les principaux seigneurs, leur certifia devant *Préxaspe* la mort de son frère *Smerdis*, et les engagea à ne pas se soumettre à l'imposteur, mais à choisir quelqu'un d'entr'eux pour occuper le trône. Ils crurent que cette exhortation étoit une suite de la haine qu'il conservoit pour son frère, n'ajoutèrent point foi à sa protestation, et reconnurent le *Smerdis* qu'on leur présentoit.

L'excès de précautions nuisit au frère   Smerdis, le
                                          m ige. 247.

du mage. On crut appercevoir qu'il craignoit des éclarcissemens, c'en fut assez pour donner des soupçons. Il avoit épousé toutes les femmes de *Cambyse*, entr'autres *Atosse* sa sœur. Elle devoit connoître son frère. C'est par elle qu'on se flatta de découvrir s'il étoit le vrai *Smerdis*. Mais toutes ces femmes étoient séparées, et ne se communiquoient point ; de sorte que *Phédenie*, fille d'*Otanès*, une d'entr'elles, que son père, un des plus grands seigneurs de Perse, avoit chargé d'interroger *Atosse*, répondit qu'il ne lui étoit pas possible d'approcher cette princesse. Nouvelle matière à plus grands soupçons. Il ne restoit qu'un moyen de les éclaircir. *Cyrus* avoit fait couper les oreilles au mage pour certains crimes, il s'agissoit de vérifier ce qui en étoit. *Phédenie*, sur les instances de son père, se chargea de cette dangereuse recherche. Pendant que le mage dormoit auprès d'elle, en le touchant elle s'assure de la mutilation, et en avertit son père. Il met dans sa confidence trois de ses amis qui s'en associent trois autres; et tous jurent entre eux de venger l'honneur du trône, et d'en chasser l'imposteur.

Darius Hystaspès.
2477.

Le témoignage de *Préxaspe* lui avoit été favorable, parce que gagné par les mages, il disoit avoir sauvé *Smerdis*,

malgré les ordres de *Cambyse.* Dans le moment où les murmures du peuple commençoient à se faire craindre, les deux mages veulent se fortifier de nouveau de ce témoignage qui leur avoit été si utile. *Préxaspe* consent, monte sur une tour pour être mieux entendu, et soit mouvement subit, soit aveu médité. « Peuple, dit-il, je reconnois que
» j'ai été forcé par Cambyse à tuer son
» frère. J'en demande pardon à Dieu
» et aux hommes. Celui qui occupe
» maintenant le trône est Smerdis le
» mage ». Il dit et se précipite. Les conjurés profitent de l'émotion du peuple, foncent dans le palais, tuent les deux frères. La rage s'étendit jusqu'à tous les mages qu'on put trouver, ils furent massacrés dans le premier moment de fureur.

L'autorité devoit naturellement rester entre les sept conjurés. Ils s'assemblent et délibèrent. *Othonès* vouloit qu'elle fût remise au peuple. *Mégabyse* opinoit pour l'aristocratie. *Darius* se déclara pour le gouvernement monarchique, et l'emporta; ils convinrent qu'un d'entre eux seroit roi. « Je le veux, dit *Othonès,*
» puisque vous le décidez; mais je ne
» serai pas votre compétiteur pour cette
» dignité que j'abhorre. Je vous cède
» tous mes droits; je demande seule-

Darius Hystaspès.
247.

» ment de rester dans l'indépendance, » et que ce privilége s'étende à mes » enfans ». Il lui fut accordé avec beaucoup d'autres honneurs dont sa postérité a toujours joui.

Les compétiteurs agitèrent la forme d'élection. Ne pouvant pas s'accorder, ils voulurent en donner l'honneur au soleil qu'ils adoroient, et décidèrent que le lendemain ils se rendroient dans un endroit indiqué, et que celui dont le cheval henniroit le premier au lever du soleil, seroit reconnu roi. L'écuyer de *Darius* attacha la veille une cavalle à l'endroit du rendez-vous, et y amena la nuit le cheval de son maître. Quand l'animal s'y retrouva le lendemain au soleil levant, il hennit, et *Darius* fut salué empereur de Perse.

Presqu'en montant sur le trône, il donna un grand exemple de sévérité en la personne d'*Itapherne* un des sept conjurés. Ce seigneur imaginant apparemment avoir chez le souverain le même droit qu'il avoit chez le particulier, se présenta pour entrer au palais à heure peu convenable. Les eunuques le refusèrent, il leur coupa le nez et les oreilles. *Darius* le fit prendre et le condamna à mort avec tous les mâles de sa famille. Avant l'exécution, la femme d'*Itapherne* assiégeoit les portes du palais, et demandoit grace à grands cris. Le roi importuné lui dit de choisir celui qu'elle voudroit sauver, sans même excepter son mari. Cette tendre épouse demanda son frère, « parce que, dit-elle, un second mariage peut me donner un mari et des enfans, et mon père et ma mère étant morts, je ne puis avoir d'autre frère ». *Darius* lui accorda de plus son fils et fit mourir tous les autres.

Sa première guerre fut contre les Babyloniens. Ces peuples ne pouvoient pardonner aux Perses d'avoir transporté leur capitale à *Suze*, encore moins de se voir écrasés d'impôts, par leurs vainqueurs. Ils résolurent de secouer le joug. *Darius* les attaqua, et les serra dans les débris de leur ancienne ville, qu'ils avoient mis en état de résistance. Leurs provisions étoient considérables, et pour les prolonger encore, ils prirent la résolution la plus désespérée et la plus cruelle dont on eut jamais entendu parler, ce fut d'exterminer toutes les bouches inutiles. Ils rassemblèrent femmes, enfans, vieillards, et sourds à la voix du sang et de l'amitié, ils les étranglèrent tous.

Désespoir des Babyloniens.

Ils se défendirent pendant vingt mois, peut être auroient-ils lassé la patience de *Darius*, lorsque du haut de leurs

Fidélité de Zopyre.

murs ils apperçurent un homme qui accouroit vers eux et tendoit des mains suppliantes. Ils ouvrent leurs portes, et voient un malheureux qui avoit le nez et les oreilles coupées, les membres couverts de blessures, et dont les plaies sanglantes inspiroient antant de pitié que d'horreur. « Je suis *Zopyre*, s'écrie-» t-il, voilà l'état où Darius m'a mis » pour avoir parlé en votre faveur ». Les Babyloniens le reçoivent avec confiance, et comme ils connoissoient sa capacité, ils le mettent à la tête de leurs troupes. Il défit dans une sortie dix mille Perses, ensuite quatre mille : ces succès valurent au transfuge la garde des murailles; mais ces victoires étoient concertées avec *Darius*, auquel *Zopyre* avoit fait ce sacrifice sanglant pour lui procurer l'entrée de la ville. En effet, un assaut convenu entre eux l'en rendit maître. *Darius* fit empâler trois mille habitans des plus coupables, et pardonna aux autres. Il falloit que leur nombre fût encore grand, puisque l'empereur ordonna aux provinces voisines de fournir aux Babyloniens cinquante mille femmes pour remplacer celles qu'ils avoient étranglées, comme bouches inutiles. Le sort des anciennes ne devoit pas beaucoup rassurer les nouvelles. *Darius* garda *Zopyre* à sa cour, le combla d'honneurs et de biens; mais jamais il ne le regardoit sans verser des larmes.

Deux autres expéditions signalent le règne de *Darius*. L'une contre les Scythes, l'autre contre les Grecs. Le Persan donna pour prétexte de la première, l'invasion que les Scythes avoient faite cent vingt ans auparavant en Asie. Il leva une armée de sept cents mille hommes, passa le Bosphore de Thrace sur un pont de bateaux ; sa flotte vint le joindre par le Danube. Il traversa ce fleuve sur un autre pont de bateaux, et entra en Scythie. Les Scythes avoient bouché tous les puits et les fontaines et consumé tous les fourrages. En se retirant insensiblement devant les Perses, ils cherchoient à les harrasser, et à les engager dans des endroits où ils pourroient les attaquer avec avantage. *Darius* sentit le piége et se replia à tems ; heureux de retrouver en fuyant les ponts qu'il avoit passés en allant, avec l'orgueil d'un guerrier sûr de sa conquête.

Hérodote parle d'une invasion de *Darius* dans l'Inde, dont il fit la vingtième province de son empire. Ce succès s'il a eu lieu, a dû lui rendre plus amères les disgraces qu'il essuya dans la Grece. Quand on cherche la cause de l'animosité qui a regné entre les Grecs et les

Guerre contre Scythes.

Guerre contre les Grecs.

Perses, et qui, contre toutes les apparences, a fini par la ruine de ces derniers; on trouve qu'elle a eu son principe dans l'orgueil des seigneurs Persans commandant sur les frontières limitrophes de la Grece. Leur richesse dédaignoit un peuple pauvre alors. Des sujets du *grand roi* méprisoient de petits républicains. Qu'est-ce que c'étoit auprès d'un général Persan, que ces rois de quelques contrées, qui n'auroient été qu'un point dans l'empire de son maître. Ces comparaisons rendoient les commandans hautains, et la jeunesse de leur cour insolente.

Amintas, roi de Macédoine, éprouva leur pétulence, mais il fut bien vengé. *Mégabyse*, lieutenant de Darius, après avoir subjugué la Thrace, envoya à ce prince sept jeunes seigneurs, lui demander *la terre et l'eau*, c'est-à-dire service de vassal. Ils arrivent en jeunes conquérans, sont reçus avec honneur, logés dans le palais, bien traités et fêtés; mais la bonne chère ne leur suffit pas, ils demandent que le roi introduise ses concubines, ses femmes, ses filles. Quoique ce ne fut pas l'usage, le bon roi, de peur de se les rendre ennemis, y consent; mais ils reconnurent mal cette faveur, et se comportèrent très-indécemment. *Alexandre*, fils du roi, qui les observoit, fait sortir sa mère et ses sœurs de la salle, sous quelque prétexte, et promet qu'elles reviendront bientôt; mais à leur place il fait entrer des jeunes gens déguisés en femmes, armés sous leurs habits. A la première liberté des Perses, ils se jettent sur ces insolens et les massacrent. *Mégabyse*, malgré sa fierté, voulut ignorer cette aventure, et elle s'assoupit.

Il n'y a point de guerre dans laquelle on ait mieux éprouvé, que dans la longue querelle des Grecs avec les Persans, ce que peuvent l'horreur de l'esclavage et la passion de la liberté, présentées aux hommes avec énergie et rendues comme naturelles par le désir de la vengeance. Imagineroit-on que des rois ont abdiqué leurs couronnes entre les mains du peuple, pour l'engager à mieux défendre la liberté, devenue, par l'égalité, un bien commun entre celui qui avoit été chef et ceux qui avoient été sujets. *Aristogote*, roi de Naxe, eut ce courage; et non-seulement il déposa le sceptre, mais il courut les îles voisines, engagea leurs rois à l'imiter, à rendre au peuple les droits de gouvernement, afin que le parti extrême qu'il prendroit contre les Perses, étant désormais son ouvrage, il fût plus déterminé à le soutenir jusqu'à la mort.

En effet, menacés par des armées de huit à neuf cents mille hommes, par des flottes de quatre à cinq cents vaisseaux, les Grecs ne se laissèrent jamais intimider. Ils combattoient toujours. Chassés de terre par le grand nombre, ils gagnoient la mer; repoussés de la mer, ils reprenoient terre. Ils eurent quelquefois l'audace d'aller brûler des villes jusques dans le centre du pays ennemi. Quelque part que le roi de Perse eût la guerre, même sur les frontières opposées, il y trouvoit des Grecs; dans quelque cour qu'il entamât des négociations, il se trouvoit prévenu ou traversé par des Grecs. *Darius*, fatigué de ce qu'il regardoit comme une persécution, moins sans doute par réminiscence, que pour montrer ses dispositions hostiles, ordonna que tous les jours, lorsqu'il se mettroit à table, on lui diroit: *O roi, souviens-toi des Athéniens!*

Marathon. Il comptoit les écraser avec une armée de cent dix mille hommes de ses meilleures troupes, qu'il envoya contre eux. Les Athéniens, au nombre de dix mille seulement, mais commandés par *Miltiade*, l'attendirent fièrement dans la plaine de Marathon, à dix lieues d'Athènes. Les Athéniens attaquèrent; l'action fut vive et sanglante. Les Perses furent entièrement défaits, et les vainqueurs trouvèrent dans le bagage des marbres qu'ils avoient apportés pour ériger un monument de leur victoire, et des fers pour en charger les vaincus. Les généraux de *Darius*, afin d'adoucir son chagrin ou de diminuer leur honte, eurent la bassesse d'envoyer au roi, dans Suze, sa capitale, des prisonniers faits dans une autre occasion, comme si la défaite avoit été partagée. *Darius*, soit qu'il démêlât le motif, ou par humanité, les reçut bien, et leur donna des habitations agréables dans la Suzianne.

Il n'en conserva pas moins son ressentiment contre la nation, et le désir de le satisfaire. Il travailla trois ans à ramasser des troupes, des vaisseaux et des provisions pour une armée telle que l'Asie, excepté dans les tems fabuleux de Ninus et de Sémiramis, n'en avoit jamais vomi de pareille. Il vouloit la commander lui-même. Lorsqu'il étoit prêt à partir, les grands de sa cour lui représentèrent qu'avant de se livrer à une expédition dangereuse qui alloit le tirer de son royaume, il étoit de la prudence de se nommer un successeur. Son choix balança entre *Artabaze*, son fils aîné, qui étoit né avant qu'il fût roi, et *Xerxès*, qui en naissant avoit vu son père sur le trône, qui d'ailleurs étoit fils d'*Atosse*, son épouse favorite, de la race de *Cyrus*. Ces raisons l'emportèrent, et *Xerxès* fut déclaré successeur de *Darius*, qui mourut presqu'aussitôt. *Darius* étoit doué d'excellentes qualités. Les anciens ont relevé par de grands éloges sa sagesse, sa clémence et sa justice. Il affermit l'empire de *Cyrus*, que la mauvaise conduite de *Cambyse* et l'usurpation de *Smerdis* le mage, avoient ébranlé. Il recula les frontières de ses états, en y ajoutant l'Inde, la Thrace, la Macédoine, et les îles de la mer Ionienne.

Xerxès.
2514.
Son expédition contre la Grèce.

Xerxès continua les préparatifs de son père, s'il ne les outra pas. Il s'essaya d'abord contre les Egyptiens, qu'il soumit. Pendant ce tems, indépendamment des levées dans ses immenses états, il travailloit à susciter de tous côtés des ennemis aux Grecs. Il fit alliance avec les Carthaginois, qui, outre les soldats d'Italie et d'Afrique, lui en ramassèrent trois cents mille en Espagne et dans les Gaules. Ils étoient destinés à tomber sur les parties maritimes, d'un côté, pendant que les Asiatiques attaqueroient de l'autre.

Toutes ces armées réunies, les historiens les font monter à deux millions six cents quarante-un mille combattans; et en comptant les eunuques, femmes, valets, vivandiers, et autres gens de cette espèce, au moins à cinq millions; la flotte à treize cents vaisseaux de combat, et trois mille de transport.

Xerxès, lorsqu'on lui fit l'énumération

de ses troupes, avoit près de lui *Artabaze*, son oncle, qui n'avoit jamais goûté le projet dont il craignoit l'issue. « Eh » bien ! lui dit le roi, douterez-vous » encore du succès ? — Ma crainte est » toujours la même, répondit *Artabaze* : » deux choses m'effrayent, la terre et » la mer : la terre, parce qu'il n'y a » pas de pays qui puisse nourrir une si » nombreuse armée ; la mer, parce qu'il » y a peu de ports capables de contenir » un si grand nombre de vaisseaux ». Réflexion sage, mais inutile avec un présomptueux. « Dans les grandes entre- » prises, reprit *Xerxès*, il ne faut pas » y regarder de si près ». Ce n'étoit pourtant pas une si petite chose, que la nourriture d'une si grande multitude, et la sûreté de ses vaisseaux ; mais il ne doutoit de rien.

Afin d'éviter les tempêtes du promontoire formé par le mont Athos, il en fit percer l'isthme, pendant qu'avec beaucoup moins de frais, il auroit pu faire traîner ses vaisseaux par-dessus, comme on faisoit alors ; mais il lui paroissoit glorieux de laisser ce monument de sa puissance. Par inspiration de la même vaine gloire, au lieu de transporter son armée d'Asie en Europe sur ses vaisseaux, il préféra d'établir un pont de bateaux sur l'Hélespont. Un tempête le rompit.

Il fit couper la tête à ceux qui avoient conduit l'ouvrage ; et, par une démence qui a rendu son nom célèbre, il fit fouetter la mer. On y jeta des chaînes par son ordre, comme pour la mettre aux fers, et on l'apostropha en ces termes : *Elément salé et amer, ton maître te fait infliger ce châtiment pour l'avoir offensé sans raison, et il a résolu de traverser les flots, en dépit de ton insolente résistance !* L'armée employa sept jours et sept nuits à passer le détroit, quoique souvent on la fit avancer à coups de fouets. Etranges soldats que l'on conduisoit ainsi ! En cette occasion il échappa à *Xerxès* une réflexion judicieuse accompagnée d'humanité. Il contemploit avec satisfaction cette multitude soumise à sa puissance. Tout à coup ses yeux se couvrent de larmes. « Qu'avez-vous, lui dit
» son oncle *Artabaze ?* — Je songe,
» répond le roi, que de ce grand nombre
» d'hommes, dans cent ans il n'y en aura
» pas un sur la terre. — C'est donc une
» raison, reprit *Artabaze*, de leur rendre
» la vie douce, puisqu'elle doit être si
» courte ».

Thermopiles. La plus grande partie de son armée, *Xerxès* l'envoya ravager la Grèce, piller, renverser, brûler ; et lui, avec l'élite, il se porta contre les Athéniens et les Lacédémoniens réunis. Les autres Grecs

subissoient le joug de tous côtés. Il ne lui restoit plus, pour pénétrer dans l'Attique, qu'à franchir les Thermopiles, passage de vingt-cinq pieds de large, entre la mer et des montagnes escarpées. *Léonidas*, roi de Lacédémone, se chargea de le garder avec trois cents de ses sujets. *Xerxès* crut que la fermeté Spartiate ne tiendroit pas contre des offres flatteuses qu'il lui fit ; mais *Léonidas* les rejeta avec dédain. Le monarque envoya alors demander *la terre et l'eau*, formule menaçante. « Viens les prendre toi-même,
» répondit le Lacédémonien. — Mais,
» lui dit-on, ne savez-vous pas que
» l'armée des Perses est si nombreuse,
» que si chacun des soldats tire seulement
» une flèche, ils obscurciront le soleil.
» Tant mieux, répartit *Léonidas*, nous
» combattrons à l'ombre ». Ces braves gens se firent tuer jusqu'au dernier. Mais les Perses achetèrent chèrement la victoire : leurs meilleures troupes y périrent. La Grèce fit par la suite élever, sur le lieu même, un tombeau avec cette épitaphe : *Passant, vas annoncer à Lacédémone que nous sommes morts ici pour obéir à ses justes loix*. Tous les ans on faisoit l'éloge de ces héros de la patrie, et on célébroit des jeux en leur honneur.

Les Athéniens ne se flattoient pas que les Thermopiles garantiroient leur pays.

Ils avoient pris la précaution de distribuer leurs vieillards, leurs femmes et leurs enfans au loin, dans les villes de la Grèce qui voulurent bien les recevoir, et laissèrent les maisons d'Athènes vuides, à la garde de quelques citoyens qui se dévouèrent à leur défense. Ils n'avoient pour toute fortification que des palissades de planches; mais ils y avoient confiance, parce que l'oracle d'Apollon avoit prononcé qu'*Athènes seroit sauvée par des remparts de bois*. Ils se défendirent jusqu'à l'extrémité, et furent tous tués.

Les autres s'étoient retirés dans leurs vaisseaux, *les vrais remparts de bois*, qu'on jugea que l'oracle avoit voulu faire entendre. Ils louvoyèrent si habilement entre les îles, que la flotte Persanne ne put les entamer; au contraire ils la battirent par parties, puis complètement à Salamine. La dispersion fut si générale, et la défaite si entière, que *Xerxès* eut peur de ne pas conserver un vaisseau pour sortir de l'Europe. Il se sauva au plus vîte, et s'estima heureux de trouver une barque qui le passa en Asie.

Ces succès ranimèrent les Grecs. Ils furent honteux d'avoir laissé les Athéniens et les Lacédémoniens soutenir seuls les efforts d'une si énorme puissance, et se joignirent aux vainqueurs. Les Perses furent harcelés de tous côtés; le reste de leur flotte fut détruit à Mycale. L'armée de terre risqua un dernier combat à Platée, en Béotie. De trois cents mille hommes, si on en croit les historiens, il n'échappa que trois mille, et les Grecs n'en perdirent que deux cents. Il paroît cependant que la puissance des Perses ne fut pas totalement anéantie en Grèce. L'argent et l'intrigue leur y conservèrent de l'influence, et secondèrent assez long tems l'effort de leurs armes.

On n'auroit plus à parler de *Xerxès*, sans une affreuse tragédie qui se passa dans son palais, et à laquelle il n'eut que trop de part. La jalousie en fut le principe; et le caractère de l'empereur, qui ne connoissoit pas de modération en débauche, en fut l'occasion. Il devint amoureux de la femme de *Masiste*, son frère, déjà assez éloignée de la jeunesse, puisqu'elle avoit une fille nubile. Il crut gagner la mère en mariant sa fille à *Darius*, son fils aîné. Cette faveur ne rendit pas l'épouse de *Masiste* plus complaisante à ses désirs. Il n'eut pas honte d'en montrer à la jeune épouse de son fils, qu'il trouva plus docile que sa mère. Elle tira même vanité de la passion de son oncle. *Amestris*, femme de *Xerxès*, impérieuse et cruelle, s'imagina que la facilité de sa nièce, qui lui enlevoit le cœur de son époux, avoit l'aveu de sa belle-sœur, et résolut de se venger.

Selon une coutume respectée chez les Perses, le roi étoit obligé, le jour de sa naissance, d'accorder à son épouse ce qu'elle désiroit. *Amestris* désira que sa belle-sœur lui fut livrée. *Xerxès*, qui connoissoit sa femme, frémit, mais lui accorda sa demande. L'infortunée fut livrée à la reine, qui lui fit sous ses yeux couper le nez, les oreilles et les mamelles, qu'on jeta devant elle aux chiens, et la renvoya ainsi mutilée à son mari. *Masiste*, qui aimoit tendrement sa femme, et qui l'avoit même refusée à son frère, outré de douleur, rassemble toute sa famille, et part pour la Bactriane dont il étoit gouverneur. Le roi, craignant sa vengeance, le fait suivre et assassiner avec tous les compagnons de sa fuite. Un désordre aussi affreux en suppose bien d'autres, qui rendirent *Xerxès* odieux, et firent concevoir à *Artabane*, son capitaine des gardes, le moyen de le supplanter sans risque. Aidé d'un eunuque, il l'assassina dans son lit. Ainsi il lui épargna les angoisses de la mort, dont il auroit mérité qu'on lui prolongeât les horreurs.

Artaxerxe Longue-Main. 2536.

Xerxès laissoit trois fils, *Darius*, l'aîné, et *Artaxerxe*, le troisième, qui étoient à sa cour. *Histaspe*, le second, vivoit dans son gouvernement de la Bactriane. Dans le désordre causé par le meurtre du roi, *Artabane*, l'assassin, court chez *Artaxerxe*, et lui dit : « *Da-* » *rius*, votre frère, vient d'égorger votre » père. Il ne mérite pas la couronne ; » c'est à vous de la prendre, si vous » savez le venger ». Le jeune prince, transporté de colère, vole à l'appartement de son frère et le tue. C'étoit déjà deux crimes heureux pour *Artabane*, le premier d'avoir rendu le trône vacant ; le deuxième, en se défaisant du légitime successeur, s'assurer la reconnoissance de celui qu'il y élevoit. Il lui en restoit un troisième à commettre, plus utile que les deux autres, savoir, de tuer *Artaxerxe* lui-même, pour se mettre à sa place. Quant à *Histaspe*, relégué dans sa Bactriane, *Artabane* ne s'en soucioit pas pour le moment ; il comptoit bien trouver l'occasion de s'en débarrasser par la suite. Sept fils qu'il avoit, tous braves et possédant les plus belles charges de la cour, lui donnoient espérance de mettre à fin son coupable projet. Mais *Artaxerxe* en fut instruit, prévint *Artabane*, et le fit massacrer avec toute sa famille. L'eunuque complice de l'assassinat de *Xerxès* expira dans le supplice des auges.

Histaspe, dans son éloignement, ne se regarda pas comme déchu du trône; il arma pour soutenir son droit de primogéniture. Le parti qu'*Artabane* avoit formé étoit puissant: *Histaspe* eut l'adresse de l'attirer à lui. Cette jonction égalisa à peu près les forces des deux frères. Aussi, dans une première bataille, la victoire fut-elle incertaine. *Artaxerxe* l'emporta dans une seconde, et on n'a plus entendu parler d'*Histaspe*.

Artaxerxe étoit le plus bel homme de son royaume. Il eut le talent du gouvernement; connoissoit ceux qu'il mettoit en place, et surveilloit leur conduite. On ne voit pendant son règne qu'une guerre importante, celle de l'Egypte, qui s'étoit révoltée, et qu'il remit sous le joug. Il en agit avec les Grecs comme avec un peuple qu'il estimoit ou qu'il craignoit. Par un traité solennel, il s'engagea à ne point faire entrer dans leurs mers des vaisseaux de guerre, à tenir toujours ses armées à une distance fixée de leurs frontières, et surtout à ne pas se mêler de leurs affaires, et à les laisser vivre selon leurs loix; mais cette dernière clause fut souvent violée par la faute des Grecs eux-mêmes, qui dans leurs dissensions domestiques, appeloient les gouverneurs Persans du voisinage, pour s'avantager contre leurs rivaux.

Ce prince donna le rare exemple d'un roi qui oublie une révolte, et qui reçoit à sa cour un homme auquel il avoit été forcé de pardonner. *Mégabise* eut cet avantage auprés d'*Artaxerxe*. Il avoit pris les armes pour se venger de ce que l'empereur, par foiblesse pour sa mère, avoit laissé mettre en croix un général auquel *Mégabise* avoit promis la vie sauve en le faisant prisonnier. Le motif de la rébellion peut avoir déterminé *Artaxerxe* à l'indulgence ; mais il put être aussi engagé à traiter avec le rébelle par ses premiers succès, qui en faisoient craindre de plus grands. Quelqu'ait été la cause du procédé d'*Artaxerxe*, la modération du roi et la confiance du sujet font également honneur à l'un et à l'autre.

Artaxerxe mourut avant la vieillesse. Il laissa dix-sept enfans de ses concubines, et un seul légitime nommé *Xerxès*. Ce prince ne fit que passer sur le trône, et fut assassiné, presqu'en y montant, par *Sogdien*, qui étoit un des dix-sept frères. Un autre frère vengea *Xerxès*, et fit à son tour périr *Sogdien*. [Xerxès II, Sogdien.]

Son nom étoit *Ochus*. Il le changea, et est connu dans l'histoire sous celui de *Darius Nothus*, ou le *bâtard*. Il fut gouverné pendant tout son règne par *Parysatis*, sa sœur et sa femme. Un [Ochus ou Darius Nothus. 2568.]

de ses frères nommé *Arsite*, voyant son succès contre *Sogdien*, imagina aussi de tenter fortune. Dans une bataille qui se donna, *Artasyras*, son principal général et son conseil fut pris. *Darius* vouloit le faire mourir. « Gardez-vous-en bien, » lui dit *Parysatis* ; au contraire, trai- » tez-le bien. Faites en même tems des » propositions à votre frère. Vos bonnes » façons à l'égard de son confident lui » persuaderont qu'à plus forte raison il » doit en espérer de meilleures, et il » n'hésitera pas à se rendre ». Le moyen réussit. *Arsite* vint trouver son frère avec confiance. *Darius* vouloit lui faire grace ; mais *Parysatis* obtint de son foible époux qu'on s'en défairoit. Il fut condamné avec *Artyphius* au supplice des cendres. Il consistoit à précipiter le malheureux dans une tour remplie de cendres qu'une roue agitoit. Ce supplice fut très-pratiqué pendant ce règne.

Darius, prince indolent, perdit l'Egypte, qui secoua le joug des Perses, et se donna un roi. Il eut aussi peu d'influence sur la Grèce, par une fausse politique qui lui fit adopter une alliance exclusive avec les Lacédémoniens, au lieu de paroître se tenir neutre entre toutes ces républiques, leur fournir, à leur réquisition, des secours bien ménagés, et les ruiner ainsi les unes par les autres. C'est ce que lui représentoit son fils *Cyrus*, qu'il avoit envoyé commander sur les frontières de la Grèce, mais avec des ordres limités.

Ce jeune prince, fils de *Parysatis*, fier de la puissance de sa mère, comme s'il eût déjà porté la thiare royale, en affectoit les prérogatives. Il fit mourir deux de ses cousins, uniquement parce qu'ils avoient manqué de se couvrir les mains de leurs manches en sa présence, selon le cérémonial prescrit à l'égard des rois de Perse. Cette prétention orgueilleuse, qui en supposoit d'autres, irrita son père ; il l'appela auprès de lui sous prétexte de maladie. *Cyrus* craignoit ; cependant il se mit en chemin, comptant sur l'ascendant de sa mère. Il ne se trompa pas. Elle obtint sa grace ; mais elle ne put engager son époux à déclarer cet enfant favori son successeur. Il tint bon pour *Arsace*, son aîné. Le refus ne devoit pas désobliger *Parysatis*, puisqu'*Arsace* étoit aussi son fils. Il demanda à son père mourant quelle conduite il devoit tenir pour régner aussi heureusement que lui. *Darius* répondit : « J'ai toujours
» fait ce que la religion et la justice
» exigeoient de moi, sans jamais m'écar-
» ter de l'une ni de l'autre ». Sans doute il ne regardoit pas comme ses fautes

celles qu'il avoit commises à l'instigation de sa femme.

Artaxerxes. Memnon. 2584.

On peut se faire une idée de la foiblesse de *Darius Ochus* pour *Parysatis*, par le récit abrégé des cruautés qu'il lui permit. *Arsace*, son fils, avoit épousé *Statira*, fille d'*Hidarne*, Persan de grande distinction. Il avoit un fils nommé *Tériteuchme*, qui en conséquence du mariage de sa sœur, épousa *Amestris*, sœur d'*Arsace* et fille aussi de *Parysatis*. *Tériteuchme* devint amoureux passionné de *Roxane*, sœur de *Statira*, et par conséquent la sienne. Pour la posséder, il se défit d'*Amestris*, et apparemment poursuivi pour son crime, il se révolta. *Udiaste*, un de ses amis, le tua. Alors commencèrent les vengeances de *Parysatis*. *Roxane*, dont la beauté avoit été l'origine de tout le mal, elle la fit scier en deux, et massacrer tout le reste de la famille d'*Hidarne*, à l'exception de *Statira*, qu'elle accorda aux prières d'*Arsace* son mari; mais montée à son tour sur le trône de Perse avec *Artaxerxe*, son époux, *Statira* fit périr *Udiaste* dans les supplices.

Artaxerxe, qu'on a surnommé *Memnon*, à cause de sa prodigieuse mémoire, se trouvoit souvent embarrassé entre sa mère et sa femme :

celle-ci accusa l'autre de pencher pour *Cyrus*, son fils bien aimé, qui venoit de se révolter. Les deux frères non-seulement se trouvèrent en présence en bataille réglée, mais encore s'attaquèrent comme dans un duel. Ils s'apperçurent du centre de leur armée. *Je le vois !* s'écrie *Cyrus*, et il fond sur *Artaxerxe*, le désarme et le blesse à terre. Celui-ci se relève, *Cyrus* le blesse d'un second coup; mais au moment qu'il alloit être lui-même percé par la javeline de son frère, il est atteint de plusieurs flèches et tombe mort. Il y avoit des Grecs dans les deux armées ; ceux de *Cyrus*, au nombre de dix mille, commandés par *Xénophon*, firent cette belle retraite qu'il a écrite lui-même, et qui a toujours passé pour un chef-d'œuvre d'opérations militaires.

Parysatis n'avoit pas oublié les soupçons dont *Statira* s'étoit efforcée de la noircir pour lui faire perdre la confiance de son fils, et une femme qui n'oublie pas, se venge quand elle peut. Elle fit semblant de se réconcilier avec sa belle-fille, et l'invita à un repas. On y servit un oiseau rare. *Parysatis* le coupa, en donna la moitié à *Statira*, et mangea l'autre ; *Statira* mangea sa moitié, et mourut. On sut par l'esclave de *Parysatis*, qu'on mit à la torture, que le couteau étoit frotté de poison du côté qui avoit touché la part de *Statira*. *Artaxerxe* exila sa mère ; mais elle eut le talent de se faire rappeller, et elle reprit son crédit auprès de lui. Ces deux femmes étoient aussi cruelles l'une que l'autre. Si l'une faisoit scier en deux, l'autre faisoit écorcher vif. Elles présidoient elles-mêmes aux supplices, et comptoient pour peu la mort de leurs ennemis, même de leur sexe, si elles ne l'avoient fait précéder par les tortures. Les bourreaux qu'elles employoient, s'ils ne servoient pas leur vengeance par le rafinement des supplices, étoient punis de mort ; et s'ils obéissoient, ils étoient tués de même, pour avoir trempé leurs mains dans le sang royal.

Traité d'Antalcide.
3612.

Comme ses prédécesseurs, *Artaxerxe* eut guerre avec les Egyptiens ; mais elle ne fut ni active ni heureuse. Pendant tout son règne il batailla contre les Grecs. On peut se servir de ce terme, parce que, quoiqu'il y ait eu des actions importantes, en général les choses se passoient en rencontres, surprises, escarmouches, prises et reprises de villes, surtout en traités faits et rompus, et en accomodemens dans lesquels les Perses eurent enfin l'avantage, par la faute des Grecs. Ces républicains, toujours discordans, ne pouvoient suivre un plan d'opérations fixes, pendant que les généraux Persans, en vertu d'instructions uniformes, concouroient tous ensemble au même but. Il est même arrivé que la haine et la jalousie entre les républiques a procuré au *grand roi* des avantages auxquels il n'auroit pas dû s'attendre. Tel fut le traité d'*Antalcide*, négociateur des Lacédémoniens. Il abandonnoit au roi de Perse toutes les villes Grecques de l'Asie, et les îles de Cypre et de Clazomène. Les Lacédémoniens le ratifièrent par dépit contre Athènes, qui s'étoit rebâtie et fortifiée contre eux sous la protection des Perses. Les Spartiates, ces fiers amis de la liberté, sacrifièrent sans scrupule celle de leurs compatriotes au plaisir de les humilier et de les affoiblir comme rivaux.

Cette guerre de Grèce, qui ne discontinua presque pas sous *Artaxerxe*, étoit très-utile à ce prince, parce qu'elle lui donnoit le moyen d'occuper au loin et séparément les seigneurs Persans dont la réunion et l'oisiveté auroient pu être nuisibles à sa tranquillité. Par cet artifice, il parvint à vivre jusqu'à quatre-vingt-quatorze ans, assez tranquille dans sa cour, quoiqu'entouré de cent dix-huit fils. Trois d'entre eux, *Darius*, *Ariaspe* et *Ochus*, nés d'*Atossa*, sa femme légitime, les autres de ses concubines qui étoient presque toutes ses propres filles.

 Artaxerxe destina la couronne à *Darius* l'aîné ; et pour la mieux assurer, il ceignit son front du bandeau royal ; mais il le mécontenta en lui refusant une de ses concubines, qu'il demandoit. *Darius* conjura contre son père, et entraîna dans son complot cinquante de ses frères. Ils mirent à leur tête un seigneur expérimenté nommé *Tiribase*, mécontent aussi parce que le vieux monarque lui ayant promis une de ses filles, l'avoit prise pour lui-même. Il en promit une autre, et la prit encore. Une conjuration entre tant de personnes ne pouvoit demeurer secrète. Elle fut découverte, et *Darius* fut puni de mort avec tous ses complices.

 Restoient deux prétendans au trône, nés de la femme légitime, *Ariaspe* et *Ochus*. La prédilection du vieillard en mit un troisième sur les rangs, nommé *Arsame*, fils d'une concubine. *Ochus*, sans s'amuser à des représentations, se défait d'*Arsame* d'un coup de poignard. Il court à l'appartement d'*Ariaspe*, prince foible et timide, lui présente une coupe empoisonnée, et le menace de le faire expirer dans les tourmens les plus affreux s'il ne la boit. *Ariaspe* avale le poison et meurt. *Artaxerxe*, instruit de ces forfaits, meurt aussi de chagrin ; et voilà *Ochus* maître du trône.

Mais si le barbare s'y plaçoit sans remords, ce n'étoit pas sans crainte. Son père avoit été juste pour ses peuples, clément, généreux, et son autorité étoit respectée. Succédant à un tel prince, *Ochus* sentit bien qu'il ne trouveroit pas les mêmes dispositions dans les peuples ni dans la noblesse, à laquelle il s'étoit rendu odieux par l'assassinat de ses frères. Pour empêcher les effets de cette haine, il gagne les eunuques et les autres personnes qui approchoient le roi, et fait cacher sa mort. Il prend ensuite les rênes de l'empire, donne des ordres, et scelle les décrets du nom d'Artaxerxe. Dans un de ces décrets, il se fit, toujours au nom du roi, proclamer son successeur.

Au bout de dix mois, pendant lesquels il crut avoir pris des mesures suffisantes, il déclare la mort du roi. A cette nouvelle, la moitié de l'empire refuse de le reconnoître. Les révoltés, s'ils eussent été bien d'accord, auroient pu le chasser du trône; mais *Ochus*, aussi habile que scélérat, vint à bout de les désunir, et les réduisit les uns après les autres. Pour ôter désormais aux provinces qui se révolteroient l'appui de quelque prince de la maison royale, et pour se délivrer des inquiétudes que ces princes pourroient lui donner, il les fit tous mourir, sans égard pour l'âge ou la proximité. Il fit enterrer vive sa sœur *Ocha*, dont il avoit épousé la fille ; et ayant renfermé un de ses oncles avec cent de ses fils dans une cour, il les fit tous tuer à coups de flèches. *Ochus* traita avec la même barbarie tous les seigneurs qui lui donnoient le moindre ombrage, et n'épargna jamais aucun de ceux auxquels il soupçonnoit du mécontentement.

<small>Guerre d'Égypte.</small> Ces cruelles précautions n'empêchèrent pas qu'il n'éprouvât encore des révoltes ; mais il les assoupit toutes ; et quand il se trouva bien affermi sur le trône, il résolut de donner de l'éclat à son règne par quelqu'exploit important. L'Égypte, souvent conquise par les Perses, jamais bien soumise, offroit un beau champ aux projets belliqueux. Il y entre à la tête d'une armée de cent mille hommes. En passant il prend *Sidon*, fameuse par son commerce et par ses richesses, et la ruine de fond en comble. La destruction de cette ville jeta la terreur chez les Phéniciens. Ces peuples auroient pu arrêter la flotte d'*Ochus*. La frayeur qu'il leur inspira enchaîna leur courage, et ils s'engagèrent à ne mettre aucun obstacle à son entreprise.

Son premier exploit fut la prise de Péluse, qui étoit la clef de l'Égypte. Pendant qu'il battoit cette place, un de ses généraux remonte le Nil, et porte un corps d'armée considérable au centre du pays. *Ochus* y joint bientôt celle qu'il commandoit en personne. Une seule bataille décida du sort du royaume. Pour ôter aux Egyptiens la tentation de secouer le joug qu'il vouloit leur imposer, le monarque Persan fit démanteler les places fortes, détruisit le gouvernement, enleva les archives, pilla les temples, dispersa et massacra les prêtres, fit tuer le dieu *Apis*, c'est-à-dire, le taureau sacré que ces peuples adoroient, et réduisit l'Egypte à n'être plus qu'une province de la Perse. Après cette expédition, *Ochus* n'ayant plus d'ennemis, s'abandonna aux plaisirs et à la mollesse, et laissa le gouvernement aux soins de deux ministres.

L'eunuque *Bagoas*, l'un des deux, étoit Egyptien. Il n'avoit pu voir sans un extrême dépit la ruine de sa patrie. Comme il étoit très-attaché à la religion de son pays, tout ce qu'*Ochus* avoit fait pour la détruire, quoiqu'il l'eut souvent conjuré de l'épargner, lui laissa un profond ressentiment. Il racheta secrètement les archives et tout ce qu'il put des ornemens des temples et des objets du culte, qu'il fit reporter en Egypte. Quant à l'affront fait aux divinités du pays, et surtout le meurtre du dieu Apis, *Bagoas* crut qu'il ne pouvoit être vengé que par la mort d'*Ochus*, et il l'empoisonna ; puis, par un rafinement de vengeance puérile, mais digne d'un dévot enthousiaste, il fit inhumer un autre corps à la place de celui du roi ; et comme ce prince avoir fait manger le dieu Apis par ses soldats, *Bagoas* hacha la chair du cadavre royal, et la faisoit manger par des chats et des chiens, qui étoient les dieux des Egyptiens. De ses os, il en fit des manches d'épée et de couteaux.

Arsès.

Il plaça sur le trône *Arsés*, le plus jeune fils du roi, et fit tuer tous les autres. *Bagoas* ne laissa à ce prince qu'une ombre d'autorité, et se réserva tout le pouvoir. Il avoit pris cette espèce de simulacre, jeune exprès, afin de jouir plus long tems de sa puissance. Mais s'appercevant qu'*Arsès* commençoit à sentir son esclavage, et qu'il prenoit des mesures pour s'en délivrer, il l'empoisonna, et extermina toute sa famille, pour qu'il ne lui restât pas de vengeur.

Darius III, Codomanus. 2651.

Dans un état obscur, vivoit un rejeton de la race royale de *Darius Nothus*, échappé au couteau d'*Ochus*. Il se nommoit *Codoman*. Sous le dernier règne, il portoit les dépêches aux gouverneurs. Peut-être étoit-ce une fonction de confiance, mais sans éclat. Il se trouva à l'armée dans la guerre contre les Cadusiens, lorsqu'un d'entre eux, d'une stature gigantesque, défia les Perses d'envoyer un champion contre lui. Personne ne se présentoit, *Codoman* s'avance, et tue le Cadusien. Cette action de courage lui valut le gouvernement d'Arménie. *Bagoas* connoissoit sa douceur et sa modération; il se flattoit de conserver sous lui toute l'autorité, et le mit sur le trône, où il prit le nom de *Darius*. Mais le jaloux ministre ne trouvant pas *Codoman* plus complaisant qu'*Arsès*, résolut de le traiter de même. Le roi fut averti; il surprit le vieux scélérat, et le força de boire le poison qu'il lui préparoit.

Darius Codoman régna heureux environ quinze ans, respecté des grands, qu'il contenoit sans les choquer, aimé des peuples qu'il gouvernoit avec douceur, et dont il faisoit le bonheur, autant que la surveillance d'un si grand empire pouvoit le permettre. Sa cour, à la différence de celle de ses prédécesseurs, étoit un modèle de mœurs et de vertus, sous l'inspection de *Sysigambis*, sa mère, princesse élevée dans l'école des malheurs, puisqu'elle étoit sœur des cent infortunés que le barbare *Ochus* fit percer de flèches dans une cour, avec leur père. *Statira*, épouse de *Darius*, princesse d'une grande beauté, étoit attachée à son mari par le double lien de la tendresse conjugale et fraternelle. Sous leurs yeux s'élevoient deux princesses qui, des formes indécises de l'enfance, passoient déjà aux graces prononcées de l'adolescence, et un fils âgé de six ans, élevé dans l'espérance de la fortune de son père. On donne à *Darius* trois cents concubines. *Sysigambis* réunissoit autour d'elle les filles des plus grands seigneurs, charmés de les confier à ses soins.

La douceur du gouvernement de *Darius* eut un vice, ce fut de manquer de la fermeté nécessaire pour lier les parties de l'empire par une réciprocité de secours qui rend le tout indissoluble. Chaque gouverneur étoit à-peu-près maître chez lui, et *Darius* quand il eut besoin d'un effort général, éprouva que le trop de confiance du chef, et sa trop grande bonté sont quelquefois plus contraires à la félicité publique, que la rigueur et l'excès de défiance. Faut-il que se soit presque toujours sous les princes recommandables par la bonté, que s'opèrent les révolutions des empires ?

Passage du Granique. 265.

Pendant que *Darius* calme dans sa cour, jouissoit d'une tranquillité sans nuage sous un ciel pur et serein, il savoit à peine que du bord de son horison s'avançoit une petite nuée menaçante, qui couvrit bientôt son royaume tout entier. *Philippe* roi de Macédoine limitrophe de la Grèce, avoit pris par sa proximité part aux querelles qui subsistoient depuis long-tems entre les Perses et les Grecs. Les Macédoniens s'y étoient aguerris. La politique de *Philippe* lui fit concevoir le hardi projet de former une ligue des peuples vexés et inquiétés par les satrapes Persans, et d'aller avec eux porter la guerre dans ce vaste empire. Tout étoit prêt; mais au moment de partir, *Philippe* mourut : *Alexandre* son fils prit sa place : génie ardent, incapable de se réfroidir dans une entreprise, intrépide, opiniâtre, plein de confiance, l'inspirant aux autres, donnant en même tems l'ordre et l'exemple.

Il développa ces qualités dès l'entrée de sa carrière. Les Perses lui opposèrent cent mille hommes de pied, et dix mille de cavalerie. *Alexandre* avoit tout au plus trente mille fantassins et cinq mille cavaliers; mais l'élite des troupes de la Grèce, déjà exercées aux travaux de la guerre et bien disciplinées. Il étoit attendu par les Perses sur les bords du Granique, qu'ils couvroient de leurs soldats. *Alexandre*, malgré les representations de ses capitaines, se jette dans le fleuve à la tête de sa cavalerie, le passe à la nage, et arrive un des premiers sur la rive opposée qui étoit très-escarpée. Il la franchit, et est suivi de ses troupes. Alors commence un combat furieux. Dans le fort de la mêlée, il apperçoit *Spithrodate*, désigné gendre de *Darius*, qui soutenoit le combat avec valeur. Il s'élance vers lui, les deux rivaux se mesurent. Le Persan lance un javelot qui tombe sans effet, et fond l'épée à la main sur le Macédonien. Celui-ci le reçoit avec sens froid, et au moment qu'il lui voit lever le bras pour lui porter un coup de sabre, il le perce de sa lance. En même tems *Rozace* frère du mourant, décharge sur le casque d'Alexandre un grand coup de hache qui abat son panache, et le blesse légèrement. Comme il alloit redoubler, *Clitus* capitaine Macédonien, d'un revers de sabre, coupe la main au Persan, et sauve la vie à son maître. Cette espèce de duel décida la victoire. Les Perses s'enfuirent de tous côtés.

Il ne resta sur le champ de bataille qu'un petit corps de Grecs à la solde de *Darius*. *Alexandre* les fit passer au fil de l'épée, pour intimider ceux qui seroient tentés de porter leurs armes contre leurs compatriotes. On croira si on veut, qu'un victoire si bien disputée ne coûta aux Macédoniens que cent quinze hommes, cavalerie et infanterie, pendant que les Perses y perdirent trente-six mille fantassins, et deux mille cinq cents cavaliers. Alexandre fit faire par *Lysippe*, le plus habile sculpteur de la Grèce, les statues de vingt-cinq Macédoniens qui s'étoient le plus distingués, et qui avoient été tués dans le passage. Maître de la campagne, il permit à ses troupes le pillage, amour et récompense du soldat. La terreur le précédoit. Des villes capables de résistance portoient leurs clefs avant que d'être attaquées. Il y faisoit reconnoître son autorité, mais sans vexer les peuples. Ainsi il s'en fit des points d'appui pour la retraite, ou pour de nouvelles conquêtes.

La nouvelle de cette invasion qui prenoit un caractère sérieux, fit résoudre dans le conseil de *Darius*, de rassembler la plus grande armée possible, afin d'écraser par le nombre, ceux que leur courage sembloit rendre invincibles. Si les historiens qui nous ont laissé la description de cette armée, n'ont pas voulu faire une épisode de roman, ils nous donnent l'idée d'un faste, d'un luxe, d'une magnificence, dont nous n'avons pas d'exemple.

Description de l'armée perse.

A la tête étoient portés des autels d'argent sur lesquels brûloit le feu sacré. Les mages suivoient en chantant des hymnes. Ils étoient accompagnés de trois cents soixante-cinq jeunes gens vêtus de robes de pourpre. Aprés eux venoient le char de *Jupiter* et le coursier du soleil, conduit par des écuyers ayant chacun une baguette d'or à la main. Derrière, plusieurs chariots cizélés en or et en argent, marchoit un corps de cavalerie tiré de douze nations armées différemment, et dix mille hommes d'infanterie appellés *les immortels*, parce qu'aussitôt qu'il en mouroit un, on en substituoit un autre. Ils avoient des colliers d'or, des robes de drap d'or frisé, avec des casaques à manches couvertes de pierreries. Quinze mille *cousins* ou *parens* du roi, apparemment titre de dignité, encore plus richement parés que *les immortels*, précédoient le monarque. On l'appercevoit de loin porté sur un char en forme de trône, resplendissant d'or et de pierres précieuses. Deux cents de ses plus proches parens l'entouroient, environnés de dix mille piquiers à cheval, dont les armes étoient argentées et dorées. Trente mille fantassins formoient l'arrière-garde, suivis des chevaux du roi, au nombre de quatre cents qu'on menoit en laisse.

A une petite distance venoit *Sysigambis*, mère du roi, sur un char, sa femme sur un autre, leurs suivantes à cheval, quinze grands chariots qui contenoient les enfans du roi, et tout l'attin... leur suite ; les concubines au nombre de trois cents, parées comme des reines ; six cents mulets, et trois cents chameaux, qui portoient le bagage royal et le trésor, escortés d'une nombreuse garde d'archers. Enfin la marche étoit fermée par les femmes des officiers de la couronne, des principaux seigneurs, et un corps de troupes légères.

Quel appas pour les Macédoniens ! et quelle imprudence d'offrir à des soldats une proie si capable de les tenter ! *Darius* en commit une plus grande encore. Au lieu d'attendre *Alexandre* dans les plaines, où il auroit pu l'envelopper, il l'attaqua dans un passage étroit de la Cilicie, fermé d'un côté par la mer, et de l'autre par les montagnes. La nature du lieu força *Darius* de ranger les soldats les uns derrière les autres. Cet ordre et cette position décidèrent en un moment la victoire. Les premiers rangs rompus par les Macédoniens, se renversèrent sur les seconds et ainsi de suite. Bientôt ce ne fut plus qu'une confusion et une déroute générale. Cependant vingt mille Grecs auxiliaires des Perses, ébranlèrent la phalange Macédonienne. Le combat s'opiniâtra entre ces deux corps, et *Alexandre* ne put les forcer à céder, que quand ils se trouvèrent réduits à huit

Bataille d'Issus. 267.

mille. Alors ils se retirèrent fièrement, et regagnèrent en bon ordre les vaisseaux qui les avoient apportés. Le reste de l'armée épouvanté, éperdu, se précipitoit du haut des rochers, et présentoit la gorge sans défense au fer du vainqueur.

Entrevue d'Alexandre et de Sisigambis.

Darius eut de la peine à se sauver. Son trésor, sa mère, sa femme, ses filles, et toutes celles de ses capitaines, et les bagages qu'il avoit envoyé d'avance dans la ville d'Issus, tombèrent au pouvoir d'Alexandre. Un de nos plus grands peintres a pris son pinceau de la main de l'histoire, pour représenter l'entrevue du héros macédonien avec cette famille désolée. On voit l'infortunée *Sisigambis*, abreuvée de chagrins dès sa jeunesse, offrir en suppliante sa fille et ses enfans à la compassion du jeune vainqueur. *Statira*, les yeux gonflés de larmes, voudroit détourner la tête pour ne pas voir l'auteur de ses peines, mais un geste obligeant d'Alexandre la rappelle. Elle jette sur lui un regard timide et embarrassé. Le prince est étonné de son extrême beauté. Il s'en allarme lui-même, et paroît lui jurer un respect, dont en effet, il ne s'écarta jamais.

Sisigambis crut un jour avoir à redouter un traitement peu digne d'elle. Les malheureux sont si délicats !

Alexandre avoit reçu de Macédoine des étoffes de laine qu'il envoya en présent aux esclaves persanes. Elles les admirèrent. Il crut que l'estime qu'elles en marquoient, pouvoit aller jusqu'à désirer de s'occuper de ces ouvrages dans leur solitude, et il offrit de faire venir des ouvrières pour les instruire. Il ignoroit qu'en Perse le travail de laine étoit réservé aux femmes du peuple. *Sisigambis* s'imagina que la proposition d'*Alexandre*, étoit une manière indirecte de faire entendre à ses prisonnières qu'elles devoient s'attendre à être désormais traitées comme des esclaves. Des sanglots, des cris annoncent leur crainte et leur douleur. *Alexandre* en est instruit. Il court chez *Sisigambis*, lui marque combien il est fâché d'avoir donné lieu à son erreur; que loin d'avoir voulu l'humilier, il n'a fait que comparer les princesses aux femmes les plus distinguées de sa nation : « Car, leur dit-
» il, cette étoffe dont je suis vêtu est
» un présent de mes sœurs, et l'ouvrage
» de leurs mains ».

Il est consolant d'éprouver dans ses disgraces un traitement si humain. *Darius* en fit remercier *Alexandre*. Mais les égards réciproques n'empêchoient pas les deux rivaux de se poursuivre à outrance. On surprit des lettres par lesquelles des ministres de *Darius* exhortoient certains Macédoniens, sous l'espérance de très-grandes récompenses, à se défaire de leur chef, et il étoit à croire que cette invitation n'étoit pas sans l'aveu du roi. D'un autre côté *Alexandre* rejetoit avec mépris les propositions de *Darius*, qui alloit jusqu'à lui offrir la moitié de son royaume. *J'accepterois si j'étois Alexandre*, lui dit *Parménion*, son favori : *et moi aussi*, répondit *Alexandre*, *si j'étois Parménion*. Il est vrai que le monarque persan, superbe encore dans son humiliation, mettoit à ses lettres cette suscription : *Le roi Darius à Alexandre*. *Le roi Alexandre à Darius*, lui répondoit le Macédonien.

Depuis la bataille d'*Issus*, la fortune accompagna fidèlement *Alexandre* partout où il voulut porter ses pas. Il humilia l'orgueil des Tyriens, mena son armée sous le soleil brûlant de la Syrie, fit ses offrandes dans le temple des Juifs, reçut les hommages de l'Egypte entière, pénétra les déserts des Oasis, et écouta avec complaisance, s'il ne sollicita pas l'oracle de *Jupiter Ammon*, qui le déclaroit fils de ce dieu.

Bataille d'Arbelles. 2568.

Pendant ces courses, il s'entretenoit toujours une espèce de négociation, ou plutôt *Darius* offroit ce qu'il n'avoit pas pu conserver, et *Alexandre* vouloit tout ce qu'il n'avoit pas encore conquis. Point d'accord ni de paix, si le monarque Persan ne descendoit de son trône, et ne reconnoissoit le roi de Macédoine pour son souverain. Cette dure condition ne pouvoit être accepté qu'à l'extrémité, et *Darius* ne s'y trouvoit pas réduit. Il étoit encore au centre de son empire, à la tête d'une armée aussi nombreuse qu'il en eût jamais eue. *Alexandre* ne s'en inquiéta pas. On remarque même, qu'après avoir fait ses dispositions, il s'endormit tranquillement, et qu'il fallut l'éveiller pour commencer la bataille.

Elle se donna près d'*Arbelles*, ville située sur les confins de la Perside. *Darius* y montra son ancienne valeur, et combattit comme pour le trône; mais il ne fut pas secondé. Cependant la phalange Macédonienne chancelle; en ce moment paroît dans les rangs *Aristandre* le devin, habillé de blanc, tenant une branche d'olivier à la main, exhortant les soldats. Il leur montre même un aigle qui planoit sur la tête d'*Alexandre*. Ils le virent ou ne le virent pas; mais ils en furent encouragés, et leur dernier effort assura la victoire. Toute l'armée Persienne se dispersa, pendant que si chaque soldat eût voulu seulement lancer une pierre, ils auroient écrasé les Macédoniens.

<small>Ruine de Persépolis.</small>

Darius se voyant abandonné, tourna son sabre contre sa poitrine, mais un moment de réflexion lui montra quelque ressource. Il gagna Arbelles et ne voulut pas qu'on rompit le pont derrière lui. « J'aime mieux, dit-il, risquer
» d'être pris, que d'exposer à une mort
» certaine les malheureux qui me sui-
» vent ». Il mit bientôt les montagnes d'Arménie entre lui et le vainqueur.

Celui-ci se présenta devant Persépolis, capitale de la Perse, qui ne fit point de résistance : il livra les habitans à la discrétion des soldats, en vengeance de ce que de cette ville étoient parties autrefois les résolutions cruelles qui avoient prescrit les dévastations de la Grèce. « Ce n'est pas assez, s'écria
» *Thaïs*, courtisanne athénienne, à la
» fin d'un repas licencieux, ce n'est pas
» assez dit-elle à *Alexandre*, qu'il vous
» souvienne que les Perses ont brûlé
» Athènes ». Elle prend un flambeau, *Alexandre* et tous les conviés la suivent. En un instant l'édifice le plus magnifique de l'univers devient la proie des flammes.

<small>Bétis.</small>

Cette exécution, sur-tout à la fin d'un repas, est une tache dans la vie d'*Alexandre*; on lui reproche aussi une cruauté à l'égard de *Bétis*, gouverneur de *Gaza*. Ce guerrier s'étoit défendu en homme de courage, et avoit retardé la marche du conquérant; au lieu d'applaudir à la fidélité et à la valeur de son ennemi, le vainqueur ordonne qu'on lui perce les talons, qu'on y passe des courroies, qu'on l'attache derrière un chariot, et qu'on le traîne autour de la ville, jusqu'à ce qu'il soit mis en pièces. Vouloit-il imiter *Achille* dont il se prétendoit descendant? *Achille* qui fit ainsi traîner le corps d'Hector autour des murailles de Troie? Ou vouloit-il intimider par cet exemple, ceux qui seroient tentés de lui résister? Les historiens hésistent entre ces deux motifs. Le dernier malheureusement trop imité dans les guerres, n'en est pas plus excusable aux yeux de l'humanité.

En fuyant, *Darius* rassembloit une autre armée, avec laquelle il comptoit faire un dernier effort; mais deux de ses généraux *Narbazane* et *Bessus*, celui-ci, gouverneur de la Bactriane, ne lui en laissent pas le tems. Ils forment le complot de se rendre maîtres de Darius. Si Alexandre les poursuivoit, ils comptoient obtenir grâce et même des récompenses en livrant leur roi. S'ils avoient le tems d'emmener leur prisonnier jusqu'en Bactriane, leur résolution étoit de le tuer, et de s'emparer

Mort de Darius.

chacun des états à leur bienséance, et s'y faire reconnoître rois.

Leur dessein s'ébruita, *Patron*, général des Grecs, à la solde de Darius, l'en avertit, et l'exhorta à faire tendre sa tente dans leur quartier. Absorbé par des malheurs, le monarque le remercia, et se livrant à sa destinée : « Je » ne puis trop tôt mourir, dit-il, si les » Perses me jugent indigne de vivre ». La trahison ne tarda pas à s'effectuer. Les conjurés saisirent *Darius* sans beaucoup d'efforts, le lièrent avec des chaînes d'or, comme pour honorer la dignité ; le mirent dans un chariot couvert, et prirent avec lui le chemin de la Bactriane.

Alexandre averti de leur dessein, les poursuivoit avec tant de vitesse, qu'un jour il se trouva n'avoir avec lui que vingt-cinq cavaliers. A mesure qu'il avançoit, il apprenoit de ceux qui abandonnoient l'armée des rébelles l'extrémité à laquelle *Darius* étoit réduit, et ces nouvelles redoubloient son ardeur. Enfin il les voyoit, il les atteignoit, et quoique très-inférieur il alloit les combattre. Les traîtres pour avoir moins d'embarras dans leur fuite veulent faire monter *Darius* à cheval. Il refuse, ils le percent de leurs dards, tuent les conducteurs, et abandonnent le chariot,

Les chevaux laissés à eux-même le trainent hors du grand chemin, et s'arrêtent près d'un village.

Un Macédonien nommé *Polystrate*, qui étoit à la poursuite des ennemis, arrive à ce village mourant de soif. Il demande à boire. On lui indique une fontaine peu éloignée. Pendant qu'il puisoit de l'eau, il entend les gémissemens d'un homme mourant. Il approche ; le malheureux prince se fait reconnoître et demande à boire. *Polystrate* lui apporte avec empressement de l'eau dans son casque. Après avoir bu, il regarde le Macédonien, et lui dit : « Dans l'état de ma fortune, j'ai
» du moins la consolation que mes
» dernières paroles ne seront pas perdues.
» Je te charge de rendre à
» Alexandre mille grâces de toutes les
» bontés qu'il a eues pour ma mère,
» pour ma femme et pour mes enfans.
» Je prie les dieux de rendre ses armes
» victorieuses, et de le faire monarque
» de l'univers. Je ne crois pas avoir
» besoin de lui demander qu'il venge le
» régicide commis en ma personne. C'est
» la cause des rois. Puis prenant la main
» de Polystrate, ami, ajouta-t-il, tou-
» che pour moi la main à Alexandre,
» comme je touche dans la tienne, et
» portes-lui de ma part ce seul gage

» que je puis lui donner de mon affec-
» tion et de ma reconnoissance ». Il
meurt et *Alexandre* arrive.

Sans doute il se seroit fait gloire de sauver *Darius*, et peut-être de lui rendre la couronne. Les larmes qu'il répandit le persuadent. Il poursuivit *Bessus* infatigablement, à travers les marais, dans les forêts, sur les montagnes de la Bactriane, où il avoit pris le titre de roi. Il ne se trouvoit plus entre eux que le fleuve Oxus. *Bessus* avoit brûlé tous les bateaux. *Alexandre* à qui les expédiens ne manquèrent jamais, prend les peaux qui couvroient les tentes de ses soldats, en fait des outres qu'on remplit de vent. Son armée passe, met en fuite celle de *Bessus*. Il est pris, mutilé, et livré aux parens de Darius. Ils lui firent souffrir encore d'autres tourmens, qui finirent par plier des arbres avec effort ; on attacha à chacun un des membres du scélérat, et en se redressant, ils le déchirèrent, et emportèrent chacun le membre qui lui étoit attaché.

Par sa mort et la soumission de tous les grands du royaume qui entraîna l'obéissance des peuples, Alexandre se vit tranquille possesseur de toute la monarchie des Perses.

On doit se rappeller que nous avons commencé l'histoire de Perse au moment où ce royaume a reçu celui des Mèdes. Mais il s'étoit écoulé bien des siècles depuis le déluge jusqu'à la réunion de ces deux empires; et c'est ce tems que les auteurs Orientaux ont rempli par une suite très-longue de règnes, dont ils ne donnent point les dates. Il y auroit de l'injustice à regarder comme fabuleux tous les évènemens qu'ils rapportent. Car ils les disent tirés de chroniques anciennes. Or il est certain qu'il en a existé. Pourquoi en effet des peuples qui avoient des loix, un gouvernement, n'auroient-ils pas eu aussi des annales? On peut présumer que les Macédoniens en ont détruit beaucoup. La main du tems a pu encore augmenter le ravage; mais dans un pillage, dans un incendie, on sauve des effets à la vérité, détériorés, qui ne sont cependant pas encore hors d'usage. Tels sont les fragmens que nous allons mettre sous les yeux du lecteur.

Cajumarath, qui en persan signifie *juste*, *juge*, est le premier roi cité dans les fastes héroïques. Son équité rassembla les peuples sous son sceptre, même malgré lui; car ce ne fut que comme forcé qu'il s'assit sur le trône. Il disoit: « que pour faire le bonheur de son » peuple, un roi est souvent obligé de » renoncer au sien ». Pénétré de la même

Cajumarath.

vérité, son fils se retira de la cour de son père, et alla vivre avec sa femme dans un petit hermitage, pour ne s'occuper que de l'étude. Il y mourut jeune, et laissa un fils que son grand-père plaça sur le trône. Celui-ci périt à la fleur de son âge dans une bataille. *Cajumarath* en attendant que le fils du dernier fût en état de porter la couronne, la reprit encore, pour ne pas laisser périr les belles institutions dont il étoit l'auteur, et auxquelles son empire avoit dû jusqu'alors sa félicité et sa gloire.

Il réunit et civilisa ses peuples. Leur apprit l'art de bâtir, de filer et de tisser. Il établit des cours de justice, et on le croit auteur du rit religieux qui avoit chez les Perses le soleil pour objet. Voisin, comme on le suppose, des patriarches, et peut-être même contemporain de quelques-uns, il n'est pas à présumer qu'il ait voulu altérer dans ses sujets l'idée de l'unité de Dieu. On croiroit plutôt qu'il eût tâché de fixer l'imagination des peuples en présentant à leur vénération, comme figure de l'être invisible, la plus brillante de ses créatures, source de toute fécondité et de toute beauté. Ce n'est qu'à l'aide de pénibles rapprochemens, que l'on conjecture le tems auquel ce prince a vécu. L'opinion la plus probable le fait régner trois ou quatre cents ans après le déluge. La plupart des princes de la race se sont distingués par un caractère bienfaisant.

Hus-Hang, son petit-fils, inventa les instrumens d'agriculture, apprit aux perses à fouiller les mines, à conduire les eaux, à s'habiller de fourures. Il a composé un livre intitulé : *La sagesse de tous les tems*. Il en reste des fragmens entre lesquels on peut distinguer ceux-ci : « A force de fréquenter les hommes, » on peut découvrir leurs passions ; mais » on ne parviendra jamais à démêler » celles des femmes ». Il en conclut, qu'il est difficile de les employer dans le gouvernement. « Le marbre et l'albâtre, » dit-il encore, servent à la construction » des palais ; mais nous renfermons les » diamans dans nos cabinets ». Le marbre et l'albâtre sont les hommes, dont les qualités solides doivent être employées à l'utilité publique, et les femmes les diamans qui servent à l'agrément.

Hus-Hang.

Le nom de son successeur indique beaucoup de finesse ou de force. *Thamurasb* signifie en français *celui qui humilie le diable*. Il fut conquérant, mais aussi sage que courageux. Ce fut la douceur de son gouvernement autant que sa valeur qui réunit les peuples sous son empire. Il forma une hiérarchie de

Thamurasb.

magistrature, et fut le premier qui eut un *visir* ou premier ministre.

Gjemschid. Quel homme fut jamais comparable en beauté à *Gjemschid*, c'est-à-dire, *Soleil*. Les qualités de l'ame répondoient à celles du corps. Il appella auprès de lui tout ce qu'il put trouver de gens habiles dans les sciences et dans les arts. Ce fut par leurs bons conseils, qu'il régla la police de ses états, telle qu'elle a long-tems subsisté. Il partagea ses sujets en trois classes, soldats, laboureurs, artisans. La musique instrumentale et vocale se perfectionna sous son règne. Il fit bâtir des greniers où on réservoit du blé pour les années de disette. La guérison d'une dame de sa cour rendit l'usage du vin commun. Jusqu'alors il avoit été regardé uniquement comme remède. Se trouvant tourmentée d'un grand mal de tête, cette femme pénétra dans l'endroit où on gardoit le vin du roi, en but et se sentit soulagée, en but encore et fut guérie. Le bruit de cette cure se répandit, et de remède qu'il étoit, le vin fut employé comme préservatif.

L'astronomie que ce prince cultiva, ne fut pas chez lui une science stérile; elle lui servit à réformer le calendrier, et à fixer invariablement les cérémonies civiles et religieuses. Le nouvel an s'annonçoit par une fête qui duroit six jours;

six jours de bienfaits et de réjouissances. Chacun comparoissoit à son tour devant le trône, pour recevoir des graces. Le premier jour, le commun du peuple ; le second, les savans et les artistes ; le troisième, les prêtres et officiers civils ; le quatrième, la noblesse et les parens du roi ; le cinquième, ses enfans ; et le sixième étoit le vrai jour de la fête.

Dès le matin, on introduisoit dans la chambre du roi un beau jeune homme qui, à la question du monarque, « qui » êtes-vous ? repondoit : Je suis le dis- » tributeur des bénédictions, et j'apporte » de la part de dieu la nouvelle année ». Les portes s'ouvroient, et les principaux nobles entroient portant chacun un vase d'argent dans lequel il y avoit du froment, de l'avoine, des pois, des fèves, deux cannes de sucre et deux pièces d'or nouvellement frappées. Le *visir*, le trésorier, les autres officiers et seigneurs suivoient portant, chacun leur vase. A la fin de la cérémonie, on mettoit devant le prince un pain fait des différens grains offerts. Il en mangeoit, et exhortoit les assistans à l'imiter. « C'est, » disoit-il, un nouveau jour, un nouveau » mois, le commencement d'une nou- » velle année, il est juste que nous re- » nouvellions les biens qui nous nou- » rissent ». Ensuite revêtu de la robe royale, il souhaitoit à son peuple toutes sortes d'avantages, recevoit de riches présens, et tous à haute voix faisoient des vœux pour la prospérité commune. Cette cérémonie se pratiquoit plus ou moins solennellement chez les grands du royaume, les chefs du gouvernement, et dans chaque famille. Les Persans modernes n'ont point oublié cet usage. Ils saluent pour ainsi dire encore l'année commençante, par des concerts de musique, forment les uns pour les autres des vœux qu'ils accompagnent de présens. Ceux qui connoissent l'avantage qu'il y a à unir les hommes par les égards et les démonstrations de bienveillance, regretteront que ces usages utiles à l'entretien de l'amitié et aux réconciliations, se perdent et s'abolissent.

Le Salomon Persan finit comme celui des Hébreux, par s'abandonner dans sa vieillesse aux excès de la volupté, qui lui firent perdre l'estime de ses sujets. Du mépris ils passèrent à la révolte. L'infortuné monarque fut pris dans une bataille, et le vainqueur le fit scier en deux.

Dehoc. Le barbare qui donna cet ordre se nommoit *Dehoc*, c'est-à-dire, *qui a dix mauvaises qualités*. Redevable de sa couronne à la force, il gouverna avec un sceptre de fer. Cependant en prince éclairé, ce qui n'est pas étonnant, disent les historiens, parce que *Dehoc* possedoit les noirs secrets de la magie. Ils le peignent avec un visage maigre et pâle, les yeux creux et étincelans, un air hautain, et le corps très-difforme. Ils remarquent que sa férocité naturelle étoit irritée par les douleurs cruelles de deux ulcères qu'il portoit sur les épaules.

Le diable que *Dehoc* évoquoit souvent, las d'être forcé d'obéir à ses conjurations magiques, demanda à baiser ses épaules. Le magicien ne les eut pas plutôt découvertes, qu'un affreux serpent s'y attacha, et à force de ronger s'y creusa une retraite. La douleur ne pouvoit être appaisée qu'en lavant la plaie avec du sang humain, et en y appliquant de la cervelle d'homme. Cet horrible remède, dont les peuples eurent connoissance, les irrita. Un forgeron dont le fils avoit été sacrifié au besoin du tyran, commença la révolte. L'étendard qu'il leva fut son tablier de cuir. Il le promena par la ville, criant *guerre au barbare et vengeance*. *Dehoc* vaincu, expia sa cruauté par une longue captivité dans des cavernes destinées au supplice des sorciers. On voit que la fable des bains de sang humain, employés par les princes pour la guérison des maladies, n'est pas une invention moderne.

Phridun.

Le forgeron qui venoit de conquérir le trône, y plaça après quelques années, *Phridun* fils de *Gjemsenid*, que sa mère avoit dérobé au poignard de *Dehoc*. Son règne fut heureux et brillant. On dit qu'il ne travailla à reculer ses frontières, que pour procurer à un plus grand nombre d'hommes la félicité dont jouissoient ses sujets. Motif louable, s'il ne fut pas accompagné des violences que les conquérans se croient permises. En mourant il donna à son fils un conseil qui devroit se lire surtout les trônes des souverains. « Mon fils regardez les » jours de votre règne comme autant » de feuilles d'un livre. Faites ensorte » qu'il ne soit écrit sur ces feuillets, » que ce qui sera digne d'être connu » de la postérité ».

Manugjahr.

Manugjahr, son fils, docile à ses leçons, gouverna comme lui avec sagesse et intelligence. Il fixa plus exactement que n'avoient fait ses prédécesseurs, les limites de chaque province. Il y établit un gouverneur général; mais il n'y avoit pas de ville un peu considérable qui n'eût un président ou chef, dont l'autorité étoit indépendante de celle du gouverneur. Ainsi les pouvoirs se balançoient, et ils étoient un frein l'un pour l'autre. *Manugjahr* s'occupoit avec un grand zèle de tout ce qui pouvoit être utile à son peuple. Comme la disette d'eau étoit la plus grande cause de l'infertilité de la Perse, il fit rassembler les filets d'eau qui sortoient du haut des montagnes, et fit creuser au bas des réservoirs, où elle étoit gardée pour l'arrosement. Ce prince étudioit et pratiquoit lui-même les procédés de l'agriculture, afin de pouvoir diriger ses sujets. Il s'appliqua aussi à découvrir les propriétés des herbes, des fleurs, des plantes, et des arbres les plus utiles. Il en faisoit des semis ou des pepinières dans ses jardins, et dans ceux de ses courtisans, d'où on les tiroit pour les multiplier.

Sous son règne, on trouve l'origine vraie ou fausse de l'antipathie des Persans et des Turcs. *Phridun*, par politique ou pour d'autres raisons, avoit épousé une fille de l'affreux *Dehoc*. Il en eut un fils nommé *Turc*, qui digne descendant de ce monstre, fit la guerre à son père. Il fut battu et repoussé avec ses partisans dans une province limitrophe des frontières, où ils se multiplièrent. Mais les Persans les avoient en horreur, et ne se permettoient pas d'alliance avec eux.

Le Sigistan, province voisine des Turcs, étoit gouverné par *Sehan*, visir très-estimé du monarque Persan, et qui avoit un grand crédit auprès de lui. Il lui naquit un fils qu'il nomma *Zalzer*, c'est-à-dire, *cheveu doré*. Ce jeune homme doué de toutes les graces de la nature, y joignoit les qualités estimables que donne une éducation distinguée. Étant allé un jour à la chasse vers le pays des Turcs, un gouverneur de cette nation qui l'apprit, alla à sa rencontre pour honorer *Sehan*, dont on connoissoit l'influence à la cour de Perse. L'entretien qu'il eut avec *Zalzer* le charma tellement, que rentrant chez lui, il ne pût s'empêcher d'en faire l'éloge avec les expressions les plus animées. *Roudabah* sa fille, l'écoutoit. Les louanges de son père lui donnèrent un vif désir de connoître celui qui en étoit l'objet.

Elle envoie une de ses femmes à l'endroit où campoit *Zalzer*, pour tâcher de trouver moyen de le connoître. La confidente se met à cueillir des fleurs sur le chemin de *Zalzer*; il la rencontre, on lie conversation. Elle vante sa jeune maîtresse, son esprit, sa beauté, son caractère aimable. *Zalzer* se sent pénétré de tous les feux de l'amour. Dans ces dispositions, les amans ne tardèrent pas à se joindre, et s'engagèrent par les promesses les plus solennelles à s'épouser, sitôt qu'ils auroient obtenu le consentement de leurs parens. L'éloignement des Persans pour la nation de *Roudabah*, étoit un obstacle. La constance de *Zalzer* le surmonta, et de leur mariage nacquit *Rustan*, le héros le plus fameux des légendes Persanes, historiques et romancières.

Nudar fils de *Manugjahr*, vit son royaume envahi par les Turcs. Il se défendit long-tems avec succès par le secours de *Zalzer*, qu'il mit à la tête de ses troupes. Mais ce général ne put empêcher que le roi ne fût vaincu, pris et massacré. Après sa mort, *Zalzer* continua la guerre avec moins de désavantage, et eut le bonheur de mettre le fils du roi sur le trône, qu'il auroit pu garder pour lui-même. Nudar.

Il se nommoit *Zab*. On le loue de son économie, et de l'usage qu'il faisoit de son trésor. Quand il avoit payé les troupes, et fait les autres dépenses nécessaires, ce qui restoit, il le rendoit à ses sujets. Il fut pendant tout son règne tourmenté par des mécontens ambitieux, et enfin perdit la couronne. En lui finit la première race des rois Persans, vers les tems de *Josué*. Zab.

Keykobad, que quelques-uns font fils du bon *Manugjahr*, d'autres neveu de *Nudar*, fut placé sur le trône par *Zalzer*, et soutenu par *Rustan*, son fils, et par un descendant du forgeron Keyk.bad.

qui ôta la couronne à l'affreux *Dehoc.* Ce *Rustan* étoit une espèce de chevalier errant, et est nommé *chercheur d'aventures. Keikobad* étoit pieux et juste. Il fit des grands chemins, et les partagea par des bornes qui marquoient les distances.

Keycaus.   Son fils, *Keykaus*, eut aussi de grandes obligations à *Rustan*, et le maria à sa propre sœur, *Géhernaz*, c'est-à-dire, *douée de toutes les vertus*. Une ruse valut au roi la conquête d'une ville, une ruse lui fit perdre sa liberté. Arrêté devant cette ville, qui étoit très-bien fournie de vivres, il fit semblant d'en manquer, et en demanda aux assiégés à très-haut prix. Le gain les tenta, et la famine véritable, qui les attaqua pour lors, les força de se rendre. Son esclavage fut la suite d'une confiance aveugle qu'un prince ennemi sut lui inspirer. Il eut l'adresse de lui faire désirer d'obtenir en mariage *Sandabah*, sa fille. Le roi crut pendant les fêtes des nôces, n'avoir rien à craindre de son beau-père. Il se livra à la joie sans précaution ; fut surpris et fait prisonnier. Son épouse devint amoureuse d'un fils de son mari, nommé *Siavek* ; elle voulut le séduire, il résista ; la marâtre indignée, accuse *Siavek* d'avoir tenté de lui faire violence, et se présente à son époux les cheveux épars, vêtue d'une robe déchirée, la gorge ensanglantée. Le crédule *Keikaus* alloit faire périr son fils, lorsque la perfidie fut découverte. La colère du monarque tourna alors contre sa femme; mais le généreux *Siavek* lui sauva la vie. Il eut obligation à ce même fils, uni avec *Roustan*, de la conservation de sa couronne. Mais le prince royal ne jouit pas des succès qu'il procuroit. Son fils en eut la récompense et succéda à son grand-père.

La guerre entre les Persans et les Turcs duroit toujours; et sous *Kei-Chosrau*, elle affoiblit également les deux partis. De son tems, vivoit *Locman*, fameux fabuliste persan. Ce qu'on sait de sa vie, ressemble assez à ce qu'on sait d'Ésope, pour croire que c'est le même homme sous des noms différens. Nous ne rapporterons de lui que cette réponse à un homme qui lui demandoit comment il étoit parvenu à être heureux. « Sans
» grande peine, dit-il, j'ai toujours dit
» la vérité, j'ai constamment tenu ma
» parole; et je ne me suis jamais mêlé
» d'affaires qui ne me regardoient pas ».

Key-Chosrau

L'*Horasp* n'est guères fameux que par son fils *Gusztasp*, dont la vie pourroit faire le sujet d'un roman. Il s'étoit révolté contre son père; il fut battu et obligé de fuir dans un royaume voisin.

L'horasp Gusztasp.

Il y vécut obscur et ignoré. La coutume de ce royaume, quand le roi vouloit marier une de ses filles, vouloit que la tenant par la main, il entra dans une salle où étoient introduits tous les prétendans sans distinction d'état. Il passoit avec elle entre eux. La princesse présentoit une pomme d'or, à celui qu'elle vouloit préférer. Soit qu'elle connut *Gusztasp* sans qu'on le sut, soit par un subit mouvement d'inclination, elle lui donna la pomme. Le roi en fut d'abord fâché; mais les services que son gendre lui rendit obtinrent ses bonnes grâces. Son père même, instruit de son mérite, lui pardonna sa révolte, et lui résigna sa couronne avant que de mourir.

Zoroastre. On place sous son règne *Zoroastre*, l'instituteur ou le réformateur du magisme. Il y a grande apparence qu'il trouva le culte du feu établi, et qu'il ne fit qu'en régler les cérémonies, et donner des loix aux ministres. Avant lui on honoroit le soleil et le feu en plein air. Il fut le premier à établir des *Pyrées*, temples où l'on conservoit le feu sacré. Comme presque tous les instituteurs de religion, il disparut quelques tems du milieu des hommes, pour méditer et sans doute pour faire croire que la religion qu'il présentoit, il la tenoit de Dieu.

A travers les obscurités des annales

persannes, on apperçoit que le roi et le prophète étoient d'intelligence. *Gusztasp* dit à *Zoroastre* qu'une religion divine doit être fondée sur des miracles, et qu'il ne croira pas à la sienne s'il ne lui en montre. *Zoroastre* convient du principe et se soumet à faire les prodiges qu'on exigera. On vient dire au roi que son cheval qu'il aime le plus, est immobile, parce que ses quatre jambes sont retirées sous son ventre. *Zoroastre* consent de le guérir; mais il veut, pour ainsi dire, être payé d'avance. Il dit au roi : *Croyez que ma religion est divine.* Il croit, et voilà une jambe qui s'étend. *Faites croire votre femme.* Elle croit aussi, et une autre jambe se déplie. Le mouvement d'une troisième récompense la foi des enfans. Enfin, la soumission de tous les grands et du peuple, met le cheval sur ses quatre jambes, et il marche.

Gusztasp demande un autre miracle dont la vérification pouvoit se passer entre le prophète et lui ou quelqu'adepte aposté et bien instruit. « Je voudrois, » dit-il, contempler les joies du paradis » de mon vivant; savoir tout ce qui se » passera jusqu'au jour du jugement, » être invulnérable et immortel ». Quatre choses, comme on voit, qui peuvent s'accorder sans risque quand on s'entend.

« Je le veux bien, répond le prophète ;
» mais tant de grâces sont trop pour un
» seul homme, je vais les distribuer à
» quatre personnes ». Le roi est choisi pour la première épreuve. Il s'endort, et pendant trois jours, que dure son sommeil, il voit les joies du paradis, et ne fait aucun doute sur sa vision en s'éveillant. *Zoroastre* donne une rose à sentir à *Giamasp*, favori du roi, qui étoit choisi pour le second miracle. Il flaire la rose, et aussitôt, dans sa tête, abonde la connoissance de tout ce qui se fera, sans qu'on puisse le contre-dire. *Beshuton*, second favori, boit une coupe de lait, et le voilà immortel. Un quatrième mange un pépin de grenade et devient invulnérable sur la garantie de *Zoroastre*, qui n'y sera peut-être plus quand l'un sera blessé et quand l'autre mourra.

Au reste, le dogme que ces prétendus miracles affirmoient, étoit sage et raisonnable. L'unité de Dieu, sa toute-puissance, sa bonté pour les hommes, un grand respect pour le feu, type visible de la divinité invisible, un grand éloignement pour *Asimon*, mauvais principe, instigateur des mauvaises pensées, mais non co-éternel à Dieu. La morale renfermée dans les livres de *Zoroastre*, est très-pure, toute fondée sur l'amour du prochain. Aussi les Parsis, ses disciples, sont-ils les plus doux des hommes. Ils s'assujettissent avec la plus grande exactitude aux cérémonies de son rit, qu'on regarderoit volontiers comme minutieuses, si rien de ce qui contient les hommes pouvoit être dédaigné. Les prêtres parsis sont sobres, pieux, exemplaires, fidèles jusqu'au scrupule à leurs rites, comme l'a recommandé le législateur, et ils conservent, autant qu'ils le peuvent, dans leur état de gêne, la hiérarchie primitive.

Une chose qui peut confirmer le soupçon d'un concert établi entre le prophète et le roi, c'est le zèle de celui-ci à faire embrasser par ses peuples les instituts de *Zoroastre*. Cette ardeur du monarque occasionna une guerre civile très-opiniâtre. C'est la première guerre de religion connue. *Zoroastre* en fut victime. Des hommes, qui le regardoient comme l'auteur des maux de leur patrie, le découvrirent dans un asile où il s'étoit retiré, et le tuèrent.

Gusztasp, instruit par sa propre conduite auprès de son père, de celle que pourroient tenir ses enfans, les occupa dans cette guerre. Il promettoit la couronne à celui qui se distingueroit le plus, et quand arrivoit le moment de la récompense, il trouvoit des prétextes pour différer. Ses enfans moururent dans cette attente. *Gusztasp*, dans une extrême vieillesse, céda, avant que de mourir, le trône à son petit fils.

<small>Bahaman.</small> Ce prince, nommé *Bahaman*, fut occupé pendant tout son règne à guérir les plaies faites à son royaume pendant les guerres civiles de son grand-père. Il parut tenir quelqu'équilibre entre les ennemis de *Zoroastre* et ses sectateurs, de manière cependant qu'il faisoit un peu pencher la balance du côté de ces derniers. Il eut l'adresse de mettre, pour ainsi dire, le peuple dans la confidence de sa conduite. *Bahaman* l'assembla, demanda des conseils, s'engagea solennellement à les suivre. On fut enchanté de cette déférence; on le remercia, et il fit ce qu'il voulut. Son fils, aîné, à qui la couronne devoit appartenir, la dédaigna et se retira dans une solitude. Le même dégoût prit au père dans un âge encore peu avancé. Il quitta le trône et le laissa à sa femme, qu'on croit avoir été aussi sa sœur, et qui étoit enceinte. *Bahaman* aimoit à répéter cette maxime: *La porte du roi ne doit jamais être fermée.*

<small>Homaï Darad I.</small> Au moment que *Homaï* accoucha, les devins, consultés, prédirent que cet enfant seroit le fléau de sa patrie, et opinèrent à s'en défaire. La tendresse maternelle

ne put se résoudre à ce sacrifice; mais elle permit qu'on l'exposât sur la rivière. Le berceau qui le renfermoit, et dans lequel on avoit mis des bijoux très-précieux, arrive dans un endroit où un pauvre teinturier lavoit sa laine. Il porte à sa femme l'enfant et les richesses; cet enfant grandit, prend le métier des armes, se distingue à la guerre, et est reconnu par sa mère, qui lui cède le trône. Si on en croit les annales, *Homaï* fut une seconde *Sémiramis*, non pour les conquêtes, car elle resta renfermée dans son royaume, mais pour le goût du bâtiment et des grands édifices. On lui attribue beaucoup de ceux de Persépolis, qui avoient été commencés par *Gusztasp*. *Darad I* ne réalisa pas les craintes inspirées par les devins; au contraire, son règne fut pacifique et heureux.

Darad II est le vrai *Darius Codoman*. Nulle part les écrivains persans ne se rapprochent plus des grecs que dans la vie de ce prince. Il y a pourtant cette différence, que les Grecs font de *Darius* un prince bon et juste, au lieu que les Persans disent qu'il fut cruel et exacteur, et que ce furent le mécontentement et les cris des peuples qui appellèrent *Alexandre*. Ils ne donnent cependant aucune preuve de cette imputation. D'ailleurs, ils célèbrent les grandes ac-

<small>Darad II.</small>

tions d'*Alexandre*, dont le nom est encore prononcé avec admiration dans toute l'Asie; et dans leurs fastes comme dans les écrits des Grecs, l'infortuné *Darad* périt victime d'un complot odieux et assassiné par des traîtres.

Scythes.

<small>Scythie, entre l'Inde, la Perse, les glaces du Nord, l'Océan celtibérien, et l'Afrique.</small>

Les Scytes, qu'on a nommé *pères des nations*, tirent leur origine de *Gomer*, fils aîné de *Japhet*, lui-même fils aîné de *Noé*. Ses descendans s'étendirent vers les parties septentrionales de l'Asie, et delà vers l'Europe, pendant que les descendans de *Sem* et de *Cham* s'avançoient vers les parties méridionales de l'Asie et en Afrique.

<small>Noms.</small>

Les descendans de *Gomer* sont connus sous le nom de *Gomérites*, *Gymnériens*, *Galates*, *Gaulois*, *Titans*, *Celtibériens*, *Scythes*, *Celto Scytes*, et enfin, *Celtes*, qui est la dénomination la plus commune chez les auteurs européens.

<small>Transmigration et langue.</small>

Il seroit fort difficile, pour ne pas dire impossible, de marquer l'ordre de leurs transmigrations. Ils alloient, s'établissoient loin de leur premier centre, y revenoient après des siècles, en chassoient les habitans, qui étoient leurs premiers parens, mais qui ne leur ressembloient plus que par quelques coutumes et quelqu'affinité dans les termes de la langue. Malgré les altérations des mêmes mots, altérations sensibles, sur-tout dans les désinences; ceux qui ont fait une étude réfléchie des dialectes du Nord, reconnoissent qu'il y a eu primitivement entre toutes ces nations un idiôme commun; mais il faut avouer que les savans qui ont voulu éclaircir ces obscurités, méritent plus d'éloges pour leur patience que pour leurs succès.

Le fondateur, premier roi ou législateur, se nommoit *Samothès*; on conjecture que le droit de propriété fut établi par lui, qu'il régla la discipline militaire et la religion dont les *Curettes* étoient les ministres. Ils étoient aussi juges. Celui qui refusoit de se soumettre à leur décision, perdoit le droit d'assister aux rites sacrés. Personne ne pouvoit contracter avec lui, premier exemple de l'ex-communication. Anciens cultes des Scythes.

Ils déifioient les héros et les rois: leurs prêtres, outre leur nom de *Curètes*, connus aussi sous celui de *Druides* et de *Bardes*, enseignoient la philosophie, l'astronomie, l'astrologie judiciaire, l'immortalité de l'ame et la métempsicôse; ils avoient, pour cela, des écoles publiques. On prétend que la religion payenne et les sciences, ne sont Religion, sciences, mœurs et coutumes.

point passées des Grecs chez eux, mais d'eux chez les Grecs. Ils ont eu, comme beaucoup de peuples, le malheureux usage d'immoler des victimes humaines. Le butin étoit leur premier but dans la guerre; ils y étoient redoutables, par leur courage, la bonté de leurs armes, et la rapidité de leur course. Les poètes mettoient en vers les exploits du héros, et ces espèces d'hymnes étoient chantées dans les jeux publics, et au moment d'attaquer l'ennemi. Leurs loix militaires même étoient écrites en vers, afin qu'elles se retinssent plus facilement. On prétend que leur langue s'est conservée chez les Galois et les Bas-Bretons.

Dieux. On trouve chez les Scythes les divinités de la Grèce : *Uranus* et *Rhéa*, le ciel et la terre qui engendrent *Saturne* ou le tems; *Saturne* qui dévore ses enfans; *Jupiter* échappe à sa voracité, épouse sa sœur, *Junon*, très-jalouse, et avec raison, des galanteries de son mari, auxquelles *Mercure* doit sa naissance. *Vénus*, *Mars*, *Neptune*, *Pluton*, les demi-dieux, *Pan* et *Silvain* ont vécu en Scythie; l'Olympe entier est peuplé de Scythes.

Scythes. On appelloit ainsi du tems d'*Alexandre*, tous les peuples qui enveloppoient la Perse, depuis les sources du Gange, jusqu'à la mer Caspienne, à une profondeur indéterminée vers le Nord. Les divisions de cet immense pays ont varié à l'infini. Les peuples qui l'ont habité successivement, ont porté toutes sortes de noms, mais c'est toujours une même nation, et on remarque entre les individus qui peuplent encore ces vastes contrées, un air de ressemblance, qui atteste l'identité d'origine.

Mœurs.

Les Scythes étoient les uns sédentaires, les autres nomades, ou errans. Les premiers ont bâti des bourgades, des maisons éparses et des villes en petit nombre ; les seconds vivoient sous des tentes, ou dans les chariots qui leur servoient à transporter leurs familles dans les endroits propres au pâturage. Ils portoient au plus haut dégré le mépris des richesses, la tempérance et l'amour de la justice. C'étoit un peuple guerrier : une fille ne pouvoit prétendre au mariage qu'après avoir tué un ennemi. Ils étoient laborieux, d'une force de corps prodigieuse, et très-avides de gloire. Comme leurs maisons restoient toujours ouvertes, et que leurs bestiaux erroient sans gardien, ils avoient le vol en horreur, et le punissoient sévèrement.

Loix.

A un peuple de ce caractère, il falloit très-peu de loix. Ils en avoient une remarquable, qui a peut-être contribué à entretenir long-tems chez eux l'innocence et la simplicité : c'étoit la peine de mort pour quiconque proposeroit le moindre changement à leurs coutumes. Ils ont poussé la précaution à cet égard, jusqu'à punir de mort les étrangers qui abordoient sur leurs côtes, ou que la tempête y avoit jettés, de peur que leur conversation n'inspirât du mépris pour les loix, et ne portât à les enfreindre. Au reste, dans une étendue de pays si immense, il est impossible que les usages aient été uniformes, et il est inutile d'avertir que les bizarreries féroces ou ridicules ne peuvent être le caractère d'une nation entière.

Rois. Inhumation. La couronne étoit héréditaire : le pouvoir du roi borné, et sa personne l'objet d'un tendre respect. Sa maladie causoit une tristesse publique, et sa mort provoquoit un deuil général. Quand même on auroit été indifférent, on n'étoit pas libre de le paroître. Il étoit d'usage de promener le corps dans toutes les tribus, et les habitans à sa vue, étoient obligés de se faire quelque blessure notable, comme de se couper une partie de l'oreille, de se déchiqueter le corps, ou du moins de se raser la tête. Le deuil étoit, sans doute, plus sincère dans les familles des grands, parce qu'on les contraignoit de fournir cinq cents jeunes gens qu'on étrangloit, et qu'on mettoit autour du sépulchre, sur autant de chevaux aussi étranglés ; on y ajoutoit un valet-de-chambre, un cuisinier, un échanson, un écuyer, un courrier, des chevaux, des concubines et d'immenses richesses qu'on renfermoit dans le tombeau.

Comme guerriers, *Mars* étoit le dieu qu'ils honoroient le plus : c'étoit à lui, sur-tout, qu'ils immoloient des victimes humaines. Ils consultoient leurs entrailles palpitantes, et tiroient des augures sinistres ou favorables, de la manière dont la victime tomboit lorsqu'elle étoit frappée, et de la manière dont le sang couloit. Ils marquoient de ce sang les plus grands arbres de leurs forêts. On ne voit pas qu'ils aient eu d'autres temples, ni d'autres autels que des pyramides de bois, qui servoient à faire cuire la chair des bœufs, et autres animaux qu'ils offroient en holocauste.

Le cheval étoit regardé comme le plus noble des animaux : c'étoit lui que les Scythes sacrifioient de préférence. Ils offroient aussi des fruits, de l'or, des aromates, et ce qu'ils trouvoient de plus précieux dans leur butin ; mais ils alloient aussi quelquefois, comme en pélerinage, porter des présens aux dieux éloignés, dont la réputation parvenoit jusqu'à eux.

Usages.

Leurs pactes, leurs traités étoient accompagnés de cérémonies religieuses qui les rendoient sacrés, mais toujours avec un caractère de férocité, comme de se tirer du sang, d'en mêler dans une coupe de vin que les contractans vuidoient ensemble. De la peau de leurs ennemis, ils en faisoient des baudriers, des housses, des brides, en couvroient leurs carquois, et s'en revêtoient eux-mêmes : c'étoit un honneur de pouvoir en attacher la tête sanglante à la porte de sa maison. Les femmes regardoient avec complaisance ces trophées de la valeur de leurs maris ; elles y accoutumoient leurs enfans auxquels elles faisoient, pour-ainsi-dire, sucer le sang avec le lait.

La polygamie, non-seulement, celle qui souffre plusieurs femmes, mais celle qui permet la femme d'autrui, se pratiquoit entre les Scythes, comme une chose d'habitude, dont on auroit été surpris que quelqu'un s'étonnât. Un Scythe, pendant la marche, montoit dans le chariot dont la maîtresse lui plaisoit ; il lui suffisoit de suspendre au-devant son carquois, pour n'être pas troublé même par le mari, qui respectoit ce signe : aussi jamais nation n'a été moins jalouse. Pour éviter même cette frénésie, il y a eu des peuplades qui ont rendu leurs femmes communes.

La haine pour les ennemis, la vengeance a fait chez eux des antropophages, comme chez d'autres peuples ; mais croiroit-on que la piété filiale a fait des Cannibales : cet horrible délire s'est trouvé chez les Scythes. Quand un père, une mère, ou quelque parent cher, étoient attaqués de maux qui faisoient craindre pour eux une vie douloureuse, ils le tuoient, et faisoient un festin de sa chair ; le mourant se félicitoit d'une pareille sépulture bien plus honorable pour lui, que de devenir la pâture des vers.

Manufactures, commerce, il n'en faut point chercher dans une nation qui ne connoissoit pas de luxe, et très-peu de besoins. Ainsi ils ont pu avoir des forgerons pour leurs armes ; des charrons pour leurs chariots ; presque point d'autres ouvriers, aucuns de luxe, ce qu'on appelle des artistes qui ne pullulent guères que dans l'aisance et l'oisiveté des villes. L'agriculture n'a pas dû être non plus en honneur chez un peuple pasteur, qui se nourrissoit presqu'uniquement de la chair de ses troupeaux, et se revêtoit de leurs peaux.

Commerce, arts, agriculture.

Les conquêtes des Scythes sont plus excusables que celles des autres peuples. Cette nation frugale et robuste étoit extrêmement féconde : sa grande population rendit étroite pour elle les premiers pays qu'elle habita. Repoussée par les glaces du Nord, elle fut obligée de se jetter sur des pays moins froids, dont elle chassa devant elle les habitans, où les incorpora à elle. Voilà ce que l'on sait en général et très-confusément ; car nous ne connoissons aucun historien Scythe, soit que leurs annales se soient perdues, soit qu'il n'y en ait jamais eu dans une nation si ambulante et si agitée.

Amazones. Les Amazones sont une des merveilles de la Scythie : leur existence, comme corps militaire, ne seroit pas fort étonnante, chez une nation errante, qui ne connoissoit pas les travaux sédentaires, et domestiques, et chez qui l'éducation des femmes étoit toute virile. Mais on a peine à croire qu'il se soit formé une association de femmes, qui a exclu les hommes, excepté à des tems marqués. Encore moins, persuadera-t-on que cette association a duré long-tems, et est devenue un empire qui a eu des reines, a soutenu des guerres, et porté au loin ses exploits.

Mais si l'établissement d'un pareil empire est comme surnaturel, du moins la manière dont il a fini, est très-conforme à la nature. Des vaisseaux chargés d'Amazones qui revenoient d'une expédition, battus par la tempête, sont jettés vers les

Palus-Méotides; elles descendent pour faire des vivres. Les Scythes défendent leur territoire. Ils crurent d'abord avoir affaire à des adolescens; mais des prisonniers qu'ils firent les tirèrent d'erreur; alors ils imaginèrent un genre de guerre conforme aux circonstances; ils firent un corps de tous leurs jeunes gens. « Point » de violences, leur dirent-ils: quand » elles avanceront, vous reculerez; vous » avancerez, quand elles reculeront ». Cette manœuvre arrêta la première impétuosité des Amazones. On s'examina: un jeune Scythe apperçut une Amazone qui s'écartoit, il la suivit. Sans savoir la langue l'un et l'autre, on s'entendit. Elle lui fit comprendre que, s'il amenoit le lendemain, un compagnon, elle amèneroit une compagne. Les couples se multiplièrent, et bientôt les deux camps n'en firent qu'un.

Les Scythes jouiroient d'un privilége unique, si leur berceau n'étoit pas, comme celui des autres nations, environné de fables. Les Grecs font descendre leurs plus voisins, de *Scythès*, fils d'Hercule, et d'un monstre à queue de serpent, que ce héros daigna rendre mère. Une chronologie plus rapprochée leur donne des rois déjà fameux du tems d'*Abraham*. Depuis cette époque, jusqu'à *Alexandre*, il n'est fait mention

Tems fabuleux.

Scythes.

dans l'histoire que de quelques rois, dont la succession n'est pas suivie : on n'en sait presque que les noms.

<small>Rois. Sigillur.</small> A *Scythès* on fait succéder *Sigillus*, qui envoya son fils au secours des Amazones attaquées par *Thésée*. Pour obtenir ce secours, elles se dirent Scythes d'origine, forcées jadis de renoncer au mariage et à la société habituelle des hommes, par fidélité à la mémoire de leurs époux qui avoient été assassinés.

<small>Madyès.</small> Sous *Madyès*, les Scythes débordèrent en Asie, soumirent la Syrie et l'Egypte. Cette expédition dura vingt-huit ans; quand ils revinrent, ils trouvèrent leurs femmes qui s'étoient ennuyées, mariées à leurs esclaves, et une nombreuse génération venue de ce commerce. Il fallut combattre pour rentrer dans ses foyers. Les maîtres éprouvèrent de la résistance : « C'est bien mal-à-propos, s'écrie l'un » d'entre eux, que nous employons » contre de vils séducteurs, des armes » qui nous ont servi à vaincre des na- » tions belliqueuses : des fouets, cela » suffit ». Ils avancent armés de cet instrument redoutable, les esclaves fuient, et les femmes se tuent.

<small>Tomiris.</small> On connoît *Tomiris*, par la guerre que *Cyrus* déclara aux Massagetes, dont elle étoit reine; mais la vengeance qu'elle tira de cet injuste aggresseur, en le tuant

et plongeant sa tête dans un tonneau de sang, est tout ce qu'on sait de sa vie et de ses exploits.

L'histoire nous a laissé plus de détails sur *Janeyrus*, qui fut aussi attaqué injustement par les Perses. Aux bravades de Darius, qui lui envoyoit demander la terre et l'eau; il répondit par une espèce d'énigme relative à ces élémens. *Janeyrus* lui envoya un oiseau, une grenouille, une souris et cinq flèches. Les devins s'assemblent pour expliquer ces emblêmes. Darius aimoit à se persuader qu'ils signifioient une soumission entière à ses volontés. « Point du tout, répondit » le ministre *Gabryal*, qui connoissoit » mieux les Scythes que son maître; » cela veut dire : si les Perses entrent » chez les Scythes, ils ne doivent pas » se flatter de leur échapper, à moins » qu'ils ne sachent voler en l'air comme » des oiseaux, nager dans l'eau comme » des grenouilles, ou entrer dans la terre » comme des souris ». Quant aux flèches, elles signifioient cinq rois Scythes qui devoient se joindre à *Janeyrus*, pour repousser l'ennemi commun.

Mais ces alliés lui manquèrent au besoin. *Janeyrus* trouva moyen de les punir par les mains des Perses eux-mêmes. Il divisa si bien ses troupes, ruina si à propos le pays, que les Perses, attirés par ses manœuvres dans des contrées où ils ne trouvoient pas de subsistances, furent obligés d'en aller prendre chez ces princes neutres, qui payèrent ainsi les frais de la guerre, et sans presqu'aucun effort, il ôta aux Perses le désir de revenir dans son pays.

Scythès II. *Scythès* eut le malheur d'être élevé par une mère Grecque, qui lui donna de l'aversion pour les mœurs sauvages, et lui inspira au contraire beaucoup de goût pour la mollesse des Grecs : ses sujets, indignés de cette préférence, le détrônèrent. Il fut tué par son frère, qu'ils avoient mis à sa place.

Ariantes. Pour ne rien omettre de ce qui est extraordinaire, dût-on le trouver invraisemblable, nous dirons qu'*Ariantes*, voulant faire le dénombrement de son peuple, ordonna que chacun jetteroit dans un endroit marqué la pointe d'une flèche ; ce qui forma un tel monceau, qu'il en eut de quoi faire un vaisseau. Ce vaisseau fut consacré à un dieu ; mais *Hérodote* ne dit pas comment on s'y prit pour former des poutres, des planches, des mâts avec ces bouts de flèches, ni si ce vaisseau vogua jamais.

Athéas. *Athéas*, qui vivoit du tems de *Philippe*, roi de Macédoine, trompa ce monarque, le plus habile prince de son tems. Il obtint de lui un secours considérable, contre une invasion dont il étoit menacé ; et quand les ennemis, effrayés par les préparatifs de *Philippe*, se furent retirés, il l'envoya remercier, et prétendit ne lui devoir aucun dédommagement pour ses préparatifs, puisqu'on n'avoit point fait la guerre.

Les deux princes alors combattirent de ruse. *Philippe* fit savoir à *Athéas* qu'il avoit fait vœu d'ériger une statue d'*Hercule* sur le bord de l'Ister opposé à ses états, et qu'il désiroit la poser lui-même. *Athéas*, qui pénétroit son motif, lui fit dire : « Envoyez la statue, » je me charge de la consacrer avec toute » la solennité convenable, et de veiller » à sa sûreté ». *Philippe* trouva un autre moyen d'entrer dans les états du roi Scythe. Il remporta sur lui une grande victoire, emmena vingt mille femmes et enfans, un nombre prodigieux de bestiaux, et vingt mille des plus belles cavales, pour avoir de leur race. On remarque que dans le butin, il ne se trouva ni or, ni argent, ni bijoux, preuve de la pauvreté et de la simplicité des Scythes, dont le nom ne paroit presque plus dans l'histoire, comme corps de nation.

ASIE MINEURE.

Asie mineure.   L'Asie Mineure est la contrée du monde peut-être la plus favorisée de la nature; sous le plus beau ciel, la température la plus égale, bien arrosée, baignée par plusieurs mers qui l'environnent presqu'entièrement. Le sol en est fertile, riche en toutes sortes de productions. Aussi a-t-elle été peuplée dès la plus haute antiquité. Ses habitans ont formé des royaumes plus ou moins grands, dont les Grecs, leurs voisins, nous ont transmis l'histoire, mêlée, à leur ordinaire, de beaucoup de fables.

PHRYGIENS.

Haute Phrygie en re le Pont, la Troade, la mer Egée, la Carie, et la Pamphilie.   Les Phrygiens occupoient presque le centre de l'Asie Mineure. Mais on ne peut fixer précisément leurs limites, qui ont été avancées et reculées selon les tems et les circonstances. Leur pays abondoit en toutes sortes de grains. La culture en purifioit l'air, qui est maintenant épais et grossier : triste effet des guerres qui ont chassé les laboureurs, détruit les troupeaux, et converti les pâturages en marécages pestilentiels. Le même fléau a fait disparoître les villes en grand nombre qui embellissoient ce pays, presque par-tout couvert de ruines. Mais la guerre n'a pas opéré seule ces désastres. Les tremblemens de terre y ont eu beaucoup de part. On remarque avec étonnement qu'une ville fut bâtie sous différens noms quatre fois sur le même endroit, et quatre fois renversée. Il n'en reste plus que des décombres. Les rivières de la Phrygie sont peu considérables, les montagnes peu élevées; mais l'imagination des poëtes a prêté des eaux aux unes, de la hauteur aux autres, et a appliqué à leurs noms des évènemens qui les ont rendus recommandables aux amateurs de la mythologie.

Les Egyptiens avouoient que les Phrygiens étoient plus anciens qu'eux. On les fait descendre d'un des fils de *Gomer*. Le Phrygien passoit pour être efféminé, d'une conception lente, qu'on ne rangeoit à son devoir qu'à force de coups. Il étoit très-superstitieux; on lui attribue d'avoir inventé la divination par le vol et le chant des oiseaux. Sa musique, connue sous le nom de *Mode Phrygien*, et sa danse lente et peu animée, tenoient de la mollesse de son caractère. {Antiquité, mœurs, coutumes.}

Avec des mers environnantes et de bons ports, il est difficile que les Phrygiens n'aient pas eu de commerce; mais on ignore dans quel tems il a fleuri, et jusqu'où il s'est étendu. On ne sait pas {Commerce.}

non plus quelles étoient leurs sciences, et s'ils ont pratiqué des arts autres que ceux qui sont absolument nécessaires pour les besoins de la vie. Ils avoient une langue dont il reste quelques mots qui ne ressemblent point du tout au Grec, et nous ne savons quels étoient les caractères de leur écriture.

Religion.

La religion des Phrygiens est fameuse par un rite aussi ridicule que cruel. *Atis*, né de la fille d'un roi de Phrygie, qui devint mère en mettant une fleur de grenadier dans son sein, fut nourri par *Nédestis*, espèce de sorcier, et *Cibèle*, nommée *la bonne déesse*, qui s'attachèrent singulièrement à leur élève. La destinée d'*Atis* étoit apparemment d'être aimé. *Midas*, autre roi de Phrygie, en fut si épris, qu'il lui destina sa fille. Sans doute cette résolution fut prise sans consulter *Nédestis* ni *Cibèle*, qui en furent piqués. *Midas*, craignant leur mauvaise volonté, fit fermer son palais le jour des noces. Mais *Cibèle* enlève les murs et les tours de la ville, qu'elle met sur sa tête, et paroît au milieu de l'assemblée avec cette coiffure, qui lui est restée. *Nédestis* fait pire. Il souffle la confusion entre les convives. La fureur s'empare d'eux. *Atis* se mutile et meurt. L'épousée se tue, et *Cibèle* court le monde pour déplorer la mort de son cher *Atis*. Cette catastrophe donna lieu à un culte religieux, dont l'acte principal étoit la mutilation exercée par les prêtres sur eux-mêmes. Ils promenoient dans les villes et les bourgs les statues de la bonne déesse, en chantant des cantiques en son honneur. Il y a apparence que ces chants étoient accompagnés de rites lascifs, qui par la suite firent également mépriser la liturgie et ses ministres.

<small>Rois. Innacus.</small>

Les rois ont été fort multipliés en Phrygie, c'est-à-dire qu'il y a eu beaucoup de petits royaumes, quelquefois composés d'une seule ville et de son territoire ; mais ils portent en général, dans l'histoire, le nom de rois de Phrygie, sans qu'on puisse fixer le lieu précis de leur domination. Le premier qui paroît sur la scène s'appelloit *Innacus*. L'oracle lui prédit qu'à sa mort, tout périroit avec lui, et *Innacus* se mit à pleurer, et toutes les fois qu'il songeoit à ce triste avenir, *Innacus* pleuroit, d'où vient le proverbe : *Pleurer comme Innacus*. Mais ses pleurs ne servirent à rien. Après sa mort vint le déluge, qui détruisit le genre humain.

<small>Midas I. Gordien I.</small>

Les rois de Phrygie se nommoient alternativement *Midas* et *Gordien* ; ce qui met une grande confusion dans leur succession. Un *Midas* précéda *Gordien* Ier, qui, de la charrue, fut appellé au trône. Pendant qu'il labouroit, un aigle se percha sur le joug de ses bœufs, et y resta tout le jour. Cet évènement méritoit bien que le devin fût consulté. *Gordien* y alla. Autre aventure; en entrant dans la ville, il rencontre une belle dame, et lui parle du sujet qui l'amène. « Je vous expliquerai votre prodige aussi » bien qu'un autre, lui dit-elle, car je » m'y entends ». Elle l'écoute, et lui apprend que ce prodige lui annonce une couronne. Il avoit peine à la croire : « J'en » suis si sûre, ajouta-t-elle, que je m'offre » à vous épouser pour partager le trône » avec vous ». Gordien accepta la garantie.

Quelque tems après il y eut une guerre civile, pour le choix du roi. Ne sachant comment s'accorder, les Phrygiens convinrent d'élever sur le trône le premier homme qu'ils verroient arriver sur un chariot dans le temple de *Jupiter*. Cet homme fut *Gordien*. On le salua roi. Il consacra son chariot dans le temple. Le nœud dont il attacha le joug étoit fait avec tant d'art, que l'oracle promit que celui qui le délieroit obtiendroit l'empire de l'univers. C'est le fameux *nœud Gordien*, qu'*Alexandre* coupa, ne pouvant le dénouer.

Midas II. L'oracle parla aussi pour *Midas*, son fils, à l'occasion d'une fourmillière qui vint déposer dans sa bouche, pendant qu'il dormoit, toute sa provision de froment. *Il aura d'immenses richesses*, dit l'oracle, et la prophétie s'accomplit.

Sous *Gordien*, son fils, il s'ouvrit un grand trou au milieu de la ville de Celène. On fit des sacrifices pour engager le gouffre à se reformer ; mais il ne faisoit que s'en ouvrir davantage : raison, s'il en fut jamais, de consulter l'oracle. *Jettez-y*, répondit-il, *ce que vous avez de plus précieux*. Les femmes d'y jeter or, argent, joyaux qui n'étoient peut-être pas engloutis pour tout le monde, et la fente ne faisoit que s'ouvrir de plus en plus. *Qu'est-ce donc qu'il y a de plus précieux que tout cela ?* pense en lui-même *Oncharus*, excellent citoyen. *Ah ! sans doute, c'est la vie.* Enchanté de sa découverte, il embrasse son père, prend congé de sa femme, monte à cheval et se précipite dans le gouffre, qui se referme. {Gordien II.}

Lyntersès, usurpateur, nous est représenté à-peu-près comme les contes des fées nous représentent les ogres. Atteint d'une faim dévorante qui lui faisoit manger en un jour trois corbeilles de pain, et d'une soif égale, qui dans le même espace de tems, lui faisoit vider quarante-huit pintes de vin ; il tuoit aussi les hommes pour son plaisir ; mais on {Lyntersès.}

ne dit pas qu'il les mangeât. On trouve quelquefois dans l'histoire le fondement des contes et des fables.

2429. Après ce barbare, deux *Midas* et deux *Gordiens* ont occupé le trône, ou plutôt n'ont fait, par rapport à nous, qu'y passer, puisqu'il ne nous reste de leur existence que leur nom, et l'époque à laquelle cette monarchie paroît avoir cessé.

Troyens.

BassePhrygie, ou Troade, entre la Propontide, la mer Egée, la Mysie mineure l'Hélespont.

En descendant de la Haute-Phrygie, vers l'Hélespont, on se trouve sur les lieux rendus célèbres par le génie d'*Homère*. Le mont Olympe, séjour des dieux; le mont Ida sur lequel le berger *Paris* donna à *Vénus* le prix de la beauté; le détroit de Sestos et d'Abydos, fameux par les amours de *Léandre* et d'*Héro*; le *Scamandre* et le *Simois*, fleuves pendant la guerre de Troye, à peine rivières à présent; enfin *Troye* elle-même, ou plutôt ses ruines.

On ne peut, en parlant de la Basse-Phrygie, que répéter ce qu'on a dit de la haute, que c'est un pays délicieux, fertile, agréablement tempéré; mais il y a cette différence, que l'air, rafraîchi par des vents de mer qui s'élèvent à des tems réguliers, y est plus salubre. L'Ida, qui est plutôt une chaîne de montagnes qu'une cîme isolée, est semé de vallons dans lesquels, sous les ombrages qui pendent des hauteurs, on respire un air embaumé.

Pour la religion, les mœurs et le caractère, les habitans de la Troade n'ont pas dû différer des autres Phrygiens : ils étoient plus belliqueux, peut-être, parce que le voisinage de la mer a introduit chez eux des colonies Grecques qui les ont mélangés. Le même voisinage a pu leur donner le goût et l'exercice du commerce.

Mœurs, religion, commerce.

Teucer, fils du Scamandre et d'Ida, c'est-à-dire, né dans la Troade, où il régna, n'est guères connu que par *Dardanus*, son successeur, qui n'étoit pas son fils, mais son gendre. De Samotrace où il régnoit, *Teucer* le fit venir, sur la réputation de sa vertu. Ce prince ne trompa pas ses espérances. Il fut pieux et juste ; il apporta avec lui le *Palladium*, statue de *Minerve*. L'oracle attachoit à sa conservation le salut de la ville où elle seroit déposée: *Dardanus* bâtit un temple où il la plaça.

Rois.
Teucer.
Dardanus.
1491.

Eriéthon, son fils, lui succéda, hérita de ses vertus et de son bonheur.

Eriéthon.
1557.

Tros, fils d'*Eriéthon*, étoit père de *Ganimède*, jeune homme d'une très-grande beauté. Son père l'envoya porter

Tros et Ilus,
Ganimède,
1631.

des présens à *Jupiter*, roi, peu éloigné. Pour arriver à ses états, il falloit passer sur ceux de *Tantale*, roi plus voisin. Celui-ci, épris de la beauté de *Ganimède*, le garda à sa cour. *Jupiter* le réclama. Du refus de *Tantale* suivit une guerre entre les deux rois. *Tantale* fut vaincu et condamné à voir toujours présens les objets qu'il désiroit, et à n'en pouvoir jamais jouir. *Tros* fut fondateur de Troye. De lui descendit *Anchise*, qui plut à *Vénus*. De leurs amours naquit *Énée*. *Ilus*, fils de *Tros*, lui succéda. Il eut deux fils fameux, *Memnon*, dont la statue, frappée des premiers rayons du soleil, rendoit un son harmonieux, et *Titon*, l'amant de l'Aurore. On lui prête des rendez-vous avec cette déesse, parce qu'étant grand chasseur, il se levoit fort matin. Elle lui obtint le privilége d'être immortel, mais non le privilége de ne point vieillir ; ce qui rendoit le présent de l'immortalité au moins inutile.

Laomédon. 1704.

La citadelle de Troye doit sa fondation à *Laomédon*, fils d'*Ilus*. Il la bâtit avec le secours d'*Apollon* et de *Neptune*, c'est-à-dire, avec les richesses qu'il trouva dans leurs temples. De son tems les Argonautes abordèrent la Troade, et y furent bien reçus. *Laomédon* fut tué par Hercule, qu'il avoit imprudemment provoqué. Ces différens princes et leurs aventures nous mènent à la guerre de Troye.

Selon le poète, elle fut causée par l'enlèvement d'*Hélène*, que *Páris*, fils de *Priam*, ravit à *Ménélas*, son époux, chez qui il avoit été bien reçu. L'époux la redemanda, le roi de Troye ne voulut pas la rendre. Ménélas arma toute la Grèce pour sa cause; les princes ligués jurèrent la ruine de Troye, et de ne se séparer qu'après l'avoir détruite de fond en comble. L'obstination de Priam à ne pas rendre Hélène, obstination consacrée par le récit d'Homère, est étonnante. Mais les historiens y ajoutent une circonstance que le poète a omise, et qui justifie l'opiniâtre défense de *Priam*. <small>Priam. 1750.</small>

Ce prince avoit une sœur nommée *Hésione*, qui fut mariée à *Télamon*, roi d'une petite île dans la mer de Grèce. Il la traitoit plus en concubine qu'en femme légitime. *Priam*, piqué de ce procédé injurieux, redemanda sa sœur. L'époux jugea à propos de déférer la demande aux rois des îles voisines, qui décidèrent que *Télamon* ne devoit pas rendre la sœur de *Priam*, et décidèrent de plus, apparemment parce qu'on menaçoit de représailles, que si *Hélène*, femme de *Ménélas*, venoit à être enlevée, ils se réuniroient tous contre le ravisseur. *Hésione* ne fut pas rendue, *Hélène* fut enlevée. Cette injure réciproque explique comment naquit une haine, qui, selon l'ordinaire, s'aigrit d'autant plus, qu'il étoit plus facile de la finir en se rendant mutuellement justice.

Prise de Troye. 1815.

Il a fallu le pinceau d'*Homère*, sa brillante et féconde imagination, pour rendre intéressante une guerre entre des princes dont chaque état ne s'étendoit pas au-delà d'une île, et même d'une ville; pour annoblir leurs pirateries et leurs brigandages, et donner à leur acharnement un air d'héroïsme. Conférences, marches, stratagêmes, combats, trèves, action et repos, les évènemens les plus ordinaires dans une guerre, tout devient merveilleux sous sa plume. Ses poèmes, outre ce qu'ils ont d'agréable, sont devenus très-utiles, comme fondement de l'histoire. Il raconte l'origine des peuples, leurs coutumes, leurs migrations, leurs mélanges, et jusqu'à leur position géographique.

Les vaisseaux Grecs portèrent cent mille hommes devant Troye. On présume que les neuf premières années du siége se passèrent en petits combats et en escarmouches. Les Grecs furent attaqués par la famine. Il fallut courir les îles et les côtes voisines, d'où on rapporta des vivres et des esclaves. Revenus devant la ville, ils essuyèrent la peste, occasionnée par le mauvais air, suite des inondations. Ils se recrutoient dans leurs courses. Les Troyens étoient secondés par les rois de terre ferme, qui leur amenèrent de grands secours. Beaucoup de chefs périrent de part et d'autre, *Patrocle*, *Achille*, *Hector*, *Pâris* lui-même; et enfin la dixième année, un effort général rendit les Grecs maîtres de Troye, qu'ils détruisirent de fond en comble.

Il en reste deux ruines à une demi-lieue l'une de l'autre. La première ruine, plus éloignée du rivage de la mer, qu'on croit celle de l'ancienne Troye; la seconde, plus près du rivage, qu'on suppose être celle d'une nouvelle Troye rebâtie par les Romains, qui, se croyant sortis de cette ville, se firent un honneur de la reconstruire. Des Troyens qui échappèrent au fer des Grecs, les uns se réfugièrent dans les contrées voisines, et se confondirent avec les habitans; d'autres portèrent au loin les débris de leur fortune, leurs effets les plus précieux, sauvés du pillage et disputés à l'incendie. Ils gravèrent dans les cœurs de leurs descendans le souvenir de leur patrie, en donnant aux endroits où ils s'établirent les noms des lieux chers à leur enfance.

Beaucoup des vainqueurs ne furent pas plus heureux que les vaincus. Retournés dans leurs royaumes après dix ans d'absence, ils n'y trouvèrent que confusion, anarchie et conspirations. Les femmes avoient oublié leurs maris. Les enfans méconnoissoient leurs pères. De ces princes, les uns repoussés, les autres mal reçus, s'éloignèrent de ces terres ingrates, et allèrent fonder des colonies où ils portèrent, avec la langue des Grecs, leur religion, leurs loix et leurs usages.

Mysiens.

Mysie, entre la Propontide, la Lydie, la Phrygie, et la Bithtie.

Les Mysiens voisins des Troyens, vinrent à leurs secours pendant le cours du siége; mais ils étoient neutres à la fin. Quand la victoire des Grecs eut rendu la Troade déserte, les Mysiens s'y étendirent, et l'occupèrent par proximité, sans avoir la peine de la conquérir. Ces pays se ressembloient pour la température et la fertilité. Les habitans ont été belliqueux, mais apparemment dans des tems très-reculés, puisque dans des tems postérieurs, quand on vouloit exprimer un homme très-lâche, on disoit: *c'est le dernier des Mysiens*. Leur religion étoit celle des Phrygiens ; mais leurs prêtres ne se mutiloient pas. On doit seulement remarquer, que pour obtenir et conserver le sacerdoce, ils devoient s'obliger à ne se point marier.

Les arts étoient en honneur chez les Mysiens, et il reste des preuves de leur habileté en ce genre. La ville de Cysique s'appelloit *la Rome de l'Asie*, et possédoit un temple tout entier de marbre poli. Les colonnes merveilleuses pour leur grosseur et leur proportion, ont servi à orner Constantinople, quand Cysique eut été renversée par un tremblement de terre. La monnoie de Cysique étoit si bien travaillée, qu'on la regardoit comme un prodige de l'art.

Cysique.

C'est à Pergame que les premières tapisseries ont été faites. *Eumène*, roi de cette ville, ayant la noble ambition de former une bibliothèque égale à celle de Ptolemée à Alexandrie, faisoit copier tous les bons livres dont il avoit connoissance, et pour cela tiroit beaucoup de papier d'Egypte. *Ptolémée* qui ne vouloit ni être surpassé, ni même égalé en amour de la science, interdit la sortie du papier. *Eumène* trouva le moyen de rendre la peau des bêtes propres à recevoir l'écriture. Le parchemin qu'il inventa, fut nommé *papier de Pergame*.

Pergame.

Il fit transcrire deux cents mille volumes.

Lampsaque. — Lampsaque a été fameuse par la débauche de ses habitans et le culte de *Priape*. Il étoit accompagné de tant d'infamies qu'*Alexandre* en eut horreur, et résolut de détruire ce cloaque d'abominations. Il en jura, et voyant approcher *Anaximandre* qui venoit solliciter la grace de cette ville ; « je promets » aux dieux, s'écria-t-il, de ne lui rien » accorder de ce qu'il demandera. Juste » et puissant monarque, lui dit l'adroit » orateur : les habitans de Lampsaque » ayant eu le malheur d'encourir votre » indignation, et souhaitant expier les » crimes énormes qui provoquent votre » colère, supplient votre majesté de » détruire leur malheureuse ville ». Lié par son serment, *Alexandre* accorda la grace. C'est sur les bords du Granique, fleuve de la Mysie, que ce conquérant commença ses exploits contre les Perses. On ne compte que quatre rois de ce petit pays : on n'en connoît ni les actions, ni les époques.

LYDIENS.

Lydie, entre la Mysie, la Carie, la Prhygie et l'Ionie. — L'étendue de la Lydie a varié, comme celle de toutes ces parties de l'Asie mineure, qui tantôt ont été des provinces, tantôt des royaumes. Dans ce dernier état, la Lydie a eu pour sa capitale Sardes, située au pied du mont Tmolus, sur le Pactole, qui rouloit de l'or dans son sable. Cette ville étoit si importante aux Perses quand ils l'eurent prise, qu'ayant été reprise par les Grecs, *Xerxès* ordonna que chaque jour pendant son diner, on lui crieroit, jusqu'à ce qu'il l'eût recouvrée : *les Grecs ont pris Sardes.* On en voit encore de très-belles ruines, ainsi que de beaucoup d'autres villes de la Lydie, qui a été long-tems un champ de bataille pour les Grecs et les Perses, et ensuite pour les Romains.

On fait descendre les Lydiens des Egyptiens. Cependant leur mithologie étoit toute Grecque. C'est chez eux que les fabulistes ont placé une partie des travaux d'Hercule. C'est chez *Omphale* reine de Lydie qu'ils le font filer. C'est enfin en Lydie qu'ils font naître ou vivre *Marsyas*, *Tantale*, *Pelops*, *Niobé*, *Arachné*, presque tous les héros et héroines des métamorphoses. Le gain de la prostitution servoit de dot aux Lydiennes. On accoutumoit les enfans à une vie dure et laborieuse. La fainéantise étoit punie comme un crime. Ils monnoyèrent les premiers l'or, et l'argent, pour faciliter le commerce. Les premiers ils tinrent des auberges. On

<small>Antiquité, mœurs commerce, religion.</small>

les fait inventeurs des jeux de dés, de la danse et de toute sorte d'instrumens qu'ils imaginèrent pour faire diversion à la faim dans une grande disette qu'ils éprouvèrent. Avec cette provision, ils passoient un jour sans manger, et le lendemain ils mangoient sans jouer. Il n'y a guère que le commerce qui ait pu mettre un particulier Lydien, en état de faire présent à *Xerxès* d'un platane et d'une vigne d'or massif, de régaler toute son armée, et de lui donner encore une somme immense pour les frais de la guerre. Ce négociant Lydien se nommoit *Pythius*.

<small>Rois.
Manès
Canéble.</small>

Seize rois ont précédés les tems connus. Le premier se nommoit *Manès*. Il étoit esclave, et fut choisi précisément à cause de cette qualité. Les Lydiens s'imaginèrent qu'un homme qui avoit gémi sous l'oppression, craindroit de la faire sentir aux autres. On ne sait si ce raisonnement leur réussit. *Canéble* étoit tellement glouton, qu'il dévora sa femme en dormant, et ne s'en apperçut, que parce qu'en s'éveillant, il trouva une de ses mains dans sa bouche. On jete en passant ces sortes d'anecdotes, pour empêcher de regreter les anciennes chroniques.

<small>Candaule.
2281.</small>

Une indiscrétion coûta le trône et la vie à *Candaule*. Il y eut entre lui et

Gigès, son favori, une espèce de défi sur la beauté de la reine. *Candaule* prétendoit qu'elle l'emportoit sur toutes les autres femmes. Pour convaincre *Gigès*, il l'aposte dans un endroit d'où il pouvoit voir la reine sortant du bain. Elle sut l'imprudente indécence de son mari, et fit venir Gigès. « Il faut, lui dit-elle, » tuer le roi, m'épouser ou mourir ». On fait à *Gigès* l'honneur de quelque résistance, mais enfin il préféra le trône et une belle femme à la mort : c'est lui qu'on a dit possesseur de ce fameux anneau qui rendoit invisible.

Les rois suivans au nombre de trois, furent guerriers et conquérans. *Alyatte* fit la guerre avec des succès variés contre les Mèdes et contre les Scythes. Au moment qu'il étoit prêt d'en venir aux mains avec ces derniers, une éclypse de soleil épouvanta tellement les deux armées, que sur le champ, elles firent la paix.

Crésus son fils et son successeur, si riche, que son nom est devenu le signe de l'opulence, porta si loin ses armes victorieuses, que son empire étoit presqu'égal à celui de Babylone. Il se complaisoit dans ses succès, et croyoit que nul bonheur n'égaloit le sien. Sans doute que sa cour méritoit les regards d'un sage, puisque *Solon*, législateur d'Athenes, ne dédaigna pas de s'y arrêter dans

Alyatte. 2310.

Crésus. 2436

ses voyages. *Crésus* étala à ses yeux ses trésors, son faste, et toute la pompe de sa puissance. « Qu'en pensez-vous, » dit-il, à l'Athénien, avez-vous jamais » connu un homme plus heureux que » moi ? sans doute, répondit le sage, » et qui donc ? Un homme de bien, » père de plusieurs enfans vertueux, » qui termina sa vie au sein d'une vic- » toire qu'il venoit de remporter sur les » ennemis de l'état : en connoissez-vous » d'autres insiste *Crésus* ? Je vous ci- » terai, repartit Solon, deux jeunes » Argiens couronnés aux jeux olympi- » ques, et célèbres par leur piété filiale. » Leur mère prêtresse de Junon, étant » pressée d'aller au temple, et les bœufs » qui devoient trainer le char tardant » à venir, ils s'y attachèrent eux-mêmes. » Le peuple témoin de cette action les » combla de bénédictions, et la mère » transportée de joie pria la déesse d'ac- » corder à ses fils, ce qu'elle croiroit « de plus avantageux pour eux. La » mère fut exaucée. Immédiatement » après le sacrifice, ils s'endormirent » d'une mort paisible dans le temple » même ». *Crésus* conclud de ces deux histoires ou apologues, que *Solon* vou- loit lui faire sentir, qu'il n'y avoit en cette vie de bonheur véritable que celui qui étoit scellé par la mort, et il l'éprouva bientôt lui-même.

Cyrus étendoit alors ses conquêtes dans toute l'Asie. *Crésus* crut devoir s'opposer à ce torrent, qui pouvoit l'entraîner lui-même. Cependant, avant que d'attaquer, il consulta l'oracle, qui lui répondit : *si vous faites la guerre à Cyrus, un grand empire sera détruit.* Sur la foi de cette réponse dont il ne sentoit pas l'ambiguité, *Crésus* marche contre les Perses, est battu, pris, chargé de chaînes, et condamné à périr dans les flammes. En montant sur le bucher, il s'écrie douloureusement : *Ah ! Solon ! Solon ! Cyrus* averti de l'exclamation, se le fait amener ; et lui demande pourquoi il invoque *Solon.* Crésus lui rapporte la leçon que lui avoit donnée le législateur d'Athènes. *Cyrus* en fut touché, et par la considération de l'instabilité des choses humaines, il fit grace à *Crésus*, l'attacha à sa personne et le traita toujours en ami ; mais sans lui rendre sa couronne, selon quelques auteurs. D'autres le font replacer sur le trône ; mais quoiqu'il en soit, à lui finit l'empire des Lydiens.

Lyciens.

La Lycie est très-fertile, exposée aux inondations par la fonte des neiges. L'air est fort sain. Comme la mer borde

<small>La Lycie entre la Carie la Pamphilie, la Phrygie la Méditerranée.</small>

la Lycie dans sa plus grande longueur, et que des montagnes la ferment par derrière, on présume qu'elle pourroit bien avoir été peuplée par des insulaires Crétois ou autres. Les Lyciens avoient une rudesse de mœurs bien contraire aux habitudes douces des Phrygiens, autres habitans de l'Asie mineure leurs voisins. Ils ont été fameux par la piraterie. On leur attribue l'invention des brigantins, ou vaisseaux plats propres à la course et à l'abordage. Il paroît qu'ils avoient le courage féroce qu'on acquiert dans la vie et les combats de mer. On peut en juger par le trait suivant.

Xanthus. *Harpage* général Persan campoit dans la Lycie avec une forte armée. Les habitans de *Xanthus*, une des principales villes des Lyciens, qui n'étoient qu'une poignée d'hommes, l'attaquent intrépidement, ils sont battus, repoussés dans leurs murailles et assiégés. Toute ressource et toute espérance leur manquoient. Ils prennent la résolution désespérée de mourir, mais de vendre chèrement leur vie. Ils commencent par enfermer leurs femmes, leurs enfans, leurs esclaves et toutes leurs richesses dans la citadelle, y mettent le feu, donnent tête baissée sur les bataillons Persans, en font un grand carnage, mais tous jusqu'au dernier y furent tués.

Dans ce pays se trouvoit la *Chimère* à tête de lion, qui vomissoit des flammes. Corps de chèvre et tête de serpent. *Bellerophon*, un de leurs rois, vainquit ce monstre, c'est-à-dire, qu'il délivra le sommet de la montagne nommée *Chimère* des bêtes féroces qui l'infestoient, qu'il rendit plus propres à la pâture, les pentes du milieu, et qu'il saigna les marais du bas, où se nourrissoient des serpens et autres bêtes venimeuses.

Chimère.

On disoit les Lyciens sobres et grands justiciers. Après avoir été soumis à des rois, dont on ignore le nom et les actions, ils sont devenus républicains. Tous les ans, trois députés des grandes villes, deux des moindres, un des plus petites, formoient un sénat; où se portoient les affaires civiles et militaires, et même celles des particuliers un peu importantes. On ne sait si cette assemblée duroit toute l'année jusqu'à la formation d'une autre, ou si elle cessoit après un tems limité.

Coutumes.

Leurs enfans empruntoient leur nom et leur état, non du père, mais de la mère ; de sorte qu'une femme libre qui se marioit à un esclave, donnoit à la patrie un enfant libre comme elle, et un père libre qui épousoit une esclave, n'avoit que des enfans esclaves comme la mère.

Etat des enfans.

CYLICIENS.

Cylicie, entre la Syrie, la Pamphilie, la Cappadoce et la Méditerranée.

Il sembleroit qu'il y eût deux peuples qui habitoient la Cilicie. L'un doux et pacifique, cultivateur, laborieux et négociant honnête, qui vivoit dans des plaines où se sont quelquefois déployées de grandes armées. L'autre peuple guerrier, turbulent, corsaire par goût et par situation, nichoit pour ainsi dire sur les hauteurs escarpées du Taurus et de l'Immaus.

Les entrées de la Cilicie au nombre de trois, sont plus difficiles les unes que les autres. Une poignée d'hommes résolus les défendroit contre des armées entières. Les côtes semées de petits havres, où on peut retirer les vaisseaux, et de promontoires d'où on peut les protéger, donnent de grandes facilités pour la piraterie. Les Ciliciens infestoient les mers voisines, faisoient des descentes en Grèce et jusques dans l'Italie, d'où ils emmenoient des esclaves qu'ils alloient vendre en Chypre, en Egypte et dans toute l'Asie. Plusieurs fois les Romains armèrent contre eux; mais ces pirates repoussés de la mer, se réfugioient dans leurs cavernes, d'où, sitôt que les flottes disparoissoient, ils revenoient courir l'Archipel, la mer Ionienne et le reste de la méditerannée. *Pompée* ne regarda pas comme au dessous de lui une expédition contre eux. Il les attaqua avec cinq cents vaisseaux portant cent trente mille hommes, et estima une grande victoire d'avoir détruit les repaires de ces brigands.

Les Ciliciens des plaines étoient un composé de Phrygiens et autres peuples de l'Asie mineure, qui, fuyant la fureur dévastatrice des conquérans babyloniens, perses et égyptiens, se réfugièrent dans ce petit pays, entouré de fortifications naturelles, aisées à défendre. Ils y eurent des rois, dont on ne connoit point les actions. Quant aux Ciliciens maritimes, c'étoit un mélange de toutes les nations. Les malfaiteurs, les bannis, les aventuriers trouvoient au milieu d'eux un asile et leur subsistance par le brigandage. C'est sans doute à cette partie de la nation qu'on doit appliquer les qualifications de menteurs, cruels, trompeurs qu'on prodiguoit à tous. Leur langue, mélée de syriaque, de grec, de persan, formoit un idiôme particulier aussi grossier que leurs habitudes.

Le golphe d'Yssus est un des meilleurs de la Cilicie. *Alexandre*, pour perpétuer la mémoire de la victoire qu'il avoit remportée en cet endroit, y bâtit une ville si heureusement située, qu'elle

Alexandrette.

a été long-tems le principal entrepôt de tout le commerce de l'Orient. La découverte du Cap de Bonne-Espérance lui a enlevé cet avantage. Cependant cette ville encore fréquentée est connue sous le nom d'*Alexandrette*, diminutif qui convient à l'état de décadence où elle se trouve. Quand il y arrive des vaisseaux, on en envoye la nouvelle à Alep par des pigeons qu'on y dépêche, portant la lettre d'avis sous leur aile.

GRECE.

Grèce, entre la Macédoine, la Thrace, la mer Egée, Ionienne et de Crète.

La Grèce est en général un bon pays, situé sous un climat tempéré, qui ne manque de rien de ce qui est nécessaire à la vie, et auquel les mers, qui l'environnent, apportent abondamment le superflu.

On conjecture avec assez de fondement, que la Grèce a été habitée peu de siècles après le déluge, par les descendans de *Javan*, petit-fils de *Noé*. A mesure que nous ferons l'histoire des différens cantons, on verra comment les Grecs se sont élevés peu-à-peu, d'un état de grossièreté et d'ignorance, à celui d'une habileté supérieure dans les arts, les sciences, les loix, la guerre et le gouvernement. Cette espèce de conception, qui, dans le sein d'une nation barbare, a fait naître un peuple civilisé, a duré environ neuf cents ans. Les ténèbres de cette période, obscure par elle-même, sont encore renforcées par les fables que l'imagination des poëtes, l'ignorance et la vanité des auteurs grecs y ont répandues; mais les fables même laissent quelques traits de lumière dont l'histoire profite.

Les mœurs des premiers habitans de la Grèce ont été sauvages. Ils se nourrissoient d'herbes, de fruits et de racines. On marque comme le premier temps de civilisation, celui où ils commencèrent à faire des provisions de glands pour le besoin à venir; à se couvrir de peaux et à se bâtir des cabanes. Jusques-là, ils couchèrent en plein air ou dans des cavernes. Grands, endurcis et robustes, le droit du plus fort fut long-temps chez eux la loi suprême. On remarque que les foibles se retiroient dans les lieux stériles pour n'être pas enviés, et c'est ce qui peupla l'Attique. Les fabulistes ont essayé de marquer l'époque de ceux qui enseignèrent l'agriculture, des premiers qui hasardèrent des voyages de commerce; il résulte de leur chronologie, que ces arts ont été long-temps à s'établir. C'est à l'aide des voyages et des expéditions militaires, que plusieurs grecs ont pénétré dans les pays plus avancés en sciences et en connoissances. Ils ont rapporté l'alphabet et l'écriture de Phé-

Mœurs.

nicie, la géométrie, l'astronomie, la magie, de Perse et de Babylône.

Au défaut de loix, les Grecs ont été long-temps gouvernés par les oracles. C'est le propre de toute religion, bonne ou mauvaise, de servir à contenir les peuples. L'oracle le plus renommé a été celui de Delphes. Apollon lui-même rendoit les réponses par l'organe d'une prétresse nommée *Pythie*. Elle devoit d'abord être vierge; mais par laps de temps, on lui substitua une femme. Elle s'asséyoit sur un trépied posé sur une ouverture, d'où s'exhaloit une vapeur qui causoit à la prêtresse une sainte fureur. Dans cet accès, elle prononçoit avec un ton et des gestes de maniaque, des réponses presque toujours entortillées et amphybologiques; mais dont on savoit trouver le vrai sens après l'événement. Il est à remarquer que les héros, les rois, les sages même montroient beaucoup de confiance aux oracles, et les consultoient avec solennité. Celui qui penseroit qu'ils ne faisoient qu'affecter cette crédulité, doit au moins avouer, qu'apparemment, ils regardoient comme nécessaire de l'inculquer aux peuples par leur exemple.

Sycione.

Sycione seroit la première de toutes

les monarchies, sans excepter celles *entre le Péloponèse et l'Achaïe.* d'Égypte et d'Assyrie, s'il étoit vrai, comme le prétendent quelques chronologistes, qu'elle exista même avant la mort de *Noé*. Ils appuyent ce calcul d'une suite de vingt-six rois, qui embellirent ce petit pays de temples, d'autels, de statues des dieux, et même des leurs. Ces magnificences ont duré pendant tout le temps que la Grèce est demeurée agreste, et ont fini quand elle a commencé à s'orner elle-même.

ARGOS.

Tout est célèbre dans l'Argolide, forêts, rivières, montagnes, villes, il n'y a aucun lieu qui ne soit marqué par quelqu'événement fameux, et dont par conséquent on ne doive conserver la mémoire. *Argolide, entre les baies de Paros et d'Argos, Sycione, l'Arcadie et la Laconie.*

Le fleuve *Inachus*, appellé ainsi du nom de *Inachus*, le premier roi, voyoit sur sa rive *Inachus*, capitale du royaume. *Pyrrhus*, roi d'Épire, fut tué dans cette ville au milieu de son triomphe, par une tuile que lui lança une vieille femme. Là, se voyoit la tour d'airain où *Jupiter*, transformé en pluie d'or, séduisit *Danaé*. Les prairies d'Argos, où bondissoient de nombreux haras, nourrissoient les chevaux de *Neptune*. La riche *Micènes* *Raretés.*

supplanta *Inachus* et devint capitale. Le lion de la forêt de Némée, tué par *Hercule*, donna lieu à l'institution des jeux Néméens. *Épidaure* s'enorgueillissoit de son magnifique temple d'Esculape, et *Naplie*, depuis nommée Naples, de sa situation enchanteresse.

Rois.

Les Argiens eurent des rois dès les temps les plus reculés. On connoît même leurs dynasties. Les Apicens, descendans d'*Apis*, les Pélopides, venus de *Pélops*, et les Héraclides d'*Hercule*. Ces règnes durèrent à-peu-près onze cents ans depuis le déluge, et finirent par une république.

Trépied.

Le premier connu après *Inachus*, se nomme *Castor*. Il transféra son trône à Mycènes. *Apis*, tyran cruel et barbare, fut obligé de fuir en Égypte, où on l'a adoré sous le nom de *Sérapis*. *Argos* fonda la capitale de son nom, et mit en honneur l'agriculture, jusque-là fort négligée. *Crotopus* eut une fille trop tendre. Elle aima *Apollon*. Accoucha et cacha son enfant dans des joncs. Les chiens du roi le mangèrent. Grande colère du dieu. Il envoie un monstre qui arrache les enfans du sein de leurs mères et les massacre. *Cerebus* tue le monstre; nouvelle colère d'Apollon, qui répand la peste. L'oracle est consulté. Il répond : *Prends en main un trépied, et où le trépied tombera, bâtis un temple à*

Apollon. Le trépied fut trouvé, promené, tomba à Delphes, le temple se bâtit et la peste cessa.

Danaus, chassé d'Egypte pour avoir refusé de donner ses cinquantes filles en mariage aux cinquante fils d'*Egyptus*, son frère, vient à Argos, et prétend y faire valoir son droit comme descendant d'*Inachus*, contre *Sténélus* qui étoit en possession. Les deux rivaux s'en rapportent au peuple. Pendant que l'assemblée délibère, un loup tue un taureau qui paissoit au milieu d'un troupeau de vaches sous les remparts de la ville. Voilà la question décidée. Le taureau est le prince régnant, qui ne peut résister au loup ou au prince étranger ; par conséquent, c'est celui-ci qui portera le sceptre. *Egyptus* apprend cet événement ; il imagine que son frère pourra bien donner ses cinquantes filles à cinquante princes voisins, et se fortifier de leur alliance pour lui faire la guerre : il revient à la charge en faveur de ses cinquante fils. *Danaus* est contraint de donner les cinquante filles ; mais en même-temps, il leur ordonne de tuer leurs époux le jour de leurs nôces. Quarante-neuf obéissent. La seule *Hypermenestre* sauve *Lincée*, son mari. Elle le réconcilie même avec son père, qui lui laisse sa couronne. Ses quarante-neuf sœurs travaillent, pour

_{Danaus.}

l'éternité, dans les enfers, à remplir d'eau un tonneau percé d'une infinité de trous qui laissent échapper l'eau à mesure qu'elle entre.

Fureur de Bacchus.

Les deux fils de *Lincée* et d'*Hypermenestre* s'étoient battus dès le ventre de leur mère, et continuèrent à se battre pour leur trône. Dans leurs guerres, ils inventèrent les boucliers. *Prœtus* l'emporta. Il épousa *Sténobée*, qui devint amoureuse de *Bellerophon*, prince étranger passant par sa cour. Elle lui fit des propositions, il les rejeta et fut maltraité par le crédule mari, qui ajouta foi aux plaintes de sa femme. Il eut d'elle seule quarante-trois filles. On ne sait si c'est en punition de sa calomnie contre *Bellerophon*, qu'elle fut attaquée d'une maladie qu'on nomma *la Fureur de Bacchus*. On en ignore encore les symptômes. Mais si ce fut un châtiment, qu'avoient fait les autres femmes argiennes pour le subir aussi ? Heureusement il se trouva un médecin qui les guérit, et eut pour paiement une des plus belles malades en mariage, avec un tiers du royaume.

Persée.

Persée, fils de *Danaé* et de *Jupiter*, auquel la pluie d'or ouvrit les portes de la tour d'airain, fut un héros dont les plus fameux paladins n'approchent pas. Redouté de son grand-père *Acri-*

sius, parce qu'un oracle lui avoit fait savoir que son petit-fils le tueroit, il fut exposé à tous les dangers dans lesquels *Acrisius* crut pouvoir se défaire de lui. Il lui ordonna d'aller en Afrique tuer *Méduse*, dont la seule vue changeoit en pierres ceux qui la regardoient. Il obéit. En chemin, monté sur l'hyppogrife, cheval aîlé, il délivra *Andromède*, fille d'un roi de Phénicie, exposée à un monstre marin qui alloit la dévorer, et il l'épousa. En revenant, il sauva *Danaé* sa mère, des nouvelles violences que méditoit contre elle *Acrisius*, son père. *Persée* le changea lui et ses complices en pierres, en leur découvrant la tête de *Méduse*. Ainsi le grand-père ne put éviter le malheureux destin dont le petit-fils devoit être l'instrument.

Plus on avance, plus la fable prête des faits extraordinaires aux rois d'Argos. *Alcmène*, femme d'*Amphytrion*, est trompée par *Jupiter*, qui prolonge la nuit trois fois plus qu'à l'ordinaire, pour la rendre mère d'*Hercule*. Ce héros commence ses travaux après un accès de manie furieuse qui lui fait tuer sa femme *Mégase* et douze enfans. *Thieste* déshonore avec violence la femme de son frère *Atrée*, qui lui donne son fils à manger dans un festin. *Agamemnon*, le plus puissant monarque des Grecs, les commande au siège de Troyes. Il y sacrifie *Iphigénie* sa fille, est tué par sa femme *Clytemnestre* et vengé par son fils *Oreste*. Ce nom ne peut se prononcer sans rappeller celui de *Pilade*. Ces deux héros, célèbres par leur amitié, se disputèrent en Tauride l'avantage de mourir l'un pour l'autre. Le tyran, touché de leur mutuel attachement, leur fit grâce.

Les règnes qui suivent ne présentent que des événemens fort ordinaires dans ces tems. Des rapts, des trahisons, des vengeances, des meurtres, et sur-tout beaucoup d'oracles, auxquels on recourroit sans se rebuter, quoique leur ambiguité fut souvent cause d'erreurs fâcheuses. On croiroit que le succès étoit ordinairement préparé, et que l'oracle étoit fondé sur des précautions prises d'avance : ou bien il faut dire que le hazard le favorisoit quelquefois ; mais encore falloit-il de l'adresse pour appliquer ce hasard à la prophétie. *Vous vaincrez*, dit l'oracle de Delphes aux Argiens, *si vous vous faites commander par un général qui aura trois yeux*. Pendant qu'on cherchoit ce prodige, passe un homme borgne, monté sur sa mule. Ils n'avoient que trois yeux à eux deux. On le chargea du commandement, il remporta la victoire. Les querelles qui s'élevoient et se perpétuoient entre tous ces monarques trop voisins, lassèrent et dégoûtèrent les Argiens, qui abjurèrent la royauté, et se formèrent en république.

ATHENES.

Le nom d'Athènes rappelle la mémoire d'un peuple ami des arts et des sciences, fameux dans la guerre, et créateur du bon goût; mais il faut écarter ces idées brillantes, quand on veut voir ce peuple dans son berceau, habitant un pays stérile, et assez simple pour se croire né de la terre qu'il fouloit aux pieds, comme les sauterelles qui en dévoroient les productions. Il se distingua de bonne heure, par sa bonne foi dans le commerce, qui fut la source de ses richesses. Elles lui acquirent le moyen de lever de grandes armées. Il les faisoit commander par des généranx nés à Athènes, et aucune ville, sans excepter Rome, n'en a jamais eu en si grand nombre de si habiles.

Cécrops bâtit la ville d'Athènes, déifia *Jupiter*, institua le mariage, et le rendit une union sacrée; défendit de sacrifier aux dieux aucun animal vivant. Le premier prêtre qui viola cette loi dans la suite, frappé d'horreur après le premier coup, jetta sa hache et s'exila. *Eric-*

L'Attique, entre la Béotie le détroit de Negrepont, et la mer Egée.

Rois.

thonius incommodé des pieds, inventa les voitures. On passe sur une foule de rois, pour arriver à *Egée*. Il n'avoit pas d'enfant de ses femmes, et étoit l'objet des railleries de son frère *Pallas*, qui avoit cinquante fils, sans compter les filles. Désolé de ces plaisanteries, il alla consulter l'oracle, la ressource ordinaire. Il lui prescrivit de n'avoir commerce avec aucune femme. Ce moyen d'avoir des enfans parut singulier à *Egée*. Il alla consulter *Pittée*, roi de Thrace, renommé pour son talent d'expliquer les oracles. *Il s'agit de femmes*, lui dit l'habile interprète, *mais moi j'ai une fille, épousez-la, et vous connoitrez le sens de l'oracle*. En effet, il eut de ce mariage le fameux *Thésée*.

Thésée.

Il imita *Hercule* dans ses travaux; comme lui il purgea la terre de monstres et de brigands, et rendit un service signalé aux Athéniens. *Minos* roi de Crète, exigeoit d'eux tous les ans, sept jeunes garçons et sept jeunes filles, qu'il livroit au Minotaure, monstre moitié homme et moitié taureau, fruit des amours impudiques de *Pasiphaé* sa fille. *Thésée* résolut d'affranchir sa patrie de ce tribut honteux et cruel. Il s'embarqua pour la Grète, déterminé à combattre le Minotaure, dont la mort devoit faire cesser le tribut. Ce monstre étoit renfermé dans un labyrinthe, dont il étoit comme impossible d'en démêler les détours. *Ariane*, femme de *Minos*, donne à *Thésée* un fil à l'aide du quel il sortit vainqueur du monstre, et emmena sa libératrice avec lui. Il l'abandonna dans une île déserte; mais *Bacchus* qui survint la consola. *Egée*, père de *Thésée*, avoit donné au pilote de son fils deux voiles, une blanche et une noire, avec ordre s'il réussissoit de mettre la voile blanche pour le retour. Le désir d'arriver, la joie du succès, firent oublier la précaution. *Egée* qui alloit sur les hauteurs guêter, pour ainsi dire, le retour de son fils, voyant la voile noire, se précipite, et de son nom cette mer fut appellée la mer Egée.

Thésée devenu roi par la mort de son père, se livra avec ardeur au gouvernement, afin de pouvoir se donner ensuite tout entier aux exploits militaires. Il partagea le peuple en trois ordres, nobles, laboureurs et artisans, prescrivit des loix, établit des magistras, et ne retint de l'autorité royale, que le commandement de l'armée.

On compte entre ses exploits, outre la victoire sur le *Minotaure*, la mort du taureau de Marathon, formidable par ses cornes et ses pieds d'airain, et qui souffloit la flame par les nazeaux, la défaite du centaure *Nessus*, sa descente aux enfers pour enlever *Proserpine*, à la prière de son ami *Pirithoüs*. Après ces exploits, il revint à Athènes, mais il trouva ses compatriotes peu reconnoissans des services qu'il leur avoit rendus. Le caractère républicain commençoit à germer chez eux. Ils furent prets à le livrer à un ennemi qui leur offroit la paix à ce prix. Obligé de fuir cette ingrate patrie, avec toute sa famille, *Thésée* mourut en exil.

Plusieurs rois lui succédèrent, et gouvernèrent avec douceur. Cette qualité étoit nécessaire au chef d'un peuple qui devenoit ombrageux et difficile. Le dernier se nommoit *Codrus*. Il les avoit gouvernés avec tant de justice, qu'ils prirent, quand il mourut, une résolution unique dans l'histoire, ce fut de ne plus avoir de roi, dans la crainte de ne pouvoir plus en trouver de semblable. On verra que comme république, ils se rendirent un des peuples les plus illustres de la terre.

BÉOTIE.

Béotie, entre l'Attique, la Phocide, les détroits de Negrepont et de Corinthe, L'air de la Béotie est épais, il influoit sur les habitans qui passoient pour peu spirituels. On ne sait qu'une de leurs coutumes, c'est qu'après avoir transporté la mariée chez son époux, on brûloit le timon du chariot devant sa porte, pour lui faire entendre qu'elle ne devoit plus en sortir. On voit dans ce pays le pas des *Thermopiles*, et l'antre de *Trophonius*, espèce de caverne. Ceux qui y étoient entrés ne rioient plus de leur vie.

Cadmus un de leurs premiers rois, leur apporta l'alphabeth de Phénicie, établit des écoles, enseigna le commerce, la navigation et le travail en cuivre. Il bâtit *Thebes*, au son de la lyre d'*Amphion*. Rois.
Cadmus.

Un oracle rendit la famille de *Laiüs*, criminelle et malheureuse. Il avoit prédit que le fils de ce roi et de *Jocaste* son épouse, tueroit son père. Celui-ci pour sauver sa vie, fit exposer son fils. Il fut élevé par des bergers qui le trouvèrent. Grandi sans connoître son père, il le tua par accident. *OEdipe* expliqua la fameuse énigme du Sphinx. « Quel est » l'animal qui marche à quatre pieds » le matin, à deux dans la journée, et » à trois le soir »? L'homme en récompense de son explication, dont s'ensuivit la mort du *Sphinx*, bête cruelle, femme et lion, qui devoroit les Thébains, ils engagèrent *Jocaste* leur reine, à épouser *OEdipe*. De ce mariage, dont l'inceste leur étoit inconnu, nacquirent *Etéocle* et *Polinice*, qui se haïrent dès le berceau. Thebes les vit en frémissant combattre sous ses murs, tomber sous le fer l'un de l'autre, et expirer en se plongeant encore le poignard dans le sein. *OEdipe*, quand il découvrit sa naissance, s'arracha les yeux, et *Jocaste* se tua. Fatigués de ces catastrophes, les Béotiens abdiquèrent la royauté.

ARCADIE.

<small>Arcadie, entre l'Elide, l'Argolide, la Laconie et Corinthe.</small> Les Arcadiens se disoient les plus anciens peuples de la terre, *et antérieurs à la lune*. Ils vivoient d'abord en sauvages, épars dans les bois. *Pélasgus* un de leurs rois, les rassembla en société, leur apprit à bâtir des cabanes; mais leur vie étoit extrêmement frugale, sans délicatesse et sans besoins. Cette sobriété en toute chose, les faisoit passer pour invincibles. Les Lacédémoniens demandoient à la Pythie, ce qu'il falloit faire pour les subjuguer. « Quand vous auriez pour vous, répondit-elle, Jupiter et tous les dieux, ne vous flattez pas de vaincre un peuple guerrier, dont la principale nourriture est le fruit du hêtre ». Les femmes accompagnoient les hommes à l'armée, et ceux-ci leur durent quelquefois leurs succès. Belliqueux par caractère, ils alloient chercher la guerre

chez leurs voisins, et se louoient à eux comme les Suisses.

De la vie agreste passés à la vie pastorale, les Arcadiens excelloient dans toutes les occupations de la campagne. Les hommes labouroient, semoient, offroient aux mouches l'asile des ruches, tissoient la laine ; les femmes pressoient le miel, pressuroient le lait, filoient le lin. Tout étoit en action dans ce pays, peut-être le plus beau du monde. En effet, l'Arcadie présentoit le tableau le plus riant et le plus animé; plaines fertiles, vallées fraiches, montagnes agréablement boisées, aspects enchanteurs, sources limpides, vertes prairies couvertes de troupeaux bondissans : enfin, toutes les richesses de la nature et aussi ses plaisirs.

Les Arcadiens les goûtoient et les chantoient. Leurs fêtes champêtres en l'honneur de *Pan*, dieu des bergers, leurs poésies pastorales, leurs danses ingénues, ont fait les délices des poëtes, qui se sont plû à les décrire. C'étoit un bonheur d'habiter ce charmant pays, un bonheur d'en rappeller le souvenir. Ces deux sentimens ont été heureusement exprimés par un peintre qui a représenté le tombeau d'une jeune bergère située dans un bocage sombre, avec ces mots que sans doute la douleur d'une mère a gravés : *et moi aussi j'ai vécu en Arcadie.*

Il nous reste une assez longue liste des rois Arcadiens ; mais rien de curieux ni d'intéressant sur aucun, sinon sur le dernier. Il se nommoit *Aristocrate*. Dans une guerre entre les Lacédémoniens et les Messéniens, il eut la lâcheté de trahir ceux qui étoient ses alliés, et de les livrer à leurs ennemis. Ses sujets indignés d'une perfidie si noire le firent mourir, traînèrent son cadavre hors de leur territoire, le jettèrent aux bêtes, et dressèrent dans un bois voisin une colonne avec cette inscription : *Le lâche qui a trahi les Messéniens, a enfin le sort qu'il méritoit ; c'est envain que la perfidie se flatte d'échapper au châtiment.*

THESSALIE ET PHOCIDE.

Thessalie, entre l'Epire, la Macédoine et la Grèce. Phocide, entre la Thessalie, et la mer de Corinthe.

Voisine de l'Arcadie, la Thessalie jouit des mêmes avantages, pureté d'air, fertilité, sites pittoresques. On y trouve la délicieuse vallée de Tempé, où les poëtes se sont plû à mettre le théâtre de leurs scènes pastorales. Agréablement située entre les monts *Ossa*, *Pélion* et *Olympe*, on la regardoit comme le jardin des *Muses*. Dans les champs de la Thessalie, se donna la fameuse bataille de Pharsale. Elle abondoit en bœufs et en excellens chevaux. Aussi les Thessaliens étoient-ils très-bons cavaliers. C'est leur adresse à manier les chevaux qui a fait imaginer la fable des centaures qu'on plaçoit dans leur pays. Cette habileté faisoit rechercher leur cavalerie, estimée la meilleure de la Grèce.

Ce pays a été couvert des eaux du tems de *Deucalion*. Tous ses sujets furent engloutis ; lui seul se sauva avec *Pirrha* sa femme. Fort embarrassés pour reproduire promptement le genre humain détruit par le déluge, ils reçurent des dieux ordre de jeter des pierres derrière eux. Celles que jetoit *Deucalion* se changeoient en hommes, et celles de *Pirrha* en femmes. Cette manière de peupler très-expéditive, l'étoit cependant encore moins que celle dont Jupiter gratifia *Caque*, roi des Myrmidons, peuple de la Thessalie. Une peste cruelle avoit emporté tous ses sujets. *Jupiter* touché de son chagrin lui en créa d'autres par son ordre. En un instant, les fourmis du canton furent converties selon leur sexe en hommes et en femmes qui s'établirent sur-le-champ dans les demeures des anciens habitans. L'Arcadie après un autre déluge avoit aussi été repeuplée par *Cadmus*, d'une manière fort étrange, dont les procédés lui étoient indiqués. Un énorme dragon, né du limon, devint l'origine de la génération. *Cadmus* le tua, laboura la terre, y sema ses dents, et vit sortir des hommes de ces sillons. Ils étoient armés, et commencèrent à se battre. Il en tomboit une multitude, *Cadmus* crut son labourage perdu; mais enfin il en resta sept qui firent la paix, et aidèrent *Cadmus* à repeupler. On ne dit pas où ils prirent des femmes.

Les Argonautes. 1714.
De *Pégasa*, ville et port de Thessalie, partirent les Argonautes pour conquérir la toison d'or. Elle étoit gardée par un taureau à pieds d'airain, qui vomissoit des flammes, et par un affreux dragon. *Jason*, neveu de *Pélias*, qui le chargea de cette expédition, bâtit un vaisseau qu'il nomma *Argo*, d'où est venu le nom d'Argonautes, et le monta avec une troupe de braves aventuriers, qu'il avoit ramassés. Arrivé en Colchide, Jason se présente au roi *Aëte*, dont le jardin renfermoit le trésor, et signifie l'ordre qu'il a reçu de l'enlever. « J'y
» consens, répond *Aëte*, mais en rem-
» plissant les conditions que je vais vous
» dire. Voilà des dents de dragon, de
» celles qui sont restées à Cadmus.
» Vous atellerez le taureau qui garde
» la Toison; vous labourerez la terre,

» vous y semerez ces dents. Il en naîtra
» des guerriers, si vous venez à bout
» de les vaincre et de les tuer, il ne
» vous restera plus qu'à endormir le
» serpent monstrueux qui garde la toi-
» son, et elle est à vous ».

Ces étranges conditions inquiétoient Jason. La magie et l'amour le tirèrent d'embarras. Il inspira une violente passion à *Médée* fille d'*Aëte*, très-habile magicienne. Elle lui donna les moyens de dompter le taureau, et de se défaire des hommes armés; il lui suffit de leur jeter des pierres, et d'endormir le serpent. Il enleva la toison, et *Médée* s'enfuit avec lui. Son père la poursuivoit, elle déchire son jeune frère *Absyrthe*, qu'elle avoit emmené, et sème les membres derrière elle sur le chemin. Le père, comme elle l'avoit prévu, s'arrête pour les ramasser, et donne ainsi à sa fille le tems de s'évader.

Arrivée en Thessalie, *Médée* y trouva deux vieillards, *Aeson*, père de Jason son époux, et *Pélias* son oncle, qui rétenoit le trône par usurpation, et n'avoit envoyé son neveu à la conquête de la Toison d'or, que dans l'espérance qu'il y périroit. *Jason* pria *Médée* de rajeunir son père. Elle fit couper le vieillard en morceaux, les jeta dans un vase d'airain, avec des herbes dont elle connoissoit la vertu, les fit bouillir, et moyennant quelques paroles, *Aeson* sortit de l'airain, sain, vigoureux, orné de toutes les graces de la jeunesse. Les filles de *Pélias* voyant cette espèce de résurrection, demandèrent la même grace pour leur père. *Médée* se prêta à leurs désirs, et leur prescrivit le procédé qu'elle venoit d'employer. Elles n'hésitèrent pas, hachèrent aussi leur père, le firent bouillir; mais la magicienne supprima ou les herbes ou les paroles vivifiantes, et laissa à ces malheureuses le regret d'avoir sacrifié leur père sans succès. Ainsi *Médée* vengea *Jason* son époux, et le plaça sur le trône que son oncle lui avoit ravi. L'expédition des Argonautes, passe pour un voyage de commerce qui produisit aux Thessaliens de grandes richesses, mais achetées par de grandes difficultés. Il est précieux pour l'histoire, parce qu'il a une date certaine.

Achille. Achille fut roi de Thessalie. La déesse *Thétis*, sa mère, sut que s'il alloit au siége de Troye, il y seroit tué; mais que Troye ne pouvoit être prise sans lui. Certaine que les Grecs ligués voudroient l'avoir, elle l'envoya à la cour de *Lycomède*, roi de Scyros, vêtu en fille. Il ne put y être caché pour Ulysse. Ce prince adroit alla déguisé en marchand, offrir des bijoux à acheter aux filles de *Lycomède*. Il y avoit mêlé des armes. *Achille* ne les eut pas plutôt apperçues, qu'il se jeta dessus, et se fit ainsi découvrir. Au reste, son sexe n'avoit pas été méconnu à toutes les filles de cette cour.

Les Thessaliens et les Phocéens étoient ennemis acharnés. Les premiers l'emportoient par la cavalerie ; mais quand les Phocéens pouvoient les attirer dans leurs montagnes, ils étoient sûrs de la victoire. Le caractère dominant des Phocéens paroît avoir été l'opiniâtreté. Ils ne savoient ce que c'étoit que céder. Dans une occasion, pressés par les Thessaliens, ils enfermèrent les statues de leurs dieux, leurs femmes et leurs enfans dans une ville, avec ordre à des esclaves qu'ils laissèrent auprès, d'y mettre le feu s'ils étoient vaincus. Leur résolution devint fameuse sous le nom de *désespoir Phocéen*. Dans une autre circonstance, ils tinrent tête à toute la Grèce, qui les avoit condamnés à une amende pour avoir labouré une terre consacrée à Apollon. Ils furent battus, revinrent à la charge, et battus encore ; on aima mieux les laisser tranquilles que d'éprouver les effets de désespoir dont ils étoient capables.

Apollon, dont ils respectoient si peu les propriétés, avoit cependant au milieu

Delphes.

d'eux, dans la ville de Delphes, son principal temple. Ce n'étoit dans l'origine qu'un trou caverneux dont il sortoit une exhalaison qui fut remarquée, parce qu'elle excitoit des mouvemens extraordinaires dans les chèvres qui en approchoient. Les bergers furent curieux, approchèrent aussi. Saisis d'une espèce de transport, ils sautoient comme des insensés, disoient des choses extraordinaires, quelques-uns se jetèrent dans la caverne. Pour prévenir ces accidens, on couvrit l'ouverture d'une machine faite en forme de trépied, qui n'empêchoit pas l'exhalaison. Sa vertu devint célèbre. On rafina les moyens de recevoir la vapeur qui produisoit des effets divins, et les phrases peu intelligibles prononcées par la prétresse qu'on y alloit consulter, furent traitées d'oracles. La Phocide possédoit les monts *Parnasse* et *Cithéron*, séjour des Muses, et étoit arrosée par le *Céphise*, célébré par les poètes.

CORINTHE.

Corinthe, entre le Péloponèse et la mer.

L'état de Corinthe n'étoit qu'une montagne couronnée par une citadelle, la capitale au bas, et une ville sur chacun des côtés de l'isthme, par où le promontoire se joignoit à la terre ferme : position admirable, qui rendoit Corinthe le centre du commerce de toute la Grèce, et par conséquent des richesses. Les arts y étoient portés au dernier degré de perfection. Le plus élégant des ordres d'architecture a retenu le nom de *Corinthien*.

Avec les arts, régnoient le luxe et la débauche. Les courtisannes mettoient un prix excessif à leurs complaisances, et elles trouvoient des acheteurs. Un homme cependant auquel on proposoit un de ces honteux marchés, répondit: *Je n'achète pas si cher un repentir*. C'est aussi de la difficulté d'atteindre à ces faveurs, qu'est venu le proverbe: *Il n'est pas permis à tout le monde d'aller à Corinthe*.

Ce petit état s'est fait craindre de toute la Grèce, par les soldats mercénaires que ses richesses le mettoient en état de soudoyer. Ils en réservoient le commandement à leurs citoyens; et il est sorti de cette école des généraux célèbres.

Le sceptre n'a pas toujours été dans la même famille, ni toujours porté avec une égale autorité. Le premier roi fut *Sisiphe*, que *Thésée* tua, et que *Jupiter* condamna, après sa mort, à des efforts non interrompus, pour faire arriver au haut d'une montagne une grosse pierre qui roule en bas sitôt qu'elle est prête à toucher le sommet.

On retrouve ici *Jason* et *Médée* fuyant la Thessalie, d'où ils étoient chassés. *Jason* y devint amoureux de *Glaucé*, fille du roi. La magicienne, furieuse, tue les enfans qu'elle avoit de *Jason*, embrâse le palais, et bravant la colère de son mari, se sauve dans un char traîné par des serpens. *Bellerophon*, fils d'un roi de Corinthe, est célèbre par deux exploits. Il vainquit les Amazones, et tua la chimère. Pour cette dernière action, *Minerve* lui procura le cheval *Pégase*, et lui apprit à le manier. Il voulut s'élever jusqu'au ciel; mais il fut précipité, et mourut aveugle.

Corinthe étoit ornée de temples, de palais, de portiques, de théâtres, de bains, de fontaines, de tombeaux, et d'autres édifices superbes. Les eaux élevées à grands frais sur les montagnes, retomboient par des canaux de marbre qui les distribuoient dans la ville. La citadelle étoit de la plus grande force. Elle a été long tems imprenable. On remarque que les Corinthiens ne firent point de conquêtes. Il semble qu'ils ne fussent armés que pour tenir la balance entre leurs voisins, et les forcer de garder l'équilibre. Les grandes richesses acquises par le commerce, éclipsèrent chez eux la royauté, qui finit par une aristocratie sous des magistrats annuels.

LACÉDÉMONE.

Laconiens étoit le nom primitif des habitans de ce pays. *Spartiates* le second, tiré de Sparte la capitale, et *Lacédémoniens*, le troisième, d'un de leurs premiers rois. Il y avoit sur la côte beaucoup d'excellens ports, et l'*Eurotas*, la principale rivière, étoit navigable jusqu'à Sparte. Le pays est montueux, fertile en pâturages, mais peu favorable à l'agriculture. Les Lacédémoniens étoient un peuple courageux, sachant également faire la guerre par terre et par mer; haïssant la fénéantise et le luxe, jaloux de son honneur et de sa liberté, aussi bien que du pouvoir de ses voisins.

<small>Laconie, entre le Péloponèse, l'Arcadie, la Messénie, et la Méditerranée.</small>

Ils furent d'abord gouvernés par un seul roi. Des intérêts de famille établirent deux souverains qui ne commandoient pas alternativement, ou dans des parties différentes du royaume, mais qui occupoient ensemble le même trône. Ce gouvernement, si exposé aux dissentions, dura cependant sous plus de cinquante rois; mais les troubles furent continuels; chaque prince tâchoit de s'attirer la bienveillance du peuple, pour l'emporter en puissance sur son compagnon. L'anarchie étoit à son comble, lorsque *Lycurgue* fut engagé à régler le gouvernement. Il n'osa, ou ne put détruire la dualité de commandement; mais il établit un sénat supérieur aux deux rois, et qui tenoit la balance entre eux.

On trouve de grands noms parmi les anciens rois de Lacédémone. *Tindare*, père de *Castor* et *Pollux*, d'*Hélène* et de *Clytemnestre*. On sait qu'il n'eut pas à se louer de la vertu de ses deux filles, dont l'une se laissa souvent enlever, et l'autre tua son mari pour épouser son amant. A *Tindare* succédèrent *Castor* et *Pollux*, célèbres par leurs exploits; *Ménélas*, frère d'*Agamemnon*, qui provoqua la guerre de Troye. *Amycleus*, moins connu, bâtit la ville d'Amyclée. Il arriva qu'on y entendoit souvent, pendant la nuit, un bruit pareil à celui de gens de guerre qui entrent dans une place. Les citoyens s'en inquiétèrent. Ils se portoient sur le lieu, et ne trouvoient rien. Las de ces fausses alarmes, ils défendirent par une loi de se mettre dans ces occasions sur une défensive qu'ils croyoient inutile. Mais les *Doriens*, avec lesquels ils étoient en guerre, les détrompèrent. Peut-être n'ignoroient-ils pas la cause de ces bruits; mais qu'ils la sussent ou non, ils profitèrent de la loi, et sur-

Amicleus.

prirent la ville sans défense. Les Amicléens méritoient bien un pareil sort : peuple superstitieux et crédule, attaché à la doctrine de *Pythagore*, qui défendoit de tuer aucun animal ; ils se faisoient scrupule de détruire les serpens, qui les déchiroient par des morsures cruelles.

Soüs, un des derniers rois lacédémoniens de ces tems fabuleux et héroïques, se trouvoit renfermé avec son armée dans un endroit sec et aride. Il offrit à l'ennemi de lui rendre tout ce qu'il lui avoit pris, si on le laissoit, lui et son armée, boire à une source voisine. La condition étant acceptée, *Soüs* assemble ses soldats, et propose de remettre sa couronne à celui qui s'abstiendroit de boire. Il ne s'en présenta aucun. Quand ils eurent tous bu, le roi prit de l'eau dans le creux de la main, et s'en arrosa seulement le visage. La victoire qu'il remporta sur la soif ardente qui le dévoroit, annulla le traité ; il garda son butin et ses conquêtes. Alors il n'y avoit chez les Lacédémoniens qu'un roi. On ignore le tems où ils ont commencé à en avoir deux : ce qui les a amenés à un état républicain qui les a rendus si fameux.

Soüs.

ELIDE.

Elide, entre le Péloponèse la mer Ionienn:, l'Arcanie et l'Achaïe.

On fait descendre les habitans de l'Elide d'*Elisea*, fils de *Javan*, petit-fils de *Japhet*. En général, tous les habitans des cantons autour du Péloponèse passoient pour avoir été aborigènes, c'est-à-dire, fixés dans le lieu depuis le déluge, sans mélanges d'étrangers. Ils trouvoient sur leurs côtes un coquillage qui donnoit de la pourpre aussi belle que celle des Syriens.

Dans les plaines Olympiques se célébroient les jeux de ce nom, si fameux en Grèce, et qui ont fourni aux chronologistes une époque et des dates certaines. Les Eléens et les Piséens se battirent pour le droit de célébrer ces jeux. Il demeura aux premiers, chez qui étoit la ville d'Olympie, et le temple dédié à *Jupiter Olympien*.

Hercule nettoya en Elide les écuries du roi *Augyas*. C'étoit un des travaux qui lui étoient imposés, et ce n'étoit pas le moindre, à en juger par la quantité de ses bestiaux, qu'on fait monter à cent mille pièces. Le demi dieu n'eut que la peine de détourner une rivière qu'il y fit passer, et qui emporta les immondices.

ÉTOLIE.

Sur les bords d'Evene, fleuve d'OEtolie, *Hercule* tua le Centaure *Nessus*, qui lui enlevoit *Niobé*, son épouse. Ce pays est raboteux, semé de montagnes, dont quelques-unes étoient si escarpées, que sans murailles ni fortifications, elles servoient en tems de guerre d'asiles où chacun venoit apporter ce qu'il avoit de plus précieux. Ils avoient besoin de ces refuges pour recéler le butin qu'ils faisoient dans les incursions sur leurs voisinages. Rarement ils étoient en paix, et ces sortes d'expéditions étoient leurs principales guerres. Les habitans de *Pleuron*, une de leurs principales villes, se rasoient le devant de la tête, pour ôter toute prise à leurs ennemis ; mais ils laissoient croître leurs cheveux par-derrière, afin que ces mêmes ennemis pussent les saisir par là, s'ils avoient la lâcheté de s'enfuir.

Étolie, entre le Locrie, la Phocide, l'Acarnanie, et la baie de Corinthe.

LOCRIE ET DORIDE.

L'air de ces petits pays est sain et doux, le territoire propre à l'agriculture. Il y a beaucoup de montagnes, mais aussi de vastes plaines. Les Doriens ont été

La Locrie, près de la Phocide.
La Doride, entre la Thessalie, la Phocide et l'Œtolie.

conquérans, et se sont fait redouter au-delà de leur voisinage.

ACHAIE.

L'Achaie, entre&cyclone l'Élide, l'Arcadie et Corinthe.

Pour terminer ce qu'il suffit de savoir sur les tems fabuleux de la Grèce, prétendus héroïques, on dira que la plupart des rois dont on a parlé, à plus forte raison ceux qu'on a omis, n'étoient que de petits chefs de peuplades, souvent chefs de brigands. L'imagination des poëtes, la flatterie des historiens, ont embelli leurs exploits, qui, envisagés de près, ne sont la plupart du tems que des violences et des injustices. Il ne nous reste rien des rois Achaiens; on sait seulement que ce peuple, sage au milieu du délire général, se gouvernoit par des assemblées régulières, qui devinrent par la suite le centre des délibérations de la Grèce entière.

ATHÉNIENS.

Archontes.

Après avoir légèrement esquissé les tems fabuleux et héroïques des républiques de la Grèce, nous allons présenter le tableau des principales.

On a vu que les Athéniens, désespérant de trouve jamais un roi aussi bon que *Codrus*, prirent la singulière résolution de n'en plus avoir; mais par reconnoissance ils placèrent dans sa famille la dignité de leur premier magistrat, qu'ils nommèrent *Archonte*. Ils fixèrent la durée de cette charge pour la même personne à dix ans. La famille de *Codrus* s'étant éteinte, ils rendirent cette magistrature annuelle, et au lieu d'un, ils élurent neuf archontes, qui avoient chacun un département séparé. Ils étoient choisis par le peuple, mais pris dans le corps de la noblesse. Alors les Athéniens n'avoient point de loix écrites; le magistrat jugeoit selon la notion, qu'il avoit du juste et de l'injuste. *Dracon* parut, et écrivit un code.

Il étoit archonte et d'une naissance illustre. On l'a accusé de sévérité et même de cruauté. Ses loix, dit-on, étoient écrites avec le sang. Cependant il a pris pour base ces principes déjà révérés chez les Athéniens, et qui, bien expliqués, pourroient suffire : *Honorez vos parens, adorez les dieux, ne nuisez pas aux animaux.* Il condamnoit impitoyablement à la mort tous ceux qui violoient les loix, et en confia l'exécution à des magistrats nommés *Ephètes*. Les choses inanimées même, n'échappoient pas à sa sévérité. Une statue étant tombée sur un homme qu'elle tua, fut con-

Dracon. 2375.

damnée au bannissement, et personne n'osa la garder. Soit qu'il ait voulu soutenir ses institutions avec trop de fermeté, soit pour d'autres raisons, *Dracon* fut banni lui-même. Il se retira à Egine. La faveur des Eginètes lui fut plus funeste que n'avoit été la haine des Athéniens. Il expira étouffé sous la quantité de robes, bonnets et habillemens qu'on lui jeta en témoignage d'estime, comme c'étoit l'usage de ce tems.

On remarquera qu'à Athènes, il y avoit presque toujours guerre en dedans et guerre au dehors; que les agitateurs du peuple le laissoient rarement tranquille; que tantôt ils l'effrayoient par de sinistres présages, tantôt ils l'enivroient, pour-ainsi-dire, de plaisirs, de fêtes publiques accompagnées de sacrifices d'expiations et de cérémonies; espèces de sortiléges faits pour charmer la multitude.

Solon.

Il falloit de l'extraordinaire au peuple d'Athènes: *Solon*, ce grand législateur, le savoit si bien, qu'il commença sa mission par une action qui pourroit passer pour folie. Les Mégariens avoient pris Salamine sur les Athéniens; ceux-ci las des tentatives inutiles qu'ils avoient faites pour la reprendre, décernèrent peine de mort contre quiconque en feroit la proposition. *Solon*, ou parce qu'il sentoit l'importance de cette conquête, ou parce qu'il avoit besoin d'un coup d'éclat pour se faire connoître, court à la tribune aux harangues, en désordre, le bonnet de nuit sur la tête. Le peuple frappé de ce spectacle, le suit en foule. Il avoit composé une pièce de vers, dont le sujet étoit la reprise de Salamine; il la débite avec feu; son enthousiasme passe chez les auditeurs, et l'attaque de Salamine est résolue: Solon fut chargé de l'expédition, elle réussit. D'autres victoires lui acquirent la réputation d'habile guerrier; mais la qualité qui a mérité à *Solon* une renommée que les siècles n'ont pu effacer, est celle de législateur d'Athènes.

Cette ville toujours en proie aux divisions, étoit alors tourmentée par la plus dangereuse de toutes, savoir l'insurrection des pauvres contre les riches. Ceux-ci prêtoient leur argent à une grosse usure, exigeoient rigoureusement leur paiement, de sorte, que les débiteurs qui se trouvoient insolvables, étoient ou obligés de se vendre eux-mêmes à leurs créanciers, où étoient vendus malgré eux, et transportés hors de leur patrie. Désespérés par cette dureté, les débiteurs déclarèrent, qu'ils prétendoient réformer le gouvernement, délivrer ceux que leurs créanciers avoient réduits à l'esclavage, et faire une nouvelle répartition des terres. Ils cherchoient un chef, *Solon* se présenta à leur esprit.

Sa douceur, sa modération, le faisoient également aimer et estimer des deux partis. Un mot qu'il répétoit souvent, et que chaque parti s'appliquoit, lui avoit gagné la confiance : « l'égalité, disoit-il, ne cause » point de division ». C'est l'égalité du pouvoir, disoient les riches, c'est l'égalité des richesses, disoient les pauvres. Ainsi d'un commun accord, tous le choisirent pour régler leurs intérêts ; les riches, parce qu'il étoit riche ; les pauvres, parce qu'il étoit juste.

Plusieurs personnes l'exhortoient à profiter de l'occasion pour se placer sur le trône : « Il m'est glorieux, disoit-il » dans la suite à ses amis, de n'avoir » pas souillé ma réputation du nom de » tyran. Il n'a tenu qu'à moi de porter » un coup mortel aux Athéniens, et je » n'en ai rien fait ; aussi n'ai-je garde de » rougir d'une conduite que peu d'autres » auroient tenue à ma place ». Il se contenta de la dignité d'Archonte qui lui fut unanimement déférée, sans élection.

Son premier soin fut de calmer l'effervescence, en accordant aux pauvres une satisfaction qui ne fut pas trop onéreuse aux riches. On croit qu'il y parvint par une opération de finance, qu'il appela *décharge*. Deux choses lui suffirent : diminuer l'intérêt de l'argent, et en hausser la valeur : par la diminution de l'intérêt, le pauvre se trouva devoir moins ; par la hausse de l'argent, il lui fut plus facile de s'acquitter par son travail, et le riche n'éprouva pas un ébranlement trop considérable dans sa fortune.

Sans doute cet expédient qui put bien suffire pour le moment, ne détruisit pas toutes les prétentions du peuple. L'égalité dans la possession des terres, lui tenoit toujours à cœur. *Solon* fut obligé de composer pour-ainsi-dire avec lui. Il prononça l'abolition de toutes les dettes, à condition que les terres resteroient aux propriétaires, comme elles étoient possédées. Trois de ses amis auxquels il avoit fait part de son projet avant de le proposer à l'assemblée du peuple, avoient commis l'infidélité d'emprunter de grosses sommes, et d'en acheter des terres. On crut, quand on s'en apperçut, que *Solon* étoit d'intelligence avec eux, et il courut des risques ; mais on lui rendit justice, et on admira d'autant plus sa probité et sa bonne-foi, quand on vit qu'il perdoit de grosses sommes qu'il avoit mis à intérêt, et qu'il auroit pu retirer en achetant des terres avant qu'on fut dispensé de le rembourser, et que par sa propre loi il étoit presque ruiné.

« J'ai été votre favori, disoit-il, dans ce

» moment, au peuple ; vous me regar-
» dez actuellement d'un œil courroucé :
» aurois - je dû m'attendre à être ainsi
» récompensé de mes services » ? Les
Athéniens reconnurent leur faute, ils
instituèrent un sacrifice solennel pour
perpétuer le souvenir de leur acquies-
cement à l'institution de *Solon*. Ils lui
conférèrent en même tems la charge de
législateur, et l'autorisèrent à faire des
loix, et à modifier selon sa sagesse, celles
qui étoient déjà établies.

Les loix de *Solon* pour le gouvernement sont courtes et claires : la souveraineté à la totalité du peuple, l'exécution
des loix aux principaux. Le peuple partagé en quatre classes : les trois premières fixées et séparées par la proportion des richesses ; la quatrième, composée de ceux qui n'ont rien. Ils ne
pourront posséder de charges, mais ils
opineront dans l'assemblée du peuple.
Solon eut soin de laisser quelqu'obscurité dans les loix, afin que l'obligation
de consulter le peuple, donnât à la dernière classe assez d'influence pour la
contenter. Le conseil de l'*Aréopage*,
composé de cent hommes émérites des
fonctions publiques, étoit chargé de veiller au maintien de la constitution, et un
conseil de quatre cents hommes tirés de
chaque classe, d'examiner toute de-

mande avant qu'elle fut portée au peuple, et de décider, si elle devoit lui être présentée. Ainsi, Solon refrénoit l'ambition des riches par l'aréopage, et la licence excessive du peuple par le conseil : aussi s'applaudissoit-il de ces bases de son gouvernement, qui en effet sont très-sagement posées. « J'ai donné au
» peuple, disoit-il, une autorité suffi-
» sante. Je n'ai ni accordé rien de trop,
» ni ôté rien de juste à personne par
» mes loix ; j'ai contenu dans de justes
» bornes ceux qui surpassoient les au-
» tres, en pouvoir ou en richesses ; par
» ce moyen, j'ai conservé à chacun ce
» qui lui appartenoit, et n'ai fait tort ni
» aux grands, ni aux petits ».

Solon donna encore une loi qu'on doit regarder comme le palladium de son édifice politique. Elle paroît outrée au premier coup-d'œil ; mais elle est réellement d'une profonde sagesse ; en voici les termes : « Si le peuple animé d'un
» esprit de faction se divise en deux
» partis, en sorte qu'on prenne de part
» et d'autre les armes, et qu'on en
» vienne aux voies de fait, et qu'il y ait
» en ce tems-là quelqu'un qui refuse
» de prendre parti, et qui tâche de se
» soustraire aux calamités qui envelop-
» pent son pays ; cet homme sera con-
» damné à un bannissement perpétuel,

« et a perdre tous ses biens ». L'expérience de tous les siècles a justifié cette loi politique. Ceux qui dans un moment de commotion, par crainte ou par indifférence, s'abstenant de prononcer leur opinion, ont obéi sans résistance au mouvement qu'on leur imprimoit, se sont toujours repenti, mais trop tard de leur indolence, lorsqu'ils ont vu le gouvernement bouleversé, et le parti vainqueur imprimer sans pitié sur leur front l'anathéme de la proscription et de la mort.

Après avoir réglé la forme générale de la république, *Solon* donna aux Athéniens un corps de loix. Elles ont été si estimées, que les Romains envoyèrent des ambassadeurs chargés de les transcrire pour l'usage de la république. Par les Romains elles ont passé aux autres nations, et sont devenues comme le code de l'univers. Nous citerons quelques-unes des plus propres à faire connoître les mœurs.

Le plus proche parent d'une héritière peut la demander en mariage : elle a le même droit à son égard ; sur le refus de l'homme, qui pour lors est obligé de lui payer une espèce d'amende, elle aura recours au plus proche après, et celui qui la prendra sera tenu de la traiter maritalement au moins trois fois par mois.

Le législateur appréhendoit apparemment que celui qui l'auroit prise uniquement par obéissance à la loi, ne se crut dispensé dans le particulier de ses obligations. Une fille, sans doute non héritière, n'apportera à son mari que trois robes et quelques meubles de peu de valeur, de peur que le mariage ne dégénère en trafic. Le marié et la mariée seront enfermés dans un appartement et y mangeront un coing. Le coing rend l'haleine douce. C'étoit un avertissement de ne se dire que des choses agréables. Défense de dire du mal des morts. Il fit des réglemens pour restreindre le luxe des funérailles qui étoit ruineux. Les femmes n'accompagneront pas les défunts à la sépulture, qu'elles n'aient au moins trente ans; elles ne s'égratigneront point le visage, excepté pour leurs parens. On pourra désormais faire des testamens; mais ceux qui sont adoptés ne disposeront pas des biens appartenans à la famille où ils ont été incorporés.

Défense sévère de dire des choses choquantes dans les temples, dans les lieux où se rend la justice, et dans les théâtres pendant les jeux, de peur que le recueillement, le respect dû à la joie publique et aux loix, ne soient altérés. Les femmes ne voyageront pas la nuit sans flambeau. Un fils ne sera pas obligé de nourrir son père, si son père ne lui a pas fait apprendre un métier. L'aréopage aura soin de s'informer des moyens dont chacun use pour subsister. Permis à tout homme d'intenter action contre un autre, pour crime d'oisiveté, et celui qu'on trouvoit trois fois coupable, étoit déclaré infâme. Le mari pouvoit tuer celui qu'il surprenoit avec sa femme; la femme surprise étoit privée du plaisir de mettre des parures; et si elle en mettoit, il étoit permis de les lui arracher, même de la battre. Il n'y avoit que des amendes pour celui qui prostituoit des filles, même la sienne; mais l'amende n'étoit pas prononcée quand le père l'avoit trouvée auparavant avec un galant.

Les loix, tant pour conserver sa propriété, que pour ne pas empiéter sur celle des autres, n'y point causer de dommage, étoient circonstanciées de manière à prévenir ou à réprimer toute infraction. Le dissipateur qui se trouve par sa faute hors d'état d'aider ses parens, est déclaré incapable d'aucune place. Comment celui qui n'a pas su gouverner son bien, pourroit-il gouverner celui de l'Etat? Défense à ceux qui fréquentent les femmes de mauvaise vie, de haranguer en public. Un homme sans pudeur, pourroit-il prétendre à la confiance du peuple? Démosthènes revendiqua avec force l'exécution de cette loi contre un orateur dont il craignoit l'éloquence.

Le tuteur ne pourra pas épouser la mère de son pupille; le graveur ne pourra garder l'empreinte des cachets qu'il vend, afin qu'il ne puisse en contrefaire. Le voleur de jour, sera livré à la justice; celui de nuit, on peut le tuer en le poursuivant. Le vol dans le lycée, l'académie, et les ports, dont les effets sont censés confiés à la foi publique, étoit puni de mort. Un Archonte qui étoit le magistrat suprême, paroissant ivre en public, puni de mort. A quoi seroit-il bon après s'être rendu un objet de mépris? Un homme qui continuera de vivre avec sa femme surprise en adultère, sera déclaré infâme. Celui qui refuse d'aller à la guerre, qui se sauve de l'armée, ou qui s'y conduit lâchement, ne portera ni couronne, ni guirlande, et ne pourra être admis en aucun lieu d'assemblée solennelle. Si un citoyen fait tort à un autre, tout Athénien peut l'attaquer et le traduire en justice, quand même l'homme lésé se seroit accommodé, et ne se plaindroit pas. Peu de loix sur la religion; mais les magistrats s'engageoient par serment à les faire observer. Aucune contre le parricide. « Un Athénien, » disoit *Solon*, seroit-il capable d'un pareil crime »?

Telle est l'esquisse des loix de *Solon:* Elles marquent un grand jugement, et une grande connoissance des hommes. Cependant, interrogé sur ce qu'il en pensoit lui-même, il répondit : « Je ne » me flatte pas d'avoir donné aux Athé- » niens les meilleures loix possibles ; mais » je leur ai donné les meilleures qu'ils » étoient en état de recevoir ». Il les fit ratifier par l'assemblée du peuple pour cent ans, acheta un vaisseau, sous pré- texte de commerce, obtint permission de s'absenter pour dix ans, et quitta Athènes.

Athènes. Il y a peu de villes qui aient conservé des monumens aussi entiers de son an- cienne splendeur, qu'en présente Athè- nes. Il est agréable pour les voyageurs, en se promenant entre ces restes au- gustes, de pouvoir se dire : ce temple d'un si beau marbre, fait avec tant d'art, qui a résisté aux outrages du tems, est l'ouvrage de *Périclès*, dédié à *Minerve*, protectrice d'Athènes. Cet autre voi- sin, aussi bien conservé, est celui de *Neptune*. Il semble encore voir les jeunes Athéniens accourir dans celui de *Thésée*, pour faire leurs exercices, et les esclaves y chercher un asyle contre la cruauté de leurs maîtres. En admirant le *Panthéon*, on regrette les deux che- vaux, ouvrage de *Praxitelle*, qui en ornoient l'entrée. Sous ces portiques, dont les ruines inspirent encore le respect, les stoïciens, les académiciens, les péripatéticiens, écoutoient les leçons des *Aristote*, des *Zénon*, des *Socrate* et des *Platon*. Ici *Démosthènes* découvroit, confondoit les projets de *Philippe* contre la liberté. Là, *Alcibiade* racontoit ses victoires; plus loin, s'assembloit l'*Aréopage*, qui les jugeoit tous.

On est étonné du grand nombre d'Athéniens qui étoient employés dans l'administration et dans la police. Tous étoient payés par le trésor public, mais pas assez chèrement pour qu'ils pussent se passer d'un autre moyen de subsistances; de sorte qu'on est encore à trouver qu'elle étoit la source de l'aisance des trois premières classes. Ce ne peut être l'agriculture, car le sol de l'Attique étoit ingrat, et pouvoit tout au plus fournir aux besoins et non aux richesses, à moins qu'ils ne prissent des domaines sur les pays conquis dans leur voisinage, comme font les Vénitiens dans la Terre-Ferme. Leurs richesses étoient donc principalement le fruit des contributions et du butin; ainsi on ne doit plus être surpris qu'ils fussent presque toujours en guerre. *Solon* ne toucha point à cet article; dans ses loix, on n'en voit aucune qui prescrive la justice qu'on doit aux étrangers et les motifs qui doivent autoriser ou défendre la guerre.

Quand il revint de ses voyages, il trouva l'édifice pour lequel il avoit pris tant de peine, chancelant et prêt à s'écrouler. Les anciennes factions s'étoient renouvellées; toutes lui firent la cour, affectèrent de lui témoigner le plus grand respect, le conjurant de reprendre son autorité, et d'appaiser les troubles. Il refusa cette commission, alléguant son grand âge. Cependant il vit les chefs, et les conjura dans les termes les plus pathétiques, de ne pas porter un coup mortel à leur mère commune; mais de préférer l'avantage public à leur intérêt particulier.

Pisistrate, 2439.

De tous les grands, *Pisistrate* étoit celui qui paroissoit le plus touché des discours de *Solon*. Ils étoient parens et intimes amis, et avoient plusieurs traits de conformité dans leur caractère. *Pisistrate* étoit excessivement honnête, affable et généreux. Il avoit toujours autour de lui deux ou trois esclaves qui portoient des sacs d'argent. Quand il rencontroit des hommes pauvres, il alloit au-devant de leurs besoins. Ceux que la misère paroissoit plonger dans la tristesse, il leur fournissoit de quoi gagner du pain; mais pas assez pour vivre dans l'oisiveté. Il avoit toutes les qualités qui convenoient à un grand. Son jardin et ses vergers étoient ouverts à tout le monde; on pouvoit s'y promener et y cueillir des fruits. Il se montroit zélé défenseur de l'égalité entre les citoyens, se déclaroit contre toute innovation, et mettoit beaucoup de douceur et de modération dans sa conduite. *Solon* démêla le but de ses artifices; cependant il ne voulut pas rompre avec lui, espérant le ramener. *A votre ambition près*, lui disoit-il quelquefois, *vous êtes le meilleur citoyen d'Athènes*. Quand *Solon* vit que ses discours ne faisoient aucune impression sur *Pisistrate*, il les tint à d'autres, afin qu'on fut en garde contre lui, et que ses bonnes qualités ne devinssent pas funestes à sa patrie.

Dans ce tems parut *Thespis*, qu'on croit l'inventeur de la tragédie. Les citoyens couroient à son spectacle; le théâtre est toujours utile aux factions. *Solon* y alla comme les autres. En sortant, il dit à *Thespis* : « N'avez-vous
» pas honte de débiter tant de men-
» songes? Quel mal? dit *Thespis*, ne
» sait-on pas que ce sont des fictions
» poétiques? et que c'est un jeu ». « Oui, répartit *Solon* en donnant un grand coup de son bâton contre terre; « mais
» si nous souffrons ce jeu, il passera

» bientôt dans nos affaires les plus sé-
» rieuses ».

Ce que *Solon* avoit prévu de *Pisistrate*, ne manqua pas d'arriver. Ce fin politique remarquant l'attachement du peuple, résolut d'en profiter pour se mettre sur le trône. Il se sauva un jour dans la place où le peuple étoit assemblé, comme s'il étoit poursuivi, et montra quelques légères blessures qu'il disoit lui avoir été faites; mais qu'il s'étoit faites lui-même. Il demanda des gardes. *Solon* s'y opposa, et dit tout ce qui se pouvoit pour ouvrir les yeux aux Athéniens sur les conséquences de la demande. *Pisistrate* parla ensuite, son discours fut reçu avec de grands applaudissemens. *Solon* se contenta de dire: *Rien de plus doux que ses paroles*. Le peuple s'échauffoit. Les riches, qui voyoient bien la tournure que l'affaire alloit prendre, ne disoient rien. *Solon* se retira.

Sitôt qu'il fut sorti, on accorda quatre cents hommes de garde à *Pisistrate*. Il ne tarda pas à s'en servir pour s'emparer de la souveraineté. Voici la ruse qu'il employa. Il indiqua une assemblée, et invita le peuple à y venir avec ses armes. Quand l'assemblée fut formée, il se mit à haranguer à voix basse. Le peuple se plaignit de ne pas l'entendre.

C'est, dit-il, *le bruit des armes*. Il les pria de les déposer dans un temple voisin. Quand elles y furent, ses gardes s'en emparèrent, et il se fit déclarer roi. *Solon* fit encore dans cette occasion de la résistance, assez même pour que *Pisistrate* en marqua de l'étonnement. *Qui vous a inspiré tant de hardiesse ?* dit-il à *Solon*. *Ma vieillesse*, répondit-il.

Du reste, on ne peut rien de plus honnête que la conduite que gardèrent à l'égard l'un de l'autre *Pisistrate* et *Solon*. A la vérité, celui-ci quitta Athènes; mais l'autre tenta l'impossible pour le faire revenir. Il tâcha de se justifier auprès d'un homme qu'il estimoit, lui remontra que loin de détruire ses loix, il se faisoit un devoir de les soutenir. Il l'engagea avec tendresse à venir finir ses jours dans sa patrie. « Revenez, *So-*
» *lon* ne souffrira jamais aucun dommage
» de la part de *Pisistrate;* je n'ai pas
» besoin d'en faire serment. Mes enne-
» mis les plus déclarés n'oseroient ins-
» pirer des défiances de moi à cet égard.
» Si vous voulez être du nombre de
» mes amis, vous serez le premier. Si
» vous êtes déterminé à n'avoir aucune
» liaison avec moi, vivez à Athènes
» comme vous le jugerez à propos; et
» que je ne sois pas cause que notre

» pays, ait le malheur de ne vous pas
» posséder ». La réponse de *Solon* n'est pas moins affectueuse. Le mot de *tyran* qui s'y trouve ne doit point choquer. C'étoit le nom qu'on donnoit aux rois sans prétendre les insulter. « Je suis
» bien persuadé, dit-il, que vous ne me
» ferez aucun mal. Avant que vous fus-
» siez tyran, j'étois votre ami, et je
» ne suis pas plus votre ennemi que
» tout autre Athénien qui désapprouve
» votre tyrannie. Que le peuple décide
» quel est le meilleur gouvernement du
» vôtre ou la démocratie que j'ai éta-
» blie. Pour moi, je vous déclare le
» meilleur des tyrans ». Il s'excuse ensuite de revenir, sur ce que son retour pourroit faire croire qu'il l'approuve. En effet il mourut dans l'exil qu'il s'étoit choisi, et Athènes lui éleva des statues. On a encore les lettres de *Solon* et de *Pisistrate* tout entières. Il seroit à souhaiter que les égards réciproques qu'on y remarque fussent imités, par ceux qui dans les tems de troubles pensent différemment les uns des autres, sur-tout par les chefs, mais ils avoient de la probité, et ils s'estimoient.

Pisistrate qui avoit trompé le peuple pour devenir son maître, en fut abandonné, quand il se présenta une faction plus puissante. Les Athéniens souffrirent même quand il eût été obligé de fuir, que ses biens fussent mis en vente. Personne à la vérité n'en acheta crainte du retour, et on fit sagement. Car *Pisistrate* s'étant réuni par un mariage à la faction qui l'avoit expulsé, se vit en état de recouvrer la souveraineté. La chose ne fut pas difficile, quand n'ayant plus d'ennemis parmi les grands, il n'eut que la crédulité du peuple à tromper. Ses émissaires sèment par la ville que *Minerve* elle-même doit ramener *Pisistrate* dans la citadelle. En effet le lendemain paroit sur un char triomphal, une fille d'une taille plus avantageuse qu'il n'est ordinaire à son sexe. Elle avoit tous les attributs de la déesse, et traverse ainsi la ville, menant *Pisistrate* à côté d'elle. Le peuple adora, et ne s'avisa pas de former aucun doute. Pour peu qu'il eut cherché, il auroit trouvé que la prétendue déesse étoit une fille sans naissance ni fortune, mais avec de la beauté, qu'on avoit instruite pour ce rôle, et qui pour l'avoir bien joué, fut marié à *Hipparque*, fils de celui qu'on venoit de réinstaler.

Le triomphe de *Pisistrate* ne fut pas de longue durée. Une faction le força encore de quitter la ville et d'abandonner le souverain pouvoir. Il y étoit parvenu deux fois en renard, la troisième il le prit en lion. Ses amis lui fournirent des troupes ; un parti ménagé dans la ville le seconda. Il surprit les Athéniens qui faisoient la guerre assez négligemment et sans effusion de sang ; il rentra dans la ville en se faisant précéder d'une amnistie. Alors à sa douceur ancienne, il mêla de la rigueur. Quelques-uns des démocrates les plus obstinés furent bannis. Comme il savoit par expérience que c'est l'oisiveté, la communication, les assemblées qui engendrent et nourrissent les factions, il donna de l'occupation aux Athéniens, en renvoya le plus grand nombre qu'il pût de la ville à la campagne, et par d'autres moyens qui joignoient l'utilité à la douceur, il se procura un règne tranquille.

Les Athéniens payoient la dixme de leurs revenus. Quoique cet impôt fut employé au service de l'état, Pisistrate qui le faisoit payer en avoit l'odieux. Il lui arriva, en se promenant dans la campagne, d'appercevoir un vieillard qui se traînoit dans un endroit pierreux, d'où il arrachoit quelque chose. « Que vous » produit votre travail ? demanda *Pisis-* » *trate*, des peines, et quelques plantes » de sauge sauvage, encore faut-il en » donner la dixième partie à Pisistrate ». Le lendemain, il fit venir le vieillard en sa présence, et l'exempta de toute taxe pour toujours.

Il se trouva une fois embarassé à l'égard de jeunes insolens, qui ayant rencontrés sa femme dans les rues, étant ivres, lui avoient manqué de respect d'une manière très-grossière. Ils vinrent le lendemain se jeter aux pieds de Pisistrate, et lui demander grace. Il étoit dangereux pour l'exemple, de ne les pas punir. Il les écouta avec bonté, et leur dit : « Je vous conseille de vous conduire » plus modestement à l'avenir ; mais pour » ma femme, elle ne sortit pas hier de » tout le jour ». S'il vouloit bien pallier les fautes des autres, il savoit adroitement faire excuser les siennes. Il avoit choqué quelques-uns des principaux d'Athènes qui s'étoient retirés à la citadelle, fort piqués. Le lendemain, il va les trouver avec une valise sur le dos. « Que » veut dire cela ? lui demandent-t-ils, » rien autre chose sinon que je voudrois » ou vous emmener avec moi à Athènes, » ou rester ici avec vous. Si vous res- » tez, voilà mon bagage ». Ils revinrent avec lui.

Il laissa sa puissance à ses deux fils, *Hipparque* et *Hippias*. On ne sait s'ils en jouirent ensemble. Le parti contraire conjura leur mort. *Hippaque* seul, succomba. C'étoit un homme doux et dont la conduite retraçoit les vertus de son père. *Hippias* qui jusqu'alors avoit montré les mêmes qualités, irrité de la mort de son frère, devint féroce et même cruel. Il fit appliquer à la torture *Aristogiton*, un des principaux conjurés. Le malheureux, comme s'il n'eut pû résister à la douleur, nomma des partisans du roi. Sans autre examen ils furent exécutés. Quand il l'eut ainsi privé de ses amis : « A présent, lui dit Aristogiton, je ne » connois plus personne digne de mort » que toi-même ». Dans la même occasion, une courtisanne, nommée *Lacena*, craignant de succomber à la force des tourmens, et de déclarer son amant, se coupa la langue avec les dents, et la cracha au visage d'*Hippias*.

Ces cruautés révoltèrent les Athéniens contre lui. Ils le chassèrent, et lui jurèrent une haine irrévocable à lui et à sa famille. De son côté *Hippias* mit tout en œuvre pour leur susciter des ennemis. Il y avoit déjà un germe de rivalité entre Athènes et Lacédémone ; cette rivalité, *Hippias* la tourna en animosité. Les Lacédémoniens prétendoient que ceux d'Athènes ne devoient pas reprendre la démocratie, parce que le gouvernement étant tumultueux et variable, n'inspiroit aucune confiance à leurs alliés, et que désormais on ne pourroit traiter avec eux. Les Athéniens trouvèrent très-mauvais qu'on voulut leur donner des loix. Il y eut une guerre assez animée entre eux et leurs rivaux, et des actions sanglantes, dans lesquelles *Hippias* se distinguoit. Il alla jusqu'en Perse, chercher des ennemis à ses anciens sujets. Il comptoit d'autant plus sur le succès, que ses manœuvres avoient mis les Athéniens en guerre avec leurs voisins, et que ceux qui ne s'étoient pas déclarés ennemis, restoient du moins froids et indifférens, de sorte que les Athéniens étoient réduis presqu'à leurs seules forces, quand leur ancien prince amena contre eux les Perses, dans les plaines de Marathon.

Dans cette journée commandoit *Miltiade*, secondé par *Aristide* et *Thémistocle*, tous trois recommandables par leurs grandes qualités, et par les services rendus à leur république, et tous trois mal récompensés. Les chefs agitèrent d'abord la question s'ils devoient attaquer les Perses ou les attendre. *Miltiade* fut pour l'attaque, et son avis prévalut. Ils commandoient alternativement. C'étoit le jour d'*Aristide*. Il remit généreusement le commandement à *Miltiade*, et ne se réserva avec *Thémistocle*, que l'honneur de donner

Marathon.

l'exemple aux autres. L'audace des Athéniens, qui en si petit nombre, osoient attaquer une armée formidable, étonna les Perses et les ébranla. La fière contenance de leurs ennemis, leur discipline, leur fermeté, décida la victoire. On cite cette action remarquable d'un Athénien nommé *Cynégire*. Au moment où les Perses commençoient à se débander, il apperçut un de leurs vaisseaux chargé de fuyards, qui cherchoit à quitter le rivage. *Cynégire* veut l'arrêter de la main droite, elle est abatue d'un coup de hache, il y porte la gauche, elle est coupé aussi : il tombe et meurt de ses blessures. Des auteurs disent que privé de ses deux mains, il voulut retenir le vaisseau avec ses dents, et qu'on lui trancha la tête.

Les Perses s'embarquoient précipitamment pour aller surprendre Athènes, dont toutes les forces avoit été envoyées à l'armée ; mais *Miltiade* qui s'apperçut de leur dessein, força la marche, et arriva assez à tems pour sauver la ville. On érigea sur le champ de bataille des arcs de triomphe, à la gloire des vainqueurs. Athéniens, alliés, esclaves même qui s'étoient fait une patrie de celle de leurs maîtres, et avoient donné leur vie pour elle, eurent chacun leur monument distinct. Cette victoire fut représentée sur les murs des portiques d'Athènes, et *Miltiade* eut pour récompense d'y voir son nom inscrit.

Il profita du moment de faveur populaire que lui procuroit sa victoire, pour demander qu'on lui procurât une flotte qu'il destinoit à une expédition secrète. L'entreprise, disoit-il, devoit procurer de grandes richesses. On ne s'informa pas si elle étoit injuste. *Miltiade* la dirigea contre l'île de Paros. Mais les Pariens se défendirent vaillamment. Il fut dangereusement blessé, et ramena tristement les débris de la flotte Athénienne dans ses ports. On l'attaqua en justice, comme ayant abusé de la confiance de la république, pour l'engager dans une entreprise peu honorable et ruineuse ; reproche qu'on auroit pu faire aux Athéniens eux-mêmes, puisqu'ils auroient dû examiner auparavant. A cette imputation, on joignit celle d'avoir sacrifié l'intérêt de la république, à son intérêt personnel, et de n'avoir attaqué les Pariens que pour se venger d'une injure qu'il prétendoit en avoir reçue. Les esprits s'échauffèrent tellement, qu'on ne voulut pas lui accorder le tems de guérir de sa blessure, pour se défendre lui-même. On lui donna un avocat. L'affaire fut plaidée avec une grande solennité devant le peuple, qui jugea que *Miltiade* ne méritoit pas une peine capitale; mais on le condamna à une amende équivalente aux frais de l'armement. Il se trouva hors d'état de la payer. On le mit en prison, où il languit quelque tems et mourut.

<small>Aristide. Thémistocle.</small> Le peuple content de ce qu'on lui donnoit quelques actes de souveraineté à exercer, ne songeoit pas qu'il étoit le jouet des grands, et qu'il n'étoit que l'instrument de leurs passions. Il y avoit toujours deux factions dans la ville, l'une pour le gouvernement aristocratique, l'autre pour le démocratique. La première s'autorisoit de la probité d'*Aristide*, la seconde s'appuyoit sur l'habileté de *Thémistocle*.

Ces deux hommes avoient été élevés ensemble, et dès leur plus tendre jeunesse, il avoit régné entre eux une émulation qui mettoit une opposition perpétuelle dans leurs sentimens. Cette disposition à se contrarier, ne fit qu'augmenter avec l'âge. Si l'un faisoit une proposition, l'autre étoit toujours prêt à le contredire. Ce penchant se manifestoit sur tout dans les affaires publiques; comme ils aimoient l'un et l'autre leur patrie, ils ne pouvoient s'empêcher de sentir le danger d'une pareille conduite, et un jour en sortant de l'assemblée du

peuple, il échappa à *Aristide* de dire:
« il n'y a point de salut pour les Athé-
« niens, à moins qu'ils ne nous fassent
« jeter tous deux dans le Baratre ».
C'étoit le lieu où on précipitoit les coupables condamnés à mort.

Aristide étoit d'un caractère ferme, inflexible, pour peu que la justice y fût intéressée, ne connoissant en ce cas ni parenté ni amitié, incapable de se prêter à aucune complaisance: ce qui lui avoit acquis le surnom de *Juste*. *Thémistocle* admettoit des égards et des ménagemens. « A Dieu ne plaise, disoit-
» il, que je sois assis sur un tribunal,
» où mes parens et mes amis n'auroient
» pas plus de crédit que les étrangers! »
Il étoit naturellement impétueux, subtil, hardi et propre à revêtir toutes sortes de formes pour arriver à son but. *Aristide* au contraire ne connoissoit que le droit chemin sans aucuns détours. Il étoit d'une des premières familles d'Athènes sans mélange de sang étranger, et faisoit un cas particulier des loix de *Licurgue*, dont la rigidité s'accordoit avec son caractère; et à force de méditer sur les principes de ce législateur, il devint grand partisan de l'aristocratie. *Thémisthocle* prit le parti contraire, et se déclara pour le parti du peuple auquel

il tenoit par sa mère, qui n'étoit pas d'une naissance fort distinguée.

Ostracisme. Dans l'intervalle du repos qu'eurent les Athéniens, après la victoire de Marathon, les querelles sur le gouvernement recommencèrent. *Thémistocle* se trouvoit toujours *Aristide* en tête, et étoit arrêté à chaque pas dans son projet de dominer par l'influence du peuple. L'ostracisme lui donna le moyen de se délivrer de ce rival incommode.

L'ostracisme bannissoit pour dix ans ceux qui avoient des qualités assez distinguées pour mettre en danger la liberté publique. Ainsi c'étoit la punition du mérite, inventée à ce que croyoit le peuple, pour diminuer le trop grand pouvoir de quelques particuliers; mais en effet, un moyen sûr à un factieux adroit d'écarter un homme sage et ferme qui pouvoit nuire à ses pernicieux desseins.

Voici comme l'ostracisme se pratiquoit. Chaque citoyen écrivoit sur une coquille le nom de celui qu'il vouloit bannir. On les comptoit. S'il y en avoit moins de six mille, l'ostracisme n'avoit pas lieu; mais si le nombre des voix alloit au delà, celui qu'elles condamnoient, devoit quitter le pays pendant dix ans, avec permission cependant de disposer de ses biens comme il vouloit.

Thémistocle vint à bout de son dessein, en semant le bruit qu'*Aristide* se parant du nom de juste, et affectant de se faire choisir arbitre dans la plupart des différends, s'étoit insensiblement formé une monarchie quoique sans gardes, ni aucun appareil de souveraineté. « Car, disoient les émissaires, » qu'est-ce qui constitue le tyran ? Si » non de prescrire des loix ». Les esprits étant bien préparés par ce sophisme ; dans le tems qu'on s'y attendoit le moins, le peuple et les gens de la campagne se répandent dans la place, et demandent l'ostracisme. On est forcé d'y procéder. Un paysan d'un des bourgs de l'Attique, qui ne savoit pas écrire, apporte sa coquille à *Aristide*, et le prie de mettre le nom d'*Aristide*. « *Aristide*, s'écrie-t-il, eh ! qu'avez- » vous à lui réprocher, vous a-t-il fait » quelque tort ? Du tort, à moi ? répond le paysan, je ne le connois seulement pas, mais je suis fatigué et » blessé de l'entendre par tout appeler » le juste ». *Aristide* prit en souriant la coquille, et écrivit son nom. Quand les magistrats lui signifièrent l'arrêt, il se retira modestement, et levant les yeux au ciel, il dit. « Je prie les dieux » que les Athéniens ne voient jamais

» le jour qui les obligera à se souvenir
» d'Aristide ». Il est à remarquer que l'ostracisme a cessé à Athènes à l'occasion d'un mal honnête homme qui y fut condamné. On regarda cette espèce de punition comme souillée et deshonorée, et on ne s'en servit plus.

Quatre ans ne se passèrent pas sans que l'espèce de prophétie d'*Aristide* s'accomplît. Les Perses préparoient une invasion formidable en Grece. Ils en vouloient principalement à Athènes. *Thémistocle* qui s'y étoit enfin rendu maître, mais cependant toujours obligé à des ménagemens à l'égard du peuple, consulta l'oracle, quoique vraisemblablement, il sut bien le parti qu'il avoit à prendre. L'oracle répondit que l'état ne seroit sauvé que par des remparts de bois. Ce que cette réponse avoit d'obscur, *Thémistocle* l'expliqua, et fit entendre aux Athéniens, qu'il n'y avoit pas d'autre ressource que d'abandonner leur ville, de monter sur la flotte qu'il avoit préparée d'avance, et d'aller combattre celle des Perses, avant que la multitude que la flotte Persane devoit vomir sur la Grece l'eût innondée.

Abandonner la ville, ses maisons, ses temples, les tombeaux de ses ancêtres, quelle dure extrémité! et que deviendront les femmes et les enfans?

L'orateur qui s'efforçoit d'un ton pathétique de faire valoir ces raisons, pour empêcher le décret, fut lapidé au milieu de sa harangue. Les femmes, afin qu'on ne les crût pas moins déterminées que les hommes, lapidèrent sa femme. Comment donc résister à l'explication de *Thémistocle*; les prêtres annoncèrent que le dragon sacré refusoit de manger, qu'il venoit de disparoître ; que sans doute il fuyoit une ville qu'on devoit abandonner : la déesse elle-même l'avoit précédé. Des femmes l'assuroient, elles l'avoient vu sortir. Le moyen après cela de rester. On distribua aux citoyens pauvres de l'argent pour faire leurs préparatifs, et comme il ne s'en trouvoit pas assez dans le trésor public, que les citoyens réélus ne se pressoient pas d'y suppléer, *Thémistocle* répandit le bruit que le bouclier de Minerve, sur lequel étoit gravé la tête de Méduse, avoit été volé. Il ordonna une visite dans toutes les maisons. Elle se fit sans obstacle ; le bouclier ne se trouva pas; mais beaucoup d'argent dont on gratifia les moins aisés.

Dans cette extrême détresse, le peuple commença à regretter *Aristide*. *Thémistocle* se fia assez à la vertu de son rival, pour le faire rappeler lui et les autres bannis. *Aristide* à son retour

Salamine.
2519.

le traita civilement. *Thémistocle* en agit de même, et ils eurent assez de grandeur d'ame, pour faire céder leur ressentiment à l'intérêt public.

Les flottes Persanes et Grecques furent en vue près du Peloponèse, non loin de *Salamine*. Salamine, nom de bon augure, qui avoit été inséré comme tel dans l'oracle expliqué par *Thémistocle*. A l'approche du danger qui menaçoit les Athéniens, le reste de la Grèce sentit enfin qu'elle couroit toute entière le même risque. Chacun s'empressa d'envoyer des secours. Les Lacédémoniens se distinguèrent, et le commandement général fut déféré à *Eurybiade* leur chef. Il n'étoit pas d'avis de combattre dans le détroit. *Thémistocle* qui avoit formé son plan le soutint avec force, et peut-être trop de chaleur. *Eurybiade* leva la canne. *Frappe*, lui dit l'Athénien, *mais écoute*. Cette modération désarma le Lacédémonien, il adopta l'opinion de *Thémistocle*, et la bataille fut décidée pour le lieu du détroit; mais il se présentoit un autre embarras. Les Péloponésiens ne vouloient pas d'une bataille si proche de leurs terres, bataille qui les exposoit à un ravage inévitable, si l'on étoit battu. Ils s'y opposèrent, et firent la nuit leurs préparatifs, pour quitter l'armée le lendemain. *Thémistocle* allarmé d'une défection dont l'exemple pouvoit être contagieux, envoie pendant les ténèbres à l'armée Persiènne, un homme de confiance qui se dit transfuge. Il avertit le général Persan, qu'une partie des Grecs trop sûrs d'être défaits, se dispose à se sauver, et que cette fuite si les Perses ne l'empêchent, va les priver d'un butin sûr et considérable. Quand les Péloponésiens voulurent le lendemain mettre à la voile, ils trouvèrent les Perses préparés à leur fermer le passage. Ils furent donc obligés de rester, et d'attendre le combat avec les autres.

Avant la bataille, *Aristide* qui avoit examiné avec attention les actions et les mouvemens de *Thémistocle*, alla le trouver. « Si nous sommes sages, lui
» dit-il, nous renoncerons à nos discus-
» sions, et nous combattrons avec une
» noble émulation à qui servira mieux
» la Grèce, vous en commandant, et
» en faisant le devoir d'un brave capi-
» taine, et moi en vous obéissant, et
» en vous aidant de ma personne et de
» mes conseils. Je vois que vous seul
» avez bien jugé, en conseillant de com-
» battre au plutôt dans le détroit : nos
» alliés sont d'un avis opposé ; mais les
» ennemis même semblent fortifier le
» vôtre, en vous enveloppant de tous

» côtés de leurs vaisseaux ; de sorte que
» ceux même qui veulent éviter une
» bataille, seront obligés de combattre,
» par l'impossibilité de s'enfuir. J'ai honte,
» ô Aristide, lui répondit *Thémis-*
» *tocle*, d'avoir été vaincu en généro-
» sité. Je ferai tous mes efforts, pour
» remporter à mon tour quelqu'avan-
» tage sur vous, et pour égaler s'il
» est possible, par mes actions, la noble
» démarche que vous venez de faire ».
Il lui fit part ensuite du stratagême dont
il s'étoit servi pour retenir les Péloponésiens, et *Aristide* l'approuva.

L'évènement de cette bataille avantageux aux Grecs, les délivra du péril
présent, et l'adresse de *Thémistocle*,
leur ôta par un nouveaux stratagême
la crainte des projets dangereux que
Xerxès auroit pu former avec ce qui lui
restoit de troupes. Il fit savoir sécrè-
tement à ce prince, que les Grecs se
préparoient à aller couper le pont qu'il
avoit fait construire sur l'Hélespont. Aussitôt il prit la fuite, et sa grande armée
se dispersa. La jalousie de gloire, l'a-
mour propre national, ne permirent
point aux Lacédémoniens d'être assez
justes, pour ne point accorder le prix
de la valeur à *Eurybiade* leur général.
Mais ils déferèrent à *Thémistocle* le
prix de la sagesse par une couronne

d'olivier. Ils lui firent présent d'un beau char, le comblèrent de tous les honneurs qui pouvoient marquer leur estime. Il y eut une fête générale sur l'istme du Péloponèse. Tous les capitaines s'y rendirent ; un des principaux motifs de l'assemblée, étoit de marquer les deux d'entre eux tous, qui s'étoient le plus distingués à Salamine ; le choix dépendoit de leur témoignage. Ils écrivirent chacun deux noms dans un billet. Quand on les ouvrit, il se trouva que chacun s'étoit donné la première place, et la seconde à *Thémistocle ;* ce qui prouva que *Thémistocle* méritoit la première.

Pendant ces triomphes, Athènes éprouvoit le sort qui lui avoit été annoncé ; elle fut détruite. Les Perses la punirent des échecs qu'ils essuyèrent, et auxquels ils croyoient que les Athéniens avoient la plus grande part. En effet, ils contribuèrent beaucoup à la victoire de Platée, où *Aristide* les commandoit. Leurs vaisseaux secondèrent aussi puissamment les efforts des autres Grecs à Micale, où la flotte Persanne fut presque détruite. La fureur et la vengeance ramenèrent encore une fois les Perses contre Athènes, qui commençoit à se relever, et ils s'efforcèrent d'en effacer jusqu'aux ruines.

Mais elle renaquit de ses cendres et

ne tarda pas à recouvrer sa force et sa splendeur. Les citoyens y ramenèrent leurs familles, qu'ils avoient dispersées par toute la Grèce. *Thémistocle* répara les pertes du trésor public par un moyen peu délicat, mais dont les forts ne se font pas de scrupules contre les foibles. Il parcourut les îles et les côtes, et leva de fortes contributions de ceux qui n'avoient pas voulu prendre part à la guerre. Il leur fit payer cher la neutralité qu'ils avoient affectée. Ces excursions renforcèrent la marine Athénienne, au point que les Lacédémoniens en devinrent jaloux.

Non-seulement Athènes se repeuploit et s'embellissoit, mais elle se fortifioit de bons remparts. Un port sûr, capable de contenir une grande flotte se creusoit au Pirée, et se joignoit à la ville par des murailles. Les Lacédémoniens virent bien que s'ils laissoient achever ces ouvrages, c'en étoit fait de la domination qu'ils exerçoient sur la Grèce; qu'elle passeroit aux Athéniens. Ils envoyèrent des députés chargés de les interrompre. Selon l'ordinaire, ils ne parlèrent pas de leur intérêt particulier : mais ils se couvrirent de l'intétèt général. « Si vous rendez dirent-ils, Athènes
» une place forte, si vous l'avantagez
» d'un bon et vaste port, les Perses,

» s'ils viennent à la prendre, s'y can-
» tonneront, comme dans un fort inex-
» pugnable, et delà donneront la loi à
» toute la Grèce ». Ils prièrent donc de
cesser cette préjudiciable entreprise.
Après avoir prié ils insistèrent, après
avoir insisté, ils ordonnèrent. Les Athéniens vouloient opposer fierté à insolence, rompre plutôt que plier. *Thémistocle* représenta que le moment n'étoit
pas favorable pour parler avec hauteur,
que ce seroit peut-être exciter les Lacédémoniens à un effort violent, dont
l'événement seroit de détruire ce qui
étoit commencé, qu'il valoit mieux mettre l'affaire en négociation, et il s'offrit
pour la conduire.

Il part avec les députés Lacédémoniens, prend le chemin le plus long, les
amuse en route. Cependant, malgré ses
lenteurs, il arrive avant ses collègues
d'ambassade. On veut à Sparte entamer
l'affaire, mais il représente qu'il ne peut
traiter sans ceux qu'on lui a adjoints.
Pendant qu'on les attendoit, les Athéniens travailloient jour et nuit à leurs
constructions, tout le monde y mettoit
la main, et s'y employoit avec la plus
grande ardeur. Les collègues arrivent
enfin, et avec eux la nouvelle que les
ouvrages sont presqu'achevés. On en fait
reproche à *Thémistocle* ; il le nie, et

ne peut le croire. Forcé de céder aux preuves qu'on lui donne, il doute encore, et dit que la chose vaut bien la peine qu'on s'en assure positivement; qu'il faut envoyer des commissaires sur les lieux. En arrivant, ils reconnurent combien on avoit abusé de la bonne foi des Lacédémoniens. Ils voulurent partir. *Thémistocle* avoit prévenu sur la conduite à garder avec eux. Ils furent retenus, et on ne les relâcha que quand *Thémistocle* fut de retour. Lorsqu'on lui parloit de cette supercherie accompagnée de tant de mensonges, il répondoit : *C'est le bien de la patrie, il n'y a rien qu'on ne doive faire pour elle.*

Aristide, malgré son dévouement, ne se seroit pas permis des procédés pareils, quand Athènes auroit dû en tirer les plus grands avantages. Il le fit bien voir dans l'occasion suivante : *Thémistocle*, toujours ardent pour l'augmentation du pouvoir et des richesses des Athéniens, avoit conçu le projet de les rendre maîtres de la mer, et par là seuls possesseurs des trésors du commerce. Pour cela il imagina de brûler les vaisseaux des autres états, et il en avoit les moyens. Il se présente au peuple, et annonce une entreprise extrêmement utile, mais qui exige le secret, et demande qu'on l'autorise à l'exécuter. L'assemblée répond qu'il peut la communiquer à *Aristide*, et que s'il l'approuve, elle sera exécutée. *Aristide* écoute, et dit à l'assemblée : *Ce que Thémistocle propose, est la chose la plus avantageuse aux Athéniens, mais aussi la plus injuste.* A ces mots le peuple rejette le projet. Sans doute il se souvint d'avoir été trop favorable à une proposition de *Miltiade*, semblable à celle-ci. Il est beau de voir tout un peuple se repentir d'avoir été injuste.

La guerre dont les Grecs étoient toujours menacés de la part des Perses, fit prendre la résolution d'entretenir, à frais commun, un corps d'armée toujours prêt à se porter d'abord au danger le plus pressant. Mais comment déterminer au juste ce que chaque état fourniroit de troupes et d'argent ? Les Grecs jetèrent unanimement les yeux sur *Aristide* pour faire cette répartition ; il s'en acquitta avec une équité qui contenta tous les intéressés. Sa fidélité inviolable dans la garde et la distribution des deniers, lui mérita les louanges de toute la Grèce. *Thémistocle*, impatienté de ces éloges dont au fonds il étoit jaloux, dit un jour : « Eh bien ! c'est le mérite d'un coffre » fort. Ç'en est un du moins, lui dit » *Aristide* en une autre occasion, d'avoir

» les mains nettes, et de n'être pas esclave
» de l'argent ».

Ainsi ces deux hommes, si estimables d'ailleurs, ne pouvoient se refuser la petite satisfaction de se piquer. *Thémistocle* commandoit alors dans Athènes; il y faisoit régner la démocratie, qui lui concilioit l'amour du peuple. Malgré *Aristide*, il avoit obtenu que les archontes, ces premiers magistrats de la république, qui n'étoient autrefois choisis qu'entre les premiers citoyens, pussent être pris désormais indistinctement dans le peuple. *Aristide* souffrit patiemment ce triomphe de son rival, et ce fut le dernier.

Les Lacédémoniens ne pardonnoient pas à *Thémistocle* de les avoir joués dans l'affaire des fortifications d'Athènes. D'autres occasions dans lesquelles il s'étoit avec raison opposé à leurs entreprises injustes, et où il les avoit fait succomber, leur persuadèrent qu'ils avoient en lui un ennemi dont ils ne pourroient se débarrasser qu'en le perdant. Ils intriguèrent si bien à Athènes, suscitèrent tant de plaintes contre lui, gagnèrent tant de gens, que ce même peuple dont il étoit l'idole, non-seulement l'abandonna, mais encore le bannit par l'ostracisme. Il se retira à la cour d'*Admette*, roi des Molosses. Les Lacédémoniens l'y poursuivirent. Ce roi, trop peu puissant pour le défendre, lui donna de l'argent pour se sauver en Asie. Il se réfugia chez les Perses, auxquels il avoit fait tant de mal. Ils le reçurent bien. L'empereur lui donna une femme Persanne, des terres, de grands priviléges pour lui et ses descendans. Ils en jouissoient encore cinq cents après. *Aristide*, loin de triompher du malheur de son rival, refusa de se joindre à ses ennemis. Il s'opposa à la peine de mort qu'ils vouloient faire porter contre lui, et n'en parla jamais qu'avec égards et ménagemens.

Cimon et Périclès.

Il avoit formé, pour lui opposer, un jeune homme nommé *Cimon*, fils de *Miltiade*, le vainqueur de Marathon. Digne de ce père, il l'égala par la fermeté du courage, mais fut plus heureux. On le compara à *Thémistocle* pour la force du jugement, et à *Aristide* pour la probité. *Cimon* fit ses premières armes à Salamine, et il ne tarda pas à être chargé du commandement en chef. Sous ses ordres, les Athéniens ne connurent jamais que la victoire. Il en remporta deux dans le même jour contre les Perses, l'une sur mer, l'autre sur terre, où il poursuivit les soldats de la flotte qui s'étoient joints à ceux du camp. Il les défit entièrement, et fit, tant dans les vaisseaux qu'à terre, un butin immense. Avec quatre vaisseaux, il attaqua une flotte et la battit, se rendit maître de la Chersonèse, et s'empara des mines d'or de Thrace, qui étoient le but principal de son expédition. Il rapporta des sommes prodigieuses au trésor public, et ne s'oublia pas lui-même. Ses richesses lui donnèrent le moyen de satisfaire le goût de générosité qui lui étoit naturel. Il donnoit libéralement, prévenoit même la demande. Jamais un citoyen pauvre ne sortit mécontent d'auprès de lui ; sa familiarité étoit sans bassesse, et sa réserve sans hauteur.

Dans le même tems paroissoit sur la scène publique, un homme dont le caractère contrastoit en plusieurs points avec celui de *Cimon*, *Périclès*, descendant de ceux qui avoient chassé les *Pisistratides*. Cet avantage lui donnoit déjà un degré de faveur auprès du peuple ; au lieu que la franchise de *Cimon*, qui ne se cachoit pas de son penchant pour l'aristocratie, lui faisoit tort auprès de la multitude, et rendoit même sa générosité suspecte. *Cimon* aimoit à paroître, portoit sur son visage un air de sérénité, et avoit dans ses manières une affabilité qui charmoit. *Périclès* ne se montroit que rarement, et comme forcé par le devoir de ses emplois. On ne lui voyoit jamais que la gravité d'un magistrat sévère ou d'un juge. Il cachoit même son talent pour l'éloquence, qu'il possédoit au souverain degré, de peur d'éveiller la jalousie. S'il avoit pu, il auroit changé sa physionomie, qui tenoit un peu de celle de *Pisistrate*, parce qu'il s'étoit apperçu que cette ressemblance étoit remarquée, et que les zélateurs de la démocratie en tiroient des inductions fâcheuses. Tant les républicains sont ombrageux !

Une lutte s'établit entre les deux rivaux, chefs de deux factions qui n'avoient, prétendoient-elles, que l'intérêt public en vue. Si vous laissez aux grands, disoient les zélés démocrates, les dignités militaires et civiles, les charges judiciaires, les emplois lucratifs, le peuple sera traité en esclave, écrasé d'impôts pour nourrir le faste des riches. Ceux-ci, défendant les prérogatives dont ils jouissoient, répliquoient : Le peuple, occupé de ses travaux journaliers, ne peut acquérir les qualités nécessaires pour commander, pour se juger, et ses besoins, souvent, l'empêcheroient de manier avec intégrité les deniers de la république. C'est donc pour son propre intérêt qu'il faut lui ôter les moyens de se procurer des pouvoirs qui deviendroient dangereux pour lui-même. En conséquence, on combinoit les formes d'élection, les manières de prendre les suffrages, les prohibitions, les exclusions, en un mot, tout ce qui pouvoit donner au peuple plus ou moins de prépondérance dans les élections : c'étoit-là le grand art du gouvernement. Dans cette vue, les chefs s'entouroient d'émissaires qui se répandoient dans la place publique, pour diriger les vœux et le choix du peuple.

Périclès avoit une grande habileté dans ce genre de manége. Il se présentoit toujours seul, mais il avoit une foule de partisans actifs et bien instruits, qui agitoient le peuple dans le sens nécessaire à la réussite de ses projets. Quand il montoit à la tribune, c'étoit avec un air de timidité, de circonspection, on pourroit dire d'hypocrisie. « Plaise aux dieux, » disoit-il, qu'il ne m'échappe rien qui » puisse compromettre les intérêts du » peuple ». Il parloit, et disparoissoit. Malgré ces artifices, le parti des grands l'emportoit, parce que *Cimon* étant plus riche, pouvoit donner davantage. *Périclès* trouva le moyen de réparer cette inégalité, en distribuant l'argent du public. Ainsi, il gagnoit le peuple à ses propres dépens ; conduite que les politiques habiles ont imité depuis.

La victoire balança quelque tems entre les deux partis. Enfin elle se décida par une accusation publique contre *Cimon*. On lui reprochoit d'avoir reçu des présens des Macédoniens pour ne pas entrer chez eux, quand il eut enlevé aux Perses les mines d'or de Thrace. « Je ne » l'ai pas fait, répondit fièrement *Cimon*, » parce que je ne suis pas l'ennemi du » genre humain. J'ai respecté une nation » distinguée par sa justice, et dont les » bienfaits, dignes de reconnoissance, » ont été utiles à mon armée, et à moi » pendant que j'étois sur ses frontières. » Si mes concitoyens regardent ce que » m'objectent mes ennemis comme un » crime, je subirai leur jugement, sans » néanmoins concevoir en quoi j'ai failli ». On savoit si bien que cette accusation étoit provoquée et dirigée par *Périclès*, que ce fut à lui qu'on s'adressa pour en suspendre les effets. Il étoit au nombre des accusateurs nommés par le peuple, et peut-être le plus redoutable. *Elpinice*, sœur de l'accusé, alla le solliciter en faveur de son frère. Il la reçut avec un sourire moins désobligeant que la réponse : « Vous n'êtes point assez jeune, » lui dit-il, madame, pour être employée » avec succès dans de pareilles affaires ». On prétend que cette réponse peu galante cachoit l'impression que la sollicteuse avoit faite sur lui, impression dont on crut remarquer les effets par la suite.

Dans le cours du procès, *Périclès* ne

parla qu'une fois, et avec les plus grands égards pour *Cimon*. Il passa si légèrement sur l'affaire, qu'il sembloit ne le pas croire coupable. Il comptoit sans doute sur des orateurs moins complaisans, et il ne se trompa pas. *Cimon* fut banni par l'ostracisme. Les loix de ce bannissement étoient si sévères, que dans une guerre contre les Lacédémoniens, *Cimon* ne put obtenir de combattre. Il se présenta à sa tribu, demanda à être reçu dans les rangs comme simple soldat. On le refusa. Ses amis le prièrent du moins de leur laisser ses armes comme un gage de la victoire. Mais le gage n'opéra point. Les Athéniens furent battus. Ils regrettèrent *Cimon*, et *Périclès* le laissa rappeller. On croit qu'il y eut entre eux une convention dont *Elpinice* fut médiatrice; savoir, que *Cimon* ne se mêleroit pas des affaires, mais que *Périclès* lui laisseroit commander les armées.

2330. Ces belles armées, toujours victorieuses sous *Cimon*, étoient son ouvrage. On a vu que les états de la Grèce avoient pris, du tems d'*Aristide*, l'engagement de fournir de l'argent et des soldats pour un corps d'armée qui seroit toujours subsistant. Insensiblement ce zèle se refroidit. Les corps de plusieurs cantons ne se recrutoient plus. Les Athéniens vouloient les forcer à envoyer leurs contingens d'hommes. Mais *Cimon* opina à recevoir plutôt de l'argent. « C'est le » moyen, dit-il, de les désaccoutumer » de la guerre ; et avec cet argent, nous » leverons des soldats qui ne dépendront » que de nous ». On prétend que, sûr d'une armée bien soldée, et qui ne dépendroit pas de l'inconstance de la populace Athénienne, il conçut un projet qui paroîtroit insensé, si *Alexandre* ne l'avoit pas réalisé : c'étoit de porter la guerre en Perse, dans l'intention de ne point poser les armes qu'il n'eût conquis l'empire. Comme il connoissoit les Athéniens très-avides de butin, il commença par attaquer l'île de Chypre, où se trouvoient de très-grandes richesses, afin que cet appât les déterminât à approuver son projet ; mais il mourut au sein de la victoire. Les Athéniens recommençoient à se lasser de lui. L'ame noble et généreuse de *Cimon* ne pouvoit s'accoutumer aux vues basses et intéressées de ses compatriotes. Il blâmoit hautement leur disposition à sacrifier la vertu au gain, et l'honneur à l'ambition. *Cimon* faisoit à cet égard, entre Sparte et Athènes, une comparaison humiliante pour celle-ci. Lorsque les Athéniens se permettoient quelque chose de semblable, il avoit coutume de dire : *Les Lacédémoniens ne feroient pas cela.*

2553.

L'exil de *Cimon* avoit établi le pouvoir de *Périclès*. La mort de ce grand homme le confirma. Mais ce ne fut pas sans peine et sans dégoûts de toute espèce qu'il le conserva. Il vit d'abord Athènes attaquée et serrée de près par les Lacédémoniens. Il la délivra, en gagnant, à force d'argent, le conseiller du jeune roi de Lacédémone. Alors il jouissoit encore d'une autorité généralement respectée, de sorte que quand il rendit ses comptes sur cet article, on se contenta de cette note : *Dix talens employés à propos.* Mais il fut obligé de consentir à une expédition mal concertée, dont un capitaine, plus bouillant que sage, arracha l'aveu aux Athéniens. *Périclès* espéroit faire oublier l'entreprise en la suspendant. *Le tems*, disoit-il, *est le plus sage des conseillers;* mais on ne l'écouta pas. Les Athéniens comptoient piller ; ç'en fut assez pour courir sur les Béotiens. Les aggresseurs furent battus, et leur avidité bien reconnue leur suscita un grand nombre d'ennemis. On fit alors un cens des citoyens d'Athènes. Il n'alloit pas au-delà de quatorze mille quarante personnes. Ce qui fait regarder comme une chose bien étonnante, qu'au milieu de tant d'ennemis, cette ville, avec si peu de monde, osat songer à fonder des colonies, à humilier ses voisins, et même à subjuguer les étrangers.

Périclès n'étoit pas toujours maître de tempérer cette ardeur guerrière; pour lors il s'y prêtoit, et ordinairement avec succès. On ne voit pas qu'il ait essuyé de défaites, au lieu qu'on lui compte beaucoup de victoires. Ce qui plaisoit au peuple d'Athènes, c'étoit son zèle à propager la démocratie. Il l'établissoit tant qu'il pouvoit dans ses conquêtes. Mais ce zèle, il ne l'avoit que pour la démocratie qui lui étoit favorable, c'est-à-dire qu'il ne soutenoit le pouvoir du peuple que pour être puissant, et pour être seul puissant par lui. *Thucydide*, homme d'un mérite distingué, *Périclès* trouva moyen de le soumettre à l'ostracisme. On remarqua qu'alors il changea ses manières, affecta des airs de prince, et prit hautement, comme une chose à lui due, l'administration de toutes les affaires.

Pendant qu'il jouissoit de son autorité avec une hauteur qui sembloit défier l'envie, il vit tout d'un coup une nuée d'ennemis qui n'osoient s'attaquer à lui, fondre sur ses amis les plus chers. *Périclès* avoit chargé *Phidias*, sculpteur célèbre, de faire la statue de Minerve.

Par une flatterie que *Périclès* souffrit, le sculpteur l'avoit représenté sur le bouclier de la déesse, combattant une Amazone. On n'attaqua pas cette adulation; mais on accusa l'artiste de s'être approprié une partie de l'or et de l'argent que le trésor public lui avoit donné pour la statue. *Phidias* prévoyant apparemment la calomnie, avoit employé l'or et l'argent de manière qu'on pouvoit l'ôter et le peser. L'expérience faite, *Phidias* fut déclaré innocent. Il n'en fut pas moins mis en prison, où il mourut empoisonné, et on eut la noirceur de faire tomber sur *Périclès* le soupçon de ce crime.

Dermippe, accusateur de profession, accusa d'impiété *Aspasie*, fameuse courtisanne, présidente, pour ainsi dire, de la société de *Périclès*, de lui servir de complaisante, et de séduire pour lui les femmes et les filles des citoyens. *Diophite*, autre accusateur, fit déclarer par une loi, que ce seroit un crime de ne pas informer l'aréopage, de ceux qui enseigneroient des choses contraires à la religion du pays, ou même qui établiroient des disputes à ce sujet, sous prétexte de donner des leçons de physique et d'astronomie. Ce trait portoit contre *Anaxagore*, précepteur de *Périclès*, et contre *Périclès* lui-même. En conséquence, *Anaxagore* fut cité en justice. *Dracontide*, troisième accusateur, pour embarrasser *Périclès* de tous côtés, proposa qu'on lui ordonnât de rendre ses comptes. *Périclès* se tira de tous ces piéges. *Aspasie* plaida elle-même sa cause d'une manière si victorieuse, qu'elle fut renvoyée absoute. Des auteurs ont dit qu'elle dut sa justification plus à ses charmes qu'à son éloquence ; que *Périclès* l'amena lui-même devant le tribunal, couverte d'un simple manteau, qu'il fit tomber à ses pieds, et que les juges, frappés de sa beauté, la déclarèrent tous d'une voix, innocente. Anecdote peu digne de la gravité de *Périclès*, et du sérieux de l'aréopage. A l'égard d'*Anaxagore*, son disciple ne crut pas pouvoir sauver un homme dont tout le crime consistoit dans un mérite supérieur. Il lui conseilla sagement de quitter l'Attique, et l'accompagna jusqu'à une certaine distance, pour témoigner combien il l'estimoit. Enfin, *Périclès* ne se refusa pas à rendre ses comptes, et il confondit ses ennemis, en prouvant que jamais il n'avoit fait sur le trésor public de dépenses inutiles, et que d'ailleurs il ne possédoit pas plus de bien que son père ne lui en avoit laissé. Cette incorruptibilité généralement reconnue, fut, disent les historiens, le véritable fondement de sa grandeur.

Guerre du Péloponèse.

Les atteintes portées au crédit, quand elles ne réussissent pas, ne font que l'affermir. C'est ce qui arriva à *Périclès*. La confiance des Athéniens devint entière, non pas sans critiques, sans observations malignes, sans murmures. Quel gouvernement en est exempt? Mais à travers les petits obstacles semés sur ses pas, *Périclès*, sûr du peuple, alloit fermement à son but. Tout ce qu'il proposoit, malgré ses ennemis, il l'emportoit. Il eut grand besoin de cette prépondérance dans la guerre que les Athéniens eurent alors à soutenir. On l'appella la guerre du Péloponèse, parce que ce petit pays en fut le principal théâtre. Dire quelles en furent les causes préparatoires, ce seroit entrer dans un long détail de querelles de famille, de jalousies de villes voisines, d'animosités excitées par les entraves du commerce, de refus de droits de cités, de violations d'hospitalité; on verroit des pillages, des trahisons, des brigandages, des atrocités. Enfin, les Athéniens et les Lacédémoniens, nations rivales, qui jusqu'alors, en aidant les prétentions réciproques, avoient fomenté ces inimitiés partielles, et fait éclore, pour ainsi dire, une haine générale qui s'est partagée en deux grands corps sous les drapeaux Spartiates et Athéniens, et a enfanté la guerre du Péloponèse, qui dura environ trente ans. Nous croyons convenable d'écrire les événemens de cet espace en style de sommaire, afin qu'il soit plus aisé d'en saisir le fil, et de se représenter distinctement les causes qui ont amené la décadence d'Athènes.

1ère. *année*. Les Lacédémoniens ravagent le territoire d'Athènes, et viennent jusques sous ses murs. *Périclès*, croyant qu'*Archidamas*, leur chef, qui étoit son ami, pourroit épargner ses terres, déclare qu'en ce cas il en fait don à la patrie. Les Athéniens veulent sortir sur les ennemis, beaucoup plus forts qu'eux. *Périclès* s'y oppose. « Les arbres, leur dit-il, » quand on les a taillés, ou même coupés, » repoussent ; mais des hommes une fois » perdus, le sont pour toujours ». Juste censure des généraux prodigues d'hommes. Il fait sortir des flottes qui rendent aux ennemis les maux qu'Athènes en recevoit. Pendant ce tems, il amuse les citoyens par des distributions d'argent pris dans le trésor public, par une loi sur le partage des terres, par des honneurs funèbres rendus aux morts.

2e. *année*. Continuation des malheurs. Une peste affreuse infeste l'Attique, pendant que les ennemis la ravagent. *Périclès* retient les Athéniens malgré eux dans leurs murs. La peste gagne la flotte, et l'empêche d'agir. Les Athéniens perdent courage, demandent la paix, et sont refusés. De dépit, ils ôtent à *Périclès* ses dignités, le condamnent à une amende. *Xantippe*, son fils, libertin et prodigue, irrité de ce que son père ne lui donnoit pas l'argent qu'il vouloit pour ses débauches, quitte la maison paternelle, et accuse son père de mauvais commerce avec sa femme. Ce fils dénaturé meurt de la peste. *Périclès* perd sa sœur, presque tous ses parens et amis, et enfin *Périclès* son dernier fils. Ce fut alors que toute sa fermeté l'abandonna. Ayant voulu mettre la couronne de fleurs, selon la coutume, sur le tombeau de ce fils malheureux, il ne put soutenir ce cruel spectacle. Sa douleur éclata par des cris et des sanglots. Depuis ce tems, il mena une vie fort retirée, et s'abandonna à la mélancolie.

Les Athéniens, sur les remontrances d'*Alcibiade*, se repentent de leur injustice à l'égard de *Périclès*. Il se remet au timon des affaires. Le peuple le revoit avec des acclamations de joie. Un ambassadeur des Lacédémoniens, au roi de Perse, tombé entre les mains des Athéniens, est mis à mort, en représailles de pareil meurtre commis par les Spartiates. Les mêmes Athéniens assiègent Potidée, dont les habitans sont réduits à une telle famine, que plusieurs d'entr'eux mangent de la chair humaine.

Ils se rendent à la fin ; les assiégeans les chassent de leur ville, et ne permettent aux hommes d'emporter qu'un habit et aux femmes deux.

3e. *année*. Les succès et les revers sont partagés ; *Périclès* meurt de la peste, qui le minoit insensiblement. Comme il étoit à l'extrémité, quelques-uns de ses amis s'entretenoient auprès de son lit de son rare mérite, parcouroient ses exploits, comptoient ses victoires. Ils ne croioient pas être entendus du moribond qui, rompant le silence, leur adressa ces paroles : « Je » m'étonne que vous releviez si fort des » choses auxquelles la fortune a tant de » part, et qui me sont communes avec » tant d'autres guerriers, pendant que » vous oubliez ce qui m'est personnel et » plus glorieux que tout le reste, c'est » qu'il n'y a pas un seul citoyen à qui » j'aie fait prendre le deuil ». Il comptoit apperemment pour rien la mort lente de ceux qui, s'opposant à ses projets, en refusant seulement de subir son joug, bannis, fuyans ou ruinés, avoient péri de misère, de tristesse, de désespoir, et dont on n'avoit pas même osé porter le deuil. De plus, pour gouverner le peuple, il ne se fit point de scrupule de le corrompre. Juste reproche qu'on fait à sa mémoire, et bien capable de la flétrir, quelque grandes qualités qu'on lui reconnoisse d'ailleurs.

4e. 5e. 6e. 7e. et 8e. *années*. Les Lacédémoniens et les Athéniens s'occupent à établir, les premiers, l'aristocratie, les seconds, la démocratie dans les villes dont ils s'emparent. Ils y forment des partis, fomentent les divisions, et mettent les citoyens aux mains les uns contre les autres. Les malheureux habitans de Corcyre, sont un funeste exemple des excès auxquels on se porte dans les guerres civiles. Le gouvernement y étoit démocratique. Les Corinthiens alliés des Lacédémoniens et partisans de l'aristocratie, ayant fait un grand nombre de prisonniers dans une action, les pénètrent de leurs principes, et les renvoient à Corcyre pour les établir. Ils l'emportent d'abord sur les partisans du pouvoir populaire, dont ils massacrent un grand nombre; ceux-ci, devenus les maîtres à leur tour par le secours des Athéniens, se vengent cruellement. En vain les malheureux imploroient la pitié de leurs compatriotes, et embrassoient les autels, ils en furent arrachés, et tués impitoyablement. Quelques-uns échappèrent; les Corcyriens les poursuivirent, et en égorgèrent un grand nombre. Il n'en restoit plus que soixante, qui tombèrent entre les mains des Athéniens. Ces malheureux les supplioient de ne les pas livrer à leurs compatriotes, et de les tuer plutôt eux-mêmes. Les Corcyriens craignant la pitié des Athéniens, entourent le lieu où leurs concitoyens étoient gardés, et tâchent de les percer de flèches. Réduits au désespoir, ces bannis se tuent les uns les autres.

9e. et 10e. *années*. Propositions de paix, trêve et traité entre les Lacédémoniens et les Athéniens. Mais l'exécution des conditions devient sujette à difficulté, les prétentions des petits alliés étant mal réglées, ils continuent les hostilités, et les principales puissances deviennent auxiliaires.

11e. 12e. et 13e. *années*. *Alcibiade* que nous avons déjà nommé, paroît sur la scène. Il étoit neveu de *Cimon*, descendant en droite ligne d'*Ajax* par son père, et des Alcméonides par sa mère : d'une beauté peu ordinaire, plus riche que la plupart des nobles d'Athènes, savant, éloquent, infatigable, magnifique, affable, et sur-tout habile à se prêter aux circonstances ; c'est-à-dire, qu'il savoit, quand il en étoit besoin, se parer de ces belles qualités. Mais quand il lâchoit la bride à ses passions, il étoit indolent, luxurieux, dissolu, adonné aux femmes, intempérant et irréligieux.

Enfin, il surpassoit tous ses concitoyens en vices et en vertus. Il s'attacha à *Socrate*, philosophe célèbre. Les mœurs dissolues d'*Alcibiade*, ont donné à cet attachement un air équivoque, tant il est vrai que la vertu même peut être tachée en s'approchant trop du vice! Quant à *Alcibiade*, il gagna à cette liaison des lumières que *Socrate* seul pouvoit lui donner, et ce sage fut cause que les Athéniens conçurent de lui de grandes espérances, et lui pardonnèrent divers traits de jeunesse.

Il y avoit à Lacédémone des familles dévouées à la démocratie; à Athènes, des familles aristocrates, et ces familles se correspondoient. Celle d'*Alcibiade*, de tous tems, avoit montré de l'attachement pour les Spartiates; mais soit peu d'estime de ses talens, en négociation, soit défiance de son crédit, des ambassadeurs Lacédémoniens qui venoient à Athènes traiter une affaire importante, s'adressèrent à *Nicias*, qu'*Alcibiade* jalousoit. Leur première démarche, d'après le conseil de *Nicias*, fut de dire, dans le sénat, qu'ils avoient des pleins pouvoirs. *Alcibiade* qui vouloit les faire repentir de la préférence qu'ils avoient donnée à *Nicias*, les engage à souper. Ils s'y rendent en considération des liaisons d'*Alcibiade* avec leur patrie. Dans la liberté et la franchise du repas, l'hôte leur fait un reproche amical de ne s'être pas adressés directement à lui ; qu'il leur auroit donné de bons avis pour la réussite de leur affaire ; qu'il n'auroit eu garde sur-tout de leur conseiller de dire qu'ils avoient des pleins pouvoirs ; que ce sera un moyen de les forcer à des conditions qui déplairont à ceux qui les envoient ; qu'il n'y a de remède à cette faute, que de rétracter leur déclaration.

On convient du fonds et de la forme de la rétractation. Le lendemain, ils paroissent à l'assemblée du peuple, et proposent leur affaire. La première question d'Alcibiade est : *Avez-vous des pleins pouvoirs ?* Ils répondent : *non. Voyez,* s'écrie Alcibiade, *la bonne foi de ces Lacédémoniens, qui vous nient aujourd'hui hardiment ce qu'ils ont affirmé hier dans le sénat.* Le peuple irrité refuse d'entendre les ambassadeurs qui auroient découvert la fraude, et vouloit sur-le-champ conclure avec les Argiens une ligue que les Lacédémoniens avoient intérêt d'empêcher. Il survint un tremblement de terre qui rompit l'assemblée. *Nicias* obtint que l'affaire se traiteroit à Lacédémone, où il se fit envoyer. Mais le parti démocratique de cette ville étoit prévenu, et *Alcibiade* eut le plaisir d'empêcher que Sparte ne mit obstacle à la ligue avec Argos, qui pouvoit devenir le germe d'une longue guerre, où il trouveroit occasion de se distinguer.

Les habitans de Patras, dans l'Argolide, plus proches de Sparte que d'Athènes, auroient bien voulu ne point faciliter aux Athéniens l'entrée, dans leur pays. « Si nous vous donnons, di-
» soient-ils à *Alcibiade*, la facilité que
» vous demandez, vos compatriotes
» pourroient nous engloutir un jour. Je
» n'en sais rien, répondit-il d'un air
» dégagé, mais s'ils le font, ils seront
» obligés de commencer par les pieds ;
» au lieu que si vous ne vous appuyez
» pas de notre secours contre les Lacé-
» démoniens, ils commenceront par la
» tête, et vous dévoreront tout d'un
» coup ». Belle alternative pour ces malheureux !

14e. 15e. 16e. et 17e. *années*. Les Argiens se déclarent pour Sparte, abolissent chez eux la démocratie, et établissent le gouvernement aristocratique. Ils s'en lassent, chassent les Lacédémoniens, bannissent leurs aristocrates, et rappellent les Athéniens. *Alcibiade* va seconder la démocratie, et fait exiler ceux qui étoient soupçonnés de favoriser Lacédémone. Beaucoup d'habitans de la petite île de Mélos sont punis encore plus cruellement de leur attachement à Sparte. Les Athéniens font mourir tous ceux qui étoient en état de porter les armes, et emmènent les femmes et les enfans captifs.

17e. 18e. et 19e. *années*. Les Athéniens et les Lacédémoniens se font, de la Sicile, un nouveau champ de bataille. Les premiers veulent la conquérir. « Delà, » disoit *Alcibiade* qui partageoit le généralat, nous passerons en Afrique, » nous réduirons Carthage et la Lybie, » et l'Italie sera subjuguée à son tour ». Pendant qu'on préparoit l'expédition, presqu'au moment du départ, toutes les statues de *Mercure* se trouvent mutilées en une nuit. On cherche les auteurs du sacrilège, mais les perquisitions sont inutiles. Comme on avoit publié que toutes personnes, de quelque condition qu'elles fussent, seroient admises à déposer; les esclaves déclarèrent que des jeunes gens, à la tête desquels étoit *Alcibiade*, échauffés par le vin, avoient en quelques circonstances jetté du ridicule sur des cérémonies religieuses.

Les soupçons se tournèrent donc sur *Alcibiade*; il demande à être jugé; mais peut-être ne parut-il pas sûr de le mettre en justice en présence de la jeunesse d'élite qui alloit faire campagne sous lui.

On différa sous prétexte que le départ pressoit; mais quand il fut loin, on intenta l'action, et l'ordre fut expédié à un des généraux son collègue, de l'envoyer sous bonne garde à Athènes, avec ses compagnons les plus notés. Ils en eurent vent, et s'évadèrent. *Alcibiade* erra quelque tems en Grèce, puis se jeta dans Lacédémone. En quelques semaines, ce libertin fondu, pour ainsi dire, dans la mollesse, devint un Spartiate grave et sévère. Il gagna la confiance des Lacédémoniens, et par la conformité de mœurs qu'il sut prendre tout d'un coup, et en leur révélant les projets d'Athènes, et montrant contre elle toute l'ardeur du Lacédémonien le plus déterminé.

18e. et 19e. *années.* Les Spartiates profitant des conseils d'*Alcibiade* fortifient, près des frontières, une place qui tient ceux-ci en bride. Cet avantage des Spartiates, et les défaites essuyées en Sicile, déterminent Athènes à faire des changemens dans le gouvernement. Le peuple décidoit tout, et ce peuple étoit influencé, trompé, entraîné par des orateurs vendus à des factions, ou dominés eux-mêmes par des intérêts particuliers. On établit un conseil de vieillards, pour agiter les affaires, avant que de les porter devant le peuple. On décide aussi de retrancher les dépenses superflues, et de traiter les alliés avec plus de douceur.

20ᵉ. *années*. Alcibiade rend un grand service aux Lacédémoniens, en leur procurant l'alliance des Perses. Mais il séduit la femme d'*Agis*, leur roi, qui veut le faire tuer. Il se sauve chez *Tissapherne*, général des Persans, et aussi-tôt le sévère Spartiate devient un voluptueux Asiatique, précepteur de goût, arbitre des plaisirs. Mais ses galantes occupations ne l'empêchèrent pas de faire des plans politiques et de les suivre. Les Lacédémoniens lui avoient servi à se venger des Athéniens. Il emploie ceux-ci à punir les autres, et par le même moyen, savoir par une alliance, qu'il fait espérer à ses compatriotes, avec les Perses. Il en écrit aux principaux officiers de l'armée athénienne, qui étoit à Samos. « Mais, dit-il, les Perses ne promettent » leur alliance et de grands secours à » Athènes contre Lacédémone, qu'au- » tant qu'Athènes abjurera la démocra- » tie, et y substituera l'aristocratie, où » le gouvernement d'un petit nombre, » et moi-même je ne rentrerai dans cette » ville, qu'autant que ce changement » sera opéré ».

21ᵉ. *année*. Des députés de l'armée partent pour faire cette proposition. Ils avoient déjà été bien servis d'avance par leurs partisans. Le changement projetté s'étoit presqu'achevé, tant en flattant le peuple, qu'en faisant périr, par la main de quelques assassins, ou d'une manière plus cachée, les partisans de la démocratie. Débarrassée de ces obstacles, la faction dominante propose d'ôter l'autorité seulement à ceux de la lie du peuple, et de confier la puissance souveraine à cinq mille des plus riches citoyens, qui seroient considérés comme constituant le peuple. Mais cette forme ne donnant pas aux chefs tout le pouvoir qu'ils désiroient, ils dressent leurs batteries, pour introduire le gouvernement, non pas des grands qui est l'aristocratie, non pas de tout le peuple, qui est la démocratie, mais de chefs choisis entre les plus riches du peuple, qui est l'olygarchie.

Un orateur, nommé *Autiphon*, si séduisant que le peuple lui avoit défendu de parler en public, s'avance néanmoins à la tribune, et propose d'élire dix hommes qu'on chargera d'établir des loix conformes aux circonstances. Ils sont élus, convoquent le peuple, et lorsqu'on s'attendoit à un corps de loix, ils demandent seulement qu'il soit permis à chaque Athénien de dire librement son avis. *Rien de plus juste*, s'écrie-t-on.

Antiphon, qui étoit tout prêt, mais qui n'avoit pas voulu s'exposer sans une autorisation aussi précise, à proposer un plan qui abolissoit totalement l'ancien gouvernement, développe son système par l'organe de *Pysandre*, député de l'armée.

On choisira cinq prytanes ou cinq chefs de colonne, qui nommeront cent hommes dont ils feront partie. Ces cent s'associeront chacun trois, ce qui sera quatre cents hommes, auxquels on donnera un pouvoir absolu, et qui porteront l'affaire aux cinq mille, quand ils le jugeront à propos. Cette forme est reçue avec acclamation par le peuple, qu'on dépouilloit. Les élections se font en présence de l'assemblée. Quand elle est séparée, les quatre cents, armés de poignards, et accompagnés d'une garde, entrent dans le sénat, et chassent les sénateurs, après néanmoins avoir payé ce qui étoit dû de leurs appointemens.

Ce plan qui par ses altérations étoit tout différent de celui qu'on avoit annoncé à l'armée, ne lui plut pas. *Alcibiade* s'y étoit rendu, avoit été reçu par ses anciens camarades avec les plus vifs applaudissemens, et soutenoit cet enthousiasme par les victoires qu'il leur faisoit remporter. Un gouvernement qui excluoit les nobles, presqu'autant que la démocratie, ne pouvoit être de son goût : l'armée déclara qu'elle ne reconnoîtroit jamais les quatre cents; qu'elle aimoit mieux la démocratie : il se mit à la rétablir ou à la fortifier dans tous les endroits ou l'exemple d'Athènes l'avoit détruite ou affoiblie. Les quatre cents de leur côté, prenoient toutes les mesures possibles pour se soutenir. Ils envoyèrent des commissaires à l'armée pour la faire entrer dans leurs vues. Ils tâchèrent de se faire un appui des Lacédémoniens en proposant, ou plutôt en demandant la paix. Leur dessein étoit de soutenir leur autorité dans toute l'Attique et ses dépendances, et s'ils ne pouvoient y réussir, de la conserver du moins dans la ville ; et plutôt que de céder à la démocratie, et de tomber entre les mains de ceux qu'ils avoient offensés, ils étoient déterminés à tâcher d'obtenir des Lacédémoniens les conditions les plus favorables, et à leur livrer Athènes. Ils commencèrent même de nouveaux ouvrages au port de Pyrée, pour s'opposer à la flotte qui apporteroit l'armée, si elle s'approchoit.

Le peuple ne vit pas tranquillement ces préparatifs. Les soldats s'appercevant qu'ils étoient faits contre leur camarades, s'y opposèrent. Il y eut une émeute plus bruyante que dangéreuse. Cependant les quatre cents eurent peur, et promirent de faire tout ce que le peuple voudroit. On se contenta de les obliger de réunir les cinq mille, dont apparemment ils avoient suspendu l'assemblée. Elle ordonna qu'il en seroit choisi quatre cents autres dans les cinq mille. Une nouvelle loi abolit l'autorité des quatre cents, et rendit la puissance souveraine aux cinq mille. Ceux-ci enfin rappellèrent *Alcibiade*.

C'étoit lui qui du sein de ses victoires et de ses conquêtes, faisoit jouer à Athènes tous les ressorts dont l'effet devoit être de lui procurer enfin le pouvoir absolu. Il étoit sûr de son armée; son affabilité, son courage, et sur-tout ses succès lui avoient gagné tous les cœurs. Il les combloit de gloire et les enrichissoit, deux moyens biens puissant pour s'attacher les soldats. En un même jour, ce qui n'étoit arrivé qu'à *Cimon* son oncle, il remporta deux victoires, une sur mer et l'autre sur terre, et partit pour Athènes à la tête de sa flotte triomphante, chargée de plus de dépouilles qu'on n'en avoit vu dans cette ville, depuis la guerre des Perses.

Le peuple laissa la ville déserte, pour aller au port voir *Alcibiade*. On ordonna que le décret de son bannissement seroit jeté dans la mer, et les prêtres des divinités infernales furent chargés de de l'absoudre des malédictions qu'ils avoient prononcés contre lui. Le peuple le nomma général de terre et de mer sans borner sa puissance, et s'efforça de lui faire oublier ses injures par ses bienfaits. Mais sentant qu'avec un peuple aussi léger, son crédit ne pouvoit se soutenir que par des succès réitérés, il retourna en mer et battit les Lacédémoniens. Malheureusement, pendant qu'il étoit absent de l'armée pour quelques jours, le commandant qu'il avoit mis à sa place fut battu à son tour. On attribua ce malheur à l'indolence et au déréglement qui avoit retenu Alciable à terre pour ses plaisirs. A ces imputations, on mêla des soupçons d'intelligence avec les Lacédémoniens, et le défenseur d'Athènes, le restaurateur de ses pertes, fut déposé. Il se retira en Thrace, où il se fit comme une petite principauté, et bâtit un château, où il pouvoit braver la mauvaise volonté de ses ennemis.

On le remplaça par dix amiraux. Ils remportèrent une grande victoire qui fut très-disputée, et couta cher aux Athéniens. *Théramene* un de ces généraux, accusa ses collègues de n'avoir pas fait enlever leurs morts après le combat, pour leur rendre les derniers devoirs. Le peuple frémit d'horreur sur la simple dénonciation. Les accusés répondirent qu'ils avoient été empêchés par la tempête. *Théramène* fit alors un discours pathétique. En le prononçant il faisoit exprès des pauses, afin qu'on entendît les gémissemens et les sanglots des parens et amis de ceux qui avoient péri dans le combat. A la fin de sa harangue, il produisit un homme qui prétendoit avoir entendu les malheureux qui se noyoient, dire qu'ils demandoient pour toute grace aux Athéniens, de punir leurs généraux. Le peuple aussitôt, sans vouloir rien entendre, condamna les vainqueurs à la mort.

Deux seulement n'avoient pas voulu courir le risque du jugement, et s'étoient sauvés. Les autres étoient présens. *Diomédon*, un d'entre eux, demanda à être entendu. « Athéniens, dit-il, je
» souhaite que le jugement que vous
» venez de prononcer contre nous, ne
» retombe pas sur la république. La
» seule grace que nous ayons à vous de-
» mander, c'est de nous acquitter, en-
» vers les dieux, des vœux que nous
» avons faits, auxquels nous devons la
» victoire remportée sur nos ennemis ».
Ces actions de graces rendues, ils furent

exécutés, et subirent tous la mort avec une tranquillité et un courage admirables. Le gouvernement d'Athènes étoit alors purement démocratique.

Les trente tyrans. Alcibiade apprenoit ces excès dans son asile : comme l'armée en approcha, il vit par lui-même le mauvais choix que la populace faisoit de ses généraux. Il voulut leur donner des avis. Cette liberté de la part d'un exilé, d'un vagabond, les choqua. Ils menacèrent, s'il récidivoit de l'envoyer à Athènes. Pour eux, ils étoient si surs de la victoire, que tout leur embarras consistoit à savoir comment ils traiteroient leurs prisonniers, s'ils leur couperoient la main droite, pour les laisser encore propres à la rame. Pendant qu'ils s'entretenoient de ces projets, et qu'ils négligoient la discipline, le général Lacédémonien tombe sur eux, et les défait complètement. Par un jugement unanime des confédérés, trois mille prisonniers avec leurs officiers, furent égorgés.

Les Lacédémoniens continuent leurs succès, prennent les villes d'Attique, qui environnoient Athènes, et y renvoient tous les prisonniers. Ce n'étoit point par compassion, mais pour multiplier les bouches dans cette ville, qu'ils se proposoient de prendre par famine. Leur projet réussit, Athènes fut obligée de se rendre, et les Spartiates qui avoient délibéré s'ils la ruineroient toute entière, se contentèrent de décider que les longues murailles et les fortifications du port seroient rasées; que les Athéniens livreroient tous leurs vaisseaux, excepté douze; qu'ils recevroient tous leurs bannis, et que désormais ils suivroient la fortune des Lacédémoniens. *Lysandre*, général Lacédémonien, fit démolir les fortifications, au son des fifres et des tambours, à pareil jour que les Athéniens avoient gagné la fameuse bataille de *Salamine*. Avant que de quitter cette ville, il nomma pour gouverneur trente hommes qu'on nomma les *trente tyrans*, à cause de l'abus qu'ils firent de leur pouvoir.

Ils devoient d'abord faire des loix; mais ils commencerent par établir un sénat et des magistrats, c'est-à-dire, des exécuteurs de leurs volontés. Ils les employèrent à punir les délateurs, dont les fausses accusations avoient fait perdre la vie à plusieurs gens de bien; mais lorsqu'ils eurent gagné le commandant de la garnison Lacédomienne, ils laissèrent les méchans en paix, et tournèrent leur fureur contre les gens de bien, qui étoient riches. Il y avoit à la tête des trente deux hommes, qui ne se ressembloit nullement, *Critias*, ambitieux et cruel, outre mesure, *Théramene*, compatissant et répugnant aux actes sanguinaires.

Dans le conseil des trente, il fut représenté qu'il seroit ridicule de prétendre gouverner une multitude à l'aide de la seule garnison, qui n'étoit qu'une poignée de monde. Cette réflexion avancée pour autoriser les trente à se donner des satellites, fut suivie d'une délibération dans laquelle on conclut qu'il seroit choisi trois mille hommes, qui représenteroient le peuple. On les investit du singulier privilége, qu'aucun d'eux ne pourroit être condamné à mort qu'en vertu d'une sentence du sénat. C'étoit comme si les trente avoient dit : excepté ces trois mille, nous pouvons faire mourir tous les autres citoyens, sans forme de procès. En effet, aussitôt les exécutions arbitraires commencèrent. *Théramene* s'y opposa, *Critias* l'accusa devant le sénat, de trahir la cause publique. Pendant qu'il se défendoit, *Critias* envoie rassembler des gens armés, entre brusquemeut à leur tête dans la salle du sénat, en criant : « J'ai » déchiré le nom de *Théramene* de la » classe des trois mille; ainsi la con- » noissance de son procès n'appartient « plus au sénat ». C'étoit le mettre sans ressource entre les mains des trente.

Théramene le comprit bien. Prêt à être saisi, il se jette à l'autel qui étoit dans le lieu des séances ; l'embrasse, et dit : « Je ne cherche pas un refuge ici, par » l'espérance ou le désir d'échapper à » la mort, mais afin que mes impies » meurtriers en m'arrachant de l'autel, » hâtent la juste vengeance des dieux, » et rendent eux-mêmes par ce moyen, » la liberté à ma patrie ». Les satellites l'arrachèrent de l'autel, et le menèrent au lieu de l'exécution. Il y but la ciguë d'un air intrépide, et dit en mourant : « Je m'étonne que des gens » sages ne voient pas qu'il n'est pas » plus difficile d'effacer leur nom du » rôle des citoyens inviolables, que celui » de Théramene ». Il avoit été un des plus ardens pour le gouvernement, dont il fut victime.

Sa mort ôta le dernier frein à la férocité des trente. Ils remplirent la ville de meurtres. Les Lacédémoniens qui furent instruits de ces cruautés, sembloient voir d'un œil satisfait que les Athéniens, leurs anciens rivaux, se détruisoient les uns les autres. Ils ordonnèrent par un décret que ceux qui se déroberoient par la fuite à la domination des trente, seroient ramenés à Athènes. Plusieurs villes de leurs alliés eurent horreur de cette barbarie, et donnèrent asile à ces infortunés.

Thrasibule en rassembla un petit nombre à Thebes, gens déterminés à s'exposer à tout, plutôt que de vivre bannis à jamais de leur patrie. En habile général, il prit d'abord un point d'appui dans l'Attique. Les exilés y abondèrent. Il s'empara du Pyrée qui étoit délabré, et s'y fortifia assez bien, pour repousser la garnison lacédémonienne, que les trente envoyèrent contre lui. Quand les trente députèrent un hérault pour demander leurs morts, il harangua le peuple qui suivoit le hérault, et lui fit si bien sentir la tyrannie sous laquelle il gémissoit, que ce peuple détrompé chassa les trente, et confia le gouvernement à dix magistrats. Les trente sortirent de la ville, mais demandèrent du secours à Sparte, qui armâ en leur faveur. L'affaire tourna en négociation entre *Thrasibule* et les Lacédémoniens. Il fit statuer que tous les citoyens rentreroient en possession de leurs maisons et de leurs priviléges, excepté les trente, les dix qui avoient succédé à leur tyrannie, et onze autres qui du tems de l'oligarchie des trois mille avoient été préposés au commandement du Pyrée; qu'on n'inquiéteroit personne pour le passé ; et que si quelqu'un ne se fioit pas à cet accord, il lui étoit libre de se retirer à Eleusis où étoient les trente et leurs partisans. *Thrasibule* entra à la tête des siens à Athènes, et offrit avec tous les autres concitoyens, un sacrifice dans le temple de Minerve.

Ceux d'Eleusis firent pénétrer dans Athènes, des émissaires chargés de renouer les liaisons qu'ils y avoient, et d'y semer la jalousie et la discorde. Il furent découverts et punis. *Thrasibule* proposa une amnistie générale et de bonne foi. Elle fut acceptée, et termina tous les différens, et la pure démocratie fut rétablie. Les tyrans avoient fait mourir quatorze cents citoyens, et condamné cinq mille au bannissement. On les soupçonne aussi d'avoir eu beaucoup de part à la mort d'*Alcibiade*.

Ils savoient que les bannis fondoient sur sa capacité de grandes espérances, s'il vouloit leur prêter la main. Mais il paroit qu'*Alcibiade* las des agitations de sa vie, quoiqu'il n'eut encore que quarante ans, ne songeoit qu'à jouir d'un paisible repos, dans la compagnie d'une femme nommée *Timandre*, qui lui étoit fort attachée. La jalousie d'une faction ombrageuse le poursuivoit dans sa retraite. *Critias*, chef des trente, qui avoit été son ami, insinua aux Lacédémoniens, que le repos même de ce lion étoit à craindre. Ils envoyèrent des soldats pour le tuer. N'osant l'attaquer en personne, ils mirent le feu à sa maison. *Alcibiade* fondit sur eux l'épée à la main, le bras gauche enveloppé de son manteau. Ils s'écartèrent et le tuèrent de loin à coups de flèches. Ainsi périt dans la force de l'âge, cet homme, dont les actions auroient pu illustrer plusieurs vies, immolé à la crainte de ses ennemis, moins pour le mal qu'il leur faisoit, que pour celui qu'il pouvoit faire.

Socrate.

Sa mort précéda de peu celle de *Socrate*, son maître et son ami, brave à la guerre, d'une société douce et facile, estimé pour sa sagesse et sa probité. Il ne pouvoit que déplaire aux tyrans. Ils tâchèrent d'abord de rendre ses mœurs et sa doctrine suspectes, par une injonction qui n'a jamais été faite à d'autres qu'à lui : c'étoit la défense, sous peine de mort, de converser avec des hommes qui auroient moins de trente ans. On chercha aussi à l'avilir par une action injuste, ou à le rendre coupable de désobéissance, en lui ordonnant en plein sénat, d'aller saisir un homme nommé *Laon*, dont les richesses excitoient la cupidité des tyrans. « Je n'obéirai pas, » dit-il : je suis résolu à ne jamais aider » volontairement à faire une action in-

» juste. Vous imaginez-vous, Socrate,
» lui dit un des trente, parler toujours
» si fièrement sans qu'il vous en arrive
» aucun mal. Bien loin de là, répondit-il:
» je m'attends à souffrir mille maux,
» mais dont aucun n'égalera le mal qu'il
» y a à faire une injustice ». Il n'y a
point de genre de persécution qu'on n'employa contre lui; celle du théâtre, surtout si puissante et si usitée dans les tems de factions, pour décrier et noircir. *Aristophane* l'introduisit sur la scène, débitant des sophismes pour rendre une mauvaise cause bonne, prêchant de nouveaux dieux, et se moquant des choses les plus sacrées. *Socrate* assistoit à la représentation : un de ses amis lui demanda si cela ne lui faisoit aucune peine. « Point du tout, dit-il, je crois être à
» un festin, où je régale tout le monde ».
Il fut enfin accusé en forme, de ne point reconnoître les dieux de la république. *Socrate* plaida lui-même sa cause victorieusement; si on pouvoit avoir raison devant des hommes déterminés à condamner; aussi le fut-il. *Platon*, très-jeune encore, voulut défendre son maître, il monta dans la tribune aux harangues, et commença par ces mots :
« Quoique je sois le plus jeune de ceux
» qui montent dans cette tribune. Le
» peuple s'écria : de ceux qui en des-

» cendent », et il fallut le faire. *Socrate* pouvoit racheter sa vie par une amende; ses amis offroient de la payer. « Non, » dit-il, ce seroit m'avouer coupable, » et ce qui m'a attiré la sentence, mé- » rite plutôt des récompenses qu'une » amende ». Il avala la cigue, sans marquer la moindre répugnance, et continua à parler à ses amis, avec tranquillité et sérénité, jusqu'à sa mort.

En voyant l'ingratitude des Athéniens envers leurs grands hommes, on est forcé d'avouer que jamais peuple ne méritât moins d'avoir dans son sein des zélés patriotes; et cependant jamais ville ne fut plus aimée de ses concitoyens que celle d'Athènes. A des généraux victorieux et maltraités, en succédoient d'autres, qui avec les mêmes talens, n'obtenoient pas meilleure récompense; leurs actions étoient exposées à la censure d'un peuple malin et oisif, qui condamnoit aisément, et pardonnoit peu. Peut-être, au reste, quelques capitaines ont-ils dû leurs belles qualités à cette surveillance jalouse de leurs concitoyens. *Conon*, sa persévérance et son opiniâtreté dans les entreprises; *Chabrias*, l'astuce et le talent de profiter des circonstances. *Iphicrate*, l'esprit de précaution et de vigilance. Ses soldats fatigués de ses précautions, trouvoient mau-

vais qu'il s'entourât toujours de retranchemens. « Mes amis, leur disoit-il, c'est
» afin de n'être pas obligé d'employer
» une phrase, qui convient moins que
» toute autre à un général : *je n'y pensois pas* ».

La Grèce étoit toujours en feu malgré la paix d'Antalcide, ainsi nommée du négociateur qui la conclut. Par un traité général fait avec le roi de Perse, il prétendit régler les intérêts de toutes les villes de Grèce. Les Lacédémoniens et les Athéniens y acquiescèrent, mais pas pour long-tems; bientôt les deux républiques se mêlèrent des querelles qui survinrent entre ceux qu'on s'étoit imaginé pouvoir accorder. On avoit stipulé la liberté de quelques villes, et elles n'en vouloient pas. On avoit annexé d'autres à des cités plus considérables, comme à des espèces de capitales, et elles refusoient de souffrir ce lien; de la dispute, on en venoit aux armes. Les mêmes villes alternativement régies par la démocratie et l'aristocratie, expulsoient leurs citoyens; ils étoient reçus par les voisins : sujet d'animosité et de guerre. On vit quelquefois les Lacédémoniens et les Athéniens unis de bonne-foi, agir de concert pour rétablir la paix, et la faire régner; mais l'avidité Athénienne, et la fierté Spartiate ramenoient souvent ces

Paix d'Antalcide.
3610

républiques à leurs anciennes dispositions hostiles, la première pour piller, la seconde pour dominer.

Guerre des alliés.

Cette passion pour le butin, rendoit les Athéniens très-sensibles aux disgraces de leurs généraux. On ne peut guère attribuer qu'à cette cupidité la part qu'ils prirent à la guerre des alliés. Elle consistoit en des hostilités entre plusieurs villes particulières, dont Athènes pouvoit ne se pas mêler; mais elle crut pouvoir y gagner, et elle y envoya des troupes. Le général *Timothée*, fils de *Conon*, qui avoit rebâti les murs d'Athènes, et célébre lui-même par d'autres exploits, ne fit pas dans cette circonstance tout ce qu'on espéroit de lui. Il prouva que c'étoit une tempête qui l'avoit empêché de combattre; n'importe, il fut condamné à une amende si forte, qu'il se trouva hors d'état de la payer. Il en mourut de chagrin. On en remit la moitié à *Conon II*, son fils. Il fut obligé de payer le surplus, qu'on appliqua à la réparation des mêmes murs que son grand-père avoit reconstruits.

Guerre sacrée.

La guerre sacrée fait encore preuve de cette avidité de gain reprochée aux Athéniens. Elle avoit pour cause quelques sillons de terre appartenant au temple de Delphes, que les Phocéens avoient labouré mal-à-propos. Condamnés à l'amende par les Amphyctions qui étoient comme un conseil-général de la Grèce, ils ne voulurent pas payer. Les Béotiens qui possédoient le temple de Delphes attaquèrent. Les Phocéens eurent le dessus, et prirent toutes les richesses du temple. Avec cette proie, ils appellèrent des troupes. Les Athéniens sachant que la solde étoit considérable, y coururent; ils furent fort blâmés de cette cupidité sacrilége; mais l'amour de l'argent n'étoit pas alors un vice qui leur fut particulier : c'étoit celui de presque toute la Grèce.

Philippe, roi de Macédoine, qui commença pour lors à y figurer, dut l'influence qu'il y acquit, aux mines d'or de Trace dont il s'empara, et qu'il sut exploiter avantageusement. Il avoit des gens à ses gages dans toutes les villes importantes, et sur-tout à Athènes. C'étoit sur les démagogues, c'est-à-dire, ceux qui gouvernoient le peuple, par leurs discours, que ce prince faisoit agir son puissant ressort. Les Perses employoient les mêmes moyens. On a cru que l'attrait de l'or ne leur avoit pas été inutile auprès de *Démosthène*, qui par son éloquence, prit dans ce tems un ascendant prodigieux sur ses concitoyens.

Philippe de Macédoine.

Le talent d'orateur étoit devenu un état. On s'y formoit dès la jeunesse, on

Démosthène et Phocion.

s'essayoit dans des plaidoyers, sûr qu'avec quelque connoissance des affaires d'état et de la hardiesse, on parviendroit à gouverner les assemblées du peuple, à faire donner les emplois lucratifs ou honorables à ses partisans, sans s'oublier soi-même ; mais il falloit pour cela tenir à un parti, sur-tout quand on n'avoit pas d'autre mérite que l'éloquence. *Démosthène* s'attacha aux Perses contre Philippe, et employa souvent contre ce prince, les mouvemens d'une éloquence abondante et énergique que nous admirons encore. *Phocion*, soldat, capitaine, homme d'état, se piquoit moins d'être orateur. Il parloit juste, sensément, brièvement, n'avoit de préférence pour aucun parti, ne tenoit qu'à l'avantage de ses concitoyens, à la probité et à la raison. Aussi étoit-il estimé de ceux-même d'une opinion contraire. Rarement il s'accordoit avec *Démosthène*, parce que celui-ci vif et ardent, proposoit toujours pour la multitude, des projets hardis et surprenans. *Phocion*, au contraire, d'un caractère doux, ne proposoit que des choses convenables et faciles. Rarement il se prêtoit au goût du peuple : il le censuroit même hardiment. *Démosthène* qui ne l'épargnoit pas non plus quelquefois, étonné de sa franchise, qu'il regardoit

comme outrée, lui dit un jour : « Pho-
» cion, les Athéniens vous tueront dans
» quelqu'un de leurs transports de folie.
» Démosthène, répondit-il, je crains la
» même chose pour vous, s'ils rentrent
» jamais dans leur bon sens ».

En effet s'ils eurent à se louer de la
sagacité avec laquelle il leur dévoiloit les
projets ambitieux de *Philippe*, et des
bons conseils qu'il leur donnoit en conséquence, ils eurent aussi à se plaindre,
de ce que la fougue de son éloquence
les entraîna quelque fois dans des démarches hasardées, et dans des guerres
ruineuses. L'orateur ne se fit point honneur dans les expéditions militaires; il
fut même reconnu qu'il avoit fui lâchement dans une bataille qui décidoit d'une
guerre qu'il avoit conseillée. *Phocion*,
brave et vaillant, n'hésitoit pas d'exhor-
ter à la paix même dans le fort de la
guerre. « Comment, lui dit un jour un
» orateur fanfaron, oses-tu détourner
» les Athéniens de la guerre, à présent
» que l'épée est tirée ? Je l'ose, sans
» doute, répondit Phocion, quoique je
» sache qu'en tems de guerre je ne puis
» manquer d'être ton maître, au lieu
» qu'en tems de paix, tu pourrois
» être le mien ». Sa conduite dans la
guerre, répondoit à ces dispositions paci-
fiques. Les alliés craignoient les autres

généraux Athéniens, et avoient pleine confiance en *Phocion*. Ils repoussoient les premiers comme des brigands, quand ils venoient à leur secours. Quand c'étoit *Phocion*, ils alloient au-devant de lui, et le logeoient lui et ses soldats dans leurs villes.

Les harangues de *Démosthène* n'empêchèrent pas *Philippe* d'avancer dans le projet d'assujettir la Grèce. Il gagna contre les Béotiens la fameuse bataille de Chéronée qui mit Athènes à sa discrétion. Un détachement d'Athéniens s'y comporta vaillamment, et fut fait prisonnier. Philippe leur rendit la liberté. Ils demandèrent leur bagage. « Je crois, » en vérité, dit ce prince, qu'ils s'ima» ginent que je les ai battus pour rire ». Cependant il accorda leur demande; il fit même avec eux une espèce de paix, mais qui n'étoit sincère d'un côté ni de l'autre. De sorte, que le roi de Macédoine étant mort, les Athéniens se laissèrent aller à une joie folle, et se couronnèrent de guirlandes, comme s'ils avoient remporté une grande victoire. « Hélas ! leur dit Phocion, le nombre de » ceux qui vous ont défaits à Chéronée, » n'est diminué que d'un homme ». Encore cet homme fut-il remplacé, bien malheureusement pour les Athéniens. *Alexandre* continua de les resserrer comme Philippe son père, et les réduisit au point de demander humblement la paix. Le jeune vainqueur leur déclara qu'il ne les recevroient point en grace, qu'ils ne lui eussent livré *Démosthène* et sept autres de leurs orateurs. Ils dépêchèrent des ambassadeurs pour tâcher de faire adoucir ces propositions. *Alexandre* les reçut avec mépris. Ils envoyèrent *Phocion* ; non-seulement, il lui accorda sa demande, mais il conçut pour lui une estime et une amitié qui ne se démentit jamais.

Pendant que *Phocion* se faisoit respecter par sa probité, *Démosthène* se déshonoroit par son avarice. Un des généraux d'*Alexandre*, nommé *Harpalus*, coupable de quelques fautes, redoutant le ressentiment de son maître, se retira à Athènes, avec de grandes richesses. Ce cortège fit ouvrir les yeux aux orateurs. Comme ils ne doutoient point qu'*Alexandre* ne le redemanda, ils vont trouver *Harpalus*, pour savoir en quoi ils pourront lui être utile, et à quelles conditions. En effet, *Alexandre* le réclame, *Démosthène* monte à la tribune, conseille aux Athéniens de renvoyer *Harpalus* qui ne valoit guères mieux qu'un brigand, et qu'il y auroit de l'imprudence à exposer la république à la guerre pour un pareil sujet. Mais *Har-*

palus ayant trouvé moyen de lui faire accepter un présent très-considérable, Le lendemain, jour que l'affaire devoit être décidée, et qu'on s'attendoit que *Démosthène* soutiendroit sa première opinion, il parut dans la place, le col enveloppé de linges et de bandelettes. Quand son tour fut venu de parler, il fit signe qu'il avoit une extinction de voix. Les plaisans dirent qu'il avoit été surpris la nuit, non d'une *esquinancie*, mais d'une *argyrancie*.

Harpalus fit tous ses efforts pour gagner aussi *Phocion*, en lui offrant, à lui seul, plus qu'il n'avoit donné à tous les autres. Non-seulement il refusa ses présens avec mépris, mais menaça de le dénoncer, s'il continuoit à vouloir corrompre ceux qui avoient quelque pouvoir sur le peuple. Quand il fut mis en justice, ceux qui avoient reçu de lui furent les premiers à l'insulter, pour mieux se masquer. *Phocion*, au contraire, se montra si sensible à son malheur, parla avec tant de douceur, qu'*Harpalus* crut encore pouvoir lui offrir de l'argent, mais il fut de nouveau refusé. A la fin les Athéniens chassèrent *Harpalus* de leur ville, et ordonnèrent à l'Aréopage d'informer contre ceux qui s'étoient laissés corrompre par des présens. *Démosthène* bien convaincu fut condamné à l'amende, et mis en prison jusqu'au paiement. Il s'en sauva, et se retira à Egine jusqu'à la mort d'Alexandre.

Ce prince, quoique de loin, tenoit les Athéniens en bride, de sorte que sa mort causa à Athènes une joie dont *Phocion* craignit les excès. Il les voyoit prêts à prendre un parti extrême, sans qu'ils fussent encore bien assurés de l'événement. « He bien! leur dit-il, supposons que
» cela soit : Si Alexandre est mort aujour-
» d'hui, il le sera demain, il le sera après
» demain, et les jours suivans ; de sorte
» que nous aurons le tems de délibérer
» sur ce qu'il conviendra de faire ».

Débarrassés d'*Alexandre*, ils crurent pouvoir tout oser. Ils armèrent, et eurent l'imprudence de se mesurer avec *Antipater*, un des généraux de ce conquérant, qu'il avoit chargé des affaires de la Grèce. Ils furent défaits, et obligés de recevoir de dures conditions. Elles portoient que *Démosthène* et *Hippérile* autre orateur, lui seroient livrés ; que l'ancienne méthode de lever des taxes seroit rétablie ; qu'ils recevroient garnison dans le port ; qu'ils paieroient les frais de la guerre, et une certaine somme dont on conviendroit. L'article de la garnison étoit ce qui pesoit le plus aux Athéniens. *Phocion* fit ce qu'il put auprès d'*Antipater*, pour les exempter de ce joug. Ce général lui répondit : « *Phocion*, je ne vous refuserai rien que ce qui tendroit directement à votre ruine et à la mienne ». *Démosthène* prit la fuite, de peur qu'on ne le livrat à *Antipater*, et étant poursuivi par ordre de ce général, il s'empoisonna.

2692.
Phocion.

L'observation d'*Antipater* sur la nécessité d'une garnison Macédonienne pour la sûreté de *Phocion* lui-même, devint par l'événement une prophétie. *Antipater* mourut. *Cassandre* son fils et *Polisperchon* régens du royaume de Macédoine, se disputèrent l'autorité. Le premier envoya *Nicanor*, officier expérimenté, commander la garnison d'Athènes. Il étoit honnête homme, et fut ami de *Phocion*. *Polisperchon* pour s'attacher les Grecs, déclara toutes les villes libres, et notamment celle d'Athènes, dont il rappella la garnison, et donna ordre en même-tems de rétablir le gouvernement démocratique. *Nicanor* refusa d'obéir ; *Phocion* approuva ce refus, et l'appuya même, sans se mettre en garde contre les suites. *Polisperchon* parut près d'Athènes avec une forte armée. *Nicanor* ne put protéger *Phocion* qui étoit resté dans la ville. Il fut traîné enchaîné devant *Polisperchon* avec ses amis. « Vous êtes

» des traîtres, leur dit-il, mais je laisse
» aux Athéniens comme à un peuple
» libre, le droit de vous juger ». On convoque l'assemblée qui se montre très-tumultueuse. « Avez-vous dessein, s'é-
» crie *Phocion*, de nous juger selon les
» formes prescrites par les loix ». Quelques voix disent : « Oui : comment cela
» se peut-il ? réplique-t-il, puisqu'il n'y
» a pas moyen de se faire entendre ». Les clameurs continuent ; alors il prononce d'un ton ferme ces paroles :
« Pour ce qui me concerne, je con-
» fesse le crime dont on m'accuse, et
» je me soumets à ce que la loi décide
» sur ce sujet ; mais considérez, quelle
» injustice ce seroit, ô Athéniens ! d'en-
» velopper dans ma calamité des hommes
» qui n'ont eu aucune part à mon
» crime. Ils sont tes complices » ; cela suffit, s'écrie ce peuple forcené, et ils furent tous condamnés à la mort. Quelques-uns poussèrent la rage, jusqu'à proposer de donner la question à *Phocion* en pleine assemblée, pour lui faire avouer ses autres complices ; d'autres se couronnèrent de fleurs, en donnant leur voix pour sa mort. On lui demanda s'il avoit quelque chose à ordonner à son fils. « Oui, certes, dit-il,
» c'est d'oublier de quelle manière les
» Athéniens ont traité son père ». Quel-

ques-tems après sa mort, ils reconnurent leur faute, lui firent des obsèques publiques et lui élevèrent une statue de bronze. On lança une sentence de mort contre ses accusateurs, dont les principaux périrent dans les supplices.

<small>Démétrius de Phalère.</small> Ce qui reste de l'histoire des Athéniens, jusqu'à l'époque de la ligue des Achéens, dont ils firent partie, seroit pour un particulier un tems de délire qu'il faudroit oublier, c'est pour une république un exemple qu'il faut conserver. *Cassandre* à l'aide de la garnison Macédonienne qui ne s'étoit pas encore retirée, se rend maître d'Athènes, et y établit comme gouverneur, et en quelque façon comme souverain *Démétrius de Phalère*, dont les richesses quoique très-grandes, n'égaloient pas encore la probité et la vertu. Il gouverna les Athéniens avec toute la douceur possible, augmenta les revenus de la république, embellit Athènes par de nouveaux édifices, répara ceux qui tomboient en ruine, et y fit tant de bien, qu'on lui éleva partout des statues.

Un autre Démétrius, nommé *Poliorcete*, *preneur de villes*, le plus bel homme de son tems, fils d'*Antigone*, autre capitaine d'Alexandre prétend affranchir Athènes du joug de *Cassandre*, chasse le Phalérien, que tout le monde abandonne sur-le-champ, et qui court risque d'être massacré. Le Poliorcete est reçu dans la ville avec acclamations ; on lui donne à lui et à *Antigone* son père, le nom de rois qu'ils n'avoient pas encore porté. Ils sont appellés *dieux tutélaires, dieux sauveurs*. On statue que toutes les fois qu'on enverra des ambassadeurs à lui ou à son père, on les appellera *les ambassadeurs des dieux*. On établit un prêtre pour leur culte, et on déclare que l'année ne portera plus le nom de l'Archonte en charge, mais de ce prêtre. A l'endroit où Démétrius etoit descendu de son char pour entrer dans la ville, les Athéniens érigent un autel, ajoutent à leurs tribus deux nouvelles, qu'ils appellèrent *Démétriade* et *Antigonide*. Ils donnèrent aussi à un mois le nom de *Démétrien*, et quand ils ne surent plus qu'imaginer, ils revinrent sur le Phalérien, dont ils renversèrent les statues, le condamnèrent à mort, et mirent sa tête à prix. Pour mieux établir le gouvernement démocratique, on changea l'enseignement ; il fut défendu de donner des leçons, sans une permission du sénat et du peuple. Ce fut par *Sophocle*, homme de lettres, que furent mises à la science ces entraves, qui forcèrent Théophraste disciple d'*Aristote* de fermer son école.

Une victoire que le Poliorcete remporta sur *Cassandre* qui menaçoit les Athéniens, lui valut de leur part de nouveaux honneurs. Ils lui assignèrent pour son logement le derrière du temple de Minerve, et même les appartemens des vierges consacrées au service de cette déesse. Complaisance d'autant plus scandaleuse, qu'on connoissoit les mœurs impures de ce prince. Enfin pour l'initier aux grands et aux petits mystères de *Cérès*, on intervertit l'ordre des mois. Rassassié de ces flatteries, le *Poliorcete* partit pour l'Asie où l'attendoient quelques disgraces. En conséquence de ces revers, quand il voulut revenir dans sa chère Athènes, il trouva en chemin des ambassadeurs, qui lui déclarèrent, qu'il n'y pouvoit pas rentrer, parce que le peuple avoit décrété de n'y point recevoir de rois. Il demanda qu'on lui rendît du moins sa femme *Desdamie* qu'il y avoit laissée. Elle lui fut renvoyée. Mais les Athéniens firent un décret qui ordonnoit que tous ceux qui proposeroient de traiter ou de faire la moindre liaison avec *Démétrius*, seroient punis de mort.

Ce nouvel outrage lassa sa patience. Il mit le siège devant Athènes qui se rendit à discrétion. Le vainqueur commanda aux habitans de s'assembler dans le théâtre. Il environna la scène de gens armés. Les Athéniens attendoient leur sentence avec une grande frayeur ; le vainqueur paroît, leur fait quelques reproches avec douceur, leur pardonne, et promet même un présent de blé. Alors recommencèrent les adulations, les orateurs ne savoient de quels termes se servir pour exalter sa bienfaisance et sa générosité. Quelque tems après le *Poliorcete* perd le royaume de Macédoine. Aussitôt son prêtre est dégradé, son autel renversé, et les mois sont remis comme ils étoient.

Le fils de *Démétrius*, nommé *Antigone Gonates*, les punit de l'insulte qu'ils avoient faite à son père, et mit garnison dans la citadelle d'Athènes. *Aratus* chef de la ligue Achéenne tenta deux fois de chasser la garnison ; ce n'étoit pas pour garder la ville, mais pour lui rendre la liberté. Les Athéniens le savoient ; cependant sur le bruit qui se répandit de la mort d'*Aratus*, ils se parèrent de guirlandes. Ils furent trop heureux ensuite de le retrouver pour recouvrer la liberté qu'il leur procura en payant cinquante talens, dont vingt de son propre argent au gouverneur Macédonien qui retira sa garnison. Ainsi Athènes redevint libre sous la protection de la ligue Achéenne, qui a aussi été la sauvegarde de Lacédémone.

LACÉDÉMONIENS.

Tome. 10. Il y avoit déjà un gouvernement établi dans cette ville, puisqu'on y voyoit non-seulement un monarque, mais ce qui est sans exemple, dans aucune autre nation, deux rois, assis sur le même trône, et commandans avec une égale autorité. Sans doute il se trouvoit beaucoup d'autres vices, d'autres incohérences dans l'administration; puisque les habitans de Sparte demandèrent une constitution à *Lycurgue*.

Licurgue, 2C20. Il étoit de naissance royale. Son frère un des rois étant mort, le trône lui appartenoit, faute d'héritier direct. Sa belle-sœur lui fit dire qu'elle étoit enceinte; mais que s'il vouloit l'épouser, elle détruiroit son fruit. *Lycurgue* eut horreur de la proposition; cependant pour ne pas exposer l'enfant de son frère à la fureur ambitieuse de cette marâtre, il lui dit qu'il ne vouloit pas lui faire hasarder à elle-même sa vie par l'effet des remèdes violens; qu'elle eut à se conserver; que sitôt qu'elle seroit accouchée, il la débarrasseroit de l'enfant, et l'épouseroit. Quand elle fut près du terme, il ordonna que si c'étoit une fille, on l'abandonnat aux femmes, si c'étoit un garçon on le lui apportat.

Lycurgue étoit en ce moment à table en grande compagnie. On lui remet l'enfant. *Voilà votre roi*, leur dit-il. On sut qu'il n'avoit tenu qu'à lui de s'assurer le trône ; ce désintéressement lui fit infiniment d'honneur, mais sa belle-sœur ne lui pardonna pas. Malgré la preuve de modération qu'il avoit donnée, elle vint à bout de persuader qu'il en vouloit à la couronne. Elle affectoit de trembler pour son fils. Beaucoup de personnes paroissoient penser comme elle. *Lycurgue* fatigué de ces soupçons, et des désagrémens qu'ils lui attiroient quelquefois, après avoir élevé son neveu, le voyant en âge de regner, partit pour voyager.

Il prit pour compagnon *Thalès* le poëte, qui lui fit trouver en Egypte la totalité des poëmes d'*Homère*, dont on n'avoit que des parties. Il parcourut la Crète alors fameuse par ses loix, l'Asie ou la molesse des mœurs étoit bien différente de la sévérité des Crétois, l'Egypte séjour des sciences et de la sagesse. Quelques-uns le mènent en Espagne, en Afrique et jusqu'aux Indes. On ne peut pas dire où il étoit lorsque les Spartiates lui envoyèrent une députation chargée de l'engager à revenir pour régler leur gouvernement.

Sans doute il avoit formé d'avance son système qui étoit de tout détruire, de nettoyer, pour ainsi dire la place, afin d'élever un édifice uniforme et durable. Il se fit rendre en passant à Delphes un oracle qui n'étoit ni obscur ni embrouillé, comme tous les autres. La prêtresse le nommoit ami des dieux. « Ses loix, ajoutoit-elle, sont parfai-
» tement bonnes, et la république dans
» laquelle elles seront observées, de-
» viendra la plus fameuse de la terre ».
Arrivé à Sparte, il conféra avec ses amis, et convint des mesures à prendre, pour aider et faire valoir l'oracle.

Au jour marqué pour la promulgation d'un corps de loix, ils parurent dès le matin dans la place au nombre de vingt-huit armés de poignards. Cet appareil effraya le jeune roi *Charilaüs* neveu de *Lycurgue*. Il se refugia dans le temple de Minerve. On le ramena par la douceur, et il se joignit à la coalition. La première opération fut d'établir un sénat qui devoit être médiateur entre les rois et le peuple. Sans doute les vingt-huit et leurs principaux amis furent les premiers sénateurs, et la perspective de ces places ne servit pas peu à gagner les grands. Quant au peuple, afin qu'il ne se crut pas tout-à-fait oublié, on lui donna le droit non pas de proposer, ni de délibérer en assemblée, mais seulement d'accepter ou de refuser, par la simple formule de *oui* ou de *non*. Ces préliminaires établis, vinrent les loix civiles et morales, dont quelques-unes fort bisarres, firent de Lacédémone une république toute singulière. On les partagea en douze tables.

La religion tenoit le premier rang; tous les dieux et déesses seront représentés armés, afin que les Spartiates, qui doivent être un peuple soldat, n'aient que des modèles de valeur et de courage. Les sacrifices et offrandes seront de peu de valeur : par ce moyen rien n'empêchera de rendre aux Dieux ce qui leur est dû. Les prières seront courtes : les Dieux savent ce qu'il nous faut. Les sépulcres seront près des temples, afin qu'en les fréquentant, on se familiarise avec l'idée de la mort. Point de sépultures magnifiques, pas même d'inscriptions, excepté pour les hommes tués à la guerre, et pour les femmes qui se dévouent à la vie religieuse. Point de gémissemens ni de cris aux funérailles. Ils seroient indignes de la grandeur d'ame et de la fermeté des Spartiates. *Religion.*

Toute la Laconie fut divisée en trente *Distribution des terres.*

mille portions égales : la ville de Sparte en six mille. On ne pourra jamais morceller ces portions ; il faut qu'elles passent entieres entre les mains des héritiers, ou des acquéreurs. S'il se trouve par la suite plus de citoyens que ces portions ne pourroient nourrir, on en fera des colonies.

<small>Loix domestiques.</small> Quand un garçon naîtra, le père le portera à un comité d'hommes graves de sa tribu. S'ils le trouvent bien conformé, ils le rendront au père, sinon, on le jettera dans une caverne au pied du mont-Taygette. Le séjour des étrangers à Sparte sera borné, de peur qu'ils ne corrompent les mœurs des citoyens. Celui dont les talens paroîtroient utiles à la république sera adopté citoyen. Cependant il ne pourra jouir des privilèges de Sparte, s'il n'a passé par les rigueurs de son éducation.

<small>Mariages.</small> Le célibat sera infâme pour les hommes. Le vieux garçon sera obligé de se promener nud, au cœur de l'hiver dans la place publique, en chantant une chanson satyrique contre lui-même. On ne lui rendra aucun honneur dans sa vieillesse. Il y avoit action en justice, contre celui qui laissoit passer l'âge fixé pour le mariage, ainsi que contre ceux qui se marioient au dessus, ou au dessous de leur condition. Ceux qui avoient trois

enfans étoient modérés dans la taxe. Ceux qui en avoient quatre ne payoient rien du tout. Point de dot pour les filles ; ainsi rien n'empêchera que chacun ne suive son penchant. La fille devoit être à la fleur de l'âge ; l'époux pendant les premières années du mariage ne pouvoit s'introduire auprès d'elle que furtivement, comme s'il eût commis un rapt : trop de facilité auroit pu ralentir les désirs. Il étoit permis de prêter sa femme ; les rois seuls ne le devoient pas. En général les femmes de Sparte ne se piquoient nullement de pudeur.

Dès le berceau, la nourrice devoit quelquefois refuser le sein à l'enfant, pour l'accoutumer à la sobriété. Un jeune Spartiate étoit formé à rester la nuit sans lumière, à marcher dans l'obscurité, et à se mettre au dessus des foiblesses ordinaires à l'enfance. Riches et pauvres, tous étoient élevés également, dans un lieu commun, couchés sur des lits durs, sans autre bain que le lit du fleuve Eurotas. Ils mangeoient en public. Les vieillards se trouvoient à leur table, pour les examiner et les instruire. Le grand régal étoit la sauce noire, mets composé de sel, de vinaigre et de sang. Un Lacédémonien ne savoit ce que c'étoit de boire par plaisir. L'ivresse étoit infâme. On faisoit enivrer des esclaves, afin

Nourriture.

d'inspirer aux jeunes gens de l'horreur pour cette turpitude.

Habits.   On se vêtissoit pour se garantir des injures de l'air, et non pour se parer. Les habits pour la façon et l'étoffe, seront égaux entre les riches et les pauvres. C'est par la vertu qu'on se distingue, et non par la beauté des vêtemens. Jusqu'à l'âge de douze ans, ils porteront une tunique. Passé cet âge, on y ajoutoit un manteau d'une étoffe si mince que le *vêtement Lacédémonien*, pour dire un vêtement approchant de la lésine, étoit passé en proverbe. Ils ne portoient point de souliers ni de cheveux dans l'enfance. En grandissant, ils les laissoient allonger, et ne les coupoient plus ensuite. Un Lacédémonien ne connoissoit ni les essences, ni les parfums; à la guerre ils portoient des habits de pourpre, et se couronnoient de fleurs, avant que de charger l'ennemi. Les robes des filles ne descendoient qu'aux genoux, et encore moins bas; les seules femmes d'une vertu équivoque pourront porter de l'or, de l'argent, des pierreries, et d'autres ornemens précieux. Les filles paroissoient en public sans voile, et les femmes voilées; les premières avoient besoin d'être regardées, et non les autres. Dans les gymnases, filles et garçons combattoient nuds. En ôtant au sexe la pudeur, *Licurgue* eut dessein de le rendre moins dangereux, et de prévenir par l'égalité de la naissance et des richesses, les motifs de jalousie, qui ont coutume d'amener le trouble dans les républiques.

<small>Ordonnances générales.</small>

Le grand devoir imposé aux Lacédémoniens étoit l'obéissance aux loix, obéissance qui ne permettoit même pas de rechercher le motif du commandement. Tous les enfans appartenoient à l'état, chaque citoyen avoit droit sur eux. Si un vieillard ne reprenoit pas un enfant par distraction ou complaisance, il devoit subir la même peine qu'on auroit imposée au coupable. Entre enfants même, il y avoit un chef qui devoit réprimander et punir, et qui le faisoit quelquefois très-rigoureusement. Un jeune Spartiate étoit réservé, silencieux, ne regardoit que devant lui ou à terre, et ne se présentoit que dans l'attitude la plus modeste.

<small>Etudes et sciences.</small>

Les Lacédémoniens étudioient peu, cultivoient peu l'écriture, ne se piquoient pas de parler correctement. D'où étoit venu le proverbe: *il parle assez bien pour un Lacédémonien.* Cependant on estimoit leur briéveté qu'on appelloit *laconisme*. Il a donné à plusieurs de leurs phrases un air sententieux qui les a fait conserver. Ils faisoient cas de leur rudesse même, de leur attachement aux maximes de leurs ancêtres. Un Athénien reprochoit à un Spartiate son ignorance, et lui vantoit les sciences de son pays. « Tout ce que vous » dites peut être vrai, répondit le La- » cédémonien, cependant vous n'en » pouvez conclure autre chose, sinon » que nous sommes les seuls d'entre les » Grecs, qui n'ayons pris aucunes mau- » vaises coutumes de vous ». Un Spartiate n'étoit que soldat. Les professions de nécessité étoient exercées par les Ilotes, qui n'étoient pas absolument esclaves, mais une espèce de bourgeoisie inférieure. Acteurs, diseurs de bonne aventure, orateurs et autres charlatans, n'étoient pas soufferts dans la ville. Ils s'exerçoient à des questions utiles. « En » quoi consiste le mérite de telle action? » La réputation de tel héros, est-elle bien » fondée ? » La raillerie, pouvu qu'elle fût délicate et point choquante, étoit recommandée comme une leçon dont on pouvoit profiter. Ils aimoient la musique, si on peut appeler ainsi des chansons anciennes dont ils étoient si jaloux, qu'ils ne permettoient pas à leurs esclaves d'en apprendre l'air, ou du moins de les chanter publiquement. Quand on s'attachoit à une fille, il n'y avoit point de jalousie entre les rivaux; mais au con, traire une liaison plus intime entre eux, et plus d'émulation pour plaire à la personne aimée.

La chasse étoit un amusement de la jeunesse, prescrit pour donner au corps de la souplesse et de l'agilité. La danse, les exercices violens et guerriers, étoient communs aux deux sexes, qui s'y livroient ensemble. Ainsi les femmes devenues aussi fortes que les hommes, ne mettoient au monde que des enfans sains et vigoureux; mais elles perdoient cette tendresse, peut-être le plus grand charme de la maternité. On en a vu regarder d'un œil sec leurs enfans déchirés de verges devant les autels, et s'applaudir de la fermeté qu'elle leur avoit inspiré, lorsque ces malheureux souffroient ce tourment sans verser une larme, ni pousser un soupir. Le vol entroit dans les exercices. Il étoit permis, pourvu qu'il fût fait adroitement; mais le voleur qui se laissoit surprendre, étoit sévèrement puni. *Exercices.*

Presque tous les marchés se faisoient par échange. Cependant comme il falloit une monnoie pour égaliser les ventes et les achats, *Lycurgue* en fit faire une, mais de fer, et si pesante, qu'il falloit deux chevaux pour traîner un assez petite somme. Ainsi les Lacédémoniens ayant tous la même quantité de terre, *Monnoie.*

et ne pouvant amasser de numéraire, restoient nécessairement égaux ; d'autant plus que les monnoies des autres pays n'avoient point cours ; qu'il n'étoit pas permis de prêter à rente, ni de recevoir des présens des étrangers. Ainsi point de moyen de s'enrichir les uns plus que les autres.

Justice. On ne pourra, avoit statué Lycurgue, approcher des tribunaux qu'à trente ans, même pour entendre plaider, de peur qu'on ne prenne le goût des procès. On ne recherchera pas la raison de telle ou telle loi ; obéir voila la loi suprême. Les libertins ou prodigues, ne seront jamais juges ni magistrats, dans la république. Comment pourroient-ils prononcer sur les intérêts des autres, eux qui n'ont pas pu gérer leurs propres affaires.

Loix militaires. Que la première et principale loi militaire soit l'obéissance. La vaillance ne se prescrit pas. Elle étoit comme innée chez les Lacédémoniens, sucée avec le lait, augmentée par les exemples, confirmée par les louanges prodiguées aux héros, et le mépris dont les lâches étoient accablés. « Reviens avec ton » bouclier, ou sur ton bouclier, disoit » une mère Spartiate à son fils, par- » tant pour l'armée ». Cela veut dire : *sois vainqueur ou meurs*, parce qu'on rapportoit les morts sur leurs boucliers.

On ne fera pas la guerre longtems contre le même ennemi, de peur de l'agguérir. Ils n'aimoient ni la mer, parce que le commerce des matelots et des étrangers corrompt les mœurs, ni les siéges, parce qu'ils ne réputoient pas à gloire à vaincre des murailles. Lacédémone n'en avoit point. Le corps des habitans en tenoit lieu. Ils relâchoient un peu pendant la guerre de l'austérité de de leur vie, afin de la faire désirer. En campagne, ils dormoient tous armés. L'avant-garde n'avoient point de boucliers. Privés de cette défense, ils étoient avertis de ne point s'abandonner au sommeil. Dans toutes les expéditions, ils avoient grand soin de pratiquer leur rites religieux. Le soir après le repas, les soldats chantoient ensemble des hymnes à la louange des dieux. Quand ils étoient prêts à charger l'ennemi, le roi offroit des sacrifices aux muses, afin qu'elles les aidassent à faire des actions dignes d'être transmises à la postérité. Les soldats se couronnoient de fleurs, et l'armée avançoit au son des flûtes qui jouoient l'hymne de *Castor*. Ils ne poursuivoient l'ennemi qu'autant qu'il falloit pour assurer la victoire. Celui qui la remportoit par stratagème, offroit un bœuf à *Mars*, et le vainqueur à force ouverte n'offroit qu'un coq. La ruse qui épargnoit les hommes étoit plus estimée que la valeur qui les prodigue.

Cryptie. On ne sait si *Lycurgue* est l'auteur d'une précaution politique bien cruelle, employée par les Lacédémoniens, pour diminuer le nombre de leurs esclaves, lorsqu'ils paroissoient trop multipliés; elle se nommoit *Cryptie*, c'est-à-dire, *embuscade*, elle consistoit à armer de poignards les plus hardis des jeunes gens; on leur donnoit l'ordre d'exterminer jusqu'à un certain nombre de ces malheureux esclaves, ce qu'ils faisoient, soit en les massacrant de nuit, soit en les suprenant de jour occupés à leurs ouvrages, et cela de sang froid, sans avoir contre eux le moindre sujet de plainte, uniquement pour mettre le reste hors d'état de rien entreprendre.

Quelques précautions que *Lycurgue* eût prises, ses loix ne passèrent pas sans contradiction. Il y eut une émeute, dans laquelle il fut blessé, ce qui donna lieu d'ajouter cette loi, que personne ne viendroit armé dans les assemblées du peuple, ou des magistrats. S'il restoit encore quelques difficultés, elles furent suspendues par l'espérance de l'opposition que le législateur eut l'adresse de laisser aux malveillans. Il convoqua une assemblée générale : « Il me reste, leur dit-il, un objet important, et peut-être le

» plus important à vous communiquer ;
» mais je ne le puis, qu'après avoir con-
» sulté l'oracle d'Apollon à Delphes. Je
» pars pour m'y rendre. Promettez-moi
» de maintenir jusqu'à mon retour les loix
» qui viennent d'être établies ». Les
deux rois, le sénat, le peuple, tous en
firent le serment. Arrivé à Delphes,
Lycurgue envoya à Lacédémone cette
réponse : « les loix données à Sparte
» sont excellentes, tant qu'elle les ob-
» servera, elle sera la ville la plus glo-
» rieuse du monde ». En recevant l'oracle, les Lacédémoniens apprirent que
leur législateur, après avoir offert un
sacrifice solennel à Apollon, avoit pris
congé de ses amis et de son fils, et
s'étoit laissé mourir de faim : dès là, ils
se crurent obligés d'être pour toujours
fidèles aux loix, qu'ils avoient juré de
garder jusqu'à son retour.

En effet il n'y a point de peuple
qui ait jamais été plus fidèle observateur
de ses loix. Sans doute elles convenoient
au caractère de la nation, puis qu'elles
l'ont rendu et maintenu si longtems florissante. Elles ont éprouvé peu de changemens. L'histoire de Sparte ne présente
presque pas de ces secousses intérieures
qui font l'intérêt de celle d'Athènes.
Outre les expéditions militaires, dont
les récits trop détaillés deviendroient

fastidieux, la vie des rois de Lacédémone, offre des traits héroïques de patriotisme, des réflexions sentencieuses, des mots d'une fierté sublime, et une magnanimité quelquefois féroce.

Charilaus, neveu de Lycurgue, conserva toujours beaucoup de respect pour son tuteur. Il fit observer ses loix. Quelqu'un se plaignoit de ce qu'il n'en avoit pas fait davantage. « Il n'en faut pas » beaucoup, dit-il, à ceux qui ne par- » lent guères ». La première guerre remarquable qu'eurent les Lacédémoniens, fut contre les Messéniens, et aussi cruelle qu'injuste. Ceux-ci offrirent envain de passer par l'arbitrage des amphictions, ou de l'aréopage d'Athènes. Les Spartiates gardèrent pendant trois ans leur ressentiment pour une bagatelle, et fondirent à l'improviste sur la ville frontière des Messéniens, dont ils tuèrent tous les habitans, sans distinction d'âge ni de sexe. Ils étoient alors gouvernés par le roi *Nicandre*, qui commanda ou souffrit cette barbarie, mais qui se faisoit scrupule de recevoir des présens. « Si j'en acceptois, disoit-il, » les lois et moi ne pourrions être d'ac- » cord ensemble ».

Cette guerre se continua avec acharnement. Les Messéniens toujours maltraités consultèrent l'oracle, qui répondit qu'il falloit sacrifier aux dieux une vierge du sang royal. On voulut prendre la fille du roi. Il s'enfuit avec elle. *Aristodème* parent du roi offrit la sienne. Un jeune homme à qui elle étoit promise en mariage s'écria qu'il l'avoit consommé, et qu'elle étoit enceinte. *Aristodème* regardant comme une honte pour sa maison l'imputation faite à sa fille, la tua de sa propre main, lui ouvrit le ventre et fit voir au peuple, qu'à tort elle avoit été taxée d'une foiblesse reprochable. A ce prix, Aristodème acquit la couronne. Il la mérita ensuite par sa conduite sage et prudente, et gagna ses compétiteurs au trône, en leur donnant les premières places et en leur marquant la plus grande confiance.

L'impétuosité des Lacédémoniens les rendoit redoutables en plaine campagne. *Aristodème* les attiroit dans les défilés, les harceloit, les fatiguoit. Ils firent semblant de condamner à mort, pour crime de trahison, une centaine d'hommes qui s'enfuirent à Ytone ville des Messéniens, dont ils devoient ouvrir les portes quand ils y seroient reçus. *Aristodème* découvrit leur dessein ; aussi généreux que brave, il renvoie les prétendus criminels sans leur rien faire, et écrit ces mots aux Spartiates : *votre ruse est usée.* Les efforts d'*Aristodème* n'empêchèrent pas que les Messéniens ne fussent souvent battus. Le découragement s'empara d'eux. Désespéré lui-même de ne pouvoir relever leur courage, il se laissa dominer par la mélancolie, qui le mena sur le tombeau de sa malheureuse fille où il se tua. Ses sujets furent assujetis par les Lacédémoniens, à leur donner la moitié du produit de leurs terres, dont les propriétaires devinrent ainsi les fermiers, à assister aux convois des rois de Sparte, et à en porter le deuil. Conditions onéreuses et humiliantes !

Ephores.   Vers ce tems furent établis les *Ephores:* On ne sait à quelle occasion. Ils étoient au nombre de cinq, choisis d'entre le peuple, par le peuple, et quelquefois de la lie du peuple ; car tout citoyen hardi, factieux, et qui savoit parler, pouvoit aspirer à cette charge. Ils étoient destinés à tenir en bride les rois et le sénat. Pour décider, l'unanimité entre eux étoit nécessaire. Ils acquirent successivement une autorité illimitée. Ils présidoient aux assemblées générales, déclaroient la guerre, faisoient la paix, déterminoient le nombre de troupes à lever, régloient les impôts, distribuoient au nom de l'état des peines et des récompenses. On ne voit point après cela ce qui restoit à faire au sénat et aux rois, sinon à ces derniers de com=

mander les armées. Les éphores avoient le privilége de ne point se lever en présence du roi, de faire intituler l'année de leur nom, comme faisoient les archontes d'Athènes ; et enfin, le plus important, de censurer la conduite des rois, et de prononcer des peines contre eux.

Cette conduite auroit été inutile à des rois qui auroient pensé comme *Théopompe*. Il disoit que pour avoir à craindre le moins possible, « il faut qu'un mo-
» narque permette à ses amis de lui dire
» librement leur avis, et qu'il soit lui-
» même prêt à punir sévèrement les
» méchans ». Ce prince, sage dans sa conduite, savoit en même tems apprécier les hommes. « Le tems, disoit-il, aug-
» mente les médiocres, et emporte ceux
» qui sont trop grands ».

La guerre de Messène occasionna à Sparte un mouvement qui pensa lui être funeste. Les hommes s'étoient engagés par serment à ne point revenir dans la ville, qu'ils n'eussent subjugué les Messéniens. L'expédition dura dix ans. Pendant ce tems, les femmes et les filles s'ennuyèrent. Les femmes écrivirent à leurs maris, que pendant qu'ils délivroient la patrie de ses ennemis, ils négligeoient d'autres intérêts, qui ne devoient pas leur être moins chers. Les guerriers com-

Parthéniens.

prirent le sens de la plainte, et y pourvurent en partie. Ils choisirent ceux de leurs jeunes gens qui, arrivés à l'armée depuis le commencement de l'expédition, n'étoient pas liés par le serment, et les renvoyèrent à la ville, avec liberté d'appaiser les murmures des filles. Il en vint une lignée qu'on nomma *Parthéniens, enfans de vierges.* Comme apparemment les liaisons n'avoient pas été fort régulières, ces enfans, en grandissant, se trouvèrent sans pouvoir de réclamer ni pères ni biens.

Cet abandon les chagrina. Ils joignirent leur dépit à la haine des Ilotes, qui étoient toujours prêts à se soulever contre leurs tyrans, et résolurent de demander à main armée, dans la première assemblée du peuple, des biens et un rang. Le signal devoit être un bonnet jeté en l'air. Presqu'au moment de l'exécution, les éphores défendirent de jeter un bonnet en l'air dans l'assemblée du peuple. Cette prohibition fit connoître que le complot étoit découvert. On en vint à des arrangemens. Les jeunes gens, sous le chef qu'ils s'étoient choisi, furent pourvus de tout ce qui étoit nécessaire pour établir une colonie, et en partant, ils délivrèrent Lacédémone de ses inquiétudes.

Elle ne tarda pas à en avoir de trop bien fondées de la part d'*Aristomène*,

Aristomène.
2314,

nouveau chef des Messéniens. Les conditions qui leur avoient été imposées étoient si dures, qu'il n'eut pas de peine à les soulever. Il leur trouva des alliés, et recommença une guerre que sa valeur et ses autres talens rendirent très-opiniâtre, et très-dangereuse pour les Spartiates. Après quelques premiers avantages, et s'être fait craindre par les armes, il les attaqua par la superstition. A la faveur d'un déguisement, il entra la nuit dans Lacédémone, et eut la hardiesse d'aller attacher à la porte du temple de Minerve un bouclier avec cette inscription : *Aristomène consacre à la déesse cette partie des dépouilles des Lacédémoniens.* La ville fut troublée. On consulta l'oracle. Il répondit : « Que » les Spartiates fassent venir un chef » d'Athènes ». Les Athéniens, jaloux des Lacédémoniens, et peu curieux de contribuer à leurs succès, leur envoyèrent pour général un certain *Tyrtée*, maître d'école, poëte boiteux, et qui avoit la réputation d'être un peu fou. Ils le reçurent, et rassurés par leur soumission à l'oracle, ils allèrent au combat comme à la victoire, mais ils furent battus.

Consternés par cette défaite, ils songeoient à demander la paix, lorsque *Tyrtée* releva leur courage par des chants guerriers, les dirigea par ses conseils, recruta leur armée de quelques hommes choisis entre les Ilotes, et leur fit continuer la guerre. *Aristomène* eut de nouveaux succès, et fut blessé. Il battit les Spartiates, et fut battu par leurs femmes, mit leur territoire en feu, et vit ravager le sien. Blessé deux fois, il fut pris la seconde, et mené à Lacédémone. On eut grand soin de le faire guérir, pour en tirer une vengeance qui déshonore les Spartiates. Ils le condamnèrent au supplice qu'on infligeoit aux criminels de la lie du peuple, à être précipité avec ses compagnons d'esclavage dans une profonde caverne. L'infortuné demanda pour grace de conserver ses armes. On les lui accorda. Il resta trois jours dans cet antre affreux, marchant sur les morts, écrasé par les mourans. Prêt à expirer de faim et d'infection, il entend un petit bruit auprès de lui. C'étoit un renard qui rongeoit un corps mort. Aristomène le saisit par la patte de derrière, l'animal veut fuir. Aristomène se prête à ses mouvemens, et est conduit jusqu'à un trou où l'animal passe sa tête. Le prisonnier appercevant une lueur, conçoit quelqu'espérance. Avec ses ongles et ses armes, malgré son extrême foiblesse, il s'ouvre un passage, et gagne *Ira*, forteresse des Messéniens.

On apprit à Sparte son aventure par ses victoires; peu s'en fallut qu'il ne portât lui-même la nouvelle, et il l'auroit fait, s'il n'avoit été trahi par un de ceux qui devoient le seconder dans le projet formé d'aller surprendre Lacédémone, pendant que l'armée Spartiate étoit devant *Ira*. Ce malheur ne découragea pas *Aristomène*; il eut même la hardiesse de s'exposer encore à la cruauté des Spartiates. Il fut pris, et échappa par la compassion d'une fille qui l'arma d'un poignard, avec lequel il se débarrassa de sept hommes qui le gardoient.

Le siége d'Ira dura onze ans. Pendant qu'*Aristomène* étoit retenu au lit par une blessure, les Lacédémoniens surprirent les portes; les Messéniens se retranchèrent dans la ville; on combattit trois jours et deux nuits, les femmes montroient autant de courage que les hommes. Après ce terme, toute espérance de conserver la ville étant perdue, *Aristomène* rassemble ses malheureux compatriotes, place les femmes et les enfans au centre, forme l'avant-garde et l'arrière-garde de la jeunesse Messénienne, qu'il fait commander par *Gorgus*, son fils, et *Théoclès*, brave Messénien. Lui-même se met à la tête, fait ouvrir la barrière, et brandissant sa lance, marche droit à l'ennemi. Le général Lacédémonien, soit prudence, soit compassion, respecte ces malheureux, réduits au désespoir, fait retirer ses troupes, et Aristomène gagne l'Arcadie, plus triomphant que ses vainqueurs. Le roi qui termina la guerre des Messéniens, se nommoit *Eurycrate*. On lui demandoit pourquoi les Spartiates ne conservoient point d'argent dans le trésor. Il répondit : « C'est afin que les gardiens » ne soient pas tentés d'en devenir les » voleurs ».

Léonidas. Les faits militaires se ressemblant presque tous, méritent peu d'exercer la plume de l'historien. Il y en a cependant qui, par leur singularité, provoquent l'admiration. Telle est l'action du roi *Léonidas*, partant avec trois cents hommes pour s'opposer à l'armée immense de Xerxès. « Je pars, dit-il, pour fermer » le pas des Thermopyles ; mais mon » vrai dessein est d'aller mourir pour » ma patrie ». Lorsqu'il prit congé de sa femme, elle lui demanda s'il n'avoit rien de particulier à lui dire. « Rien, » répondit-il, sinon que vous épousiez » un vaillant homme, et que vous lui » donniez de vaillans enfans ». Elle se nommoit *Gorgo*, étoit fille du roi *Cléomène*. Dès l'enfance, elle donna une preuve bien frappante de son attachement à sa patrie. *Aristagore de Milet* vouloit engager *Cléomène*, son père, à

déterminer les Lacédémoniens à porter la guerre en Asie. *Gorgo*, âgée de huit ans, étoit présente à leur conférence. *Aristagore* le pria de faire sortir sa fille, afin de pouvoir parler plus librement; « vous le pouvez, reprit *Cléo-
» mène*, ce n'est qu'un enfant ». *Aristagore* commença par offrir au roi de Sparte une somme considérable, s'il vouloit engager ses sujets. Il doubla, il tripla. « Fuyez, mon père, s'écria la petite
» fille, fuyez, cet étranger vous cor-
» rompra ».

Arrivé aux Thermopyles, *Léonidas* jetant les yeux sur les trois cents qui l'accompagnoient, remarqua que beaucoup d'entre eux avoient à peine atteint l'âge viril. C'est ce moment qu'il faut saisir pour exciter l'enthousiasme. Il en fit partir quelques-uns, sous prétexte de les charger de messages pour les éphores. Un de ceux auxquels il s'adressa, pénétrant son dessein, lui dit : « Seigneur,
» je suis venu pour servir comme soldat,
» et non comme courrier ». Un autre répondit : « Combattons premièrement,
» après cela je porterai la nouvelle de
» la bataille ». On a vu qu'ils furent tous tués.

Pausanias, vainqueur de Platée, offre dans sa conduite un contraste étrange. Se trouvant, après la victoire, dans la

Pausanias.
2508.

tente de *Mardonius*, général Persan, il ordonne à ses cuisiniers d'apprêter un repas fourni de toutes les délicatesses Asiatiques. En même tems il fait servir une table à la Spartiate, et s'adressant aux Grecs qui l'environnoient : « Admirez, dit-il, mes amis, la folie de ce roi des Mèdes, qui, pouvant vivre chez lui aussi somptueusement, vient de si loin pour dépouiller les Grecs, qui font si pauvre chère ». Heureux *Pausanias*, s'il eût persisté dans ces sentimens ! Mais il se laissa gagner par ce même luxe qu'il avoit dédaigné, prit goût aux manières des Perses, et se moqua des coutumes simples de son pays. Ces habitudes voluptueuses le menèrent à écouter volontiers les propositions que les Perses lui firent de le rendre souverain de la Grèce.

Pendant qu'il se repaissoit de ce projet, l'inquiétude qui accompagne toujours celui qui médite le mal, lui occasionna un malheur qui empoisonna le reste de sa vie. Une femme très-belle, nommée *Cléonice*, dont il étoit amoureux, lui avoit promis de venir le trouver la nuit. En approchant, elle fit un bruit qui réveilla en sursaut *Pausanias*. Plein de l'idée qu'on vient le saisir, il se jete sur son épée, et blesse mortellement sa chère *Cléonice*. Pour appaiser les mânes de sa maîtresse, il eut recours aux devins. Ils évoquèrent son ombre. Le fantôme lui dit : « Quand vous serez à Sparte, vous trouverez la fin de vos infortunes ». En effet, ses complots y furent découverts, les éphores voulurent l'arrêter, il se sauva dans le temple de *Pallas*. C'étoit un sanctuaire inviolable. On ne savoit comment l'en tirer. Pendant qu'on délibéroit, sa mère, sa propre mère prend une grosse pierre, la pose à la porte du temple, et se retire sans proférer une seule parole. Le peuple l'imite ; *Pausanias* ainsi enfermé, périt faute d'alimens.

Agis a passé pour un grand politique. C'est lui qui disoit *qu'on trompoit les enfans avec des jouets, et les hommes avec des sermens*. On raconte des éphores de son tems une action digne de la maxime d'*Agis*. Les Ilotes se multiplioient quelquefois assez pour donner de l'inquiétude à la république. Dans une de ces circonstances, les éphores firent publier une promesse de liberté à ceux des Ilotes qui voudroient servir comme volontaires, dans une expédition qui se préparoit. Il s'en présenta deux mille. Cet empressement servit à faire connoître les plus vaillans. Des deux mille, on en fit périr treize cents secrètement, le reste fut envoyé à la guerre. *Agis* connoissoit les

Agis. 2331.

épines de la puissance. « Quand on veut » gouverner un grand nombre d'hommes, » disoit-il, il faut en combattre un grand » nombre ».

Callicratidas. Sous son règne, parurent deux généraux célèbres, *Callicratidas* et *Lysandre*. Le premier, d'un désintéressement au-dessus de tout éloge. *Cyrus*, dont les Lacédémoniens s'étoient rendus auxiliaires, en envoyant le prêt de l'armée, jugea à propos d'ajouter des présens pour le général. *Callicratidas* reçut l'argent des troupes, et renvoya les présens. « Il » n'est pas nécessaire, dit-il, qu'il y ait » une amitié particulière entre Cyrus et » moi. S'il est fidèle à son alliance avec » les Lacédémoniens, ils seront tous ses » amis, et je serai du nombre ». Il mourut en héros, comme il avoit vécu. Au moment d'une bataille navale qu'il alloit livrer, le devin lui dit que les Spartiates seroient victorieux, mais que l'amiral seroit tué. « Cela est fort bien, dit-il, » combattons donc. Sparte ne perdra » pas beaucoup en me perdant ; mais » elle perdroit son honneur, si je me » retirois à la vue de l'ennemi ». Il nomma son successeur, et mourut dans le sein de la victoire.

Lysandre. *Lysandre* eut la gloire de soumettre les Athéniens. Ce fut lui qui détruisit leurs murailles et brûla leurs vaisseaux.

Il ramena à Lacédémone la flotte chargée d'immenses richesses. Les Spartiates en furent embarrassés ; ces trésors contredisoient les loix de Lycurgue. Après bien des débats, ils décidèrent que l'état pourroit se servir d'or et d'argent ; *mais qu'aucun particulier ne pourroit posséder l'un ou l'autre de ces métaux, sous peine de mort.*

Après la mort d'*Agis*, Lysandre contribua à mettre sur le trône *Agésilas*, frère cadet du défunt. Ce prince réunissoit des qualités qui semblent s'exclure. Ambitieux et hardi, il étoit doux et aimable. La valeur, la fierté s'allioient chez lui à la bonté. Il aimoit sa patrie jusqu'à la préférer à sa sûreté et à sa tranquillité personnelle. Ses vertus effrayèrent les éphores, ils le condamnèrent à une amende, *parce qu'il s'attiroit trop l'affection du peuple. Agésilas* connoissoit le caractère ombrageux du peuple, et se mettoit autant qu'il pouvoit en garde contre les soupçons et la jalousie, au point de n'avoir pas voulu accepter le commandement d'une armée, qu'on ne lui eût nommé un conseil de trente personnes. Il est vrai que cette armée devoit décider du sort de la Grèce. *Agésilas* jouoit alors le rôle d'Agamemnon, chef de la ligue Grecque contre Troye. Le roi de Sparte étoit chef de la ligue Grecque

Agésilas.

contre les Perses. Se trouvant en Aulide, la parité de sa situation lui fit rêver que les dieux l'exhortoient à imiter le sacrifice d'Agamemnon, dont il étoit successeur. Il ne crut pas devoir se refuser tout-à-fait à cette inspiration ; mais à une vierge, il substitua une biche, et voulut la faire immoler par son augure. Ceux du pays prétendirent que c'étoit violer leurs droits. Ils renversèrent l'autel et la victime. Ce petit événement coûta dans la suite, aux Spartiates, l'empire de la Grèce, parce qu'il excita entre eux et les Béotiens une guerre à laquelle toute la Grèce prit part, et que la valeur et l'habileté d'*Epaminondas* rendit funeste aux Lacédémoniens.

Il y eut entre *Agésilas* et *Lysandre* quelque froideur enfantée par la jalousie. Le roi usa un peu durement, à l'égard du général, de la supériorité de sa place. Celui-ci plia sans s'abaisser, et ces deux grands hommes, qui n'étoient pas faits pour être ennemis, continuèrent à travailler de concert à la gloire de leur patrie. *Lysandre* finit ses jours dans cette glorieuse carrière. Il fut tué en combattant contre les Thébains. Il avoit eu mille occasions de s'enrichir, et il laissa si peu de bien, qu'un riche citoyen qui avoit fiancé ses filles, les voyant sans dot, refusa de les épouser. Les éphores le condamnèrent à une amende, et motivèrent ainsi leur sentence : « Parce qu'il » a un caractère assez bas pour aimer » mieux prendre une femme dans une » maison opulente que dans une maison » vertueuse ».

La guerre contre les Béotiens, dont Thèbes étoit la capitale, et dont on a vu la cause si peu importante, se continuoit avec vigueur. Les Lacédémoniens succombèrent dans les plaines de *Leuctres*. Ils y firent une perte sans exemple dans la république. Quand la nouvelle arriva à Sparte, on y célébroit les jeux gymniques. Les éphores ne voulurent pas les interrompre. Ils se contentèrent d'envoyer dans les maisons les noms des morts qui les intéressoient. Alors parut dans tout son éclat la grandeur d'ame des Spartiates. Les parens de ceux qui avoient été tués s'embrassoient et se félicitoient réciproquement, pendant que les autres n'osoient se montrer ; ou s'ils étoient obligés de paroître, ils alloient les bras croisés, les yeux fixés à terre, donnant toutes les marques de la honte la plus douloureuse. Ceux qui s'étoient sauvés du combat furent dégradés de leurs emplois, condamnés à ne jamais se montrer en public, qu'en habits bigarés, la barbe à moitié rasée, et à souffrir les coups

Bataille de Leuctres. 2628.

et les insultes du premier venu, sans se défendre.

L'exécution de cette sentence, conforme aux loix de Lycurgue, causoit de l'embarras. On nomma *Agésilas* dictateur, avec pouvoir de porter à cet égard tel réglement qu'il voudroit. Il parut dans l'assemblée du peuple, et d'un mot il calma les frayeurs des lâches, et conserva aux institutions Lycurgiques toute leur autorité. « Que les loix, dit-il, dor- » ment aujourd'hui, et qu'elles repren- » nent demain leur autorité ». Il enrôla ensuite tout ce qu'il put trouver de gens de bonne volonté, même parmi les Ilotes, et résolut d'aller lui-même au-devant des ennemis. Mais ils lui épargnèrent le chemin. *Epaminondas* parut devant la fière Sparte, dont les murs n'avoient jamais vu le camp ennemi. *Agésilas* fit si bonne contenance, qu'ils se retirèrent.

Parmi tant de malheurs, on découvrit dans la ville une conspiration. On sut même que deux cents conspirateurs s'étoient emparés d'un poste important. Le sénat vouloit qu'on les attaquât, et qu'on les passât au fil de l'épée. *Agésilas* crut la force dangereuse, parce qu'on ignoroit le nombre des complices. Il alla, suivi d'un seul domestique, à l'endroit où étoient assemblés les rébelles, et leur dit : « Camarades, ce n'est pas là où je vous avois envoyés ». En même tems il leur marqua différens postes pour les séparer. Persuadés qu'ils n'étoient pas découverts, ils s'y rendirent, furent pris et punis.

L'orgueilleuse Sparte eut encore le chagrin de voir les Thébains, sous *Épaminondas*, prêts à pénétrer dans leur ville. Femmes, enfans, vieillards, tous furent obligés de s'armer, et de combattre pour leurs foyers. Ils chassèrent encore une fois les Thébains, mais ils les poursuivirent mal-à-propos, et essuyèrent un échec considérable. Des revers successifs les forcèrent de recourir aux Athéniens, qu'ils avoient tant humiliés. Sur la fin du règne d'*Agésilas*, la mort d'Epaminondas leur fit remporter quelques avantages ; mais ils ne purent remonter dans la Grèce à la hauteur de crédit et de réputation dont ils étoient déchus. Dans cet état même de décadence, ils refusèrent de signer un traité avantageux, parce que les Messéniens, leurs anciens rivaux, y étoient compris. *Agésilas* mourut à quatre-vingt-quatre ans, après un règne de quarante, couvert de gloire par ses actions guerrières, mais reprochable pour avoir engagé sa patrie dans des guerres ruineuses, que moins d'obstination et d'orgueil auroient fait éviter. On l'estimoit aussi pour sa frugalité et la simplicité de ses mœurs ; en quoi il ne fut pas imité par *Archidamas*, son fils, qui aimoit la liberté, les plaisirs, et pensoit qu'*un bon repas n'étoit pas incompatible avec la vertu*. Pour s'y livrer sans gêne et sans risque, il se fit donner des commissions qui l'éloignoient de Sparte.

2653.
Archidamas.
Agis II.

Fils d'un pere austère, mais peu sévère lui-même, *Archidamas* eut un fils nommé *Agis*, qui pratiqua les âpres vertus de Sparte. Jeune, il fut envoyé ambassadeur à *Philippe* de Macédoine, auquel les Grecs flatteurs dans le tems de sa grande prospérité, faisoient des députations nombreuses. Ce monarque fut piqué de voir l'ambassadeur de Lacédémoine seul. *Quoi, rien qu'un seul de Sparte ?* dit-il, *aussi n'ai-je été envoyé qu'à un seul*, répondit fièrement le jeune *Agis*. Percé de coups dans une bataille, il renvoya ceux qui vouloient le défendre. *Réservez-vous*, leur dit-il, *pour être encore utiles à votre patrie*. Ne pouvant se soutenir, il mit un genou en terre, et tomba sur le corps de ceux qu'il immola en mourant.

Eudamidas.

Eudamidas, son fils, s'opposa toujours à la guerre. Il désiroit faire goûter aux Lacédémoniens, affoiblis par les expéditions militaires, les avantages de la paix. *Je la veux*, disoit-il, *afin de leur faire sentir le tort qu'ils ont eu.* On lui représentoit les avantages de ses ancêtres contre les Perses afin de l'exciter contre les Athéniens bien moins nombreux. « Vous croyez, répondit-il, » que c'est la même chose de faire la » guerre à mille moutons ou à cinquante » loups «. Il entra un jour dans l'école de *Xénocrate*, et remarqua que le philosophe étoit fort âgé. « Qu'elle » est sa profession? demanda-t-il, c'est » un sage, répondit-on, qui cherche la » vertu. Hélas! dit-il, s'il la cherche » à présent, quand en fera-t-il usage.

Sous *Areus* son petit-fils, Lacédémone courut le plus grand danger de la part de *Pyrrhus*, roi d'*Epyre*, qui fut amené devant la ville par *Cléonyme*, prétendant à la couronne comme fils d'*Agis*. *Pyrrhus* bien conduit, se trouva aux premières maisons sans que les habitans sussent sa marche. On lui conseilloit d'entrer tout de suite, mais il étoit trop tard. Son armée étoit fatiguée, il remit au lendemain. Quand les Lacédémoniens le virent camper, ils conçurent quelqu'espérance, et délibérèrent sur ce qu'ils avoient à faire. Le premier point de leur résolution, fut d'embarquer les femmes, et de les faire passer en

Siége de Sparte. 2672.

Crète. A la nouvelle de cette décision, les femmes s'assemblent et députent *Archidamie* une d'entr'elles au sénat. Elle entre l'épée à la main. « Sénateurs, » leur dit-elle, quelle opinion avez-» vous des Lacédémoniennes? les croi-» rez-vous assez lâches pour survivre à » la perte de la liberté de leur patrie ? » ne délibérez pas sur l'endroit de notre » retraite. Nous sommes à Sparte, c'est » à Sparte que nous devons mourir. » D'ailleurs comptez sur nous; il n'y a » rien que nous ne soyons prêtes à » entreprendre «.

En effet, dans les travaux qui furent assignés, elles en prirent un tiers pour elles, qu'elles finirent avec les vieillards pendant la nuit. Pendant l'assaut elles se trouvèrent dans les endroits les plus périlleux de la mêlée, elles retiroient les blessés, les pansoient, retournoient aux combattans, les excitoient, leur portoient à boire et à manger. On se battit jusque dans les rues avec un égal acharnement. L'assaut se renouvella à deux jours différens; enfin il arriva aux Lacédémoniens un secours qui força *Pyrrhus* de se retirer avec le regret d'avoir, par le délai de quelques heures, laissé échapper une si belle proie. Il voulut, en se retirant, piller Argos. Déjà il entroit dans la ville, lorsqu'une vieille femme voyant du toit de sa maison ce prince lever l'épée sur son fils qui se défendoit, détache une tuile, adresse le roi à la téte et le tue.

Les malheurs firent revivre dans Lacédémone le zèle patriotique, et l'amour des loix de *Lycurgue* qui étoit fort affoibli. Ce retour vers les anciens principes donna lieu à des scènes tragiques dont il faut d'abord connoître les principaux personnages, pour mieux suivre le fil de l'intrigue. *Léonidas* roi de Sparte, fils de *Cléonyme* le rébelle, *Agis* son collègue successeur de son père *Eudamidas*; *Agésilas* son oncle maternel partisan feint de *Léonidas*. *Lysandre* éphore ami d'*Agis*; *Cléombrote* gendre de *Léonidas*, ennemi de son beau père; *Chélonide* fille de *Léonidas* et femme de *Cléombrote*; *Archidamie* sœur de *Léonidas*, et mère d'*Argésistrate*; *Argésistrate* mère d'*Agis*.

Léonidas avoit passé plusieurs années à la cour brillante et voluptueuse de Séleucus. Il en ramena le goût du luxe. Sous un tel roi, un éphore nommé *Opytadée* crut l'occasion favorable de détruire la loi de *Lycurgue*, qui ôtoit à chaque citoyen la liberté de disposer de ses terres, par don, par vente, ou par testament. L'infraction avoit déjà lieu, mais sans loi qui l'autorisat, et une centaine de familles possédoit toutes les terres.

Agis l'autre roi, jeune homme de grande espérance, doux, modeste, quoiqu'élevé par *Archidamie*, sa grand-mère, et *Argésistrate* sa mère dans la délicatesse et la splendeur, à vingt-ans avoit déjà renoncé aux plaisirs, vivoit en vieux Spartiate, et disoit « qu'il ne » voudroit pas être roi, si par l'autorité » que ce caractère lui donnoit, il n'espé- » roit pas rétablir l'ancienne discipline «. Il étoit encouragé à cette entreprise par *Agésilas* son oncle maternel, homme éloquent, mais peu vertueux.

Il vint, à ce parti, un renfort qu'on ne devoit pas attendre. Ce fut l'accession d'*Archidamie* et d'*Agésistrate* ; ces deux mères qui avoient donné à *Agis* une éducation si éloignée des mœurs lacédémoniennes. Elles se laissèrent persuader par *Agésilas*, frère de l'une et oncle de l'autre, et entraînèrent, dans leur opinion, les femmes les plus considérables de l'état. Il paroît que le but d'*Agésilas* n'étoit autre que de supplanter *Léonidas*, en se faisant un parti considérable dans le peuple. *Léonidas* s'appuya des riches, et les deux factions commencèrent une guerre ouverte.

La loi favorable aux riches, proposée

par l'Ephore *Opitadée*, fut contredite par une loi que *Lysandre* autre éphore présenta au sénat. Les principaux articles portoient que tous les débiteurs seroient déchargés de leurs dettes, qu'il y auroit une nouvelle distribution des terres, et que, comme le nombre des anciennes familles étoit fort diminué, on y suppléeroit par une espèce d'adoption de voisins et d'étrangers, dans la fleur de l'âge, qu'on assujettiroit pour les exercices et les repas à la discipline prescrite par *Lycurgue*.

On conçoit combien cette loi devoit plaire au peuple. Elle ne fut pas non plus désagréable à une grande partie du sénat, puisqu'elle ne fut rejettée que d'une voix. Les deux partis travaillèrent alors à s'étayer chacun d'un roi ; les pauvres d'*Agis*, les riches de *Léonidas*. Comme ce dernier avoit de la fermeté et de l'influence même dans le peuple, on ne chercha pas à l'y décréditer ; mais l'éphore *Lysandre* lui intenta procès pour avoir épousé une femme étrangère, crime digne de mort pour un roi de Lacédémone. Ce prince fut tellement effrayé de l'accusation, qu'il chercha un asile dans le temple de Minerve. *Lysandre* mit alors, sur la scene, *Cléombrote*, mari de *Chélonide*, fille de ce roi, lui-même prince du sang royal, qui, en vertu de la déchéance de son beau-père, demanda la couronne et l'obtint. *Léonidas* s'enfuit, et *Chélonide* préféra d'accompagner son père malheureux, à l'avantage de vivre sur le trône avec son époux. *Agésilas* vouloit faire tuer le fugitif, mais *Agis* le sauva.

Les deux rois se trouvant dans les mêmes principes, étoient prêts à faire passer la loi en faveur des pauvres, lorsque l'époque du changement des Ephores arriva. Les chefs de la faction opposée trouvèrent moyen de se faire élire, et firent citer, devant eux, *Lysandre*, pour se justifier de ce que contre la loi, lui et les autres Ephores ses collègues, avoient proposé l'abolition des dettes, et le partage des terres. Les accusés recoururent aux rois, ils leur remontrèrent que les Ephores n'ayant été établis que pour décider entre les deux rois quand leurs sentimens étoient partagés, la puissance de ces magistrats devenoit nulle, quand les rois étoient d'accord. D'après ce raisonnement, les deux rois se présentent à l'assemblée, ordonnent aux éphores de quitter leurs sièges, et en nomment d'autres, à la tête desquels ils mettent *Agésilas*.

Cet homme doué, comme on l'a vu, de beaucoup d'esprit, mais rusé et méchant, les jouoit tous. Il étoit venu à bout de persuader à *Agis*, son neveu, jeune homme franc et droit, enthousiaste de la liberté, qu'il ne travailloit que pour elle; à sa sœur, à la reine sa nièce, aux principales dames de Sparte, qu'il étoit beau de se dépouiller de leurs richesses; au peuple enfin, qu'il ne travailloit que pour ses intérêts, pendant que le trompeur ne songeoit qu'aux siens propres. Il avoit beaucoup de dettes, et possédoit une grande et belle terre. Quand il vit les deux rois d'accord sur l'abolition des dettes et le partage des terres, il fit entendre à ces princes qu'il y auroit du danger à faire ces deux opérations à la fois. Ils le crurent, firent porter toutes les obligations dans la place publique, et y mirent le feu; sous différens prétextes, l'adroit *Agésilas*, à qui sa terre restoit sans dettes, trouva moyen de différer le partage. Une guerre qui survint força *Agis* de partir. Pendant son absence, *Agésilas*, qui gouvernoit en qualité d'éphore, commit les violences les plus injustes. Le peuple déjà irrité d'avoir été trompé, le chassa, et rappella *Léonidas*. *Agis*, qui étoit revenu, se réfugia dans le temple de Minerve, et *Cléombrote* dans celui de Neptune.

Léonidas employa toutes sortes de

moyens pour tirer *Agis* de son asile, mais aucun ne lui ayant réussi, il aposta des assassins. Un d'entr'eux, nommé *Amphares*, ayant un intérêt direct à la mort du roi et à la destruction de sa famille, parce qu'il avoit emprunté, de sa mère, de la vaisselle d'argent et des meubles magnifiques, qu'il comptoit s'approprier par leur mort. Au nombre de trois, ils surprirent *Agis* et le menèrent en prison ; de nouveaux éphores, établis par *Léonidas*, s'y rendirent. Il s'y trouva aussi quelques sénateurs dont le suffrage étoit acheté. Entr'autres interrogations, ils lui demandèrent s'il n'avoit pas été forcé par *Lysandre* et par *Agésilas* à faire ce qu'il avoit fait. « Je n'ai
» été forcé par personne, répondit-il,
» c'est moi qui ai formé le dessein, et
» mon intention étoit de rétablir les loix
» de Lycurgue ». Mais, insista un des juges, « ne vous répentez-vous pas » ? Non ; répondit-il, « la mort que j'ai sous
» les yeux, ne sauroit me faire repentir
» d'une action noble et vertueuse ». Cette réponse fut sa sentence. Les éphores ordonnèrent qu'on l'étranglât. On eut de la peine à trouver un bourreau. Les gardes pleuroient. « Mon ami, dit le roi
» à un d'entr'eux, ne pleure pas sur
» moi, je n'ai pas mérité le supplice
» qu'on veut me faire subir. Je suis plus

» heureux que ceux qui m'ont con-
» damné ». Il reçut la mort avec une fermeté digne du rang qu'il avoit occupé.

Amphares, un des traitres qui l'avoient arrêté, présidoit à l'exécution. Quand elle fut faite, en sortant du cachot, il rencontre *Agésistrate*, mère d'*Agis*, qui se jete à ses genoux. Il la relève. « Votre
» fils, lui dit-il, n'a à craindre aucun
» mauvais traitement, vous pouvez le
» voir ». Elle demande, pour *Archidamus*, sa mère, la même permission, qui lui est accordée. Elle entre la première dans le cachot ; *Amphares* fait fermer la porte, les ordres étoient donnés, elle est étranglée. Quand il juge l'exécution faite, le monstre fait entrer sa mère, elle voit son fils étendu à terre sans vie, et sa mère suspendue au plancher. Après le premier instant de la douleur, elle aide elle-même, aux exécuteurs, à détacher sa mère, l'étend doucement auprès du corps de son fils, la couvre d'un linge, et se jettant ensuite sur le corps de son fils, elle le baise tendrement, en disant ;
« O mon fils, c'est l'excès de ta bonté
» qui t'a perdu, et qui nous a perdu
» avec toi ». *Amphares*, qui écoutoit à la porte, entre furieux : « puisque vous
» approuvez les actions de votre fils,
» lui dit-il, vous en partagerez la ré-
» compense ». Il ordonne qu'on l'é-

trangle. « Veuillent les dieux, dit-elle, » que ceci soit utile à Sparte ». Elle présente le col au bourreau et meurt.

Léonidas en vouloit encore plus à *Cléombrote*, son gendre, et il auroit eu peine à échapper à sa colère, sans *Chélonide*. On a vu qu'elle avoit courageusement partagé la disgrace et l'exil de *Léonidas*. Elle se présente à ce père irrité en habits de deuil, et en posture de suppliante, tenant ses deux enfans dans ses bras. Voici son discours, trop beau pour n'être pas conservé. « Ces vête-
» mens lugubres sont les restes du deuil
» que j'ai pris, quand vous avez quitté
» Sparte ; maintenant que vous êtes
» rendu à la patrie et remonté sur le
» trône, faut-il que je continue à vivre
» dans les larmes ? où faut-il que je
» prenne des robes magnifiques, lors-
» que je vois le mari que vous m'avez
» donné, prêt à être égorgé dans mes
» bras, par vos propres mains ? Si Cléom-
» brote ne peut vous fléchir par les larmes
» de sa femme et celles de ses enfans, il
» sera plus puni qu'il ne mérite, lorsqu'il
» verra mourir avant lui une épouse qui
» lui fut si chère ? Et comment pourrois-
» je me résoudre à vivre, et à me trou-
» ver parmi les autres femmes de Sparte,
» moi qui n'aurai pu toucher par mes

» prières, ni mon mari pour mon
» père, ni mon père pour mon mari.
» Malheureuse ! je suis née pour souffrir
» également comme femme et comme
» fille, de la part de ceux à qui je suis
» unie par les liens les plus forts. Quant
» à Cléombrote, j'ai assez blâmé sa con-
» duite, quand je l'ai abandonné pour
» vous suivre ; mais à présent, vous le
» justifierez vous-même, en montrant à
» l'Univers que le désir de régner au-
» torise le meurtre d'un gendre, et rend
» insensible aux prières et aux larmes
» d'une fille ». Elle obtint sa grace ; mais
comme elle avoit refusé de partager le
trône de son mari pour suivre son père
en exil, de même, au lieu de jouir de
la fortune de son père, elle s'attacha au
malheur de son mari, et le suivit dans
son bannissement. Cette tragédie finit par
un mariage. *Archidamas*, frère d'*Agis*,
fut obligé de fuir. Il laissa sa femme qui
venoit d'accoucher. Comme c'étoit une
riche héritière, *Léonidas* la força d'é-
pouser *Cléomene*, son fils : son âge et
ses charmes lui donnèrent un grand ascendant sur ce jeune époux. Elle lui inspira sur le gouvernement ses sentimens
qui étoient bien différens de ceux de
Léonidas, son père. Quant au perfide
Agésilas véritable cause de tous ces
meurtres, on ne sait ce qu'il devint. Il

traîna apparemment une vie trop méprisable, pour que l'histoire en fasse mention.

<small>Cléomène. 278;.</small>

Après la mort de *Léonidas*, *Cléomene*, son fils monta sur le trône, avec toutes les vertus des anciens Spartiates, et le désir de les faire revivre. Son règne commença par des victoires qui le firent redouter des Ephores. Ils appréhendoient que l'éclat de ses succès ne lui donnât trop de crédit auprès du peuple. *Cléomene* pensoit, en effet, qu'une guerre qui nécessiteroit la levée d'une armée, étoit le vrai moyen d'acheminer son dessein à l'exécution. A force d'argent, il engagea les éphores à recommencer la guerre, et à lui confier le commandement des troupes. *Cratésilès*, sa mère, veuve de *Léonidas*, bien éloignée des opinions de son mari, appuyoit le partage des terres. Elle se remaria afin de fortifier le parti de son fils de quelqu'un des principaux de Sparte ; elle s'engagea de céder ses biens en cas qu'un nouveau partage eût lieu, et fit promettre la même chose à son époux.

Cléomene mena à la guerre ceux qui lui étoient le plus suspects, et se signala par des exploits dignes d'un prince Lacédémonien. Prêt à revenir, il fatigua son armée par des marches et des contremarches, de sorte que plusieurs demandèrent à rester dans les conquêtes. Il ne prit donc avec lui que ceux qui convenoient à ses desseins. Arrivé près de Sparte il se fit précéder par une troupe sûre qui devoit le débarrasser des éphores, dont il avoit déjà éprouvé, et dont il craignoit la résistance. De cinq, on en tua quatre, le cinquième se sauva, et on ne s'en embarrassa plus.

Le lendemain *Cléomene* paroît dans la place publique. Il avoit fait ôter les siéges des éphores, et n'en avoit fait laisser qu'un qu'il occupa. Après avoir rendu compte au peuple de ses vues et de sa conduite, il proteste que c'est malgré lui qu'il s'est servi de moyens violens, et qu'il ne s'en permettra plus qu'un qui est l'exil de quatre-vingt citoyens, dont il fait afficher les noms. Il fut ensuite le premier à mettre ses biens en commun. Ses amis et son beau-père l'imitèrent. Dans le partage, il assigna une portion à chacun de ceux qu'il avoit banni, et promit de les rappeller, lorsque les conjonctures le permettroient. Il nomma son frère *Euclidas*, roi avec lui, ce qui plut beaucoup au peuple, qui craignoit qu'il ne voulut seul occuper le trône. Les autres loix de *Lycurgue*, sur-tout par rapport à l'éducation des enfans, furent rétablies; et pour soutenir ces changemens, il leva un corps de troupes considérable qu'il disciplina, et arma d'une façon nouvelle. Il donna aussi quant au luxe, l'exemple de ce qu'il prescrivoit. On ne trouvoit chez lui ni habits, ni ameublemens précieux : tout y respiroit l'ancienne austérité : elle ne bannissoit cependant pas la gaité et l'affabilité qui lui étoient naturelles. On remarque qu'ami de la liberté jusqu'à sa table, il ne vouloit pas, que même des invitations trop pressantes en gênassent les plaisirs.

Malheureusement il s'éleva une rivalité entre *Cléomène* et *Aratus*, chef des Achéens. Malgré les efforts et l'habileté du roi des Lacédémoniens, affoiblis par des guerres antérieures, ils eurent le dessous. *Cléomène* pressé par l'ennemi, eut recours à *Ptolémée*, roi d'Egypte, qui lui promit du secours, pourvu qu'il lui envoyât sa mère et ses enfans en ôtage. Cette demande embarrassa cruellement *Cléomène*. Plus d'une fois il fut prêt d'en parler à sa mère ; mais il avoit peine à s'y résoudre. Quand enfin il lui eut déclaré la chose, elle se mit à rire : « Quoi ! » dit-elle, c'est donc-là ce que vous » n'osez me découvrir ! Eh ! que ne me » jetez-vous au plutôt dans quelque » vaisseau, pour m'envoyer par-tout où » vous croirez que mon corps pourra » être utile à Sparte, avant que la mort » vienne le détruire »? Quand *Craté-*

silès fut sur le point de s'embarquer, elle tira son fils à part, et le mena seul dans le temple de Neptune, où elle l'embrassa, le baigna de larmes ; mais voyant couler celles de son fils, elle lui dit : « Allons, roi de Lacédémone, essuyons » nos larmes, afin que quand nous sor- » tirons de ce temple, personne ne nous » voie pleurer, ou faire rien qui soit in- » digne de notre patrie. Nous ne sommes » maîtres que de nos actions ; mais les » événemens sont entre les mains des » dieux ». Arrivée en Egypte, elle lui écrivit : « Roi de Sparte faites hardi- » ment ce qui vous paroîtra utile ou glo- » rieux pour la patrie, et qu'une vieille » femme et un enfant, ne vous fassent » pas craindre Ptolémée ». Ce sont là les derniers élans de la magnanimité Lacédémonienne. *Cléomène*, battu par les Macédoniens, fut obligé d'abandonner Sparte, et de se réfugier en Egypte. Après l'avoir bien reçu, *Ptolémée* conçut contre lui des soupçons ; il le fit jeter dans une prison avec ceux qui l'avoient suivis. Ne pouvant s'évader, ils se tuèrent les uns les autres. *Ptolémée* fit mettre son cadavre en croix, aux yeux de sa mère, qu'on massacra avec le reste de sa famille.

La fuite de *Cléomène* avoit livré Sparte et la Laconie au pouvoir des

Macédoniens. Ils se contentèrent de les tenir dans une espèce de sujétion; mais il leur laissèrent élire des rois, qui furent *Agésipolis* fils de *Cléombrote*, et *Lycurgue* qui n'étoit pas de la famille royale, et qu'une somme donnée à chaque Ephore, fit reconnoître. Il chassa *Agésipolis*, et lui-même menacé par d'autres Ephores, fut contraint de fuir. Il laissa le trône à *Machanidas*, qui anéantit la puissance des Ephores, et fut tué en combattant contre les Achéens.

Nabis. 2803.

Après sa mort, Sparte gémit sous la puissance de *Nabis*, qu'on regarde comme le plus odieux des tyrans. On ne sait comment il parvint au trône, mais on sait qu'y étant assis, il se montra ennemi de tous ceux qui se distinguoient par leur naissance, leur mérite ou leur courage, massacrant les uns, bannissant les autres, pour les faire ensuite plus aisément assassiner. Il inventa une machine qui représentoit une femme vêtue d'habits magnifiques. Chaque fois qu'il vouloit extorquer de l'argent et qu'on refusoit de lui en donner, il faisoit avancer la machine, qui toute garnie de pointes de fer, embrassoit le malheureux, et le forçoit d'accorder au tyran ce qu'il exigeoit. Sous son gouvernement tout dur qu'il étoit, Sparte reprit quelque splendeur; ses succès forcèrent les Achéens à appeller à leur secours les Romains. T. Quintius vint comme arbitre. Son arrivée en Grèce, sa marche contre Lacédémone, inquièta *Nabis*. Il craignoit les ennemis qu'il avoit dans Sparte. Pour prévenir leur soulèvement à l'approche du général romain, il assembla les citoyens hors de la ville, les fait environner par les troupes, et dans un discours étudié, il leur rappelle les peines qu'il a déjà prises en plusieurs occasions, pour sauver Sparte, qu'il est toujours dans la même disposition de s'exposer pour eux à tous les périls, « mais je me vois forcé, ajoute-t-il, d'exiger une chose aussi nécessaire à votre sûreté qu'à la mienne. Il y en a parmi vous dont la conduite m'est suspecte. J'ai dessein de les faire mettre en prison, jusqu'à ce que le danger étant passé, j'aye le plaisir de leur rendre la liberté ». La multitude étonnée, reste immobile. Ses satellites saisirent quatre-vingt citoyens distingués par leur réputation de gens d'honneur, et la nuit suivante, le monstre les fit égorger dans la prison. Il fit aussi fouetter jusqu'au sang et mettre à mort, beaucoup d'Ilotes, dont il se défioit.

Le général Romain, selon la politique de sa nation, se permit contre le tyran, assez de succès pour l'humilier, mais pas assez pour le détruire, de peur que les autres parties de la Grèce débarrassées de *Nabis*, ne devinssent plus difficiles à subjuguer. Il se forma contre lui une grande ligue, dont les AEtoliens étoient les chefs. Malgré tant de forces réunis, on ne vint cependant à bout de *Nabis* que par une surprise. Après sa mort, les Spartiates encouragés par *Philopémen*, général des AEtoliens, reprirent leur liberté, et se joignirent à la ligue Achéenne.

On attribue l'esclavage des Lacédémoniens sous les derniers tyrans, à trois causes; 1°. la corruption des mœurs, qui est toujours le premier pas vers la servitude; 2°. la proscription des gens les plus distingués par leurs richesses, leur mérite, et leur autorité, forcés d'abandonner leur patrie; 3°. la patience des gens d'un caractère bon et doux, qui dans le malheur se nourrissoient d'espérance et se croyoient libres, tant que la république asservie par ses enfans, ne plioit pas sous un joug étranger. Ainsi disparut d'entre les puissances celle de Lacédémone, qui avoit tenu un rang si distingué. Elle n'eut même pas l'honneur de figurer avec les républiques Grecques que la ligue Achéenne soutint quelque tems contre les Romains, et il ne reste plus de Sparte que le nom.

Ligue Achéenne.

L'Achaie a été le centre de la plus longue ligue qui ait existé; il faut que le génie de ses habitans et de ceux des pays voisins, il faut que leur position respective aient été bien propres à favoriser une association, pour qu'elle ait commencé dès le tems de *Gigès* leur dernier roi, c'est-à-dire, au moment où ont fini les tems héroïques, et qu'elle ait continuée jusqu'à *Alexandre*; que détruite par ce conquérant, elle se soit reproduite sous le nom de *ligue Achéenne*, et ensuite se soit soutenu avec éclat, jusqu'au moment qu'elle a succombé sous la puissance énorme des Romains.

Cette ligue embrassoit d'abord les provinces du continent qu'on appelloit la Grèce; savoir l'Attique, le pays de Mégare, la Locride, la Phocide, la Béotie, l'AEtolie et la Doride. Elle s'est ensuite resserré entre la baie de Corinthe, Sycione et l'Elide.

D'une considération assez médiocre, l'Achaie s'éleva insensiblement à un dégré de pouvoir supérieur à celui des grands états de la Grèce; elle ne dut sa prépondérance ni à la population, ni à la valeur des Achéens, mais à la sagesse de ses loix. Après avoir secoué le joug des rois, les Achéens se formèrent le plan d'un gouvernement démocratique, qu'adoptèrent toutes les villes de leur petite république ; de telle sorte cependant que ces villes ne formant qu'un seul corps, étoient néanmoins indépendantes les unes des autres. Elles étoient unies par une étroite alliance, et gouvernées par les mêmes loix, avoient la même monnoie, les mêmes poids, les mêmes magistrats ; en un mot, tant d'uniformité entre elles, que toute l'Achaie ne paroissoit qu'une seule ville. C'est ce qui détermina plusieurs peuples de leur voisinage, à adopter leur forme de gouvernement, et à accéder à leur ligue. Les loix de cette première association ne sont point connues, et peut être n'y en a-t-il pas eu d'autres, que le besoin de s'entre aider contre ceux qui vouloient l'assujettir ; quand il s'éleva une puissance à laquelle ils ne purent résister, comme celle d'Alexandre, l'association cessa d'elle-même.

Mais les Achéens n'ayant pas encore eu le tems, sous ses successeurs, d'oublier le prix de la liberté, résolurent de secouer un joug aussi incommode que honteux. Les habitans de *Patra* et de *Dima*, deux assez petites villes, renouvellèrent leur ancienne association. D'autres villes voisines, pas beaucoup plus considérables, s'y joignirent après avoir tué les tyrans qui les opprimoient. Le bon ordre qui régnoit dans cette petite république, dans laquelle la liberté et l'égalité se trouvoient réunies avec un amour sincère pour la justice et le bien public, engagea plusieurs autres villes à imiter leur exemple. Mais sa ligue n'acquit une force notable de résistance et d'aggression, que quand les conseils et les exploits d'*Aratus* lui eurent donné quelque consistance.

Il étoit fils de *Clinias*, un des meilleurs citoyens de Sycione. Les habitans avoient choisi *Clinias* pour chef, et vivoient heureux sous son gouvernement, lorsqu'un nommé *Abandidas* trouva moyen de s'emparer de l'autorité souveraine. Son premier soin fut de se défaire de *Clinias* et de toute sa famille. *Aratus*, quoiqu'il n'eût que sept ans, n'auroit pas été épargné, s'il ne s'étoit échappé à la faveur du tumulte qu'occasionnoit dans la maison le meurtre de son père. Après avoir erré quelque tems autour de la ville, il entra par hasard dans la maison de la sœur du tyran, pour s'y cacher. Elle regarda comme une inspiration divine que cet enfant eût choisi sa maison comme un asile, et le fit conduire à Argos, où il fut élevé avec tous les soins possibles, par quelques amis de son père.

Aratus n'avoit que vingt ans lorsqu'il forma le projet de rendre la liberté à sa patrie. Malgré l'attention de *Nicoclès*, successeur d'*Abandidas*, qui surveilloit toutes ses démarches, le jeune Sycionien trouva moyen de lever des troupes. Il escalada la nuit les murailles de Sycione. Le tyran *Nicoclès*, successeur d'*Abandidas*, s'enfuit. Les habitans, réveillés par le bruit, s'assemblèrent. Un héraut parut, et fit la proclamation suivante : « Aratus, fils de Clinias, invite tous les » citoyens à reprendre leur ancienne » liberté ». Cette invitation fut reçue avec de vives acclamations de joie. Il n'y eut, dans cette révolution, pas une goutte de sang répandue. Mais *Nicoclès* ne renonça pas à sa puissance ; il eut recours, pour la recouver, à *Antigone*, roi de Macédoine. Pour lui résister, *Aratus* ne trouva pas de meilleur moyen que de joindre Sycione à la ligue des Achéens, qui se relevoit. Lui-même l'augmenta de la ville de Corinthe, dont il enleva la citadelle aux Macédoniens. Elle devint un point d'appui important pour la ligue, à laquelle se réunirent plusieurs villes considérables, dont les rois, qu'on nommoit tyrans, résignèrent volontairement leur autorité. C'est à-peu-près de ce tems qu'on doit dater l'établissement des loix que cette ligue s'imposa.

Toutes les villes étoient soumises à un grand conseil qui s'assembloit deux fois par an. Chacune y envoyoit un nombre de députés, élus par leurs concitoyens à la pluralité des voix. Ce conseil décidoit de la paix et de la guerre, et disposoit des places vacantes. Le président étoit élu dans l'assemblée générale à la pluralité. Il pouvoit réunir la présidence et le commandement de l'armée. Il avoit une grande puissance, mais il étoit comptable et responsable. On lui choisissoit pour conseil dix magistrats qui s'appelloient *demi-urges*. Ils étoient chargés de la direction des affaires en l'absence du président, et pouvoient même, dans des cas pressans, assembler le conseil général. Quand quelque ville de la ligue n'acquiesçoit pas aux résolutions de l'assemblée, ou refusoit de fournir son contingent en tems de guerre, on pouvoit l'y contraindre par la force des armes. On ne pouvoit être incorporé à la ligue, que du consentement de ceux qui la composoient. Nulle proposition des étrangers ne sera faite à l'assemblée, qu'elle n'ait été auparavant communiquée par écrit au président. Défense aux membres du conseil de recevoir des présens, sous quelque prétexte que ce soit. L'assemblée générale ne durera jamais que trois jours.

278.   La première guerre importante de la ligue fut contre les Lacédémoniens, suscitée par *Cléomène*, leur roi, qui avoit besoin d'occuper ses sujets, et aussi contre les AEtoliens. Les succès de ces deux ennemis forcèrent la ligue d'appeller à son secours *Antigone* avec les Macédoniens. Ces forces réunies écrasèrent *Cléomène*. Les AEtoliens, privés de l'appui de Lacédémone, furent forcés de se tenir tranquilles. Les AEtoliens vivoient sur terre, comme les corsaires sur mer, c'est-à-dire, de rapines. Ils s'ennuyèrent du calme qui avoit succédé à la guerre de *Cléomène*. Las d'une paix qui les ruinoit, ils attaquèrent les Messéniens ; ceux-ci étoient du corps de la ligue ; elle prit leur défense. Mais *Aratus*, qui commandoit les troupes Achéennes, éprouva un échec considérable. Il conseilla d'appeller encore les Macédoniens. *Philippe*, successeur d'*Antigone*, vint au secours de la ligue. Pendant qu'il ravageoit l'AEtolie, les AEtoliens pillèrent la Macédoine, et tout étoit en feu dans le Péloponèse.

Une intrigue de cour hâtoit ou ralentissoit les ruines et les massacres. *Philippe*, jeune prince tout entier à la gloire des armes, se reposoit de la conduite des affaires sur *Apelle*, son ministre. Celui-ci prit ombrage de l'estime que son maître montroit à *Aratus*. Il fit entrer plusieurs grands dans ses sentimens, et en forma une cabale qui s'efforçoit, par tous les moyens, de renverser le crédit de l'étranger. Il y eut des entreprises manquées, des projets bien combinés qui échouèrent, parce qu'*Aratus* les avoit conseillés. *Philippe* n'en persévéroit pas moins dans son attachement. Le roi remarqua dans son ministre des perfidies si claires, qu'il résolut de les punir. Il essaya de la disgrace. *Apelle* revenoit d'une expédition qui avoit été heureuse, parce que la conduisant lui-même, il étoit de son intérêt de la faire réussir; à son retour, tous les courtisans coururent audevant de lui, et l'accompagnèrent, comme en triomphe, jusqu'au palais; mais lorsqu'il s'attendoit à être reçu avec les marques de la plus grande faveur, la garde lui refusa l'entrée. Aussitôt la foule des flatteurs disparoit, et le ministre gagne tristement sa maison. Mais comme il avoit de la capacité, après ce léger châtiment qui auroit dû le corriger, le roi lui rendit sa confiance. *Apelle* en abusa de nouveau. Ses manœuvres soulevèrent l'armée à laquelle il persuada que de prétendues injustices commises dans le partage du butin, étoient inspirées par *Aratus*. *Philippe* crut alors devoir couper le mal par sa racine. Il dissimula quelque tems, et toutes les mesures étant bien prises, il fit arrêter *Apelle*, qui fut puni de mort, avec un de ses principaux complices : un autre se tua lui-même.

<small>Prophétie d'Agélas.</small> Les désastres de ces guerres inspirèrent à toutes les parties et à *Philippe* lui-même le désir de la paix. Dans les conférences qui s'ouvrirent à Naupacte, *Agelas*, ambassadeur des alliés, fit en présence du roi un discours que l'événement pourroit faire regarder comme une prophétie. « Il seroit à désirer, dit-il,
» que les Grecs ne se fissent jamais la
» guerre, qu'ils se tinssent pour ainsi
» dire par la main, et unissent leurs
» forces pour se garantir des barbares
» qu'ils doivent tant appréhender. Si une
» pareille intelligence ne peut être éter-
» nelle, nous devons du moins nous
» réunir dans la conjoncture présente,
» et veiller à la conservation de notre
» liberté, menacée de toutes parts.
» L'homme le moins instruit en politique
» prévoit que les vainqueurs Carthagi-
» nois ou Romains ne borneront pas leur
» ambition à l'empire de l'Italie ou de
» la Sicile, et qu'ils y comprendront
» la Grèce. Tous les Grecs, et vous-

» même, ô Philippe! devez considérer
» le péril dont nous sommes menacés.
» Vous pouvez en garantir les Grecs,
» si au lieu de les attaquer, comme vous
» avez fait jusqu'à présent, et de les
» affoiblir, vous prenez leurs intérêts à
» cœur, et veillez pour leur défense.
» Par ce moyen, vous gagnerez leur
» affection, et vous les engagerez à vous
» demeurer fidèlement attachés. Si sou-
» pirant après la gloire, vous avez dessein
» de faire quelque grande entreprise,
» tournez les yeux vers l'occident, pro-
» fitez des événemens d'une guerre qui
» a mis toute l'Italie en feu. Sachez saisir
» l'occasion, et je vous promets l'empire
» universel. Si au contraire vous souffrez
» que l'orage qui s'élève du côté de
» l'occident, fonde sur la Grèce, il est
» bien à craindre que vous ne soyez
» bientôt plus en pouvoir de faire la
» guerre ou la paix, et de régler vos
» affaires selon votre volonté ».

Ce sage discours détermina une paix générale, mais elle ne dura pas long tems. *Annibal* engagea *Philippe* contre les Romains. Ce prince, pour être utile à son nouvel allié, crut intéressant de se rendre puissant en Grèce. Il s'empara d'Ithome, place forte de Messénie. *Aratus* n'étoit point pour cette conquête. « En la gardant, lui dit-il, vous perdez

Mort d'Aratus 787.

» votre principale citadelle, qui est votre » crédit ». La franchise du républicain déplut; il s'en apperçut, et se retira à Sycione avec son fils, jeune encore, mais déjà très-estimé. *Philippe* craignant pour ses projets ambitieux, les conseils et la bravoure de ces deux hommes, fit donner au père un poison lent, dont les effets pouvoient être regardés comme les symptômes d'une maladie ordinaire. *Aratus* ne s'y trompa pas. Un de ses amis lui témoignant sa surprise, de lui voir cracher du sang, le malade lui dit : « Voilà mon cher Céphalion, le fruit de » l'amitié des rois ». Le fils fut traité encore plus inhumainement. On lui donna un de ces poisons qui jetent dans la démence, et qui lui fit commettre des actions abominables, dont il auroit été déshonoré, si on avoit pu les croire volontaires. Les Sycioniens honorèrent les obsèques du père par des hymnes, des cantiques et des jeux funèbres, et lui déférèrent les honneurs divins. On doit le regarder comme le principal soutien de la ligue Achéenne.

2796.   Déjà la prophétie d'*Agélas* s'accomplissoit. *Philippe*, dans les villes qu'il assiégeoit, et dans les armées qu'il attaquoit, trouvoit des Romains en tête. Il engagea les Achéens à se joindre à lui contre eux. La ligue avoit alors

Philopémen pour commandant de ses troupes. Ses succès amenèrent une paix générale, pendant laquelle des ambassadeurs Romains déterminèrent les Achéens à s'unir à eux.

Ils joignirent leurs troupes, et eurent ensemble des succès qui forcèrent *Philippe* à accepter la paix aux conditions que Rome et la ligue voulurent lui imposer. La principale fut qu'il ne lui resteroit en Grèce aucune domination, et qu'il rendroit toutes les villes dont il étoit en possession. Les Romains auroient bien voulu en garder quelques-unes qui leur auroient servi de point d'appui en Grèce; mais *Flaminius*, leur ambassadeur, crut qu'il falloit se faire honneur d'un entier désintéressement. Du rôle d'allié, selon le génie orgueilleux de la nation, il passa à celui de protecteur. Il prit occasion des jeux isthmiques, qui rassembloient des députés de toutes les parties de la Grèce, pour faire lire par un héraut ce fameux décret : « Le sénat » et le peuple Romain, et Quintius Fla- » minius, proconsul, après avoir vaincu » Philippe, et donné la paix à la Macé- » doine, déclarent les Corinthiens, les » Phocéens, les Locriens, les Eubéens, » les Magnésiens, les Thessaliens, les » Perrhèbes, les Achéens et les Phitotes » entièrement libres. Que tous ces peu-

'La Grèce déclarée libre. 2807.

» ples vivent dans un état d'indépen-
» dance, et se gouvernent par leurs
» propres loix ».

Désintéresse- de Philopé- men. 281a.

Par cette liberté générale, la ligue Achéenne s'augmenta de plusieurs alliés, entr'autres de Lacédémone, que le généreux *Philopémen* délivra de l'affreuse tyrannie de *Nabis*. Des dépouilles trouvées dans le palais de cet usurpateur, les Spartiates tirèrent une somme très-considérable, qu'ils vouloient offrir à leur libérateur. Mais quand il fut question de la présenter, la vénération qu'on avoit pour sa vertu, et la crainte de le désobliger, firent qu'on ne put trouver personne, et on fut obligé d'avoir recours à un décret qui enjoignit à *Timolaus*, son ami particulier, de s'acquitter de cette commission. Deux fois il se mit en devoir de la remplir, et deux fois il fut si frappé de l'austérité des mœurs de *Philopémen*, de sa grandeur d'ame et de sa frugalité, qu'il n'osa parler du présent. Une troisième fois, toujours forcé par les Spartiates, il gagne sur lui de faire sa proposition. *Philopémen* l'écoute de sang-froid, assemble les citoyens, et après leur avoir témoigné la vive reconnoissance dont il est pénétré, il ajoute : « Gardez cet argent, ô Lacédé-
» moniens, pour gagner ceux qui, par
» leurs discours séditieux, mettent le

» trouble dans votre ville, afin qu'étant
» payés pour se taire, ils ne causent
» plus de désordre ; car il est bien plus
» avantageux de fermer la bouche à un
» ennemi qu'à un ami. Quant à moi, vous
» pourrez toujours compter sur mon
» amitié, qui ne vous coûtera jamais
» rien ».

Sous le commandement de *Philopé-* Sa mort. 2820.
men, la ligue Achéenne se soutint malgré les efforts sourds des Romains, pour la miner et la détruire. Ce grand homme qu'on a nommé le dernier des Grecs, fut blessé et pris dans une action contre les Messéniens qui s'étoient détachés de la ligue. Les vainqueurs étoient partagées de sentimens à l'égard de leur prisonnier. Les uns ne pouvoient, sans verser des larmes, voir dans les fers ce héros de la Grèce, sous lequel la plupart avoient combattu et triomphé, et qui les avoit délivré de la tyrannie de *Nabis*. Les autres aimoient à voir en lui un ennemi humilié. Pour jouir à leur aise de ce spectacle, ils demandèrent que tout blessé qu'il étoit, il fut placé sur le théâtre ; mais ses ennemis remarquant que ce spectacle ranimoit l'estime et l'affection du peuple, le retirèrent brusquement, et le firent porter dans un cachot, où blessé, malade et fatigué, il passa une nuit cruelle. Le lendemain le

peuple s'assembla. Il désiroit obtenir, des ennemis, des conditions avantageuses en échange du prisonnier; mais ceux qui avoient entraîné le peuple dans la révolte contre la ligue, et qui craignoient de trouver en lui un ennemi implacable, convinrent de le faire mourir. L'exécuteur, par leur ordre, alla porter le poison à *Philopémen*. Quand il le vit entrer une coupe à la main, il se souleva avec peine, et demanda d'un air tranquille si les jeunes gens qui avoient combattu avec lui, et auxquels il avoit été possible de se sauver, avoient gagné un lieu de sûreté. *Pas un n'a été tué ni pris*, répondit l'exécuteur. *Je meurs content*, dit *Philopémen*, il prit la coupe, et la vuida, la joie peinte sur le visage. Sa mort ne tarda pas à être vengée ; les Achéens investirent Messène, et demandèrent que les meurtriers de *Philopémen* leur fussent livrés. Le peuple n'hésita pas. Le principal d'entr'eux, nommé *Dinocrate*, se tua lui-même. Les autres servirent à la pompe funèbre de ce héros. L'urne qui contenoit sa cendre, fut portée en triomphe à Megalopolis, sa ville natale. Toute l'armée l'escortoit. A la suite marchoient enchaînés les Messéniens coupables de sa mort. Ils furent lapidés sur son tombeau; et il y eut peu de villes de la Grèce qui n'élevât quelques trophées en son honneur.

Injustice des Romains. 2856.

Les Romains enchaînèrent, pour ainsi-dire, la ligue achéenne, par des égards politiques, tant qu'ils craignirent qu'elle ne secourût *Persée*, roi de Macédoine, auquel ils faisoient une guerre à outrance ; mais quand ils eurent vaincu ce prince, ils cessèrent leurs complaisances, ou plutôt ils commencèrent les injustices dont le plan bien combiné, les rendit à la fin maîtres de la Grèce. Non-seulement ils excitèrent les villes les unes contre les autres, mais dans le sein même des villes, ils entretenoient une division funeste par des émissaires. Leurs partisans étoient sûrs d'être soutenus, quelque fût l'iniquité de leurs prétentions. Ils soulevoient les esclaves contre les maîtres, soudoyoient d'infâmes délateurs ; bientôt ce fut un crime d'avoir manqué de dévouement aux intérêts des Romains. Il y eut des listes de proscriptions. Ils envoièrent des commissaires chargés de mettre leurs sentences secrètes à exécution. Dans une assemblée publique des Achéens, ils eurent l'impudence de demander que ceux qui avoient assisté *Persée*, fussent par préalable condamnés à mort, qu'ensuite ils les nommeroient. « Après la condamna-
» tion, s'écria l'assemblée, quelle justice

» est-ce là ? Commencez par les nom-
» mer, et qu'ils se défendent. S'ils ne
» peuvent rien dire pour leur justifica-
» tion, nous promettons de les condam-
» ner. Vous le promettez, répliqua le
» commissaire, eh bien ! tous vos capi-
» taines-généraux, tous ceux qui ont
» rempli quelque charge dans votre ré-
» publique, sont coupables de ce crime ».
Xénon, homme de grand crédit, et fort respecté dans sa ligue, se leve et dit :
« J'ai commandé l'armée ; j'ai eu l'hon-
» neur d'être chef de la ligue. Je pro-
» teste de n'avoir jamais rien fait contre
» les intérêts des Romains, et si quel-
» qu'un m'attaque, je suis prêt de me
» justifier, soit ici devant l'assemblée
» des Achéens, soit à Rome devant le
» sénat ». Le Romain saisit cette dernière parole, et dit : « Puisque *Xénon*
» a nommé le sénat, lui et les autres
» accusés, ne peuvent appeller à un
» tribunal plus équitable ». Il nomma ensuite ceux qui étoient accusés, et leur ordonna de partir pour aller plaider leur cause à Rome. Ils étoient plus de mille, tous hommes d'un mérite distingué, et c'étoit là leur crime.

Leur départ fut une plaie bien sensible pour la ligue achéenne. Arrivés en Italie, on les distribua en différentes villes, où ils restèrent prisonnniers, comme s'ils avoient déjà été condamnés. Le conseil d'Achaie députa à Rome, pour demander qu'ils puissent plaider leur cause. Le sénat répondit avec une insigne mauvaise foi, que les bannis avoient été trouvés coupables en Achaie, et ne s'étoient rendus à Rome, que pour savoir quel châtiment leur seroit infligé. Les Achéens envoyèrent une ambassade solennelle, qui embarrassa le sénat ; mais il répondit qu'il ne lui paroissoit pas qu'il fût de l'intérêt des Achéens que les exilés retournassent dans leur patrie. A une autre ambassade qui s'abaissa à des supplications, le sénat inexorable opposa toujours le même refus. On ne gagna même à ces instances que de rendre l'esclavage des proscrits plus dure. Dix-sept ans se passèrent en prières inutiles. Ils étoient réduits à environ trois cents, lorsque *Polybe*, qui étoit un de ces infortunés, et qui avoit rendu des services à *Paul Emile* dans l'éducation de ses enfans, obtint par cette protection, que leur affaire fût rappellée au sénat. *Caton*, par complaisance pour le jeune *Scipion*, promit d'appuyer la demande. Quand elle fut présentée, les opinions se partagèrent, le plus grand nombre cependant étoit défavorable. Quand le tour de *Caton* arriva, il prit l'air le plus grave, et dit : « A nous voir disputer

» avec tant de chaleur pour savoir si
» quelques vieillards de Grèce, seront
» enterrés en Italie ou dans leur propre
» pays, ne croiroit-on que nous n'avons
» rien à faire ».

Cette plaisanterie rendit le sénat honteux, et la demande fut accordée. *Polybe* auroit désiré qu'on prononçât, qu'en arrivant, ils seroient rétablis dans leurs charges et dignités. Avant que de présenter sa requête, il demanda conseil à *Caton*. Le sénateur lui répondit en souriant : « *Polybe*, vous n'imitez pas
» la sagesse d'*Ulysse*. Vous voulez rentrer dans l'antre du Cyclope, pour
» quelques méchantes hardes que vous
» y avez laissées ».

Deux de ces députés, *Crytolaüs* et *Diæus*, revenus dans leur patrie la vengeance dans le cœur, se proposèrent de rendre à la ligue son ancienne autorité ; mais ils ne firent que précipiter sa ruine. Ils n'avoient ni la sagesse d'*Aratus*, ni la force de *Philopémen* ; et ils entreprirent un ouvrage, que ces héros auroient eu peine à imaginer dans les circonstances. L'ancien patriotisme étoit détruit chez les grands. Il ne subsistoit plus dans le peuple, que comme une effervescence passagère. Avec ces dispositions, on ne pouvoit compter sur des efforts grands et durables qui étoient cependant nécessaires contre l'adresse et la persévérance des Romains. Les deux Achéens eurent la mal-adresse d'attaquer les Romains de front. Ils se déclarèrent hautement contre eux, décrièrent leurs intentions, et firent insulter leurs députés par le peuple. Ne se voyant pas soutenus par les grands, ils les maltraitèrent, et les dénoncèrent à la populace, comme des ennemis de la patrie, et leur attirèrent des persécutions qui les engagèrent à fuir. Les troupes de la république se ressentirent de cette espèce de défection; elles se trouvèrent composées d'une tourbe sans discipline, mais pleine d'audace et de présomption.

Telle étoit l'armée que *Crytolaüs* et *Diæus* opposèrent à *Memmius*, général romain, sous les murs de *Corinthe*. Une bataille décida du sort de la république achéenne. Le courage aveugle balança quelque tems la victoire. Mais l'habileté et l'expérience l'emportèrent. *Crytolaüs* fut tué, *Diæus* s'enfuit à toute bride à Mégalapolis où étoit sa femme, il la tua, mit le feu à sa maison, et s'empoisonna. Il auroit pu se retirer à Corinthe, qui étoit une des plus fortes places de la terre, et y obtenir une capitulation honorable; les Corinthiens furent tellement étourdis de cette défaite, qu'ils ne songèrent pas seulement

Prise de Corinthe. 4857.

à fermer leurs portes. Elles restèrent trois jours ouvertes, et les remparts sans défenseurs. *Memmius* n'osoit y entrer dans la crainte de quelqu'embuscade; enfin il s'y hasarda, et quand il eut assuré sa possession, il en abandonna le pillage à ses soldats. Les hommes furent passés au fil de l'épée, les femmes et les enfans vendus comme esclaves.

Les trésors qui s'y trouvèrent, sont quelque chose d'incroyable. Corinthe surpassoit toutes les villes, tant par la quantité, que par la richesse des meubles, des statues et des tableaux. Plusieurs pièces d'un prix inestimable, tombèrent entre les mains des soldats, qui, n'en connoissant pas la beauté, les détruisirent ou les vendirent presque pour rien. On cite entr'autres un tableau d'*Apelle*, sur lequel les soldats jouèrent aux dès, qu'ils troquèrent pour une table plus commode, et qu'*Attale*, roi de Bergame, acheta une somme qui équivaudroit à plus de cent mille livres de notre monnoie. Le général n'étoit pas plus connoisseur, ni plus habile que les soldats; car ayant fait porter, à bord des vaisseaux, plusieurs statues et tableaux qu'il vouloit faire servir à son triomphe, il menaça très-sérieusement les maîtres des navires, si quelques-unes de ces pièces venoient à se gâter ou à se perdre, de les obliger à en fournir d'autres.

Après le pillage, la ville, en exécution des ordres venus de Rome, fut réduite en cendres. L'or, l'argent et l'airain fondus ensemble dans cette incendie, formèrent des ruisseaux d'un métal composé des trois que nous venons de nommer, fort fameux et fort recherché dans la suite. Les murailles de la ville furent abattues, et on arracha jusqu'aux fondemens. Avec Corinthe périt la ligue achéenne, dont elle étoit comme la capitale. Les Romains abolirent le gouvernement populaire dans toutes les villes. Elles eurent cependant la permission de se gouverner par leurs propres loix, sous l'inspection d'un préteur; ainsi la Grèce devint une province romaine, et fut assujettie à un tribut annuel.

Néron rendit à la Grèce ses anciens privilèges, et rejeta, sur la Sardaigne, le tribut de l'Achaïe. *Vespasien* la réduisit à son premier état de sujetion. *Nerva* et *Trajan* accordèrent à l'Achaïe une ombre de liberté. *Constantin* mit cette province dans le lot de l'empereur d'Orient. Pendant le règne d'*Honorius* et *Arcadius*, les Grecs ravagèrent ces provinces, sous le roi *Alaric*, et changèrent les beaux édifices qui restoient, en monceaux de ruines. Dans le dixième siècle, l'empereur *Emanuel* partagea le Péloponèse en sept provinces qu'il donna à ses fils. On l'appella la *Morée*, à cause du rapport entre la figure de cette province, et la feuille d'un mûrier *Morius*. Dans le treizième siècle, quand les princes d'Occident prirent Constantinople, la Morée tomba aux Vénitiens. Les Mahométans s'en rendirent maîtres sous *Mahomet II*, la gardèrent jusqu'en 1637 ; qu'elle revint aux Vénitiens, et retourna en 1715 à l'empire ottoman, qui la possède actuellement, et la gouverne par un sangiac sous le Beglierbey de la Grèce, qui demeure à Modon.

AETOLIENS.

Ætolie, ou la petite Grèce entre la Locrie et l'Arcarnanie, l'Epire, et la baie de Corinthe.

On donne les AEtoliens pour un peuple inquiet, turbulent, rarement en paix entr'eux, toujours en guerre avec leurs voisins. On ajoute inaccessibles à l'honneur, prêts à trahir leurs meilleurs amis

Caractère. pour le moindre gain ; en un mot, regardés, par leurs voisins, comme des brigands. Ce caractère tracé par *Polybe* achéen, par conséquent ennemi naturel des AEtoliens, paroît outré, en ce qu'il a de plus déshonorant. Les AEtoliens n'ont pas été plus brigands, plus avides de butin, plus incommodés à leurs voisins, que les autres peuples de ces contrées. Passionnés pour la liberté, ils s'agitèrent dans leurs liens pour les rompre. Attaqués, ils attaquoient; c'étoit une réaction continuelle, et on ne voit pas qu'ils aient été plus inquiets, plus turbulens que les Achéens.

Il seroit difficile de décider entre ces deux peuples, quels étoient les aggresseurs, lequel a donné l'exemple de la confédération, qui a réuni, sous les mêmes loix, des villes voisines, et en a fait un corps fédératif. Les conditions de la ligue ætolienne, sont les mêmes que celles de la ligue achéenne. Excepté, qu'ils ne s'engageoient pas à forcer par les armes ceux d'entr'eux qui ne concouroient pas à une guerre résolue par le plus grand nombre : modération qui fait honneur à leur justice, si elle n'en fait pas à leur politique. Ils n'ont pas eu le bonheur d'avoir à leur tête des hommes de la réputation d'*Aratus* et de *Philopémen* ; mais ils n'ont pas manqué d'hommes de probité pour le conseil, et de généraux habiles, qui ont fait de grandes choses avec des soldats infatigables, intrépides, opiniâtres, et aussi patiens dans une ville assiégée, qu'ardens en campagne, de plus excellens marins.

Ils furent les premiers des Grecs qui se laissèrent prendre aux insinuations perfides des Romains. Ils firent alliance

Actions des Ætoliens.

avec eux, pour repousser *Philippe* roi de Macédoine dont ils étoient menacés. Lorsqu'ils espéroient que les Romains leur aideroient à terminer cette guere, de manière à n'avoir plus rien à craindre des Macédoniens, ils se virent trompés par ces alliés infidèles, qui, ayant intérêt de faire la paix, la conclurent, sans s'embarrasser du danger auquel ils exposoient les AEtoliens. Alors ceux-ci acceptèrent le secours d'*Antiochus* roi de Syrie.

Antiochus.
2812.

Ce prince étoit engagé par Annibal, qu'il avoit refugié, à faire la guerre aux Romains. Il falloit décider s'il la porteroit en Italie, ou s'il la feroit dans la Grèce. Annibal toujours persuadé que les Romains ne pouvoient être vaincus que chez eux, insistoit pour le premier parti; mais *Antiochus* crut qu'il lui suffiroit, contre l'ambition de ces républicains, de se faire un rempart de la Grèce, sur-tout ayant pour lui les AEtoliens qui soutiendroient les premiers efforts. Antiochus travailla à les gagner, il envoya des ambassadeurs à une assemblée générale où devoit être discuté le parti à prendre entre un roi et une république. *Flaminius* général Romain, s'y rendit.

Flaminius.

Les ambassadeurs du monarque Syrien firent une longue énumération des na-

tions que leur maître ameneroit au secours de la Grèce, en désignant ces peuples chacun par leur nom. Flaminius à son tour prit la parole et dit: « On veut vous épouvanter par le dé-
» nombrement de tous les peuples qui
» vont inonder la Grèce comme un
» torrent. Ceci me rappelle un repas que
» me donna à Chalcïs, un ami, d'une
» humeur gaie, et qui reçoit parfaite-
» ment bien son monde. Il m'invita à
» un festin dans un tems ou le gibier
» étoit fort rare; cependant sa table en
» étoit couverte. Surpris de cette abon-
» dance, je lui demandai où il avoit
» pu trouver tant de gibier. Ce n'est,
» me répondit mon ami, que du cochon
» assaisonné diversement, et mis à dif-
« férentes sauces. Il en est de même
» des troupes du roi, dont on vient
» de faire une si pompeuse énuméra-
» tion. Dahes, Mèdes, Caddusiens,
» Elyméens, noms inconnus en Grec
» jusqu'à ce jour, ne sont qu'un peu-
» ple, et encore un peuple d'esclaves.
» Quelque déguisement qu'on emploie,
» ils ne forment tous qu'une même
» nation: que la sauce soit ce qu'on
» voudra, c'est le même mets «. Flaminius entra ensuite dans des raisonnemens politiques, qui firent impression sur les Achéens, chez lesquels l'assemblée se

tenoit. Ils se joignirent aux Romains, et les Ætoliens à *Antiochus*.

Ce prince ne répondit pas aux espérances de ses alliés. Dans un âge plus que mûr, il épousa une très-jeune femme, auprès de laquelle il oublia pendant plusieurs mois très-précieux, Rome, la Grèce et la Syrie. Il eut d'autant plus grand tort de s'amollir dans ce repos, qu'il auroit dû profiter du premier élan des Ætoliens, peuple redoutable dans le commencement d'une entreprise, et dont l'impétuosité étoit terrible. Ils avoient montré ce caractère dans une guerre contre Lacédémone, qui ne put leur résister. *Antiochus* fut tiré de sa léthargie, par les succès des Romains; mais poussé de poste en poste, après un échec considérable, il fut obligé de s'embarquer. Les Ætoliens abandonnés se refugièrent dans leurs villes, qu'ils défendirent avec vigueur. Naupacte, une de leurs principales, vit échouer devant ses murs, la valeur des légions. Les Ætoliens profitèrent de la lueur d'espérance que leur donnoit la levée du siége, pour tenter à Rome un accommodement. Ils firent leurs propositions d'un ton soumis. Le Sénat les reçut d'un air altier. Il agit, comme il avoit coutume, quand il vouloit retenir tout, en se conservant l'honneur d'une apparence de justice. Ce fut d'imposer une alternative inacceptable ; savoir : de payer un somme énorme, ou de se soumettre à tout ce les Romains voudroient ordonner.

La somme étoit infiniment au dessus des moyens des AEtoliens. Ils demandèrent quelles seroient les bornes de cette volonté qu'on leur proposoit pour loi irréfragable. On ne leur donna à cet égard que des réponses très-vagues, qui leur firent voir, que le véritable dessein des Romains étoit de les avoir à discrétion. De rage ils tombèrent en furieux sur les alliés de la république, parcoururent en désespérés la Macédoine, que les Romains protégoient, y mirent tout à feu et à sang ; pendant ce tems, les Romains avançoient insensiblement, faisoient une guerre sage et mesurée, et toujours accompagnée de succès. Ils prirent Lamia capitale d'AEtolie, et enfin se trouvèrent devant Ambracie, la dernière ressource de la république AEtolienne.

Si les Romains employèrent contre cette ville tous les moyens en ruses et en machines qu'avoit fait imaginer l'art des siéges, les AEtoliens ne négligèrent aucun des moyens de les rendre inutiles. On remarque entre autres une machine ingénieuse qu'ils inventèrent pour rallentir le progrès des mines. Elles se

Siége d'Ambracie.

faisoient alors, en creusant sous le mur que l'on soutenoit avec des étais de bois. On y mettoit le feu : la muraille tomboit et ouvroit une brèche plus ou moins large, où entroient les assaillans, qui se tenoient tous prêts. Les assiégés s'assurèrent par les coups de pioche qu'ils entendoient que la mine avançoit. Ils creusèrent de leur côté, rencontrèrent les mineurs opposés, se battirent, mais les assiégeans n'abandonnoient pas la mine. Les Ambrasiens pour les y forcer, apportèrent de leur côté une machine ainsi construite : c'étoit un vaisseau creux avec un fonds de fer percé de plusieurs trous, et garni d'un grand nombre de pointes, afin d'empêcher les Romains d'en approcher. Ce vaisseau étoit rempli de plumes auxquelles ils mettoient le feu, ensuite avec des soufflets, ils chassoient la fumée du côté des assiégeans, les obligeoient de sortir de la mine, pour n'être pas suffoqués, et par conséquent d'interrompre leur travail, ce qui donnoit le tems aux AEtoliens de réparer les fondemens de leurs murailles.

Ambrasie capitula à des conditions dures, qui annonçoient celles que toute la nation, divisée par les intrigues des Romains, se laissa imposer. Elles prescrivoient une vénération profonde pour la majesté du peuple romain, la remise des prisonniers et déserteurs, une grosse amende dont une partie payable comptant, et l'autre en plusieurs termes, quarante ôtages au choix du vainqueur; enfin toutes les obligations qui pouvoient enchaîner un peuple subjugué et conquis.

Aprés ces conditions dures et vexatoires, les Romains trouvèrent mauvais, non pas que quelques AEtoliens dans la guerre de *Persée*, prissent parti, mais qu'ils inclinassent simplement pour ce prince. Tous ceux qui se trouvèrent tachés de ce soupçon, furent contraints d'aller se justifier à Rome, où on les retint prisonniers, et d'où ils ne revinrent jamais. On compta cinq cent cinquante des principaux de la nation assassinés, sans autre crime que d'être suspects, et les commissaires envoyés par le sénat, déclarèrent, que justement ils avoient été tués, puisqu'ils s'étoient attirés ce malheur, en favorisant le parti macédonien.

Les AEtoliens restèrent dans un état de servitude stricte, jusqu'à la destruction de la ligue achéenne. Alors ils participèrent à l'espèce de liberté qui fut laissée à la Grèce. L'AEtolie, tantôt resta attachée à l'empire d'Orient, tantôt passa entre les mains des princes particuliers. En 1532, *Amurat II*, en réunit toutes les parties sous sa domination. Le fameux *George Castriot*, appellé *Scauderbeg*, la défendit longtems, comme son patrimoine, contre toutes les forces de l'empire Ottoman, et en laissa une partie aux Vénitiens. Ils la perdirent sous *Mahomet II*, dont les successeurs l'ont gardé jusqu'à ce jour.

ATHENES. (Province).

Si l'histoire de nations finissoit, au tems où elles cessent d'être des états politiques; depuis la destruction des ligues Achéenne et AEtolienne, il n'y auroit plus rien à dire d'Athènes, ni de quelques autres républiques qui ont été englouties par celle de Rome; mais dans les débris de ces édifices ruinés, on peut trouver quelques restes de monumens, qui attestent leur ancienne grandeur, et qui intéressent encore.

Le peu de liberté qui étoit restée aux Athéniens, après la destruction de la ligue Achéenne, leur fut enviée par *Philippe*, roi de Macédoine. Ce prince les menaça, ils appelèrent contre lui *Attale*, roi de Pergame, des Rhodiens, et sur-tout des Romains. Ceux-ci commençoient à goûter les sciences et les arts. Ils se firent honneur d'une alliance avec la ville qui passoit à juste titre, pour le centre des connoissances agréables. Ils envoyèrent du secours; *Philippe* fut battu, et obligé de fuir.

Ce service important, qui auroit dû attacher invariablement les Athéniens à la république, n'empêcha pas le peuple de prendre contre elle le parti de *Mithridate* roi de Pont. Il y fut excité par un philosophe de la secte d'Epicure nommé *Aristion*, qui jouissoit d'un grand crédit dans la ville. Les principaux citoyens n'approuvoient pas cette nouvelle alliance. N'espérant pas les gagner, *Aristion* résolut de les enchaîner en se rendant maître d'Athènes. Il concerta l'exécution de son dessein avec *Archelaüs* général de Mithridate: celui-ci s'empara de l'île de Délos, et pilla le célèbre temple d'*Apollon* Délien. Cette île avoit autrefois appartenu aux Athéniens. *Archelaüs* annonça qu'il feroit porter ce butin à Athènes, comme devant lui appartenir. Les Athéniens charmés de ce trait de générosité, ne songèrent seulement pas à l'escorte qui accompagnoit le présent: ils laissèrent entrer jusqu'à deux mille hommes; mais ils n'y eurent par été plutôt reçus, qu'*Aristion* disposa de tous les emplois, et régna dans Athènes avec une autorité souveraine. Tous ceux qui étoient favorables aux Romains, furent ou massacrés, ou envoyés à *Mithridate*.

Siége d'Athènes. 2918.

La guerre commença à se faire avec une cruauté qu'on reprocheroit aux nations les plus barbares. *Brutius* général Romain, ayant pris une petite île qui avoit donné asile à quelques vaisseaux de *Mithridate*, fit crucifier les esclaves, et couper le bras droit à tous les insulaires, qui tombèrent sous ses mains. Ce *Brutius* précéda *Sylla* nommé pour soutenir la guerre contre *Mithridate*. Sylla crut devoir ôter la ressource de la Grèce à ce prince, et se proposa de lui enlever Athènes. Cette ville étoit très-forte, composée de trois parties, 1°. la citadelle, 2°. la basse ville, en deux parties séparées par un gros mur, et entourées chacune d'un bon rempart; enfin les deux ports Munychie et le Pyrée, qui n'en faisoit qu'un, joints à la ville par deux murailles très-hautes et très-épaisses. *Aristion* se chargea de la défense de la ville, et *Achélaüs* de celle des ports.

Sylla se flatta de prendre le port d'assaut, et fut repoussé. Il se détermina donc à attaquer Athènes dans les formes. Il la bloqua pendant l'hiver, et employa ce tems à ses préparatifs, sur-tout en machines. Des forêts entières furent coupées. Il n'épargna ni les bocages, ni les arbres du Lycée, abattit tous les édifices qui pouvoient lui nuire, ou dont les décombres pouvoient favoriser les approches. Comme le pays de lui-même assez stérile avoit en outre été ravagé, vingt mille matelots étoient journellement occupés à apporter des vivres.

Ces dépenses eurent bientôt épuisé la caisse militaire. Dans sa détresse, *Sylla* eut recours aux trésors sacrés. Il écrivit aux Amphictions alors assemblés à Delphes, et les pria de lui envoyer les trésors d'*Apollon*, s'engageant solennellement à rendre au dieu qu'il *honoroit véritablement*, la valeur de ce qui seroit avancé. Un certain *Caphis* natif de Phocide, qu'il envoya présenter sa requête, dit aux prêtres, qu'il ne s'en étoit chargé que malgré lui. Il pleura devant eux, et les supplia de consulter l'oracle. Le dieu ne répondit point, mais le son de sa lyre fut entendu dans le sanctuaire. Quand cette circonstance fut rapportée à *Sylla*, il dit à *Caphis* : « comment ne comprend-t-on pas que la musique ne peut jamais être qu'une expression de joie. Partez, rapportez les trésors, et comptez que vous ferez plaisir au dieu ». Ce premier pas fait, il n'eut pas plus de scrupule de prendre les richesses d'*Esculape*, dans son temple d'Epidaure. Avec ces secours *Sylla* se mit au printems à serrer la ville de plus près.

Ses principaux efforts se dirigèrent contre le Pyrée. Il fut attaqué et défendu avec une égale valeur. *Sylla* avoit sur *Archélaüs* l'avantage d'être presqu'à chaque heure, instruit par des espions qui étoient renfermés dans la place assiégée, de tous les projets du commandant ennemi. Ces avis lui étoient donnés, inscrits sur des balles de plomb, qu'on lançoit avec des frondes dans le camp de *Sylla*; mais la valeur d'*Archélaüs* rendoit presque toujours la trahison inutile. Surpris, attaqué, contre toute règle et toute vraisemblance, parce que ses desseins étoient découverts, il n'en repoussoit pas moins les Romains; et il soutint jusqu'à trois assauts en un jour sans pouvoir être entamé.

Pendant ces combats, la famine s'augmentoit dans Athènes. Plusieurs citoyens ne vivoient plus que d'herbes et de racines, qu'ils alloient arracher sur les remparts. Dans cette funeste conjoncture, les sénateurs et les prêtres, allèrent se jetter aux pieds d'*Aristion*, le suppliant d'avoir pitié de la ville, et de se rendre à des conditions supportables. Loin de les écouter, il les fit chasser violemment de sa présence. Au milieu de la misère publique, ce tyran et ses complices, passoient en vrais Epycuriens les jours et les nuits dans la débauche, et avoient leurs tables couvertes de mets exquis. Cependant après avoir mangé tous les animaux, chevaux, chiens, chats, on en vint à cette extrémité, de se nourrir de vieux cuirs bouillis, et même de chair humaine.

Alors *Aristion* fit semblant d'avoir pitié du peuple. Il députa à *Sylla*; mais ses envoyés n'étoient que des déclamateurs qui parlèrent de Thésée, des grands hommes d'Athènes, de leurs anciens exploits contre les Mèdes. Pas une proposition sur les circonstances. « Gardez pour vous, leur dit *Sylla*, » ces fleurs de réthorique. La république ne m'a pas envoyé pour entendre vos antiques prouesses, mais » pous punir votre rébellion ». L'excès de la famine faisoit attendre tranquillement au général romain le jour, où quelqu'émeute dans la ville, la lui remettroit entre les mains ; mais un hazard précipita ce moment. Il apprit qu'un côté foible de la place étoit peu gardé, il l'attaqua, y fit brèche, et entra avec ses troupes ; les soldats mirent bas les armes, et le peuple demanda grâce. Mais ce peuple insolent et malin s'étoit permis contre *Sylla* des termes de mépris, des railleries piquantes, des propos insultans, dont le vainqueur tira une vengeance exemplaire. Il abandonna le pillage à ses troupes, et leur permit de passer au fil de l'epée, jusqu'aux femmes et aux enfans. Le carnage fut horrible. Le soldat animé du ressentiment de son général, punit également et ceux qui avoit fait l'affront, et ceux qui ne l'avoient pas empêché. Les habitans qui échappèrent à la première fureur, *Sylla* leur accorda la vie. Il défendit qu'on fermat jamais la brèche par laquelle il étoit entré, et ôta aux citoyens le droit d'élire leurs magistrats; mais il leur rendit bientôt après ce privilége.

Ils prirent dans la suite le parti de *Pompée* contre *César*, et soutinrent siége contre ce dernier qui pardonna aux vivans, dit-il, en faveur des morts, et prit Athènes sous sa protection. Après sa mort, ils épousèrent les intérêts de *Brutus*, ensuite ceux d'*Antoine*. *Auguste* les punit de s'être déclarés pour les meurtriers de *César* leur bienfaiteur. *Germanicus* leur accorda un licteur, ce qui étoit une marque de souveraineté. *Vespasien* réduisit l'Attique en province romaine, disant que les Athéniens ne savoient pas être libres; *Adrien* avoit été archonte d'Athènes, par honneur ou autrement. Il s'en souvint étant empereur, rendit à la ville ses priviléges, lui donna une somme d'argent considérable, lui assura une rente en blé, et répara ses ports; bienfaits qui lui méritèrent le titre de second fondateur. Les deux *Antonin*, le pieux et le philosophe, confirmèrent ces privilèges, *Sévère* en retrancha, *Valérien* fut plus favorable.

Constantin se déclara protecteur et ami des Athéniens, honora leur premier magistrat du titre de grand duc. La générosité de *Constance* alla jusqu'à les mettre en possession de plusieurs îles de l'Archipel. Les Goths les maltraitèrent cruellement sous *Arcadius* et *Honorius*, et ruinèrent presque tout ce qui restoit de leurs bâtimens magnifiques. Dans le treizième siècle, Athènes appartint successivement à des seigneurs latins, à l'empire grec, aux Arragonnois, qui furent dépossédés par un Florentin, nommé *Rainier Acciaioli*. Il laissa Athènes aux Vénitiens, et la Béotie à son fils naturel nommé *Antoine*. Celui-ci reprit l'Attique aux Vénitiens, voulut défendre ses états contre les Turcs, qui les lui enlevèrent avec la vie. En 1687, Athènes retomba entre les mains des Vénitiens, et fut reprise quelques années après par les Turcs qui l'ont gardée jusqu'à présent. Les petits états circonvoisins d'Athènes et dont nous avons déjà parlé ont subi les mêmes changemens qu'elle.

BÉOTIENS.

Béotie, entre l'Atrique, la Phocide et Corinthe.

Après l'expulsion des rois, les Béotiens se formèrent en république. Elle étoit présidée par un préteur, qui encouroit peine de mort, quand il ne résignoit pas sa charge au bout de l'année révolue. Un conseil de sept, neuf ou onze personnes nommées *Béotarques*, modéroit l'autorité du préteur. Ils possédoient les premières places dans l'armée ; et des magistrats nommés *Polémarques* rendoient la justice. Il y avoit quatre conseils, apparemment composés chacun des députés de leur canton, qui étant réunis décidoient des affaires générales. On remarque comme une singularité, qu'à Thèbes capitale de la Béotie, les marchands et les artisans étoient admis au nombre des citoyens, mais ils étoient exclus des emplois publics. Une loi qui fait honneur à leur humanité, défendoit d'exposer ses enfans. Ceux qui se trouvoient hors d'état de les nourrir devoient recourir au magistrat qui cherchoit quelqu'un de bonne volonté, et l'enfant devenoit esclave de celui qui l'avoit nourri.

Les Béotiens se trouvant entourés de républiques, plus puissantes, se laissoient aller au mouvement qu'elles leur imprimoient. Leurs plaines servirent souvent de champ de bataille, à leurs ennemis et à leurs alliés. Quelquefois aussi, ils figurèrent dans les combats, et leurs soldats plus fermes qu'impétueux, étoient fort estimés. On leur a reproché, lorsque la république tiroit à sa fin, d'avoir été traitres et assassins, mais un peuple ne devient pas méchant tout-à-coup et sans cause. Ils étoient vexés par les Romains, tyrans de tout ce qui ne courboit pas servilement la tête sous leur empire. Les Béotiens n'étant pas en état de leur résister en corps de nation, s'en défaisoient par parties. Tout romain qui passoit par leur pays pour affaire ou marchandise, étoit tué et jeté dans un lac. On fut long-tems sans deviner la cause de l'absence de ceux qui disparoissoient. On la découvrit enfin. Le proconsul romain chargé de les châtier, imposa d'abord une forte amende à toute la nation; ensuite mêlant la douceur à la sévérité, il en retrancha la plus forte partie, et exigea seulement qu'on lui livrat les meurtriers les plus coupables. Ils furent punis de mort, et la Béotie devint province romaine.

ACARNANIENS.

Acarnanie, entre l'Ætolie, l'Épire.

La position des Acarnaniens, les attachoit beaucoup plus que les autres grecs aux rois de Macédoine. Cependant le consul *Flaminius* entreprit de leur faire épouser les intérêts de Rome, contre *Philippe*, et d'ôter par là à ce prince ses plus fidèles alliés. Il les assembla à *Corcyre*, où se fit un projet de traité dont la ratification fut renvoyée à une seconde entrevue, qui eut lieu à *Leucade*, capitale d'Acarnanie. Il s'y trouva contre l'attente du négociateur romain, des hommes fermes, qui déclamèrent hautement contre l'espèce d'infamie qu'on vouloit faire commettre à la nation, en violant la foi des traités. Le peuple très-prévenu contre les Romains, déclara qu'il ne se soumettroit jamais à cette impérieuse république ; et le préteur, c'est-à-dire le chef de l'assemblée, seulement pour avoir proposé l'affaire, fut cassé. Le consul gagna du moins par ses intrigues de jeter le trouble entre les Acarnaniens. Il espéroit que leur division les livreroit à lui sans défense. Dans cette confiance, il mit le siége devant Leucade ; mais il fut étonné en approchant, de voir les murailles bordées de soldats, préparés à une vigoureuse résistance. Les actions ne démentirent pas la contenance. Trois fois *Flaminius* attaqua les remparts, et trois fois il fut repoussé. Le siége auroit pu durer long-tems, sans la trahison de quelques bannis Italiens, qui pour avoir leur grace, introduisirent les Romains dans la place. La prise de la capitale épouventa tellement les Acarnaniens, qu'ils abandonnèrent *Philippe*, et se soumirent aux Romains. Ils laissèrent à l'Acarnanie ses loix, jusqu'à ce qu'elle devint une province romaine après la prise de Corinthe.

ÉPIROTES.

Les Epirotes fournissent un exemple frappant de la barbarie de la république romaine, qui du sein de ses triomphes et de ses plaisirs, envoyoit l'incendie et le carnage chez les nations rébelles à ses volontés absolues, et imposoit à ses généraux la nécessité d'exécuter même malgré eux, les proscriptions qu'elle commandoit.

Ces peuples tenoient leur liberté de *Déidamie* petite fille de *Pyrrhus*. Elle les affranchit en mourant de toute do-

Epire, entre l'Ætolie, la mer Adriatique, la Macédoine, la Tenarie et la mer Ionienne.

mination, et ils établirent entre eux le gouvernement républicain, sous le commandement de magistrats élus annuellement dans une assemblée générale. Les rois de Macédoine regrettant que les Epirotes qui avoient été leurs sujets, leur eussent échappés, faisoient des courses continuelles en Epire. Les Romains secoururent les Epirotes contre *Philippe*; mais Persée trouva moyen de les gagner. Ils épousèrent sa querelle contre les Romains; ce qui irrita tellement le sénat, qu'il envoya ordre à *Paul Emile*, après la conquête de la Macédoine, d'abandonner ce pays au pillage, et de raser les villes jusqu'aux fondemens.

Etrange effet du despotisme de la république! *Paul Emile* en recevant le décret, pleura, mais obéit. Sous prétexte de relever les garnisons, afin que l'Epire put jouir d'une entière liberté, il envoya dans toutes les villes des corps de troupes proportionnés, qui furent reçus par-tout avec de grandes démonstrations de joie, et à jour dit, à la même heure, il lâcha la bride à ses soldats, qui pillèrent, volèrent, assassinèrent avec un ordre, et des conditions prescrites; de sorte que le butin fut rapporté en commun, et distribué par égales portions aux troupes. Outre l'argent de toutes les recettes, qui avoit été mis à part pour le trésor de la république, on vendit au profit du fisc, cent cinquante mille hommes comme esclaves. Les principaux du pays furent transférés à Rome, et condamnés à une prison perpétuelle; et il y eut soixante et dix villes démantelées.

L'Epire ne s'est jamais relevée de cette terrible exécution. Elle devint sous les Romains, partie de la province de Macédoine, tomba après Constantin en partage à l'empire d'Orient, se conserva à des princes Grecs après la prise de Constantinople par les Latins; reçut par les victoires de *Scanderberg* un éclat passager, et est enfin possédée par les empereurs Ottomans, sous le nom d'Albanie, d'où ils tirent leur plus braves soldats.

IONIE.

L'Ionie contient plusieurs villes célèbres, encore moins par la beauté de leurs édifices, que par les événemens dont elles ont été le théâtre. Les vicissitudes de chacune de ces villes feront l'histoire de ce pays.

Entre les principales, on distingue *Phocée* qui n'est à présent qu'un petit village nommé *Foggia* sur le bord de

Ionie, entre l'Ætolie, la mer Egée, la Carie et la Lydie.

Phocée.

la mer, à peu de distance de *Smirne*. Les Ioniens et les Athéniens, s'en disputoient la fondation. Ses habitans étoient regardés comme les premiers Grecs qui eussent entrepris des voyages de long cours. Ils voguèrent jusqu'en Espagne, et trouvèrent dans la baye de Cadix un roi qui les reçut très-favorablement. Ils lui firent le récit des craintes qu'ils avoient d'être inquiétés par *Cyrus*. Le roi leur offrit généreusement un asile, et sur leur refus, il leur donna une grosse somme pour fortifier leur ville.

Les Phocéens furent en effet attaqués par *Harpagin*, général de *Cyrus*. Prêts à être forcés, ils demandèrent une trêve de trois jours, quoiqu'*Harpagin* se douta bien de l'usage qu'ils vouloient en faire, il l'accorda. Les Phocéens embarquent leurs femmes, leurs enfans et toutes leurs richesses, et cinglent vers l'île de *Chio*. Ils proposoient d'acheter de ces insulaires, des petites îles qui leur appartenoient; mais ceux de *Chio* ne voulurent pas du voisinage de gens si habiles. Ils revinrent donc sur Phocée, surprirent les Perses qui s'y étoient établis, et les passèrent au fil de l'épée; mais dans la crainte de ne pouvoir s'y soutenir, il n'y restèrent pas, et s'engagèrent par un serment solennel à n'y jamais revenir, qu'une masse de fer rougie au feu qu'ils jettèrent dans la mer, ne reparut ardente sur l'eau. Cependant après l'assurance d'une amnistie que les Perses leur promirent, plus de la moitié de la flotte revint à Phocée.

Le reste se mit à exercer la piraterie sur les côtes des Gaules, d'Italie et de Carthage. Ils firent d'*Alerie* en Corse, l'asile de leurs brigandages. Chassés par une ligue que les peuples infestés formèrent contre eux, ils mirent leurs femmes et leurs enfans à *Rhége*, les transportèrent ensuite à *Pouzac*, petite ville de la mer de Toscane, où on les perd. Ceux de Phocée, tantôt sous la domination des Perses, tantôt sous celle de leurs propres tyrans, exercerent la piraterie sur les côtes de Phénicie, réfugièrent leurs prises en Sicile, d'où ils firent la course contre les Carthaginois et les Toscans, sans jamais inquiéter les Grecs. Phocée se déclara pour *Antiochus* le grand, contre les Romains. Ils la prirent et lui firent grace; elle récidiva en faveur d'*Attale*, roi de Pergame. Sa perte étoit prononcée à Rome; mais les Massiliens, colonie des Phocéens, arrêtèrent l'exécution de la sentence. *Pompée* lui accorda de grands priviléges, qui la rendirent sous les premiers empereurs, une des plus florissantes villes de l'Asie mineure.

Smirne.   On croit *Smirne* bâtie par les Eoliens. Les habitans de Colophon, ville d'Ionie, chassés de leurs foyers, on ne sait par qui, furent reçus très-affectueusement par les Smirnéens. Un jour étant sortis pour un sacrifice, ils trouvèrent leurs portes fermées par les Colophoniens. Tout ce qu'ils purent obtenir, fut qu'on leur rendit leurs meubles. Pour eux, ils se répandirent dans les villes d'Asie, qui les adoptèrent.

La chimère des Smirnéens étoit de croire leur ville fondée par une Amazone, rebâtie par *Alexandre*, et qu'elle ne seroit détruite que par un tremblement de terre. En effet, elle en éprouve souvent; mais sa position avantageuse pour le commerce, la fait bientôt après sortir de ses ruines. C'étoit la *capitale, la première, la principale ville d'Asie, l'ornement de l'Ionie;* ainsi que portent des inscriptions trouvées dans ses décombres. Il s'y est aussi rencontré de très-belles statues, et on y voit des restes assez bien conservés, d'un théâtre de marbre, d'un cirque, de bains, de temples. Un ancien auteur nous apprend que les rues en étoient tirées au cordeau, larges et pavées, qu'il y avoit une bibliothèque publique, et que le port se fermoit.

Elle s'est distinguée par son attachement aux Romains, même dans les tems de détresse, notamment pendant les plus grands succès des Carthaginois. Les Smirnéens poussèrent la flatterie pour leur alliée, jusqu'à bâtir un temple avec cette inscription : *à Rome déesse*. Après la république, les empereurs lui donnèrent de grands priviléges. *Tybere*, *Marc Aurele*, se distinguèrent à cet égard. Elle est encore très-peuplée pour une ville d'Asie, et le centre d'un commerce très-actif, quoique sous la domination des Turcs, qui le favorisent peu. Les Smirnéens passoient pour aimer beaucoup leurs plaisirs ; mais ils n'en étoient pas moins braves.

Clazomène a appartenu aux Lydiens, après eux aux Perses, enfin à *Alexandre*. Elle a été sur le continent, ensuite dans une île qu'*Alexandre* joignit à la terre ferme par une chaussée. Les Romains en ménagèrent toujours beaucoup les habitans, à cause de sa situation propre à favoriser leurs projets sur l'Asie, et à appuyer leurs conquêtes. Ils étoient déclarés peuple libre ; *Auguste* embellit cette ville qui est peu de chose actuellement.

Une Sibile rendoit ses oracles

Clazomène.

à Erythée, etc.

Erytrhée. *Téos* a été le berceau d'*Anacréon*. *Priene* se glorifioit de la naissance de *Bias*, *Colophon* de celle de *Ménandre*; et prétendoit même avoir vu naître *Homère*.

Ephèse. Ephèse se croyoit bâtie par les Amazones. Mais quand ils abandonnoient les fables, les Ephésiens reconnoissoient *Lysimaque* pour leur fondateur. L'emplacement qu'ils occupoient, lui déplut. Il construisit une nouvelle ville dans un endroit qui lui paroissoit plus commode; mais il ne convint pas aux Ephésiens. Ils refusèrent de quitter leurs anciens foyers. A leur insçu, *Lysimaque* fit boucher tous les canaux par où l'eau s'écouloit dans les marais voisins; de sorte qu'à la première forte pluie, la ville fut innondée, et les habitans s'estimèrent très-heureux de trouver la ville que *Lysimaque* leur avoit préparée.

Le temple d'Ephèse a été fameux, tant par sa construction à laquelle tous les états de la grèce concoururent, que par son incendie. *Erostrate* mit le feu pour faire passer son nom à la postérité. Les Ephésiens défendirent de le prononcer; et c'est peut-être cette défense qui l'a conservé. On traite *Erostrate* de fou parce qu'il a brûlé un temple, et on ne suspecte seulement pas la sagesse de ceux, qui pour se faire un nom, mettent en feu des provinces et des royaumes. C'est que la folie d'*Erostrate* a été plus singulière. On construisit ce temple dans un marais, afin qu'il fut moins sujet aux tremblemens de terre. On y jeta des carrières entières. Il dura deux cents vingt ans à bâtir. Cent vingt-sept rois y envoyèrent chacun une colonne de soixante et dix pieds de haut. Les canaux qui déchargeoient les eaux du marais subsistent encore, et sont pris par les habitans actuels, pour un Labyrinthe. Les gens de l'art décideront si c'est un moyen bien propre pour le déséchement, que celui qu'on prétend qui fut employé, savoir, de mettre alternativement des couches de charbon de bois, bien battues, et des lits de laine. Le temple et ses cavernes servoient d'asile à une assez grande distance. Les prêtres étoient fort considérés. On leur confioit les vierges consacrées à la déesse, après les avoir mises en état d'être rendues, comme ils les avoient reçues. La grande Diane d'Ephèse étoit une petite statue d'ébène qu'on trouva dans le tronc d'un arbre. Elle avoit été envoyée du ciel par Jupiter. Au tronc, premier sanctuaire de la déesse, on substitua le fameux temple qui fut brûlé, le même jour qu'*Alexandre* naquit. Ce conquérant proposa de faire toute la dépense d'un second, à condition que son nom seroit gravé sur le frontispice, il y avoit du danger à refuser l'offre. Les Ephésiens s'en tirèrent habilement ». Il » ne convient pas, répondirent-ils, » qu'un Dieu bâtisse un temple à un » autre Dieu.

Ephèse a été long-tems la principale ville d'Ionie, gouvernée par des rois dont les descendans, quand elle fut devenue république, conservèrent le privilège de porter le manteau d'écarlate, le sceptre et la couronne. Un tyran, nommé *Pytagore*, remplit la ville de sang, et ne respecta pas l'asile du Temple. Ses successeurs furent plus ou moins bons ou méchans. Ils se soutenoient par les Perses. *Alexandre* chassa le dernier, et donna en revenu au Temple, ce que la ville payoit aux Persans. Dans la guerre de *Mitrhidate*, les Ephésiens se déclarèrent contre les Romains, et massacrèrent tous ceux qui se trouvoient dans leur ville. Le sanguinaire *Sylla* ne punit ce crime que par une amende. Ils étoient fort adonnés à la magie. Possesseurs d'un temple fameux, ils avoient ce que gardent de la superstition, ceux qui ont intérêt de l'inspirer à d'autres. La grande Ephèse est réduite à quelques cabanes habitées par trente ou quarante familles grecques. Son port, cause de ses richesses, est comblé; le temple, qui les augmentoit, est détruit.

Si on en croit quelques auteurs, Les Milésiens ont fondé, les uns disent quatre-vingt, d'autres trois cents colonies. Leur ville avoit un temple d'Apollon et un oracle. Près de Milet étoit le mont Lathmus, où la lune rendoit des visites secrètes à *Eudimion*. *Thalès*, un des sept sages, y est né. Elle fut agitée par des troubles domestiques. Les habitans ne pouvant les terminer, prièrent les Pariens de les accorder. En traversant les campagnes qui entouroient Milet, les députés pariens remarquèrent qu'elles étoient presque toutes mal cultivées. Ils demandèrent à les considérer de plus près. Après l'examen, les arbitres dirent : » remettez l'autorité » souveraine à ceux dont les terres » sont en meilleur état. Ce sont ceux » qui gouvernent bien leurs affaires, » qu'on doit choisir pour gouverner celles » du public.

Milet a soutenu avec succès et ses seules forces, la guerre contre quatre rois de Lydie, successivement. Les Persans après avoir été amis de Milet, la détruisirent, et exportèrent les habitans. Les malheurs de ces infortunés parurent à *Phrynique*, poëte dramatique, d'Athènes, un sujet propre à la tragédie. Les Athéniens avoient été touchés jusqu'aux larmes, des malheurs des Mélésiens. Le souvenir que le poëte renouvella, fit éclater les spectateurs en sanglots. Les Athéniens n'aimoient pas à être attristés, ils condamnèrent l'auteur à une amende, pour avoir rappellé leur douleur, et ils défendirent de jouer la pièce d'avantage.

Les Milésiens revinrent de leur captivité, et rebâtirent leur ville; mais ils ne purent jamais lui rendre la splendeur et les richesses, qui la faisoient regarder comme une des premières de l'Ionie. Ils eurent le malheur de se voir souvent assujétis à des tyrans domestiques. On remarque entre les autres *Thrasybule*, qui entretenoit une grande paix et une grande union dans la ville. Celui de Corinthe lui envoya demander quel étoit son secret pour être si tranquille. *Thrasybule* mena le messager dans un champ de blé, et se mit à abattre comme par amusement, avec son sabre, les plus hauts épis. Le Corinthien entendit la leçon, et en profita.

Alexandre rendit aux Milésiens leur liberté, quoiqu'ils ne se fussent soumis à lui qu'à la dernière extrémité. Ils jouirent de grands priviléges sous la république romaine, et de plus grands encore sous les empereurs.

Toutes ces villes composoient ce qu'on a appellé la ligue Ionique, dont on ne connoît pas les loix; s'il y en a eu, elles n'ont jamais été beaucoup en vigueur. Il paroît que presque toutes ces villes subsistoient par elles-mêmes. Quelque danger commun de la part des puissances étrangères les réunissoit; et le péril étant passé, l'amour de l'indépendance les isoloit.

Onze villes composoient l'Eolide, où se trouvoit la Troade, le champ où a été Troye, plus fameuse que ces onze villes ensemble. On propose aux artistes de chercher comment les habitans de Pitane faisoient des briques qui nageoient sur l'eau comme du bois.

<small>Éolide, entre l'Ionie et la Propontide.</small>

Halicarnasse étoit la capitale de la Doride, célèbre par le monument qu'*Artémise* fit élever à son mari *Mauzolle*. Il étoit si admirable qu'on le regardoit comme une des merveilles du monde. De son nom, les monumens funèbres ont été appellés *Mausolés*. Il ne reste plus de traces de cet ouvrage de l'art, et nous jouissons de ceux de l'esprit dans les livres d'*Hérodote* et de *Denis d'Halicarnasse*. *Héraclide* et *Callimaque*, deux poëtes fameux, y

<small>Doride, Promontoire de la Carie.</small>

sont aussi nés. Gnide, autre ville célèbre, conservoit la vénus de *Praxitele*.

<small>Origine des Somiens, gouvernement, religion, mœurs, commerce.</small> Après avoir parlé des principales villes d'Ionie, si on veut remonter au-delà du tems ou les Grecs y sont venus, on pourra croire que ces habitans, que les Grecs y trouvèrent, descendoient de *Javan*, quatrième fils de *Japhet*. Mais comment avoir des certitudes sur ces tems reculés; pendant qu'on ne peut démêler quels sont ceux des Grecs, Argiens, Messeniens, Athéniens, ou autres qui ont fondé les premières colonies ? on donne la préférence aux Athéniens, mais sans grandes preuves. Du gouvernement monarchique, l'Ionie, dans laquelle il faut comprendre l'Eolide et la Doride, a passé au gouvernement républicain, avec des nuances de démocratie plus ou moins marquées. La religion étoit la même que celle de la Grèce. Les Ioniens qui avoient été fort vaillans, devinrent voluptueux, efféminés, superstitieux. On leur donne l'invention des parfums, des couronnes de fleurs dans les festins, et l'art de confire les fruits. Ils étoient excellents en Ionie, un des pays les plus délicieux de la terre, où tout abondoit, productions indigènes et étrangères, et d'où tout se transportoit librement par des flottes nombreuses. Les Ioniens trouvent

leur place dans le tableau de ces peuples qu'on a peint par leurs goûts. Les Crotoniates, disoit-on, aiment les jeux olympiques, les Spartiates de belles armes, les Crétois la chasse, les Sybarites les habits magnifiques, les Ioniens les danses lascives.

Outre les secousses particulières aux villes d'Ionie dont nous avons parlé, il y en a eu de communes au corps de la nation. Ou comme sujets ou comme alliés, les Ioniens se louoient du gouvernement de *Crésus*. Ils prioient son vengeur *Cyrus*, de les traiter aussi favorablement ; mais ils ne faisoient cette prière qu'à regret et comme contraints ; il leur répondit par cet apologue : « Un joueur » de flûte ayant apperçu dans la mer » beaucoup de poissons, s'imagina qu'il » pouvoit par ses sons en attirer un » grand nombre sur le rivage, et se mit » à jouer. Mais ne réussissant pas, il » jetta le filet et en amena un grand » nombre. Quand il les vit sautiller sur » terre, il leur dit : puisque vous n'avez » pas jugé à propos de danser quand je » vous y invitois par ma musique, il est » inutile que vous dansiez maintenant ». Cela veut dire apparemment, vous ne m'avez pas écouté quand je vous invitois avec douceur, maintenant que je vous

Histoire.

tiens par force, je ne vous sais aucun gré de votre soumission.

Les Ioniens furent réduits par les Perses, se relevèrent, devinrent alliés de leurs vainqueurs, les aidèrent contre la Grèce, et au moment d'une action décisive, abandonnèrent les Perses et se rejoignirent aux Grecs. Ils participèrent à la liberté que les ligues Achéenne et AEtolienne propagèrent dans leur voisinage. Les Romains les flattèrent, et ensuite les maîtrisèrent comme les autres Grecs. Comme les autres aussi, ils détestèrent les Romains et les massacrèrent. *Silla* tua les hommes, emporta l'argent, et l'Ionie épuisée eut beau jouir de quelque convalescence sous les empereurs, elle n'eut jamais que la santé d'un corps mutilé.

Fin du tome premier.

TABLE
DES TITRES DU TOME Ier.

Jusqu'a la fin des Rois indigènes.

Egyptiens, pag.	27.
Moabites,	77.
Ammonites,	80.
Madianites,	82.
Édomites, ou Iduméens,	85.
Amalécites,	88.
Chananéens,	90.
Philistins,	94.
Syriens,	97.
Phéniciens,	108.

Jusqu'a la Captivité.

Juifs,	121.
Assyriens,	196.
Babyloniens,	212.
Mèdes,	227.
Perses,	236.
Scythes,	330.
Asie mineure,	344.
Phrygiens,	344.
Troyens,	350.
Mysiens,	356.
Lydiens,	358.

Lyciens,	363.
Cyliciens,	366.
Grecs,	368.
Sycione,	370.
Argos,	371.
Athènes, royaume,	377.
Béotie,	380.
Arcadie,	382.
Thessalie et Phocide,	384.
Corinthe,	390.
Lacédemone, royaume,	393.
Achaïe	398.
Athènes, république,	398.
Lacédémoniens,	492.
Ligue achéenne,	543.
Ætoliens,	564.
Athènes, province,	572.
Béotiens,	580.
Acarnaniens,	582.
Epirotes,	583.
Ioniens,	585

Fin de la Table du tome premier.

www.ingramcontent.com/pod-product-compliance
Lightning Source LLC
Chambersburg PA
CBHW071201230426
43668CB00009B/1038